权威・前沿・原创

皮书系列为
"十二五""十三五"国家重点图书出版规划项目

北京市哲学社会科学研究基地智库报告系列丛书

企业海外发展蓝皮书

BLUE BOOK OF
OVERSEAS DEVELOPMENT OF CHINESE ENTERPRISES

中国企业海外发展报告
（2018）

ANNUAL REPORT OF OVERSEAS DEVELOPMENT OF
CHINESE ENTERPRISES (2018)

主　编／张新民　林汉川　夏友富　卢进勇

社会科学文献出版社
SOCIAL SCIENCES ACADEMIC PRESS (CHINA)

图书在版编目(CIP)数据

中国企业海外发展报告.2018/张新民等主编.--北京：社会科学文献出版社，2018.11
（企业海外发展蓝皮书）
ISBN 978-7-5201-3723-2

Ⅰ.①中… Ⅱ.①张… Ⅲ.①海外企业-企业发展-研究报告-中国-2018 Ⅳ.①F279.247

中国版本图书馆 CIP 数据核字（2018）第 240395 号

企业海外发展蓝皮书
中国企业海外发展报告（2018）

主　　编／张新民　林汉川　夏友富　卢进勇

出 版 人／谢寿光
项目统筹／恽　薇　高　雁
责任编辑／王婧怡

出　　版／社会科学文献出版社·经济与管理分社（010）59367226
　　　　　　地址：北京市北三环中路甲 29 号院华龙大厦　邮编：100029
　　　　　　网址：www.ssap.com.cn

发　　行／市场营销中心（010）59367081　59367083
印　　装／三河市龙林印务有限公司

规　　格／开本：787mm×1092mm　1/16
　　　　　　印张：24　字数：360 千字
版　　次／2018 年 11 月第 1 版　2018 年 11 月第 1 次印刷
书　　号／ISBN 978-7-5201-3723-2
定　　价／128.00 元

皮书序列号／PSN B-2018-755-1/1

本书如有印装质量问题，请与读者服务中心（010-59367028）联系

▲ 版权所有 翻印必究

为贯彻落实中共中央和北京市委关于繁荣哲学社会科学的系列指示精神，北京市社科规划办和北京市教委自2004年以来，依托首都高校和科研机构的优势学科领域，建设了一批北京市哲学社会科学研究基地。研究基地在优化整合社科资源、资政育人、体制创新、服务首都改革发展等方面发挥了生力军作用，为首都新型高端智库建设进行了积极探索，做出了突出贡献。

围绕新时期首都改革发展的重点和热点问题，北京市哲学社会科学规划办公室与社会科学文献出版社联合推出"北京市哲学社会科学研究基地智库报告系列丛书"，旨在推动研究基地成果深度转化的同时打造首都新型智库拳头产品。

本发展报告系：

教育部哲学社会科学发展报告项目《中国企业海外发展报告》的研究成果（批准号：13JBGP002）

对外经济贸易大学北京企业国际化经营研究基地的研究成果

中国开放经济与国际科技合作战略研究中心的研究成果

对外经济贸易大学国际直接投资研究中心的研究成果

《中国企业海外发展报告（2018）》编委会名单

主　　　编　张新民　林汉川　夏友富　卢进勇

副 主 编　王铁栋　邢小强

编　　　委（以姓氏笔画为序）

　　　　　　马　娆　王晓楠　王铁栋　方　巍　卢进勇
　　　　　　田春雨　史丁莎　邢小强　曲　越　刘　佳
　　　　　　刘泽岩　刘　斌　刘　颖　孙玉琴　张新民
　　　　　　张德熙　陈　廉　陈薇伶　林汉川　林建勇
　　　　　　罗玉波　周金凯　赵　聪　胡海晨　姜　峰
　　　　　　秦晓钰　袁伟嘉　夏友富　倪嘉成　黄海刚
　　　　　　黄满盈　蓝庆新　蔡悦灵

编辑部主任　倪嘉成　陈薇伶

前　言

这次出版的《中国企业海外发展报告（2018）》，是对外经济贸易大学北京企业国际化经营研究基地、中国开放经济与国际科技合作战略研究中心、对外经济贸易大学国际直接投资研究中心等研究机构协同创新、组织相关的专家学者，对2017年期间中国企业海外发展最新动态和趋势的分析与总结，是对中国企业海外发展战略与新的经营模式的探讨。同时，也是精心组织、博采众长、集思广益推出的最新年度研究成果。

当前中国企业海外发展，正处在欧美国家经济缓慢复苏和新兴国家经济发展减速的国际大背景之下。一方面，欧美国家经济缓慢复苏和新兴国家经济发展减速加剧了全球市场竞争，使贸易保护主义势头在一些国家继续上升，给中国企业在海外发展带来许多新的挑战；另一方面，欧美国家经济缓慢复苏和新兴国家经济发展减速又对中国企业在全球范围内配置资源，促进中国企业"走出去"发展，推进国际区域经济合作提供了新的战略机遇。因此，在新的国际形势下，如何抓住机遇，趋利避害，占领国外新市场、新资源，更稳健和富有成效地实施中国企业海外发展战略，是实现国家经济结构调整和转型升级战略的重要组成部分。

本年度报告编写的思路是：首先对2017年中国企业海外发展及企业主要进出口排行榜发展状况进行总体研究；其次对2017年"一带一路"倡议对中国企业的影响进行专题研究；再次对2017年中美贸易问题展开专题分析与探索；最后对2017年中国企业海外发展的五个典型企业进行案例研究。本年度报告致力于跟踪中国企业开展"一带一路"建设的最新发展轨迹，重点讨论其中的热点专题问题，且所采用的数据都是较新的（截至2017年12月底），这更使本年度报告具有较强的针对性、前沿性和时效性。

本报告由四篇二十章内容组成。第一篇是2017年中国企业海外发展态势及排行榜研究。其内容包括2017年中国企业海外发展总体分析与评价；2017年中国企业出口100强排行榜及其评析，2017年中国高新技术企业出口100强排行榜及其评析，2017年中国民营企业出口50强排行榜及其评析；2017年中国企业对外劳务分省、区、市排行榜及其评析，2017年中国企业对外承包工程分省、区、市排行榜及其评析，2017年中国对外承包工程业务前50名排行榜及其评析。第二篇是2017年"一带一路"倡议对中国企业的影响专题研究。其主要内容有："一带一路"倡议下中国企业海外投资的启示，"一带一路"倡议背景下我国开拓中东欧市场的策略思考，"一带一路"倡议下中国与中亚国家能源合作面临的挑战与对策，应大力推进民营企业参与"一带一路"建设。第三篇是2017年中美贸易问题的专题研究。其主要内容有：特朗普上台对中美直接投资的影响分析，透视国际投资规则中的透明度要求，中美双边投资协定谈判背景下PPP市场开放探析，中美贸易摩擦对中国产业与经济的影响。第四篇是2017年中国企业海外发展的典型企业案例研究。其主要内容有：徐工集团国际化发展案例研究、京东方科技集团国际化发展案例研究、阿里巴巴集团国际化发展案例研究、风神轮胎股份有限公司国际化发展案例研究、格兰仕集团国际化发展案例研究等。

本年度报告是2013年度教育部哲学社会科学发展报告项目"中国企业海外发展报告"的研究成果（项目批准号：13JBGP002）。整个研究报告由张新民、林汉川、夏友富、卢进勇任主编，王铁栋、邢小强任副主编，他们负责全书的设计、组织与统撰工作。具体参加本研究报告撰稿的成员有（以章节为序）：前言林汉川，第1章蓝庆新、姜峰、张德熙，第2章方巍，第3章胡海晨、林汉川，第4章陈廉，第5章罗玉波，第6章黄满盈，第7章陈薇伶，第8章田春雨、袁伟嘉，第9章孙玉琴，第10章林建勇、蓝庆新，第11章蓝庆新，第12章周金凯，第13章刘斌、刘颖，第14章史丁莎、王晓楠，第15章曲越、秦晓钰、黄海刚、夏友富，第16章刘泽岩，第17章蔡悦灵，第18章马娆，第19章赵聪，第20章刘佳。林汉川、倪嘉成、陈薇伶等同志对全书初稿进行了编辑加工。

本年度报告在研究和撰写过程中，一直得到教育部社科司、商务部综合司、商务部对外投资与合作司、国家海关总署统计司、北京市社科规划办、北京市教委、对外经济贸易大学科研处的指导与关怀，特别是施建军、郑铁声、刘迎军、王永贵、陈桂林、李明光、包益红、王强、仇鸿伟、鲁桐等在本报告的各个关键问题上给予了大力支持与帮助，使得本报告能够顺利完成；同时，本报告还得到了徐工集团、京东方科技集团、阿里巴巴集团、风神轮胎股份有限公司、格兰仕集团等单位的大力支持，并为本报告提供了他们开展海外发展的案例。在此一并表示诚挚的感谢！

《中国企业海外发展报告（2018）》是北京企业国际化经营研究基地、中国开放经济与国际科技合作战略研究中心、对外经济贸易大学国际直接投资研究中心等对我国企业在海外的发展现状、变化趋势、政策取向等方面的问题展开的比较系统的分析与评价，尽管参加本报告编写的专家、学者及实际工作者都对自己撰写的内容进行了潜心研究，但由于面临众多新的问题，加之时间又紧，水平有限，因此，本报告难免存在不妥之处，敬请各位读者批评指正。

编委会
2018 年 8 月

摘　要

中国企业的海外发展面临着复杂而深刻的国际背景。一方面，欧美国家经济缓慢复苏和新兴国家经济发展减速加剧了全球市场竞争，使贸易保护主义势头在一些国家继续上升，给中国企业在海外发展带来许多新的挑战；另一方面，欧美国家经济缓慢复苏和新兴国家经济发展减速又对中国企业在全球范围内配置资源，促进中国企业"走出去"发展，推进国际区域经济合作提供了新的战略机遇。在新的国际形势下，如何抓住机遇，趋利避害，占领国外新市场、新资源，更稳健和富有成效地实施中国企业海外发展战略，是实现国家经济结构调整和转型升级战略的重要组成部分。

本报告首先对2017年中国企业海外发展及企业主要进出口排行榜发展状况进行总体研究；其次对2017年"一带一路"倡议对中国企业的影响进行专题研究；再次对2017年中美贸易问题展开专题分析与探索；最后对2017年中国企业海外发展的五个典型企业开展了案例研究。总的来说，本报告对中国企业在海外的发展现状、变化趋势、政策取向等方面的问题展开了比较系统的分析与评价。

关键词： 中国企业海外发展　进出口排行榜　"一带一路"倡议　中美贸易问题　案例研究

目录

Ⅰ 总报告

B.1 2017年中国企业海外发展总体分析与评价
　　…………………………………… 蓝庆新　姜　峰　张德熙 / 001
　　一　2017年中国企业对外贸易总体分析与评价 ………… / 002
　　二　2017年中国服务贸易企业总体分析与评价 ………… / 021
　　三　2017年中国对外投资企业的总体分析与评价 ……… / 028
　　四　展望与建议 …………………………………………… / 046

Ⅱ 分报告

B.2 2017年中国企业出口100强排行榜及其评析 ………… 方　巍 / 050
B.3 2017年中国高新技术企业出口100强排行榜及其评析
　　………………………………………………… 胡海晨　林汉川 / 080
B.4 2017年中国民营企业出口50强排行榜及评价 ………… 陈　廉 / 112

Ⅲ 区域篇

B.5 2017年中国企业对外劳务分省、区、市排行榜及其评析
　　………………………………………………………… 罗玉波 / 142

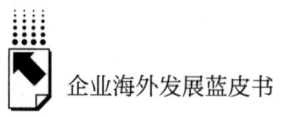

B.6　2017年中国企业对外承包工程分省（市）排行榜
及其评析……………………………………………黄满盈 / 154

B.7　2017年中国对外承包工程业务前50名排行榜及其评析
………………………………………………………陈薇伶 / 172

Ⅳ　"一带一路"专题篇

B.8　"一带一路"倡议下中国企业海外投资的启示
……………………………………………田春雨　袁伟嘉 / 188

B.9　"一带一路"倡议背景下我国开拓中东欧市场的策略思考
………………………………………………………孙玉琴 / 194

B.10　"一带一路"倡议下中国与中亚国家能源合作面临的
挑战与对策………………………………林建勇　蓝庆新 / 211

B.11　应大力推进民营企业参与"一带一路"建设…………蓝庆新 / 218

Ⅴ　中美贸易问题专题篇

B.12　特朗普上台对中美直接投资的影响分析……………周金凯 / 227

B.13　透视国际投资规则中的透明度要求…………刘　斌　刘　颖 / 235

B.14　中美双边投资协定谈判背景下PPP市场开放探析
……………………………………………史丁莎　王晓楠 / 241

B.15　中美贸易摩擦对中国产业与经济的影响
………………………………曲　越　秦晓钰　黄海刚　夏友富 / 248

Ⅵ　案例篇

B.16　徐工集团国际化发展案例研究…………………………刘泽岩 / 257

B.17 京东方科技集团国际化发展案例研究 …………… 蔡悦灵 / 274

B.18 阿里巴巴集团国际化发展案例研究 …………… 马　娆 / 295

B.19 风神股份国际化发展案例研究 ………………… 赵　聪 / 313

B.20 格兰仕集团国际化发展案例研究 ……………… 刘　佳 / 331

Abstract ……………………………………………………………… / 349
Contents ……………………………………………………………… / 350

皮书数据库阅读**使用指南**

总 报 告
General Report

B.1
2017年中国企业海外发展总体分析与评价

蓝庆新 姜 峰 张德熙*

摘 要： 2017年，世界经济环境总体向好，内生增长动力和周期性因素显著增强，市场需求复苏，金融环境改善。发达国家经济形势持续好转，美国和欧元区失业率稳定在较低水平，房地产市场量价齐升，居民收入稳步提升，复苏步伐加快。日本核心通胀率由负转正，受持续扩张性财政政策和量化宽松货币政策影响，经济进一步"回暖"，对世界经济复苏形成有力的支撑。但也应看到，"逆全球化"浪潮涌动，保护主义抬头趋势仍将延续，贸易摩擦威胁全球贸易健康发展。在这

---

* 蓝庆新，对外经济贸易大学国际经贸学院教授、博士生导师，主要研究方向：企业国际化；姜峰，对外经济贸易大学国际经济研究院博士研究生，主要研究方向：对外投资；张德熙，对外经济贸易大学国际经贸学院硕士研究生，主要研究方向：国际商务。

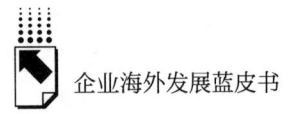

个大背景下，中国企业不断挖掘潜力，开展国际化经营，海外发展取得了重要成就。本报告着重分析了2017年中国企业对外贸易、服务贸易、对外投资发展状况，探索了现存问题，尤其对中国企业在"一带一路"建设中的发展问题进行了研究，提出了促进货物贸易与服务贸易融合发展、产能国际合作、降低"走出去"企业成本负担等相应对策建议。

关键词： 中国企业　对外贸易　对外投资　总体评价

一　2017年中国企业对外贸易总体分析与评价

2017年以来，世界经济进入相对强势复苏轨道，内生增长动力和周期性因素显著增强，市场需求复苏，金融环境改善。发达国家经济形势持续好转，美国和欧元区失业率稳定在较低水平，房地产市场量价齐升，居民收入稳步提升，复苏步伐加快。日本核心通胀率由负转正，受持续扩张性财政政策和量化宽松货币政策影响，经济进一步"回暖"，对世界经济复苏形成有力的支撑。但也应看到，"逆全球化"浪潮涌动，保护主义抬头趋势仍将延续，贫富分化严重，贸易摩擦威胁全球贸易健康发展。在激烈的国际竞争形势下，中国深入推进供给侧结构性改革，适度扩大总需求，协调内需、外需关系，消费与投资比例趋于合理，传统产业通过技术升级焕发出新的生机。同时，为应对外贸发展新要求，中国大力发展市场采购贸易、跨境电商、外贸综合服务等新模式、新业态，加速推动"三项建设"、"五个优化"，进一步扩大与"一带一路"沿线国家贸易合作，营造良好的营商环境，切实加强自由贸易协定的宣传力度，为企业减负助力，不断优化经济发展的质量和效益。

（一）2017年中国对外贸易企业总体情况分析

中国海关总署数据显示，2017年，中国货物的进出口贸易总额达到了

41045.04亿美元，比2016年增加11.4%，如图1所示。其中，货物出口的贸易额为22635.22亿美元，比2016年提高7.9%，占全球货物出口贸易总额的13.2%，与2016年水平相当；货物进口的贸易额为18409.82亿美元，比2016年增加15.9%，中国连续九年保持全球第一大货物出口国和第二大进口国地位，贸易顺差额为4225.40亿美元，比2016年减少17.3%，具体如表1所示。

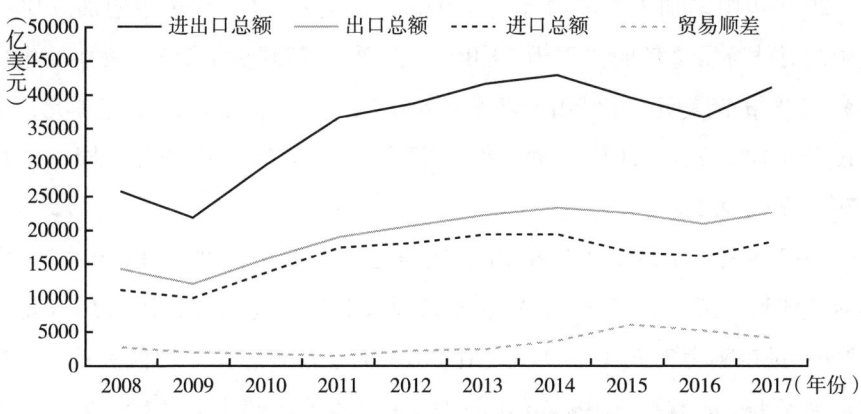

图1　2008~2017年中国货物贸易情况

资料来源：中国海关统计。

表1　2008~2017年中国货物进出口贸易的总体情况

单位：亿美元，%

年份	进出口情况		出口情况		进口情况		差额
	总额	增速	总额	增速	总额	增速	
2008	25632.60	17.8	14306.93	17.3	11325.67	18.5	2981.26
2009	22075.35	-13.9	12016.12	-16.0	10059.23	-11.2	1956.89
2010	29740.01	34.7	15777.54	31.3	13962.47	38.8	1815.07
2011	36418.64	22.5	18983.81	20.3	17434.84	24.9	1548.97
2012	38671.19	6.2	20487.14	7.9	18184.05	4.3	2303.09
2013	41589.93	7.5	22090.04	7.8	19499.89	7.2	2597.30
2014	43015.27	3.4	23422.93	6.0	19592.35	0.4	3824.60
2015	39530.33	-8.0	22734.68	-2.9	16795.64	-14.1	5945.04
2016	36855.57	-6.8	20981.54	-7.7	15874.19	-5.5	5107.34
2017	41045.04	11.4	22635.22	7.9	18409.82	15.9	4225.40

资料来源：中国海关统计。

1. 2017年中国对外贸易企业的贸易方式分析

从中国对外贸易的方式看，2017年中国一般贸易进出口总额高达23128.5亿美元，比2016年增加13.9%，占中国对外贸易总额的比重为56.3%。其中，出口额为12300.9亿美元，比2016年增加8.8%；进口额为10827.6亿美元，比2016年增加20.2%。一般贸易项下顺差额为1473.3亿美元，详见表2。

2017年中国加工贸易总额为11900.5亿美元，比2016年增加7.0%，占中国对外贸易总额的比重为29.0%，比2016年减少1.2%。其中，出口额为7588.3亿美元，比2016年提高6.0%；进口额为4312.2亿美元，比2016年增加8.7%。2017年加工贸易顺差额为3276.1亿美元，同比增加2.7%，详见表2。

2017年其他贸易总额为6016.0亿美元，比2016年增加12.6%，占中国对外贸易总额的14.7%。其中，出口额为2746.0亿美元，比2016年增加9.2%；进口额为3270.0亿美元，比2016年增加15.7%。其他贸易项下逆差额为524.0亿美元，比2016年的312.1亿美元，同比上升67.9%，详见表2。

2017年中国外贸回稳向好的基础不断巩固，制造业智能化、网络化、数字化进程日渐深入，新技术、新产品层出不穷，部分高附加值机电产品和装备制造产品保持良好增势，如医疗仪器及器械、计算机、汽车出口的增长率分别为10.3%、16.6%、27.2%，民营企业表现活跃，进出口贡献率达41.2%。此外，"一带一路"建设取得积极进展，中国与沿线国家产能合作、制造业协同发展步伐加快，进出口增长率达17.8%，对外贸易发展动力正逐步释放。然而，国际经济贸易领域的不稳定、不确定因素给中国外贸质量可持续发展带来了一些新挑战。2017年，全球范围内贸易保护主义进一步升温，针对中国产品的贸易摩擦依然频发，有色金属制品、钢铁依然是摩擦焦点，而且发达国家坚持"经济再平衡、再工业化"政策带动中高端制造业回流，部分新兴市场国家凭借劳动、土地价格低廉吸引低端制造业转移，全球贸易竞争更加激烈。

表2 2008~2017年中国对外贸易方式的情况

年份	项目	出口额 金额(亿美元)	出口额 同比增长(%)	进口额 金额(亿美元)	进口额 同比增长(%)
2008	总　额	14285.46	17.2	11330.86	18.5
	一般贸易	6625.84	22.9	5726.77	33.6
	加工贸易	6751.82	9.3	3784.04	2.7
	其他贸易	907.80	46.9	1820.05	14.6
2009	总　额	12016.6	-16.0	10055.6	-11.2
	一般贸易	5298.3	-20.1	5338.7	-6.7
	加工贸易	5869.8	-13.1	3223.4	-14.8
	其他贸易	848.5	-7.9	1493.5	-18.0
2010	总　额	15779.3	31.3	13948.3	38.7
	一般贸易	7207.3	36.0	7679.8	43.7
	加工贸易	7403.4	26.1	4174.3	29.5
	其他贸易	1168.6	37.7	2094.2	40.2
2011	总　额	18987.8	20.3	17432.4	25.0
	一般贸易	9173.7	27.3	10077.1	31.2
	加工贸易	8352.2	12.8	4698.9	12.6
	其他贸易	1460.3	25.0	2661.4	27.1
2012	总　额	20487.8	7.9	18182.0	4.3
	一般贸易	9880.1	7.7	10218.4	1.4
	加工贸易	8627.8	3.3	4811.7	2.4
	其他贸易	1990.4	36.3	3148.4	18.3
2013	总　额	22100.2	7.9	19502.9	7.3
	一般贸易	10875.3	10.1	11097.2	8.5
	加工贸易	8608.2	-0.2	4969.9	3.3
	其他贸易	2616.7	32.2	3435.8	9.6
2014	总　额	23427.5	6.1	19602.9	0.4
	一般贸易	12036.8	10.7	11095.1	0.0
	加工贸易	8843.6	2.7	5243.8	5.5
	其他贸易	2547.1	-2.7	3264.0	-5.0

续表

年份	项　目	出口额		进口额	
		金额(亿美元)	同比增长(%)	金额(亿美元)	同比增长(%)
2015	总　额	22765.7	-2.8	16820.7	-14.1
	一般贸易	12157.0	1.0	9231.9	-16.8
	加工贸易	7977.9	-9.8	4470.0	-14.8
	其他贸易	2630.8	2.7	3117.6	-4.5
2016	总　额	20981.5	-7.7	15874.2	-5.5
	一般贸易	11310.4	-6.9	8990.1	-2.5
	加工贸易	7156.0	-10.3	3966.9	-11.3
	其他贸易	2515.1	-4.4	2827.2	-9.3
2017	总　额	22635.2	7.9	18409.8	15.9
	一般贸易	12300.9	8.8	10827.6	20.2
	加工贸易	7588.3	6.0	4312.2	8.7
	其他贸易	2746.0	9.2	3270.0	15.7

资料来源：中国海关统计。

2. 2017年中国对外贸易企业的企业性质分析

从2017年中国对外贸易经营主体来看，外商投资企业对外贸易总额为18391.4亿美元，比2016年的16874.2亿美元提高9.0%。2017年外商投资企业对外贸易总额占贸易总额的比重为44.8%，比2016年减少1个百分点。其中，出口额为9775.6亿美元，同比增加6.6%，出口规模仍居各类企业首位；进口额为8615.8亿美元，相比2016年增加11.8%。国有企业对外贸易总额为6686.7亿美元，与2016年相比增加了16.0%，占贸易总额的16.3%。其中，出口额为2312.3亿美元，比2016年提高了7.3%；进口额为4374.4亿美元，比2016年增加了21.1%。2017年其他企业对外贸易依然具有较强的活力，其他企业对中国进出口贸易的发展具有重要的推动作用，对外贸易总额为15966.9亿美元，比2016年增加了12.3%，占贸易总额的38.9%，对外贸易规模已经远远超过国有企业，是国有企业的2倍多。其中，出口额为10547.3亿美元，同比增长9.2%；进口额为5419.6亿美元，同比增长18.8%，详见表3。

表3 2008~2017年中国对外贸易的企业性质统计

年份	项目	出口额		进口额	
		金额(亿美元)	同比增长(%)	金额(亿美元)	同比增长(%)
2008	总 额	14285.46	17.2	11330.86	18.5
	国有企业	2572.28	14.4	3538.10	31.1
	外资企业	7906.20	13.6	6199.56	10.8
	其他企业	3806.98	27.9	1593.20	25.8
2009	总 额	12016.6	-16.0	10055.6	-11.2
	国有企业	1909.9	-25.5	2884.7	-18.5
	外资企业	6722.3	-15.5	5452.1	-12.0
	其他企业	3384.4	-11.6	1718.8	7.9
2010	总 额	15779.3	31.3	13948.3	38.7
	国有企业	2343.6	22.7	3875.5	34.3
	外资企业	8623.1	28.3	7380.0	35.3
	其他企业	4812.7	42.2	2692.8	56.7
2011	总 额	18987.8	20.3	17432.4	25.0
	国有企业	2672.4	14.0	4939.5	27.5
	外资企业	9948.9	15.4	8643.4	17.1
	其他企业	6357.6	32.1	3849.4	43.0
2012	总 额	20487.8	7.9	18182.0	4.3
	国有企业	2562.8	-4.1	4954.3	0.3
	外资企业	10227.5	2.8	8712.5	0.8
	其他企业	7699.1	21.1	4511.5	17.2
2013	总 额	22100.2	7.9	19502.9	7.3
	国有企业	2489.9	-2.8	4989.9	0.6
	外资企业	10442.6	2.1	8748.2	0.4
	其他企业	9167.7	19.1	5764.8	27.8
2014	总 额	23427.5	6.1	19602.9	0.4
	国有企业	2564.9	3.1	4910.5	-1.9
	外资企业	10747.3	3.0	9093.1	3.9
	其他企业	10115.2	10.4	5599.3	-2.9
2015	总 额	22749.5	-2.9	16819.5	-14.2
	国有企业	2423.9	-5.5	4078.4	-16.9
	外资企业	10047.3	-6.5	8298.9	-8.7
	其他企业	10278.3	1.6	4442.2	-20.7

续表

年份	项目	出口额		进口额	
		金额（亿美元）	同比增长（%）	金额（亿美元）	同比增长（%）
2016	总　额	20981.5	-7.7	15874.2	-5.5
	国有企业	2156.1	-11.0	3608.2	-11.4
	外资企业	9169.5	-8.7	7704.7	-7.0
	其他企业	9655.9	-6.1	4561.3	2.7
2017	总　额	22635.2	7.9	18409.8	15.9
	国有企业	2312.3	7.3	4374.4	21.1
	外资企业	9775.6	6.6	8615.8	11.8
	其他企业	10547.3	9.2	5419.6	18.8

资料来源：中国海关统计。

3. 2017年中国对外贸易企业的国别分析

2017年中国对发达国家的进出口贸易呈增长态势。2017年，欧盟、美国、东盟为中国前三大贸易伙伴，进出口贸易分别为6169.16亿美元、5836.98亿美元、5148.17亿美元。此外，中国外贸企业对新兴市场的对外贸易也取得了较好的成效，对非洲、中东欧、印度、俄罗斯、拉丁美洲等国家的对外贸易保持较高比重。2017年，世界经济深层次结构性矛盾尚未解决，全球财政政策与金融政策进入调整阶段，地缘政治风险日益凸显，世界贸易复苏进程呈现曲折往复，中国经济发展亦进入决胜全面建成小康社会、开启全面建设社会主义现代化国家新征程阶段，逐步形成全面开放新格局，强化"一带一路"外贸合作，深化服务贸易发展、货物贸易提质增效。

具体来看，2017年中国对欧盟对外贸易额为6169.2亿美元，增加了12.7%，欧盟依然是中国第一大出口市场，其中对欧盟的出口额比2016年增加了9.7%，出口额为3720.4亿美元；对欧盟的进口额比2016年增加了17.7%，进口额为2448.7亿美元。中国对美国的进出口总额为5837.0亿美元，同比增加了12.3%，其中对美国的出口额为4297.6亿美元，同比增加了11.5%，美国成为中国第二大出口市场；对美国的进口额为1539.4亿美元，比2016年增加了14.5%。中国对日本的进出口总额为3029.8亿美元，比2016年上升了10.1%，其中对日本的出口额为1373.2亿美元，比2016年增加了6.1%；对日本的进口额为1656.5亿美元，比2016年增加了13.7%，如表4所示。

随着"一带一路"倡议的深入，中国对新兴市场国家和发展中国家的进出口贸易稳定在较高水平。具体而言，中国对东盟的进出口总额为5148.2亿美元，比2016年增加了13.8%，其中对东盟的出口额为2791.2亿美元，比2016年增加了9.0%；对东盟的进口额为2357.0亿美元，比2016年增加了20.1%。中国对俄罗斯的进出口总额为841.0亿美元，比2016年增加了20.8%，其中对俄罗斯的出口额为429.0亿美元，比2016年增加了14.8%；对俄罗斯的进口额为412.0亿美元，比2016年提高了27.7%，如表4所示。

表4 2017年中国对外贸易的主要国别（地区）分布情况

单位：亿美元

国别	进出口总额	出口额	进口额
亚洲	21259.22	10963.48	10293.74
日本	3029.77	1373.24	1656.53
韩国	2802.60	1027.51	1775.08
中国香港	2866.63	2793.47	73.16
中国台湾	1993.75	439.90	1553.86
东盟*	5148.17	2791.20	2356.96
新加坡	792.43	450.20	342.23
非洲	1700.00	947.39	752.61
欧洲	7558.86	4290.58	3268.28
欧盟**	6169.16	3720.42	2448.74
英国	790.34	567.20	223.14
德国	1680.98	711.44	969.54
法国	544.64	276.69	267.95
意大利	495.98	291.71	204.27
荷兰	783.79	671.35	112.44
俄罗斯	840.95	428.97	411.97
拉丁美洲	2578.49	1308.26	1270.22
北美洲	6357.18	4612.70	1744.48

续表

国 别	进出口总额	出口额	进口额
加拿大	517.52	313.81	203.71
美 国	5836.98	4297.55	1539.43
大洋洲	1589.38	512.63	1076.75
澳大利亚	1362.61	414.40	948.22
总 值	41045.04	22635.22	18409.82

注：＊东盟：包括文莱、印度尼西亚、马来西亚、菲律宾、新加坡、泰国，1996年后增加越南，1998年后增加老挝和缅甸，2000年后增加柬埔寨。＊＊欧盟：1994年前称欧共体，包括比利时、丹麦、英国、德国、法国、爱尔兰、意大利、卢森堡、荷兰、希腊、葡萄牙、西班牙，1995年后增加奥地利、芬兰、瑞典。自2004年5月起，统计范围增加塞浦路斯、匈牙利、马耳他、波兰、爱沙尼亚、拉脱维亚、立陶宛、斯洛文尼亚、捷克、斯洛伐克。自2007年1月起，增加罗马尼亚、保加利亚。自2013年7月增加克罗地亚。

资料来源：中国海关统计。

从中国对外贸易的十大贸易伙伴来看，十大贸易伙伴的进出口总额占中国对外贸易总额的78.22%，比上年增加了1.60%。具体来看，2017年欧盟是中国对外贸易的第一大贸易伙伴，进出口贸易总额为6169.2亿美元，占中国对外贸易总额的15.0%，比2016年提高了0.2%；排在第二位的仍是美国，进出口贸易总额为5837.0亿美元，占中国对外贸易总额的14.2%，比2016年提高了0.1%；第三大贸易伙伴为东盟，进出口总额为5148.2亿美元，占中国对外贸易总额的12.5%，比2016年提高0.2%。第四至第十大贸易伙伴依次为日本、中国香港、韩国、中国台湾、德国、澳大利亚和越南，进出口贸易总额分别为3029.8亿美元、2866.6亿美元、2802.6亿美元、1993.8亿美元、1681.0亿美元、1362.6亿美元和1213.2亿美元，占中国对外贸易总额的比重分别为7.4%、7.0%、6.8%、4.9%、4.1%、3.3%和3.0%，如图2所示。

4. 2017年中国对外贸易企业的商品结构分析

从出口商品结构来看，2017年机电产品出口依然具备出口优势，出口额高达13214.6亿美元，比2016年增加了9.3%，出口额占出口贸易总额的比重达58.4%，如表5所示。2017年，装备制造业产品出口额快速增长，

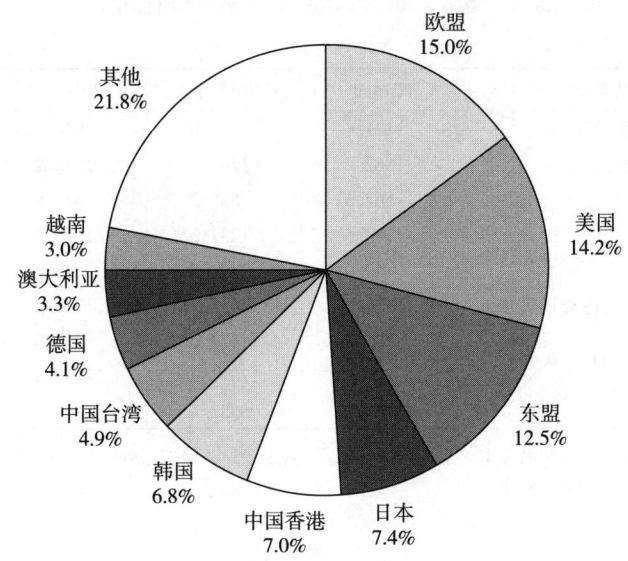

图2　2017年中国对外贸易的前十大贸易伙伴情况

资料来源：中国海关统计。

极大地带动了机电产品的出口规模。具体来看，中国装备制造业产品性价比高，全球需求量大，但2017年通信产品等电子类产品出口增速继续下滑，激光唱机、录/放像机、平板电脑出口降低幅度最大；机械类产品两极分化较为严重，小客车（九座以下）、散货船出口量减少较为明显，缩减率分别为7.4%、13.6%，而四轮驱动轻型越野车、集装箱船、摩托车出口大幅增加，增长幅度分别为47.2%、34.6%、11.4%。然而，机电产品出口特征并未转变，一是与发展中国家的制造业具有高度的互补性，二是中国的外贸发展提速换挡日益深入，三是"一带一路"务实合作进程不断加速。

与此同时，2017年中国纺织服装产业已逐步从"阵痛期"走出，在柬埔寨、越南等东南亚国家成本低廉的冲击下，中国纺织服装出口依然出现增长，2017年中国纺织品累计出口同比增加4.5%，而服装出口与2016年基本持平。

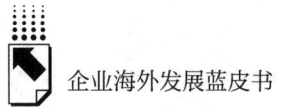

表5　2014~2017年中国主要商品的出口情况

单位：亿美元

商品名称	2014年	2015年	2016年	2017年
纺织纱线、织物及制品	1121.4	1095.0	1050.5	1097.7
服装及衣着附件	1862.8	1742.8	1578.2	1572.0
鞋类	562.5	535.3	471.9	481.6
手持或车载无线电话机	1153.6	1237.3	1155.4	1260.3
集装箱	90.0	76.7	42.3	83.8
自动数据处理设备及其部件	1817.2	1523.1	1373.8	1582.4
家具及其零件	520.2	528.0	477.8	499.2
机电产品*	13109.0	13017.2	12094.0	13214.6
高新技术产品*	6605.3	6552.1	6038.7	6674.4

注：*表示"机电产品"和"高新技术产品"包括部分本表中已列的相关商品。

资料来源：中国海关统计。

作为全球最大农产品消费国及生产国，中国农产品进口额呈现高速增长态势，2017年我国农产品进口额为1247.2亿美元，比2016年增加了12.7%，其中大豆农产品的进口额高达396.38亿美元，比2016年提高了16.6%，占我国农产品进口总额的比重为31.8%。2017年铁矿砂及其精矿的进口额增幅显著，进口额增加至762.78亿美元，同比增加31.4%。2017年高新技术产品的进口额达5840.34亿美元，比2016年提高了11.5%，其中计算机集成制造技术、电子技术、航空航天技术等领域的高新技术产品进口增速均在10%以上。2017年机电产品的进口额达8544.96亿美元，比2016年提高了10.8%。具体如表6所示。

表6　2014~2017年中国重点商品的进口情况

单位：亿美元

商品名称	2014年	2015年	2016年	2017年
大豆	402.85	347.69	339.85	396.38
食用植物油	59.32	50.11	41.64	45.31
铁矿砂及其精矿	93.64	576.20	576.57	762.78
原油	2283.12	1344.51	1164.69	1623.28
成品油	234.35	143.03	111.41	144.86

续表

商品名称	2014 年	2015 年	2016 年	2017 年
初级形状的塑料	515.73	450.21	413.26	485.06
钢材	179.13	143.35	131.53	151.70
未锻轧铜及铜材	356.47	290.31	263.79	312.58
汽车和汽车底盘	607.77	446.66	446.66	506.58
机电产品*	8543.38	8061.39	7714.09	8544.96
高新技术产品*	5514.11	5480.58	5237.83	5840.34

注：*表示"机电产品"和"高新技术产品"中包括本表中已列示的部分相关商品。
资料来源：中国海关统计。

5. 2017年中国对外贸易企业的区域分布分析

从中国对外贸易的区域分布来看，2017年对外贸易仍然主要集中于东部沿海地区，但中西部地区的对外贸易发展潜力逐步释放。2017年，东部地区进出口贸易总额为34994.4亿美元，比2016年提高了1.4%，占中国进出口贸易总额的85.3%，相比2016年降低了0.3个百分点。其中出口贸易额为19337.9亿美元，比2016年提高了8.5%，占中国出口贸易额的85.4%，所占比重比2016年上升了0.5个百分点；进口贸易额为15656.5亿美元，占进口贸易额的85.0%，所占比重比2016年下降了1.5个百分点。目前，中西部地区对外进出口贸易占中国总体比重还不高，然而"一带一路"倡议的不断深化及西部大开发战略的激励，发达国家及东部沿海高新技术产业逐渐转移至中西部地区，中部、西部地区对外贸易优势日益显露。2017年中部和西部地区的对外贸易总额分别为3023.3亿美元和3027.4亿美元，均占中国进出口贸易总额的7.4%，这两个区域共占中国进出口贸易总额的比重为14.8%，较2016年增加了0.4个百分点。其中出口贸易额分别为1760.1亿美元和1537.2亿美元，分别占中国出口贸易额的7.8%和6.8%，进口贸易额分别为1263.2亿美元和1490.1亿美元，分别占中国进口贸易额的6.9%和8.1%，如表7所示。虽然中西部地区在中国进出口贸易总额中份额处于较低水平，但从金融危机爆发后，中国区域进出口贸易结构不断优化、升级，中西部地区贸易条件显著改善，特别是"一带一路"

倡议提出以来,中国对外开放新格局逐步由以东部为核心向以中西部为主转变,中西部地区积极响应双边、多边的全球贸易,贸易覆盖地区拓展至中亚、东南亚等地,向全球价值链中端攀升。

表7 2012~2017年中国对外贸易发展的区域分布情况

单位:亿美元,%

年份及分项	区域	全国 金额	东部地区 金额	占比	中部地区 金额	占比	西部地区 金额	占比
2012	进出口	38669.8	33745.6	87.3	2558.2	6.6	2363.6	6.1
	出口	20487.8	17592.1	85.9	1409.8	6.9	1487.4	7.3
	进口	18182.0	16153.5	88.8	1148.4	6.3	876.2	4.8
2013	进出口	41603.1	35977.4	86.5	2844.0	6.8	2781.5	6.7
	出口	22100.2	18707.3	84.6	1610.7	7.3	1782.2	8.1
	进口	19502.9	17270.2	88.6	1233.5	6.3	999.3	5.1
2014	进出口	43030.4	36559.5	85.0	3127.1	7.3	3343.8	7.8
	出口	23427.5	19436.4	83.0	1816.4	7.8	2174.6	9.3
	进口	19602.9	17123.0	87.3	1310.6	6.7	1169.2	6.0
2015	进出口	39569.0	34096.0	86.2	2881.4	7.3	2591.6	6.5
	出口	22749.5	19645.7	86.4	1729.5	7.6	1374.4	6.0
	进口	16819.5	14450.3	85.9	1151.9	6.9	1217.2	7.2
2016	进出口	36855.7	31556.0	85.6	2728.2	7.4	2571.5	7.0
	出口	20981.5	17822.0	84.9	1639.3	7.8	1520.2	7.3
	进口	15874.2	13734.0	86.5	1088.9	6.9	1051.3	6.6
2017	进出口	41045.0	34994.4	85.3	3023.3	7.4	3027.4	7.4
	出口	22635.2	19337.9	85.4	1760.1	7.8	1537.2	6.8
	进口	18409.8	15656.5	85.0	1263.2	6.9	1490.1	8.1

注:东部地区包括北京、上海、天津、河北、福建、辽宁、浙江、山东、江苏、广东和海南;中部地区包括河南、山西、吉林、湖南、江西、黑龙江、湖北和安徽;西部地区包括四川、内蒙古、云南、青海、广西、贵州、西藏、陕西、甘肃、重庆、新疆和宁夏。

资料来源:中国海关统计。

从东中西部地区对外贸易缩减速度来看,中西部地区的进出口贸易增速明显高于东部地区,但出口贸易增速稍弱于东部地区。2017年东中西部地区对外贸易都呈现不同程度的上升,东部地区由2016的负向缩减速度转变为正向的增加速度,如表8所示。2017年,中部地区的进出口贸易增长速度为10.8%，比2016年回升16.1个百分点。其中出口贸易增加7.4%，比2016年上升了12.6个百分点；进口贸易增加了16.0%，比2016年提高了21.5个百分点。西部地区的进出口贸易增加速度为17.7%，比2016年增加了18.5个百分点，其中出口贸易提升了1.1%，进口贸易增加了41.7%，比2016年增加了55.3个百分点。而东部地区的进出口贸易增长速度为10.9%，比2016年上升了18.3个百分点。其中出口贸易提高了8.5%，比2016年提高了15.8个百分点；进口贸易提高了14.0%，比2016年增加了13.4个百分点。

表8 2013～2017年东、中、西部地区对外贸易增长速度

单位：%

年份及分项	区域	全国	东部地区	中部地区	西部地区
2013	进出口	7.6	6.6	11.3	17.7
	出口	7.9	6.4	14.2	19.8
	进口	7.3	6.9	7.7	14.0
2014	进出口	3.4	1.6	10.0	20.2
	出口	6.0	3.9	12.8	22.0
	进口	0.5	-0.9	6.3	6.0
2015	进出口	-8.0	-6.7	-7.9	-22.5
	出口	-2.9	1.1	-4.8	-36.8
	进口	-14.2	-15.6	-12.1	4.1
2016	进出口	-6.8	-7.4	-5.3	-0.8
	出口	-7.7	-7.3	-5.2	10.6
	进口	-5.5	0.6	-5.5	-13.6
2017	进出口	11.4	10.9	10.8	17.7
	出口	7.9	8.5	7.4	1.1
	进口	16.0	14.0	16.0	41.7

注：东部地区包括北京、上海、天津、河北、福建、辽宁、浙江、山东、江苏、广东和海南；中部地区包括河南、山西、吉林、湖南、江西、黑龙江、湖北和安徽；西部地区包括四川、内蒙古、云南、青海、广西、贵州、西藏、陕西、甘肃、重庆、新疆和宁夏。

资料来源：中国海关统计。

从各省（市）的对外贸易情况来看，2017年中国对外贸易额排在前十位的省（市），其中九个省（市）的进出口总额都超过了千亿美元，只

有河北省的进出口总额尚未突破1000亿美元。广东省的对外贸易总额居全国首位,进出口总额高达11128.2亿美元;江苏省的进出口贸易总额居第二位,总额为6367.8亿美元;上海市的进出口贸易总额排在第三位,总额为4472.9亿美元;浙江省的对外贸易总额排在第四位,总额为3840.6亿美元;山东省的进出口贸易总额排在第五位,总额为3147.4亿美元;进出口贸易总额排在第六至第十位的省(市)依次是福建省、天津市、北京市、辽宁省和河北省,进出口总额分别为1531.0亿美元、1217.2亿美元、1215.9亿美元、1122.4亿美元和814.6亿美元,如图3所示。

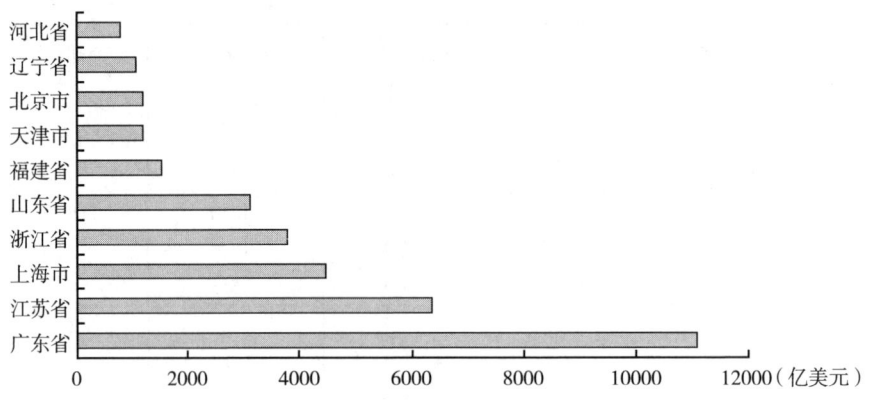

图3　2017年中国进出口总额前十位地区

资料来源:中国海关统计。

从各省(市)的出口情况来看,2017年广东省仍然是出口大省,出口额排在第一位,出口额高达6756.27亿美元,比2016年增加了3.3%;排在第二位的是江苏省,出口额为3752.22亿美元,比2016年增加了13.4%;排在第三位的是浙江省,出口额为2925.22亿美元,比2016年增加了7.0%;排在第四位的是上海市,出口额为1741.73亿美元,比2016年增加了4.7%;排在第五位的是山东省,出口额为1573.56亿美元,比2016年增加了9.0%;排在第六至第十位的出口大省(市)依次是福建省、河南省、辽宁省、河北省和天津市,出口额分别为922.62亿美元、501.26亿美元、

494.47亿美元、437.39亿美元和426.52亿美元，分别比2016年增加了5.8%、10.6%、10.3%、-0.6%和2.4%，如表9所示。

表9 2011~2017年各省（市）出口情况

单位：亿美元

区域\年份	2011	2012	2013	2014	2015	2016	2017
北京	590.25	596.50	632.46	623.48	290.06	255.06	264.91
天津	444.98	483.14	490.25	525.97	483.83	416.66	426.52
河北	285.82	296.04	309.63	357.13	476.65	439.67	437.39
山西	54.28	70.16	79.97	89.42	114.72	125.26	138.36
内蒙古	46.87	39.71	40.95	63.94	61.37	51.94	58.21
辽宁	510.41	579.50	645.41	587.59	511.19	446.18	494.47
吉林	49.98	59.83	67.57	57.78	53.92	48.60	52.88
黑龙江	176.73	144.36	162.32	173.40	63.15	48.86	52.87
上海	2096.90	2067.44	2041.97	2101.63	1787.09	1664.98	1741.73
江苏	3126.23	3285.38	3288.57	3418.68	3488.63	3311.82	3752.22
浙江	2163.60	2245.69	2487.92	2733.54	2832.33	2734.74	2925.22
安徽	170.84	267.52	282.56	314.93	276.58	259.80	298.96
福建	928.43	978.36	1065.04	1134.57	939.73	873.04	922.62
江西	218.81	251.11	281.70	320.38	301.40	241.81	248.47
山东	1257.88	1287.32	1344.99	1447.45	1485.29	1443.72	1573.56
河南	192.40	296.78	359.92	393.84	457.83	453.26	501.26
湖北	195.35	194.01	228.38	266.46	271.00	247.62	290.57
湖南	98.97	126.00	148.21	200.23	190.88	142.76	176.69
广东	5319.42	5741.36	6364.04	6462.22	7308.18	6542.41	6756.27
广西	124.58	154.68	186.95	243.30	141.39	126.57	144.38
海南	25.42	31.43	37.06	44.17	42.68	34.69	43.02
重庆	198.38	385.70	467.97	634.09	399.40	336.21	378.28
四川	290.46	384.64	419.52	448.50	285.19	261.95	351.76
贵州	29.85	49.52	68.63	93.97	54.50	39.90	55.00
云南	94.73	100.18	159.59	188.02	106.70	88.72	96.74
西藏	11.83	33.55	32.69	21.01	5.27	4.72	3.73
陕西	70.11	86.52	102.24	139.29	146.22	157.91	238.13
甘肃	21.59	35.74	46.79	53.31	21.61	19.45	18.20
青海	6.62	7.30	8.47	11.28	3.66	3.59	2.82
宁夏	15.99	16.41	25.52	43.03	23.82	20.53	26.71
新疆	168.29	193.47	222.70	234.83	125.25	139.08	163.27
全国	18986.00	20489.35	22100.19	23427.47	22749.50	20981.54	22635.22

资料来源：中国海关统计。

从各省（市）的进口情况来看，2017年中国前十大进口大省的进口额均呈现不同程度的提高。具体看，广东省的进口额仍然位列第一，进口额高达4371.91亿美元，比2016年增加了7.7%；排在第二位的是上海市，进口额为2731.15亿美元，比2016年增加了14.6%；排在第三位的是江苏省，进口额为2615.57亿美元，比2016年提高了21.0%；排在第四位的是山东省，进口额为1573.87亿美元，比2016年增加了21.9%；排在第五位的是北京市，进口额为950.95亿美元，比2016年减少了1.8%；排在第六至第十位的进口大省（区、市）依次是浙江省、天津市、辽宁省、福建省和广西壮族自治区，进口额分别为915.42亿美元、790.63亿美元、627.95亿美元、608.35亿美元和381.75亿美元，分别比2016年增加了30.8%、21.0%、22.4%、22.7%和22.0%，如表10所示。

表10 2011~2017年各省（区、市）的进口贸易情况

单位：亿美元

区域\年份	2011	2012	2013	2014	2015	2016	2017
北京	3304.70	3482.66	3658.57	3533.06	1017.81	967.92	950.95
天津	588.92	673.09	795.03	813.16	706.77	652.88	790.63
河北	250.22	209.44	239.20	241.69	325.32	309.22	377.24
山西	93.32	80.27	78.01	73.06	60.46	62.97	69.18
内蒙古	72.57	72.90	78.98	81.59	77.80	80.27	100.41
辽宁	449.17	460.41	497.44	552.01	559.96	512.19	627.95
吉林	170.49	185.89	190.96	206.00	146.35	143.17	145.12
黑龙江	208.40	233.85	226.46	215.60	99.99	90.14	114.20
上海	2276.20	2297.95	2370.29	2562.45	2442.91	2382.00	2731.15
江苏	2271.36	2195.55	2219.88	2218.93	2321.73	2162.01	2615.57
浙江	930.37	876.66	870.42	817.94	763.37	699.44	915.42
安徽	142.54	125.73	173.77	177.80	149.58	149.24	207.19
福建	507.21	580.91	628.48	640.42	539.48	495.74	608.35
江西	96.75	82.99	85.69	107.45	105.70	112.49	120.47
山东	1102.04	1168.13	1326.49	1323.70	1310.09	1288.20	1573.87
河南	134.02	220.72	239.59	256.49	312.28	287.89	312.26
湖北	139.82	125.59	135.52	164.18	175.12	142.33	171.40

续表

年份 区域	2011	2012	2013	2014	2015	2016	2017
湖 南	91.03	93.41	103.44	110.04	102.45	89.12	123.40
广 东	3815.34	4096.79	4551.66	4305.12	4350.47	4059.65	4371.91
广 西	108.90	140.05	141.42	162.23	322.58	314.64	381.75
海 南	102.15	111.87	112.72	114.57	112.40	86.88	93.44
重 庆	93.80	146.33	219.07	320.41	187.83	182.85	187.46
四 川	187.39	206.64	226.41	254.02	187.02	218.79	314.61
贵 州	18.99	16.80	14.04	14.17	23.79	12.12	26.17
云 南	65.80	109.87	98.70	108.20	83.50	85.56	117.20
西 藏	1.76	0.69	0.50	1.54	1.38	1.20	2.41
陕 西	76.13	61.47	99.03	134.79	152.61	136.50	166.26
甘 肃	65.80	53.31	56.00	33.18	22.45	25.85	34.28
青 海	2.62	4.30	5.55	5.91	2.24	1.62	1.68
宁 夏	6.86	5.76	6.65	11.32	10.60	10.51	16.55
新 疆	59.93	58.24	52.92	41.87	145.44	110.83	141.33
全 国	17434.58	18178.26	19502.89	19602.90	16819.51	15874.19	18409.82

资料来源：中国海关统计。

（二）2017年中国电子信息产品对外贸易分析

2017年，中国电子信息产品外贸扭转了前两年的下降态势，外需市场回稳，中国企业的国际地位与中国品牌的品牌价值持续上升。从品牌影响力来看，世界品牌价值及战略公司发布的"2017年度全球500强"报告指出，阿里巴巴、华为、腾讯等均进入前50位；2017年中国出海品牌30强排行报告显示，联想、小米等中国品牌的海外影响力与日俱增，创新型数字设备及服务是增长最为显著的。从国际分工地位看，中国正逐步由代工者转变为引领创新者，在无人机、语音交互、彩电、手机等行业领域大放异彩，电子信息产品和服务质量显著提升，在前沿技术领域，5G技术网络架构等技术成为国际标准，在2020年前有望成为新一代宽带移动通信行业的世界领军者，而两化融合评估国际标准提案正式在国际标准化组织立项，为世界产业发展提供中国智慧支撑。

根据中国工业和信息化部的数据可知，2017年，中国电子信息产品出口交货值由负转正，同比增长14.2%，快于全部规模以上工业出口交货值增速3.5个百分点，占规模以上工业出口交货值比重为41.4%，其中，12月份出口交货值同比增长13.2%，比11月份回落3.4个百分点，如图4所示。

图4　2017年中国电子信息产品出口交货值分月增速

资料来源：中华人民共和国工业和信息化部。

其中软件业出口仍然低迷，但2017年6~12月，出口情况有所改善。2017年，软件业出口额达538亿美元，同比增长3.4%，增速比2016年提高2.4个百分点。其中，外包服务出口增长5.1%，比2016年提高4.4个百分点，嵌入式系统软件出口增长2.3%，如图5所示。

从电子信息产品出口贸易的行业分布来看，2017年，中国通信设备出口交货值比2016年增加13.9%，增速比2016年提高10.5个百分点；计算机实现出口交货值比2016年增长9.7%，增速比2016年上升15.1个百分点；家用视听产品实现出口交货值比2016年增长11.8%，增速比2016年提升10.0个百分点；电子元件实现出口交货值比2016年增长20.7%，增速比2016年上涨18.1个百分点；电子器件实现出口交货值比2016年增长15.1%，增速比2016年提高15.8个百分点，如图6所示。

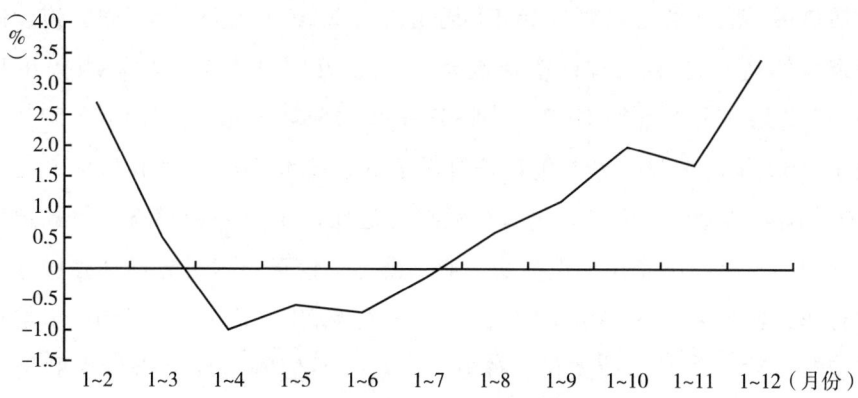

图 5　2017 年 1~12 月软件业出口增速

资料来源：中国工业和信息化部。

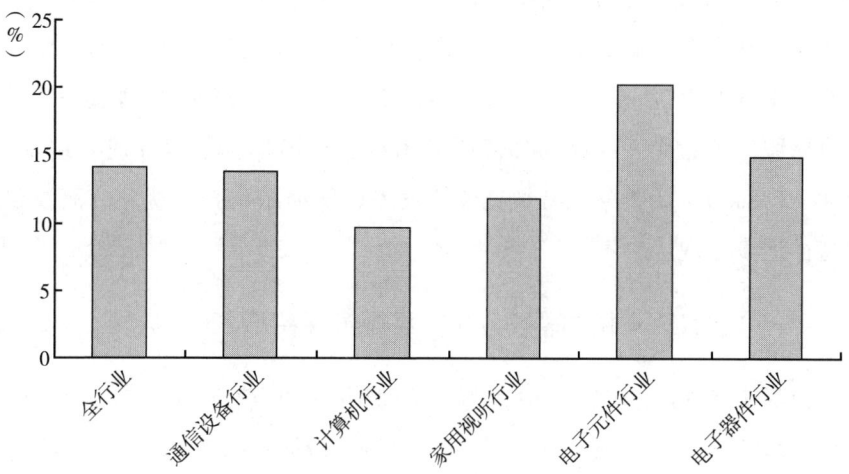

图 6　2017 年电子信息产品行业出口交货值增长率

资料来源：中国工业和信息化部。

二　2017年中国服务贸易企业总体分析与评价

在各行业及政府部门的积极努力下，2017 年中国服务贸易延续了快速发展势头，服务贸易总额为46991亿元，比2016年提高了6.9%，连续四年继续保持全球第二位，增速高于美国、英国、法国。其中服务出口15407亿元，同比增长10.7%；服务进口31584亿元，同比增长5.2%。截至2017年，中国服务外包覆盖全球五大洲200多个国家和地区，其中130个国家和地区的服务外包执行额超过亿元。在"一带一路"不断建设下，中国与沿线国家在工程技术、工业设计、信息技术等方面加强服务外包合作，执行额首次突破1000亿元，达到1029.3亿元，比2016年增加27.7%，助推中国移动支付、核电、高铁、通信等全球先进标准和技术"走出去"。同时，新兴服务行业出口额为7328.4亿元，同比增长11.5%，占服务行业总出口额的比重为47.6%，其中维修维护、金融服务、知识产权使用费出口分别增长20.0%、17.0%、315.0%，而新兴服务行业进口额为7271.7亿元，比2016年上升10.6%，占服务行业总进口额的比重为23.0%，其中个人文化娱乐、知识产权使用费、电信计算机和信息服务进口增长率分别为30.6%、21.0%、54.9%。以金融服务、广告服务、维护和维修服务等为代表的高附加值服务出口增长迅猛，增速分别为45.0%、48.0%、54.0%。服务贸易平稳较快发展，贸易结构持续优化，高质量发展特征逐步显现。

（一）2017年中国服务企业贸易规模保持增长

由图7可知，2017年中国服务贸易规模继续保持稳定增长态势。2011~2015年，中国服务贸易进出口额增速波动较大，但2016~2017年服务贸易增速波动放缓，年均增长3.1%。2017年，中国服务贸易进出口额增长5.2%，略低于中国国内生产总值6.9%的名义增速。服务贸易是中国经济增长和外贸平稳发展的重要保障。

从服务贸易额占对外贸易总额的比重情况来看，2011~2017年，中国服务贸易进出口规模持续扩大，服务贸易额占对外贸易总额（服务和货物进出口额之和）的比重不断攀升，从2011年的12.3%增长到2017年的17.0%，比2016年下滑1.0个百分点，如图8所示。2017年以来，中国商务部同各部门、各相关地方继续落实服务贸易创新发展试点，进一步完善管理体制，扩大对外开放，重点拓展公共服务平台的功能和服务对象，提升新兴服务行业出口竞争力，加快服务贸易数字化进程，推进文化贸易、技术贸易、服务外包的发展，健全专业人才流动机制，构建国家层面全覆盖、机制化、系统化的服务贸易政策体系。

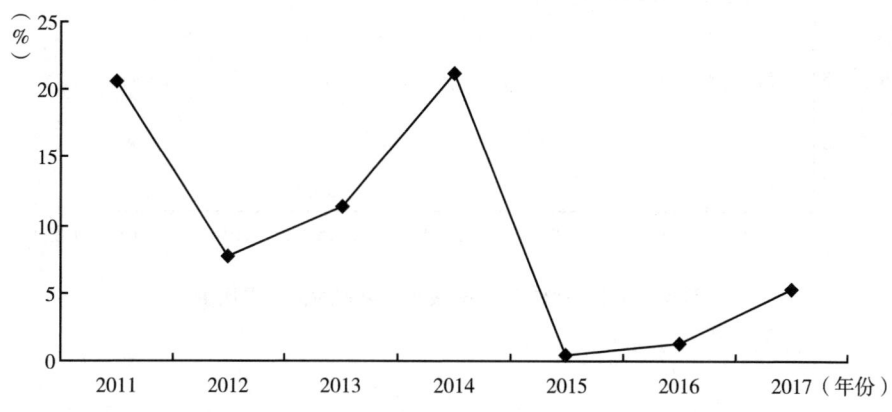

图7 2011~2017年中国服务贸易进出口额年均增长率

资料来源：中国商务部。

从服务贸易的出口情况来看，2017年传统服务贸易的出口额均出现了小幅下滑趋势，而新兴服务贸易出口显著增长，出口额的上涨推动了中国贸易结构转型升级，进一步促进中国向全球价值链高端攀登，为中国经济可持续发展注入新的活力。具体来看，旅行出口最多，出口额为2615.0亿元，比2016年减少了11.0%；其次是运输出口，出口额为2506.0亿元，比2016年增长了12.0%；电信、计算机和信息服务，建筑，维护和维修服务，知识产权使用费，金融服务，个人、文化和娱乐服务的出口也都实现较快的增长，出口额分别为1876.0亿元、1618.0亿元、401.0亿元、322.0亿元、250.0亿元、51.0亿元，分别比2016年增长了6.0%、92.0%、20.0%、315.0%、17.0%、4.0%；加工服务、保险和养老金服务的出口额均出现了不同程度的下滑，出口金额分别为1223.0亿元、273.0亿元,均比2016年减少了1.0%,具体如表11所示。

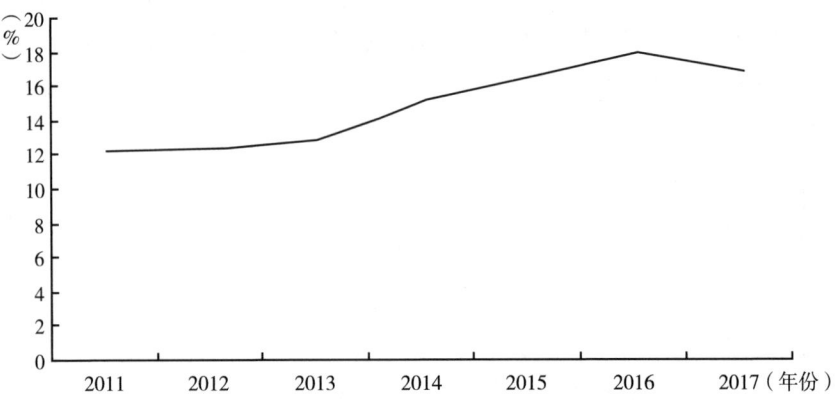

图8　2011～2017年中国服务贸易占对外贸易比重

资料来源：中国商务部。

表11　2017年中国服务贸易各行业分布情况

单位：亿元,%

服务类别	进出口		出口		进口	
	金额	同比增长	金额	同比增长	金额	同比增长
旅行	19826.0	-2.2	2615.0	-11.0	17210.0	-0.8
运输	8784.0	15.6	2506.0	12.0	6278.0	17.3
建筑	2197.0	57.8	1618.0	92.0	579.0	5.4
保险和养老金服务	976.0	-13.9	273.0	-1.0	703.0	-18.0
金融服务	359.0	3.0	250.0	17.0	109.0	-19.1
电信、计算机和信息	3171.0	22.1	1876.0	6.0	1292.0	55.0
加工服务	1235.0	-1.0	1223.0	-1.0	12.0	14.2
知识产权使用费	2252.0	34.7	322.0	315.0	1930.0	21.2
个人、文化和娱乐服务	237.0	23.9	51.0	4.0	186.0	30.8
维护和维修服务	554.0	18.1	401.0	20.0	153.0	14.3
其他商业服务	7051.0	4.8	4157.0	8.0	2895.0	0.4
总额	46991.0	6.9	15407.0	11.0	31584.0	5.2

资料来源：中国商务部。

从服务贸易进口具体情况来看，2017年，运输，建筑、电信、计算机和信息服务，加工服务，知识产权使用费，个人、文化和娱乐服务，维护和维修服务等行业的进口增长速度较快，分别为17.3%、5.4%、55.0%、14.2%、21.2%、30.8%、14.3%。2017年，旅行行业的进口额为17210.0亿元，比2016年减少了0.8%；保险和养老金服务业进口额为703.0亿元，同比减少了18.0%；金融服务业进口额为109.0亿元，比2016年减少了19.1%。

2017年，中国旅行业、运输服务业和建筑服务业三大传统服务行业的进出口总额达30807.0亿元，占据了服务贸易总额比重的66.0%。其中，这三类传统服务业的出口总额比2016年增加了12.0%，占服务出口总额的比重为44.1%。排在服务行业第一位的旅行业出口额比2016年减少了11.0%，占服务出口总额的比重为17.1%；排在第二位的运输服务业的出口额比2016年增加了12.0%，所占比重为16.4%；排在第三位的是知识产权使用费，它的出口额比2016年增加了315.0%，而所占比重上升到2.1%。旅游业长期是中国服务贸易进口的第一大门类，尤其是由于人均收入的高速增长，中国消费者出境旅游的数量呈井喷式增长，2011～2017年，旅游进口所占比重长期保持在50%以上。

在中国服务贸易稳步增长的背景下，中国在全球服务贸易领域的国际地位日益上升。从中国服务贸易占世界服务贸易的比重来看，2011年中国服务贸易占世界服务贸易的比重为5.3%，由于中国不断加大对外开放力度及调整产业结构，中国服务贸易占世界服务贸易的比重长期保持增长态势，2013年这一比重突破5.5%，2014年达到6.4%，比2013年提高了0.7%，2017年中国服务贸易占全球服务贸易的比重达到6.7%，如图9所示。

（二）2017年中国服务贸易逆差呈缩减态势

2017年中国服务贸易的进口增长速度比2016年提高了0.4个百分点，服务贸易的出口增长速度比2016年增长了12.9个百分点，进口的增长速度

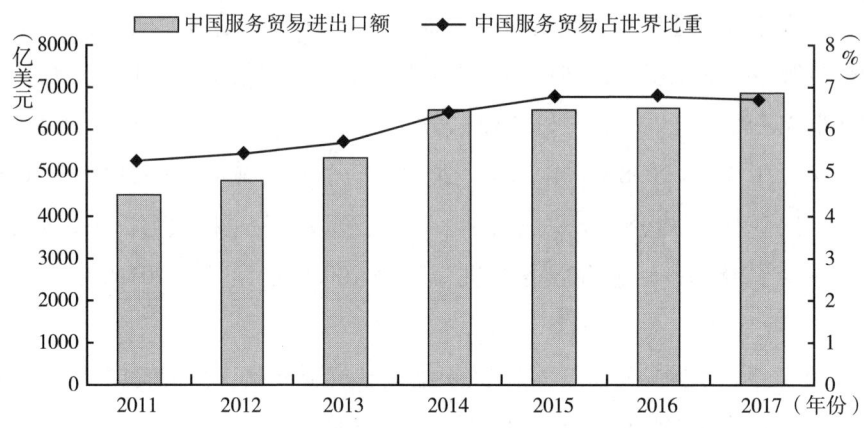

图 9　2011～2017年中国服务贸易占世界比重情况

资料来源：世界贸易组织。

低于出口增长速度，服务贸易逆差呈缩减态势。2017年服务贸易逆差额为2377.4亿美元，比2016年减少了31.6亿美元，逆差缩减率为1.3%，详见图10。

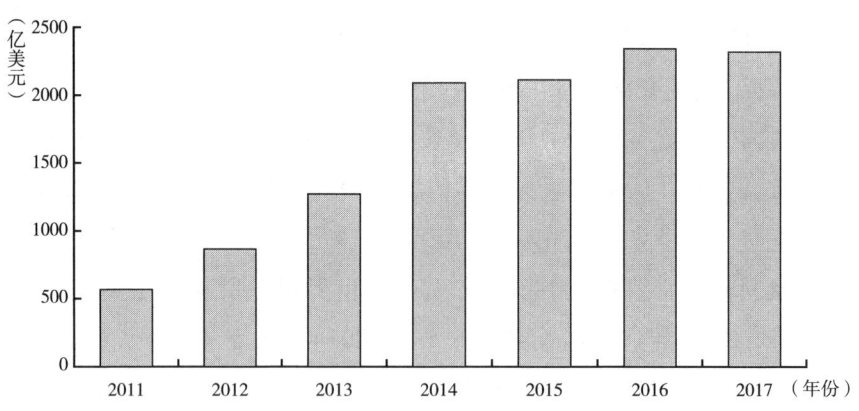

图 10　2011～2017年中国服务贸易逆差额

资料来源：世界贸易组织。

其中旅行业的贸易逆差额为14595.0亿元，比2016年增加了1.3%，占逆差总额的比重为90.9%，该行业成为服务贸易逆差的最大来源。运输服务行业的贸易逆差额为 3772.0 亿元，知识产权使用费的贸易逆差额为 1608.0 亿元，个人、文化和娱乐服务业的逆差额为 135.0 亿元，这三个行业的贸易逆差额都比 2016 年有所提高。

2017 年，中国贸易顺差最大的服务贸易项目来自加工服务业，顺差额为 1211.0 亿元。其次是建筑服务业，贸易顺差额为 1039.0 亿元。金融服务，电信、计算机和信息服务行业，维护和维修服务等行业都产生了贸易顺差，顺差额分别为 141.0 亿元、584.0 亿元、248.0 亿元。

（三）2017年中国承接服务外包业务依然处于增长状态

根据商务部统计资料，2017 年中国企业承接服务外包合同金额高达 12182.4 亿元，合同执行金额为 8501.6 亿元，分别比 2016 年提升了 26.8% 和 20.1%。具体来看，承接的离岸合同金额为 796.7 亿美元，比 2016 年提升了 13.2%，离岸外包执行额占中国服务出口总额的 34.9%。在世界经济不确定性增加、中国面临现代经济体系和发展驱动双转型的背景下，中国服务外包市场日渐多样化，与"一带一路"沿线国家和地区服务外包合作不断向纵深发展，大数据、人工智能、云计算、物联网等技术的快速研发与应用，为中国服务外包产业注入新的动力，部分 IT 领军企业提供云外包服务达到 200 亿元，服务外包正成为推动"中国制造"向"中国智造"演进的重要力量。

中国服务外包正加快与技术、行业深层次、广领域、全方位的融合发展。在技术方面，传统服务外包产业与新一代信息技术加速融合，基于云服务的模式被大量应用，云端交付亦被众多传统服务外包企业所接受，On-demand Payment（按需付费）和 SaaS（软件即服务）成为重要的定价与交付方式。在行业融合方面，中国服务外包通过行业内并购促进服务能力拓展和资源整合，逐步构建新型的现代服务业、制造业、农业生产体系，实现传统产业的服务化、智能化、数据化、信息化。作为中国服务外包领军企业，软通动力专注于跨境电子商务、产业物联网、智慧城市等领域的服务外包业务，积极把握产业链上下游的发展机遇，充分发挥企业级服务外包集群效

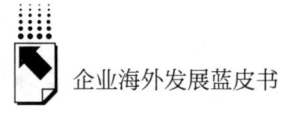

应。目前中国已有130个地级以上城市发展服务外包产业,对中国服务贸易增长和经济发展方式转变的贡献度有望进一步提高。

此外,2017年服务外包企业注重云计算、物联网等技术的研发和应用。2017年,中国企业承接业务流程外包(BPO)、知识流程外包(KPO)和信息技术外包(ITO)的离岸服务外包执行金额分别为129.3亿美元、303.3亿美元和364.2亿美元,同比增长10.9%、18.0%和10.2%,信息技术服务、运营和维护服务、研发服务、商务服务等领域的离岸服务外包均实现较快增长。

三 2017年中国对外投资企业的总体分析与评价

联合国贸易和发展会议发布的《全球投资趋势监测报告》指出,2017年全球外国直接投资流量比2016年缩减16.0%,从2016年的1.81万亿美元减至1.52万亿美元,其中,流入欧洲和北美的外国直接投资分别下降了27.0%和33.0%,特别是英国和美国的外国直接投资流量在前两年大幅增长之后于2017年回归正常,而且跨境并购与绿地投资亦分别缩减22.0%、14.0%。

2017年,欧洲国家对外投资仅为4180.0亿美元,同比缩减21.0%,其中,荷兰对外投资出现"断崖式"下降,由2016年的1490.0亿美元减少到2017年的230亿美元。由于全球对外直接投资大幅下滑,发达国家吸引的FDI骤降37.0%,达到7120.0亿美元,其中英国吸引的FDI仅为150.0亿美元,同比减少92.0%。

然而,2017年流入发展中经济体的外国直接投资额为6530.0亿美元,比2016年增加2.0%,其中亚洲发展中经济体吸收外国直接投资总额为4590.0亿美元,而且亚洲的跨境并购总额从2016年的420.0亿美元提高至730.0亿美元,亚洲超越欧盟、北美,重新成为世界最大的外资流入地区。

在发展中国家外国直接投资流入量快速增长的条件下,2017年中国外国直接投资流入量创下新高,达到1363亿美元,比2016年增加了2.0%,

成为全球第二大外资流入国和第三大对外投资国,并继续成为发展中国家最大的对外投资国和外资流入国。

2017年,全球宣布的并购交易规模为4.7万亿美元,比2016年的4.9万亿美元减少了3.0%,是2014年以来的最低值,其中部分原因是2017年超过100亿美元的交易数量显著少于2015年、2016年。虽然2017年全球并购交易总额减少,但远东及中亚、西欧地区交易额仍高于2016年,其中西欧地区的交易额为12819.2亿美元,同比增加6.0%;远东及中亚地区交易额为12751.61亿美元,比2016年上升2.0%。同时,美国再次吸引到最多的投资,交易数为20897笔,总额为14554.0亿美元,中国则以7208.92亿美元和13679笔交易紧随其后,而英国借助2854.2亿美元和5832笔交易位列第三。

(一)2017年世界对外直接投资概况

2017年,流向发达国家的对外直接投资流量约为7123.8亿美元,比2016年减少了37.2%,占全球对外直接投资流量总额的49.8%,如表12和表13所示。具体来看,欧洲和北美的对外直接投资流入量分别为3337.2亿美元和2996.2亿美元,分别比2016年减少了40.9%和39.3%,分别占全球对外直接投资流入量的23.3%和20.9%。

2017年,亚洲对外直接投资流入量达到4758.4亿美元,比2016年增加了0.2%,占全球对外直接投资流入量的33.3%,比2016年增加了8.0个百分点。2017年,非洲对外直接投资流入量为417.7亿美元,比2016年降低了20.8%;拉丁美洲和加勒比海地区对外直接投资流入量为1513.4亿美元,比2016年增加了7.9%,如表12所示。

2017年,流向中国市场的对外直接投资流量达1363.2亿美元,比2016年减少了2.0个百分点。流向中国香港的对外直接投资量比2016年下降了11.1%,达到1043.3亿美元,在亚洲发展中经济体中居于第二位,是全球第三大外资流入地区。流向东盟市场对外直接投资流量增加10.9%,为1337.7亿美元,其中最大的国家是新加坡,但新加坡的FDI流量比2016年下降了19.9%,仅为620.1亿美元。印度的外资流入量达到399.2亿美元,

表12 2016~2017年世界各地区及主要经济体FDI流入量、跨境并购及绿地投资

区域	FDI流入量(十亿美元)			跨境并购(十亿美元)			绿地投资(十亿美元)		
	2016年	2017年	增长率(%)	2016年	2017年	增长率(%)	2016年	2017年	增长率(%)
世界	1868	1430	-23.4	868.6	694.0	-20.1	833.3	720.3	-13.6
发达经济体	1133	712	-37.2	703.8	464.0	-34.1	254.2	318.4	25.3
欧洲	565	334	-40.9	436.1	196.8	-54.9	152.1	179.3	17.9
北美	494	300	-39.3	136.8	188.1	37.5	68.9	109.3	58.6
发展中经济体	670	671	0.1	171.1	201.3	17.7	514.2	366.5	-28.7
非洲	53	42	-20.8	7.2	2.0	-72.2	94.0	85.3	-9.3
亚洲	475	476	0.2	163.8	193.8	18.3	345.5	210.5	-39.1
拉丁美洲和加勒比海地区	140	151	7.9	0.3	5.4	1700.0	74.2	70.1	-5.5
大洋洲	2	2	0.0	-0.1	0.1	200.0	0.5	0.6	20.0
转型经济体	64	47	-26.6	-0.8	13.9	1837.5	64.9	35.4	-45.5

资料来源：UNCTAD，FDI-TNC-GVC数据库（www.unctad.org/fdistatistics）。

比2016年下滑了10.3%。鉴于地域政治不稳定及跨境并购的缩减，流入西亚的FDI再次出现下滑，2017年FDI流量为255.1亿美元，比2016年减少了17.1%，其中大部分都流入黎巴嫩。

通过表13可知，2017年，FDI依然更多地流入发达经济体，发达经济体FDI占比达到49.8%，比2016年减少了9.3个百分点，且全球81.5%的跨境并购发生在发达经济体，但62.3%的绿地投资则发生在发展中经济体。

表13 2016~2017年世界各地区在全球对外直接投资、跨境并购、绿地投资占比情况

单位：%

区域	FDI流量		跨境并购		绿地投资	
	2016年	2017年	2016年	2017年	2016年	2017年
发达经济体	59.1	49.8	81.5	66.9	29.9	44.2
欧洲	30.5	23.3	50.1	28.4	17.7	24.9
北美	24.3	20.9	15.5	27.1	8.3	15.2
发展中经济体	37.0	37.0	17.3	29.0	62.3	50.9
非洲	3.4	2.9	0.7	0.3	11.4	11.8
亚洲	25.3	33.3	16.5	27.9	41.9	29.2

续表

区域	FDI 流量		跨境并购		绿地投资	
	2016 年	2017 年	2016 年	2017 年	2016 年	2017 年
拉丁美洲和加勒比海地区	8.1	10.6	0.1	0.8	9.0	9.7
大洋洲	0.1	0.1	0.0	0.0	0.1	0.1
转型经济体	3.9	3.3	-0.1	2.0	7.8	4.9

资料来源：UNCTAD，FDI-TNC-GVC 数据库（www.unctad.org/fdistatistics）。

（二）2017年中国企业对外直接投资分析

根据商务部和联合国贸发会议统计数据，由于全球 FDI 缩减，2017 年中国对外直接投资达到1246.3 亿美元，比2016 年减少了36.5%，依然居全球第二位，比吸纳外资少 116.9 亿美元。

1. 2017年中国企业对外直接投资概况

据商务部的统计数据，2017 年中国对外直接投资流量缩减服务度较高，中国境内投资者累积实现非金融类直接投资1200.8 亿美元，同比减少29.4%，非理性投资得到有效遏制，其中债务和股权工具投资1020.8 亿美元，比2016 年减少32.9%，占 85.0%；收益再投资为 180.0 亿美元，与2016 年相当，占15.0%。

2017 年，中国境内投资者共对全球 174 个国家或地区的 6236 家境外企业进行了非金融类直接投资，累计实现投资1701.1 亿美元，比2016 年增长44.1%。同时，2017 年中国对外投资主要流向制造业，批发和零售业，信息传输、软件和信息技术服务业，租赁和商务服务业，占比分别为15.9%、20.8%、8.6%、29.1%，体育和娱乐业、房地产业没有新增的对外投资项目。对外承包工程完成营业额 1685.9 亿美元，同比提高 5.8%，新签合同额为2652.8 亿美元，比2016 年增加8.7%。对外劳务合作派出52.2 万名劳务人员，比 2016 年增加 2.8 万人，年末在外劳务人员 97.9 万人。同时，跨国并购、参股、境外上市等方式依然是中国对外直接投资的主要方式。2017年，中国企业共实施完成跨国并购项目 341 起，覆盖全球 49 个国家和地区，涉及18个国民经济大类，实际交易金额962.0亿美元，其中直接投资和境外融资分别为212.0亿美元和750亿美元，占比分别为22.0%、78.0%。另外，新加坡、美国、德国、澳大利亚、加拿大、韩国、巴西是中国企业青睐的海外投资目的地。中国企业在德国并购金额为137.0亿美元，创历史新高，同比增长率为9.0%，主要集中于高科技、工业、时尚、零售、食品和制药业。中国对加拿大并购共9笔，均非国企投资，总金额为43.7亿加元。2017财年，中国对澳大利亚共有31笔并购，金额约为162.0亿美元，比2016年增加126.0%。作为拉美最大的经济体，巴西已成为全球竞相投资的热土，2017年中国在巴西并购额达106.8亿美元，占巴西外资并购总额的35.6%，除了能源矿产、基础设施外，投资领域正逐步向金融、信息产业、农业、电子商务、制造业、航空运输等扩展。

2017年，中国企业对"一带一路"沿线国家投资依然保持稳定。2017年，中国企业对"一带一路"沿线的59个国家非金融类直接投资额达143.6亿美元，比2016年下滑1.2%，占中国总投资的12.0%，较2016年提升3.5个百分点，主要流向新加坡、马来西亚、老挝、印度尼西亚、巴基斯坦、越南、俄罗斯、阿联酋、柬埔寨等国家。在"一带一路"范围内，中国实施的跨国并购共62笔，并购金额为88.0亿美元，比2016年增加32.5%，其中，中国华信和中石油集团投资28.0亿美元联合收购阿联酋阿布扎比石油公司12.0%的股权为最大的并购项目，且并购领域正向机器人制造、化工、电力延伸，上亿美元并购项目达到52个。与此相对，中国企业在"一带一路"国家新签7217份对外承包工程项目合同，新签合同金额为1443.2亿美元，占中国对外承包工程新签合同额的54.4%，比2016年增加14.5个百分点，完成营业额达855.3亿美元，占中国总营业额的50.7%，较2016年增加12.6个百分点。同时，中国已累计与86个国家和国际组织签署了100份"一带一路"合作文件，同蒙古的"发展之路"、俄罗斯的欧亚经济联盟、越南的"两廊一圈"实现对接，而且中国企业在"一带一路"沿线国家共建设了75个境外经贸合作区，累计投资270多亿美元，上缴东道国税费高达22.0亿美元，引入约3500家企业进入经贸园区，为"一带一路"沿线国家创造近21万个就业岗位。

根据普华永道统计数据，2017年，中国国有企业和民营企业的跨境投资活动均有所减少，但民营企业占总体投资数量的比重仍较高，约为60.0%，并连续第二年超过国有企业，财务投资者主导的海外并购占总体投资数的30.0%（见图11和表14）。

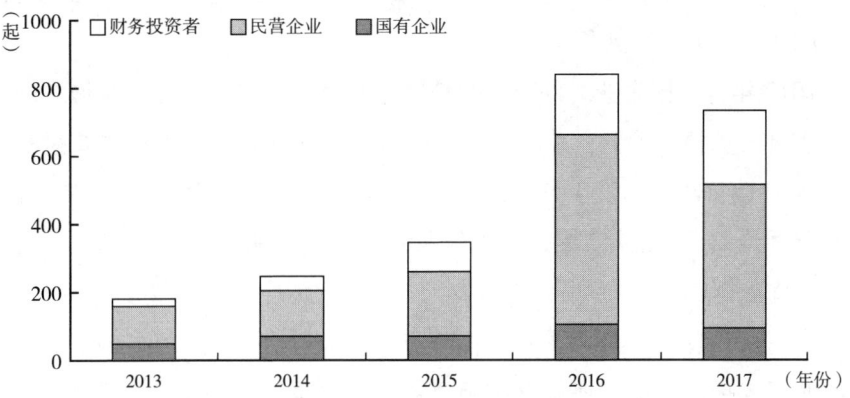

图11　2013~2017年中国企业海外并购数量

资料来源：汤森路透、投资中国及普华永道。

表14　2006~2017年中国对外直接投资并购情况

年份	并购金额（亿美元）	同比（%）	比重（%）
2006	82.5	26.9	39.0
2007	63.0	-23.6	23.8
2008	302.0	379.4	54.0
2009	192.0	-36.4	34.0
2010	297.0	54.7	43.2
2011	272.0	-8.4	36.4
2012	434.0	—	31.4
2013	529.0	21.9	31.3
2014	569.0	7.6	26.4
2015	544.4	-4.3	25.6
2016	2125.0	290.3	16.4
2017	962.0	-54.7	80.1

资料来源：《2016年度中国对外直接投资统计公报》、普华永道。

2. 欧洲、美国是中国企业海外并购的重要区域

相比于2016年中国企业海外并购金额与数量的集中爆发，2017年中国企业海外并购开始回归理性，且由民营企业关注的高科技领域收购向国有重资产及能源领域转移。其中"一带一路"倡议持续为中国企业"走出去"提供动力，中国供给侧结构性改革也助力优势富余产能企业出海。2017年前三季度，民营企业宣布交易359起，是国有企业的5倍，占中国总交易数的63%，与2016年相当。

2017年，中国企业海外兼并的地域特征日益鲜明，沙特阿拉伯、瑞士、中国香港、英国、荷兰、美国、法国成为中国企业对外投资的主要目的地。2017年，沙特阿拉伯发生海外并购交易1项，比2016年增加了1项，占中国海外并购项目数的0.1%，投资额占中国海外并购总投资额的27.2%；瑞士发生海外并购交易10项，比2016年减少3项，占中国海外并购项目数的0.7%，投资额占比为8.3%；中国香港发生海外并购交易274项，比2016年增加了8项，占中国海外并购项目数的17.9%，投资额占中国海外并购总投资额的7.6%；英国发生海外并购交易50项，比2016年增加了4项，占中国海外并购项目数的3.3%，投资额占中国海外并购投资额的7.3%；荷兰发生海外并购交易11项，比2016年减少1项，占中国海外并购项目数的0.7%，投资额占比为7.0%；美国发生海外并购交易202项，比2016年减少了19项，占中国海外并购项目数的13.2%，投资额占比为6.3%（见图12和表15）。沙特阿拉伯、瑞士、中国香港、英国、荷兰、美国海外并购总投资额占中国海外并购投资额的63.8%，因此，美国、欧洲、中国香港、沙特阿拉伯是中国海外并购的重要区域。

（1）中国企业在美国海外并购分析。

2017年美国再次成为全球最大的FDI流入国，吸纳2753.8亿美元（见图13）。2017年中国企业对美国投资为290.0亿美元，比2016年的456.0亿美元减少了36.4%（见图14）。中国对美国直接投资大幅下滑的关键因素为政治风向，一方面中国政府对资本向国外转移加强控制，另一方面美国不断提高对中国投资的审查力度。目前，中国对美国的投资主要集中于酒店、

2017年中国企业海外发展总体分析与评价

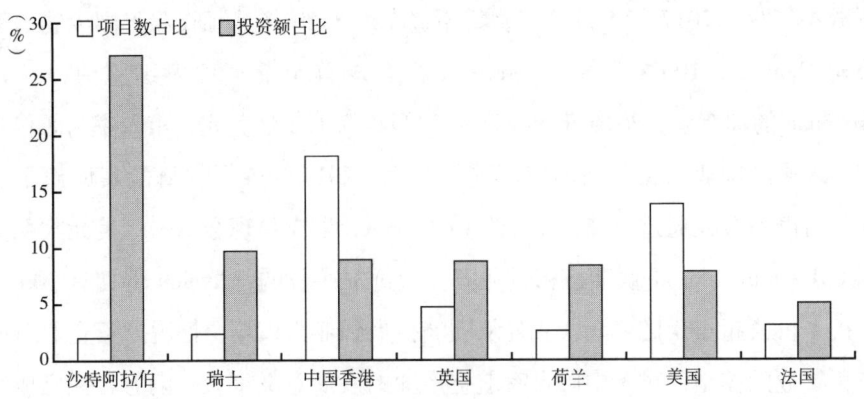

图12 2017年中国企业海外并购区域分布情况

资料来源：BVD-ZEPHYR《全球并购交易分析库》与IIS。

表15 2017年中国前十大海外投资兼并目的地

国家/地区	投资额（亿欧元）		项目数（个）	
	2016年	2017年	2016年	2017年
沙特阿拉伯	0.0	1267.4	0	1
瑞士	420.3	388.1	13	10
中国香港	597.5	352.6	266	274
英国	421.4	341.7	46	50
荷兰	26.9	326.7	12	11
美国	516.5	290.7	221	202
法国	113.4	155.8	21	21
开曼群岛	404.0	154.3	122	94
德国	349.6	148.6	67	55
百慕大群岛	72.3	123.8	29	23

资料来源：BVD-ZEPHYR《全球并购交易分析库》与IIS。

房地产项目以及基础设施、交通项目，而且中国企业在美国雇用了13.96万名全职员工。

2017年，中国在美国的海外并购额已经减至290.7亿欧元，比2016年下滑43.7%。2017年1月,三胞集团宣布以8.19亿美元收购美国生物医药公司Dendreon 100%股权,Dendreon为全球首个前列腺癌细胞免疫疗法Provenge的拥有者,2016年Provenge利润约为1.2亿美元,市盈率为8倍左右,未来中国亚洲及欧洲的应用前景广大。2017年4月,海航集团旗下金控平台渤海金控通过下属全资子公司Avolon,以支付现金101亿美元收购美国CIT Group Inc.下属斐济租赁业务。通过本次收购,Avolon将拥有900架飞机、价值超430亿美元,业务从欧洲扩展到亚太市场,摆脱外资企业对航空租赁业的控制,对于中国自有航空产业的发展意义重大,渤海金控已成为全球第三大飞机租赁业务集团和第二大集装箱租赁业务集团。2017年12月,中国飞鹤乳业将以2800万美元收购破产的美国营养补充剂零售商Vitamin World Inc.,这项交易使得Vitamin World成为最新一家吸引种子收购兴趣的北美维生素企业。

中国投资美国正由产业链低端对高端的补充向双向互补转变,从而有效整合两国资源,推动中国与美国实现经济、能力、技术的"共赢",实现经济发展方式的优化升级,打造人类命运共同体。

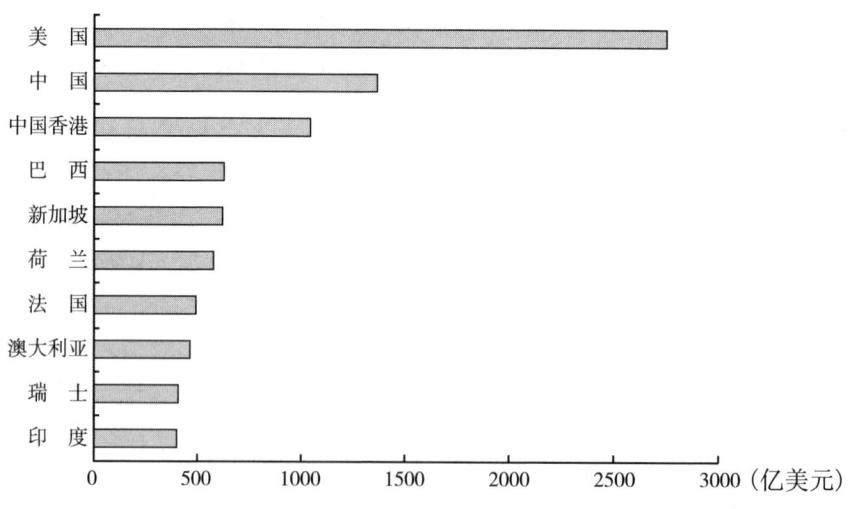

图13 2017年全球十大FDI流入地

资料来源:UNCTAD, FDI-TNC-GVC数据库(www.unctad.org/fdistatistics)。

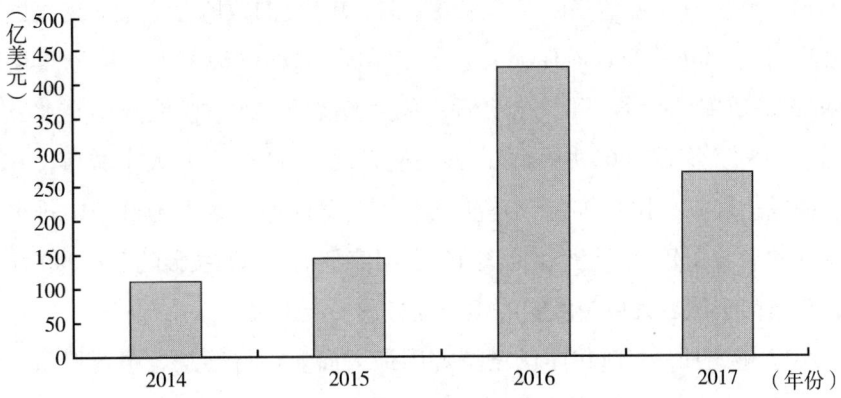

图 14　2014~2017 年中国对美国直接投资情况

资料来源：中国商务部。

(2) 中国企业在欧洲海外并购分析。

2017 年，中国企业对欧洲的海外并购金额达到 1788.6 亿欧元，这一方面是由于欧洲保有稳定的经济发展环境、雄厚的科技实力、巨大的市场；另一方面是美国加强对中国投资的审查，因此中国大型企业尤其是技术密集型企业为获取更好的发展资源，不断走向欧洲市场。

2017 年，中国对欧洲投资流入量最多的国家分别是瑞士（388.1 亿欧元）、英国（341.7 亿欧元）、荷兰（326.7 亿欧元）、法国（155.8 亿欧元）、德国（148.6 亿欧元），占中国对欧洲投资量的 76.1%。

2017 年 1 月，美的集团通过境外全资子公司 MECCA International (BVI) Limited 完成要约收购德国机器人制造商库卡股份的交割工作，以要约收购价格为每股 115 欧元，合计持有库卡集团股份 37605732 股，占库卡集团已发行股本的 94.55%，总交易额为 40 亿美元，此次交易有利于美的深入布局机器人产业，凭借库卡集团在工业机器人领域的领先技术实力，联合深入开拓多领域机器人市场。同时瑞仕格作为库卡集团三大主要业务之一，是全球知名的仓储和配送中心的自动化解决方案供应商，通过本次收购，将大大提升美的集团物流业务，提高运输效率，完成其在物流领域的布局。

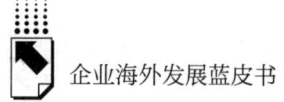

2017年1月,万达集团旗下院线美国AMC宣布收购北欧最大院线北欧院线集团(Nordic Cinema Group),这是AMC并购欧洲最大院线欧典院线(Odeon & UCI)之后,再次在欧洲并购大型院线,北欧院线集团在北欧地区拥有118家影院、664块屏幕,影院遍布北欧50个主要大中城市,在芬兰、挪威、瑞典、拉脱维亚、爱沙尼亚、立陶宛等国家市场份额中排名第一。并购后,AMC在欧洲和北美15个国家拥有1000家影院、11000块屏幕,其作为全球最大单一院线的领先优势进一步扩大。

2017年5月,海航集团已增持德国最大商业银行德意志银行股份,持股比例升至9.92%,成为德意志银行最大股东。海航在德意志银行投票权由奥地利资管公司C-Quadrat Inestment设立的一个实体正式持有。德意志银行拥有10万名员工,2017年一季度,改行净利润增长143.0%,达5.75亿欧元。

2017年6月,中国化工集团以430亿美元完成对全球第一大农药、第三大种子农化高科技公司——瑞士先正达的交割,截至目前,中国化工拥有先正达股份94.7%。先正达拥有259年历史,涉及草坪和园艺、种子、农药三大业务板块,是全球最具价值的农化品牌,2016年销售收入900亿元,净利润84亿元,其中种子和农药分别占全球市场份额的8%、20%。

2017年6月,中国主权财富基金中投公司(CIC)同意以122.5亿欧元收购黑石集团(Blackstone)位于欧洲的物流业务,成为当地最大的一笔不动产交易。黑石宣布出售旗下在法国、德国和英国等地拥有仓库的Logicor。Logicor目前在整个欧洲拥有630多处地产,总仓储面积为1300万平方米。中投公司是黑石旗下基金的长期投资者,这也是黑石向中投公司出售的第二个不动产项目,也是史上第二大欧洲房地产交易和第四大中国海外收购交易。

2017年7月,三元股份联手复星集团下属公司以6.25亿欧元共同收购拥有113年历史的法国健康食品公司St-Hubert,这是国有企业三元福分实行混改以后"走出去"的大举措。法国St-Hubert年销售量超过35000吨,是法国家喻户晓的领先健康食品品牌,产品包括植物饮料、涂抹酱系列、植物酸奶、甜品等，在意大利和法国市场均处于领导者地位。

2017年12月，华润电力与华润集团组建财团，收购Dudgeon Holdings Limited公司的30%股权及其附属公司在英国从事离岸风电场业务，预期投资额6亿英镑。本次交易能让华润电力参与华润集团之全球布局战略，而交易将令其为跨境扩张到欧洲市场建立平台，并对欧洲离岸风电能源行业进行首次投资。图15显示了2012~2017年中国企业在欧洲并购的情况。

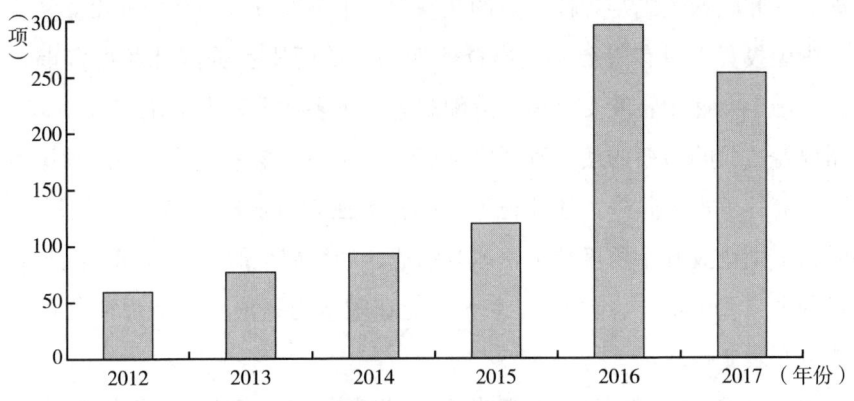

图15 2012~2017年中国企业在欧洲并购情况

资料来源：2018年普华永道《2017年中国企业并购市场回顾与2018年展望》。

3. 2017年中国企业海外并购的行业分布情况

2012~2017年，中国企业的对外直接投资结构显著优化，由以化石能源、矿产资源为主变为获取技术、创造品牌、开拓市场。2012~2017年采矿业、能源开发的并购额占中国海外并购总额的比重逐年降低，从2011年的50%左右逐步降低至2013年的13%，2014~2016年采矿业、能源开发利用行业在中国海外并购中的比重保持稳定，处于11%的水平上，而2017年采矿业和能源开发占比降至10.2%。随着供给侧结构性改革的深入，中国企业海外投资的目标主要是获取国外技术、管理经验以及吸纳高端人才、品牌，借此优化企业国际化水平，从而提高中国产业世界竞争力。

2017年8月，国务院转发四部门《关于进一步引导和规范境外投资方向的指导意见》，核心内容为"三个分类""四项保障""四个坚持"。"三个分类"是指"禁止类、限制类、鼓励类","四项保障"是指"强化安全保障、完善管理机制、实施分类指导、提高服务水平","四个坚持"是指"坚持防范风险、坚持深化改革、坚持企业主体、坚持互利共赢"。

在"走出去"战略的激励下,越来越多的中国企业参与海外投资,并在交易中采取跨境并购换股(以自身股份为对家进行支付)、盈利对价(Earn-out)支付的方式,提高交易的灵活性,并且交易架构越来越灵活,比如在一起收购美国半导体企业的交易中,中国买方采用在国外设立私募基金,中国投资人以有限合伙人出资的架构,从而避免美国外商投资审查委员。中国企业逐步转变交易风险分配观念,更多地采取市场化应对方式,如兖州煤业在收购力拓的澳大利亚联合煤炭公司的交易中,除了不用承担澳大利亚政府的审批风险外,还获得了"融资无法则可撤出交易"的先决条件。同时,中国企业开始积极从事全球竞购战,如蚂蚁金服在收购Moneygram公司过程中与Euronet公司相争,兖州煤业在收购力拓澳大利亚煤矿公司时与嘉能可开展竞购战。

2017年,中国服务业"走出去"表现强劲,中国企业海外投资中41.3%投入服务业,57.7%的项目与服务业有关,主要涉及电脑、IT及网络服务,个人、休闲及商业服务,银行、保险和金融服务等。与此相对,电子机械、化工、橡胶、塑料、石油等行业的投资额也较高,占中国海外并购投资的比重为31.4%,投资项目数占比为23.3%。

中国企业对服务业的并购集中于金融、保险、交通运输工具和设备租赁、住宿、餐饮、休闲、娱乐等行业。2017年8月,海航集团从GIC和淡马锡手中收购瑞士机场零售商Dufry的16.2%股权,价值约为14亿美元,海航在Dufry的持股比例升至20.92%,成为Dufry的最大股东。Dufry在五大洲经营着超过2200家免税商店。2017年10月,吉利控股将在收购盛宝银行30%股份的计划上再增收21.5%的股份,累计51.5%的股权,成为盛宝银行控股股东。通过本次收购交易,吉利可获得盛宝银行专业的金融技术,从而扩大吉利在金融服务行业中的创造力。2017年10月,印纪传媒宣布采用设立夹层基金参与并购基金的方式,收购国际知名媒体福布斯传媒,并购基金总规模初步拟定为 2.56 亿美元，交易之后，印纪传媒将间接持有福布斯传媒不超过 10% 的权益。2017 年 12 月，由腾邦集团旗下的上市公司腾邦国际、TBRJ 基金、贝恩资本组成财团，全资收购全球最大的水上飞机公司——马尔代夫 TMA 集团，交易完成后，该财团将持有 TMA 集团 100% 的股权。

此外，能源领域的投资并购一直是中国企业海外投资的主线之一。2017 年 4 月，洛阳钼业牵头为 BHR 引入五家著名投资机构作为投资人，并由 BHR 收购加拿大上市公司 Lundin Mining Corporation 持有的位于刚果（金）Tenke Fungurume 矿区 24% 的权益，交割对价为 11.36 亿美元。2017 年 4 月，山东黄金与加拿大 Barrick Gold Corporation 达成 9.6 亿美元的战略合作协议，拟由公司在香港设立的山东黄金矿业（香港）有限公司作为交易主体，买入后者持有的阿根廷 Valedero 金矿 50% 的股权。2017 年 4 月，香港周大福以 29.9 亿美元收购由 TPG 等多家私募基金及对冲基金持有的澳大利亚能源巨头 Alinta Energy 100% 的股份。Alinta 为澳大利亚公用事业企业，控制着澳大利亚西边 85% 的零售能源市场，主营天然气零售和电力生产。

中国企业对制造业的并购更多地关注高新技术与基础设施建设。2017 年 5 月，吉利控股与马来西亚 DRB-HICOM 集团签署最终协议，收购 DRB-HICOM 旗下 PROTON 49.9% 的股份以及豪华跑车品牌 Lotus 51% 的股份，本次收购有利于吉利成为东南亚的主要汽车厂商，并助其到 2020 年实现 300 万辆车的销售目标，吉利亦将宝腾作为其右舵车的东盟制造中心。2017 年 7 月，厚朴资本、中银集团、高瓴资本、万科集团组成中国财团，以 3.38 新加坡元/股的价格对亚洲物流地产巨头 GLP 进行收购，估值为 790 亿元，交易完成后，万科拥有 21.4% 的股权，成为 GLP 最大单一股东。截至 2017 年 3 月 31 日，普洛斯的业务发展到巴西、日本、美国、中国的 116 个主要城市，拥有并管理每月 5492 万平方米的物流基础设施，管理近 400 亿美元的物流资产。2017 年 10 月，复星医药宣布以 10.91 亿美元完成对印度 Gland Pharma 的交割，复星医药将拥有 Gland Pharma 74% 的股权，是中国医药企业海外收购最大的一笔。Gland Pharma 公司是印度第一家获得美国 FDA

批准的注射剂药品生产制造企业，2016 财年实现净利 3.14 亿元。2017 年 11 月，海信集团旗下海信电器正式宣布耗资 129 亿日元收购东芝映像解决方案公司 95% 的股权，海信电器将享有东芝电视品牌、产品、运营服务等业务，并拥有东芝电视全球 40 年品牌授权，东芝电视的核心资产全部归海信所有。2017 年 11 月，联想集团订立协议收购 Fujitsu Ltd. 个人电脑业务（Fujitsu Client Computing Ltd.）51% 的股份，交易额为 2.69 亿美元，富士通将保留 FCCl 其余 49% 的股份。图 16 和图 17 分别显示了 2017 年中国海外并购行业投资额比重和项目数比重。

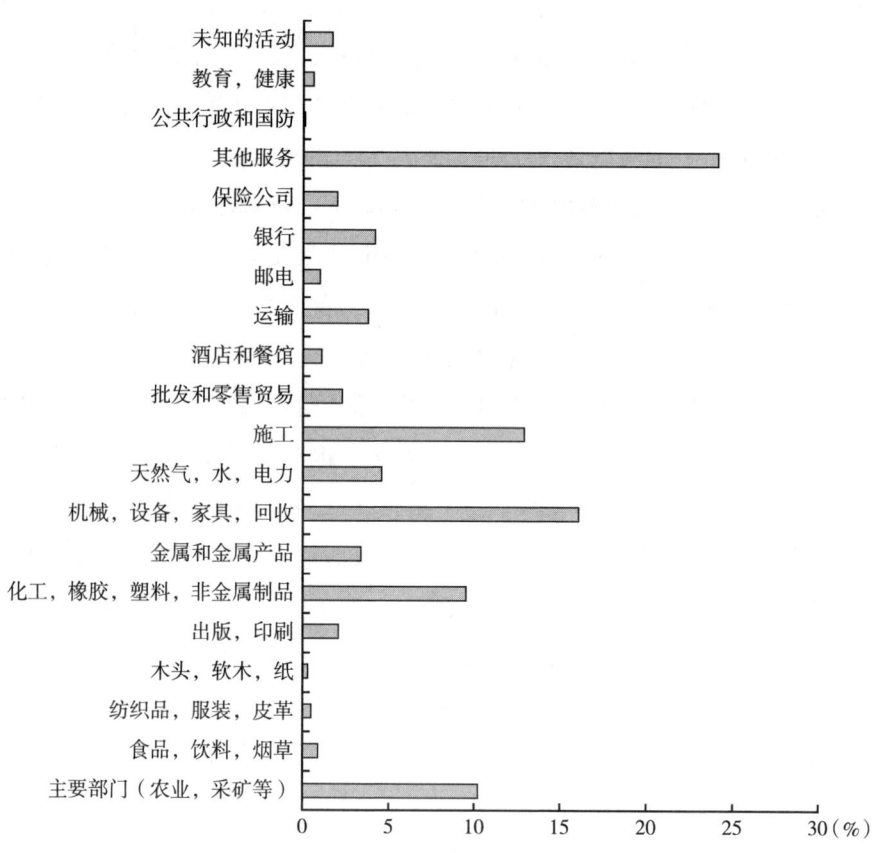

图 16　2017 年中国海外并购行业比重（投资额）

资料来源：BVD-ZEPHYR《全球并购交易分析库》与 IIS。

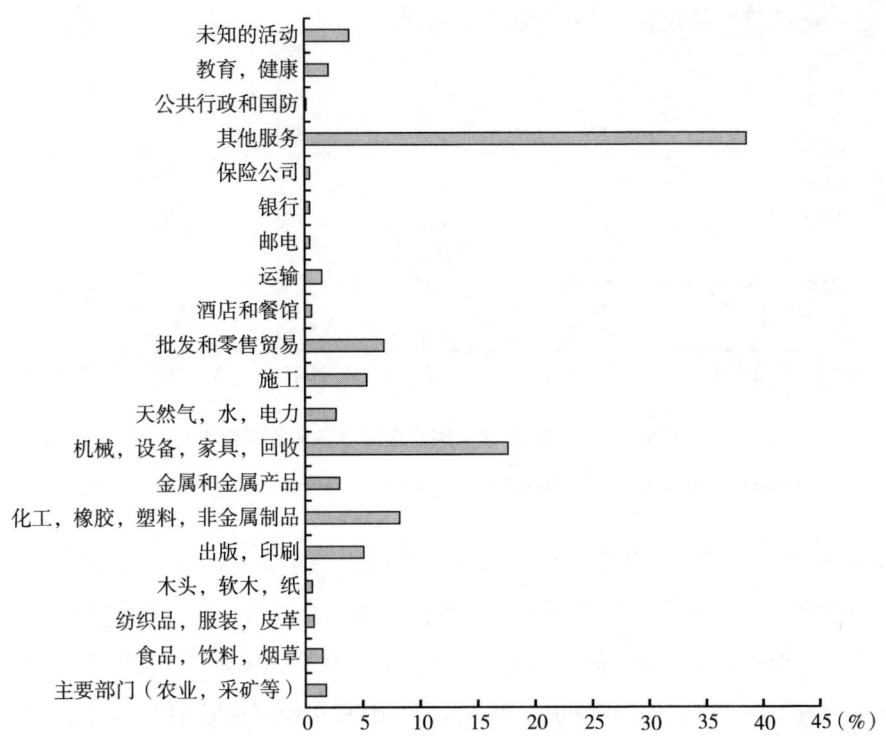

图 17　2017 年中国海外并购行业比重（项目数）

资料来源：BVD-ZEPHYR《全球并购交易分析库》与 IIS。

4. 2017年国有企业和民营企业海外并购分析

2017 年，中国企业已宣布的海外并购交易数量为 806 宗，比 2016 年减少了 12.7%，交易金额达到 962.0 亿美元，同比减少 56.5%（见图 18）。2017 年中国对外直接投资达到 1246.3 亿美元，比 2016 年降低了 36.5%。图 19 显示了 2017 年海外并购交易总额最高的十大中国公司。

2017 年，民企和国有企业在海外并购交易活动有所减少，但民营企业海外并购交易数量继续领跑，占中国海外并购的 60.0%。2017 年，中国民营企业海外并购数为 467 起，比 2016 年减少了 23.3%，而国有企业海外并购数为 101 起，比 2016 年下滑 12.9%（见图 20 和图 21）。

在 2016 年并购金额前十大交易中，国有企业海外并购占了 6 起，并购

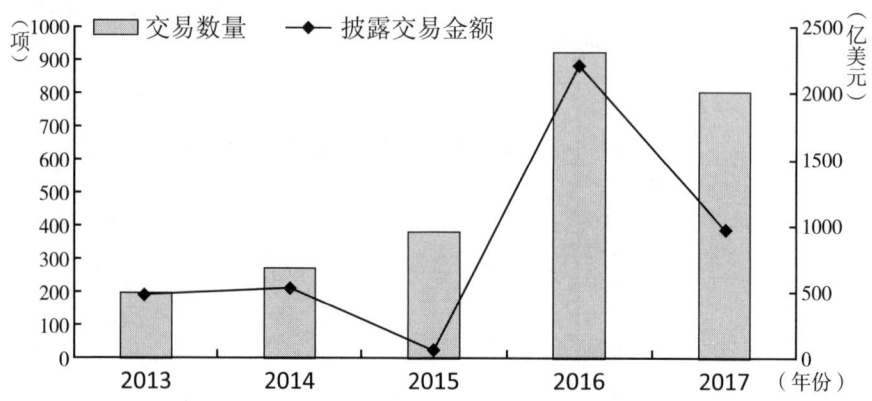

图 18　2013~2017年中国企业海外并购交易情况

资料来源：汤森路透、投资中国及普华永道分析。

金额占比达76.2%，其中央企占27.6%，地方国企占48.6%。如果在海外形成的国有资产是重要的资源类资产或优质的战略性资产，将有利于提高中国国有企业在全球市场中的竞争力。此外，海外优质的国有资产能够得到良好的转化和吸收，在国内加以利用，将有助于加快中国经济转型升级的步伐。

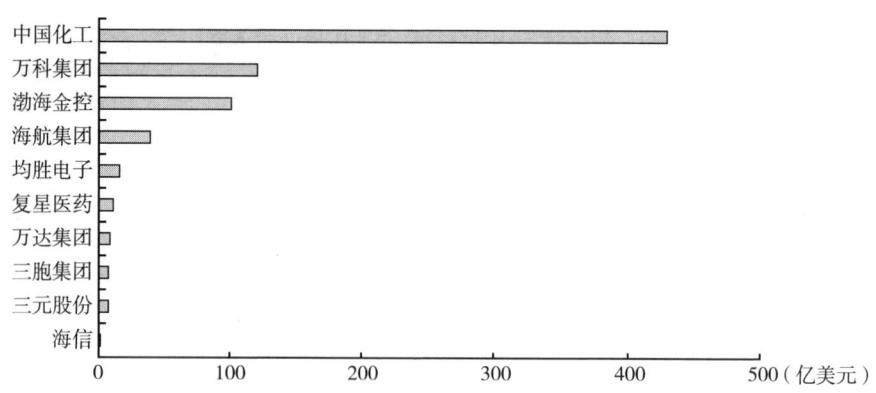

图 19　2017年海外并购交易总额最高的十大中国公司

资料来源：Dealogic。

从投资领域看，民营企业更多地倾向于获取先进管理经验、人才、服务、品牌、技术以及海外市场份额，主要针对有助于提升中产阶级生活方式

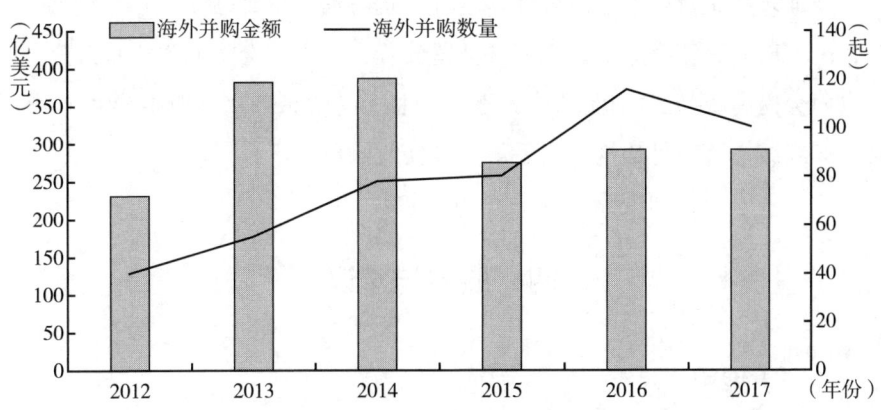

图20　2012～2017年中国国有企业海外并购情况

资料来源：汤森路透、投资中国及普华永道分析。

的传媒娱乐业务、拥有品牌和供应链或客户源的消费品业务、高端制造业。而由于酒店、房地产、娱乐体育项目海外投资收购限制越来越多，众多民营企业开始加强与海外工业4.0自动化技术、汽车制造、机器人研发等高科技公司的合作。从目的地看，欧洲、美国等成熟发达经济体市场依然是中国民营企业主攻方向。

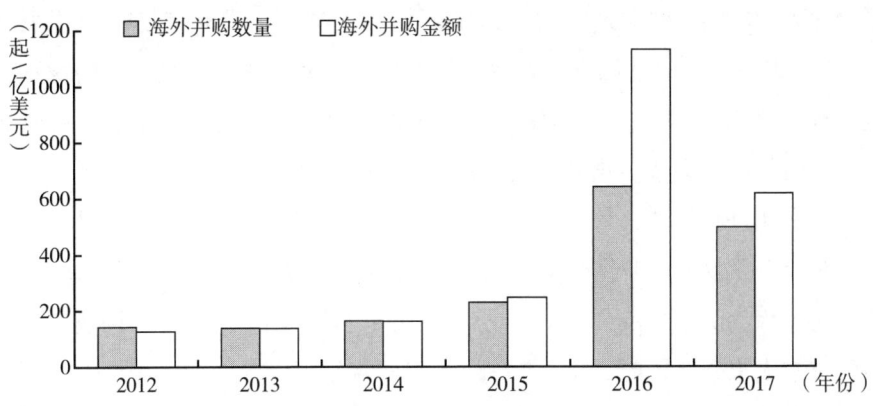

图21　2012～2017年中国民营企业海外并购情况

资料来源：汤森路透、投资中国及普华永道分析。

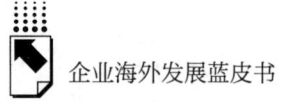

当前多数民营企业在海外并购过程中仍习惯于单打独斗,吃亏较多。第一,由于部分民营企业不熟悉海外并购流程,一方面会降低收购真诚度,另一方面会提高谈判的时间成本。第二,中国民营企业对海外收购的谈判策略、详细调查、交易架构缺乏了解,致使收购价格不合理。

四 展望与建议

(一)展望

2018年,世界经济环境有望继续改善,主要经济体增长速度再次提高,国际贸易恢复增长动力,金融市场信息增强。以全球价值链分工为特征的世界贸易在技术进步因素和制造业服务因素带动下,有望通过新业态扩散、新技术扩散、新产品扩散、新产业扩散等途径,在发展中国家与发达国家形成新一轮扩张。

2017年中国进出口处于较高水平,比2016年有大幅改善,继续维持全球货物贸易第一大出口国和第二大进口国地位,出口主导产业从纺织、轻工等传统产业向高新技术、装备制造等技术、资本密集型产业转型升级,贸易平台、外贸转型升级基地、国际营销网络深入推广,国际市场结构更加多元,"一带一路"沿线国家、新兴市场和发展中经济体占外贸出口的比重分别达到28%和45%左右。2018年,中国进出口贸易保持稳中求进,民营企业对外贸易竞争力逐步增强,高附加值产品出口比重提高,智能化、网络化、数字化进程加速,外贸领域新业态、新模式日益涌现,出口商品结构优化,为服务贸易和货物贸易融合发展提供不竭动力,而在铜矿石、铁矿石、原油等大宗商品进口反弹带动下,大宗商品价格不断上涨,对中国进口名义金额有较大提升。同时,"一带一路"国际合作积极推进,注重重大基础设施建设工程,整合承包、建设、服务、咨询等领域的企业参与,激励有实力、有魄力的企业加入全球供应链战略,推动供应商与企业合作由加工制造环节为主向品牌培育、市场营销、合作研发、联合设计等转变,通过合作共赢方式增强中国对外贸易的竞争力，并且进一步发展跨境电子商务，全方位打造电商平台、快速配送、仓储物流、经营主体、售后服务等跨境电子商务系统，形成有利于货服融合发展的跨境电子商务完整的产业链和生态链。

2017年，中国对外直接投资总额为1720亿美元，低于2016年2270亿美元的创纪录水平，但仍是历史第二高水平，"高质量"的FDI的"回暖"和稳步增长，而中国企业海外并购金额亦下滑11%，但年度并购数量依然是历史第二，其中国内并购数量上升了14%并创历史新高。中国房地产行业的海外并购金额在2017年出现下滑，主要原因是房地产政策收紧、区域不平衡、融资限制等，而金融服务、科技、工业、消费领域的并购与2016年相比依然活跃，知名品牌以及高科技的诉求使得欧美等发达国家成为中国海外并购的主要目的地。从长期来看，中国对外投资将在全球经济服务以及实现更为"包容"的新型全球化进程中发挥至关重要的作用，私募股权投资和财务投资活动将不断增多，由于外汇管制减弱，部分积压项目以及外汇额度的释放将在2018年释放较强的刺激作用，促进中国对外直接投资向更健康、更有序方向发展。

（二）对策建议

2017年中国在对外贸易和对外直接投资领域都回归理性，然而中国依然处于供给侧结构性改革、外贸转换优化的关键时期，企业"走出去"将面临更多的不确定性及挑战，需要应对愈演愈烈的贸易保护主义，推动加工贸易创新发展和梯度转移，加快外贸新业态发展，提升全球价值链和供应链的融入度。

1. 促进实物贸易与服务贸易融合发展

充分发挥传统货物贸易优势，推进货物贸易和服务贸易融合发展，强化服务贸易创新能力，挖掘对外贸易增长潜力，促进中国产业向全球价值链高端攀升。第一，结合中国供给侧结构性改革，落实"中国智造2025"相关政策，鼓励、支持高端装备制造出口企业向服务端延伸，强化咨询、劳务、物流保险、金融、信息等方面服务贸易配套。第二，利用国际产能合作和

"一带一路"建设,以重大工程为核心,联合工程设计、规划、承包、运营、建设、金融、制造等领域企业共同"走出去",打造产业联盟,借助合作共赢方式提高中国对外贸易的全球竞争力。第三,进一步发展跨境电子商务,打造全方位的涵盖售后服务、仓储物流、经营主体、快递配送、电商平台的总和跨境电子商务系统,加快形成完整的、货服融合的产业生态链。第四,鼓励有条件、有实力的企业制定全球供应链战略,促进供应商与生产企业合作,由加工制造环节为主向品牌创造、联合设计、市场营销、合作研发等转变。

2. 加强国际产能合作

国际产能合作是一项具有重要意义的对外投资方式创新,不同于以优势富余产能输出或产业转移为内容的国际合作。中国所推动的国际产能合作,应以承建海外基础设施和产业项目带动中国国内关键零部件、重要原材料、机械设备、后期服务、技术和标准等输出,一方面有利于中国装备制造及相关产业新竞争优势的培育,另一方面带动东道国经济发展、就业及基础设施建设。同时为提高国际产能合作水平,中国应增强与伙伴国的政治互信,进一步提高对相关投资活动的政策支持力度,尤其是金融支持,整合国家开发银行、中投海外、中投国际、中央汇金及各类商业银行等金融机构的资金资源,与相关国家共同设立区域或双边主权基金,为东道国产业开发、基础设施建设项目提供融资服务,并扩大人民币互换范围,推进金融一体化发展。另外,中国应加快海外投资公共服务平台建设,为"走出去"企业和管理人员提供高质量、针对性的领事保护、法律、信息服务,从而提升企业对外投资规范水平,降低恶性竞争发生的概率。

3. 削减"走出去"企业成本负担

针对中国企业融资成本提高、劳动力成本上涨、汇率成本增加等问题,中国应在金融汇改、财税支持、提质增效等方面探寻减少企业管理成本的措施。首先,助推"走出去"企业树立创新发展理念,重视商业、模式、流程、管理、技术等方面的创新,改善企业经营、生产、管理效率,提高服务与产品附加值,增加企业利润率。其次,严查"走出去"企业进出口环节收费情况，降低政府提供的基本公共服务费用，下调具有较强公共属性科目的收费标准，削减经营服务性收费。再次，简化通关手续，提高贸易便利化水平，加速区域通关一体化进程，强化海关跨国合作，优化通关效率。最后，完善支持贸易发展财税政策，缩短退税时间，改善部分产品出口退税效率，强化出口信用保险支持，加快人民币汇率市场化机制建设，确保汇率维持在均衡合理水平。

参考文献

[1] 中华人民共和国商务部等：《2016年度中国对外直接投资统计公报》，中国统计出版社，2014。

[2] 中华人民共和国商务部等：《2015年度中国对外直接投资统计公报》，中国统计出版社，2015。

[3] 联合国贸易与发展会议：《全球投资趋势监测报告》，2017。

[4] 普华永道会计师事务所：《2017年中国地区企业并购回顾与2018年前瞻》，2018年1月。

分 报 告

Specific Reports

B.2
2017年中国企业出口100强排行榜及其评析

方 巍 *

摘　要： 中国外贸进入增速适度下降的新常态阶段，亟待转型升级。本文基于2007~2017年中国企业出口100强数据，深入分析了2017年中国企业出口100强的总体情况、地域分布、行业分布和企业性质等方面的特点，并对2007~2017年中国企业出口100强进行动态评估，总结其未来发展趋势。最后，提出从"中国制造2025"提升制造业全球竞争力、出口供给端改革优化产业结构、集群出海占据全球高端价值链、创新驱动推动出口动力转换四个方面进行转型升级。研究丰富了对中国企业"走出去"，实现从提速增量到提质增效的升级问

---

* 方巍，河北科技师范学院讲师，主要研究方向：企业社会责任、可持续发展。

题的探讨,有一定借鉴意义。

关键词: 新常态 中国企业出口 转型升级 动态评估

本报告数据来源于我国海关信息网统计公布的 2017 年中国企业出口排名数据。本报告介绍了 2017 年中国企业出口 100 强的总体概况,并就其地域特征、行业分布、所有制结构等方面进行了深入分析;选取了其中不同类型的典型企业进行跟踪研究,进而在对我国企业出口 100 强排行榜动态变化分析的基础上,总结了其增长趋势、入围门槛、新旧更替、结构差异等方面的特点;最后为我国企业进一步开拓海外市场、提升出口额、优化出口结构、实现可持续发展提出了相关建议。

一 2017年中国企业出口100强排行榜

(一)2017年中国企业出口100强排行榜

根据我国海关信息网统计公布的数据,2017 年我国企业出口 100 强的出口总额约为 4038 亿美元,比 2016 年上升了 12.72%。我国企业出口 100 强的出口总额及增速均呈上升趋势。2017 年中国企业出口 100 强排行榜见表 1。

表1 2017年中国企业出口100强排行榜

单位:美元

排名	企业性质	所在地区	企业名称	出口额
1	中外合资企业	河南	鸿富锦精密电子(郑州)有限公司	28718191819
2	外商独资企业	上海	达功(上海)电脑有限公司	17604936500
3	外商独资企业	上海	昌硕科技(上海)有限公司	14500811539
4	外商独资企业	广东	富泰华工业(深圳)有限公司	12820174845
5	集体企业	广东	华为技术有限公司	11861081280

续表

排名	企业性质	所在地区	企业名称	出口额
6	外商独资企业	江苏	名硕电脑(苏州)有限公司	11612842382
7	国有企业	江苏	苏州得尔达国际物流有限公司	11536633755
8	外商独资企业	陕西	美光半导体(西安)有限责任公司	10693272356
9	中外合资企业	广东	惠州三星电子有限公司	9645537271
10	私营企业	广东	华为终端(东莞)有限公司	9476730706
11	外商独资企业	重庆	达丰(重庆)电脑有限公司	9420607079
12	外商独资企业	四川	鸿富锦精密电子(成都)有限公司	7747027789
13	外商独资企业	江苏	纬新资通(昆山)有限公司	6333236782
14	外商独资企业	四川	英特尔产品(成都)有限公司	6293171745
15	国有企业	北京	中国国际石油化工联合有限责任公司	6289888606
16	中外合资企业	山西	富士康精密电子(太原)有限公司	5790754629
17	外商独资企业	重庆	英业达(重庆)有限公司	5715869106
18	外商独资企业	上海	英特尔贸易(上海)有限公司	5528294329
19	私营企业	广东	深圳市一达通企业服务有限公司	5339358051
20	国有企业	广东	中兴通讯股份有限公司	5285542112
21	外商独资企业	江苏	戴尔贸易(昆山)有限公司	5072944607
22	外商独资企业	江苏	世硕电子(昆山)有限公司	4888868835
23	外商独资企业	山东	鸿富锦精密电子(烟台)有限公司	4794242848
24	国有企业	广东	深圳中外运物流有限公司	4757012759
25	外商独资企业	江苏	吉宝通讯(南京)有限公司	4619243073
26	外商独资企业	四川	戴尔(成都)有限公司	4519834549
27	外商独资企业	江苏	仁宝信息技术(昆山)有限公司	4431780020
28	外商独资企业	江苏	仁宝资讯工业(昆山)有限公司	4394113726
29	私营企业	广东	东莞市欧珀精密电子有限公司	4095397630
30	外商独资企业	广东	纬创资通(中山)有限公司	4046427195
31	私营企业	湖北	联想移动通信贸易(武汉)有限公司	3926340858
32	国有企业	江苏	江苏富昌中外运物流有限公司	3885892819
33	外商独资企业	陕西	三星(中国)半导体有限公司	3876065799
34	外商独资企业	广东	鸿富锦精密工业(深圳)有限公司	3875763816
35	外商独资企业	江苏	达富电脑(常熟)有限公司	3614856954
36	私营企业	浙江	浙江一达通企业服务有限公司	3581040761
37	外商独资企业	上海	达丰(上海)电脑有限公司	2963334263
38	外商独资企业	安徽	联宝(合肥)电子科技有限公司	2956052190
39	外商独资企业	广东	东莞三星视界有限公司	2939177554

2017年中国企业出口100强排行榜及其评析

续表

排名	企业性质	所在地区	企业名称	出口额
40	外商独资企业	重庆	纬创资通(重庆)有限公司	2924665222
41	中外合资企业	天津	天津三星通信技术有限公司	2802347950
42	外商独资企业	重庆	旭硕科技(重庆)有限公司	2745207344
43	外商独资企业	上海	英运物流(上海)有限公司	2670342941
44	国有企业	北京	中国联合石油有限责任公司	2669933850
45	私营企业	江苏	吴江海晨仓储有限公司	2627930866
46	私营企业	广东	珠海小米通讯技术有限公司	2549554288
47	外商独资企业	广东	捷普电子(广州)有限公司	2536386626
48	国有企业	广东	珠海格力电器股份有限公司	2523564741
49	外商独资企业	广东	联想信息产品(深圳)有限公司	2513772918
50	国有企业	北京	中化石油有限公司	2509584793
51	中外合资企业	天津	天津三星视界移动有限公司	2508918213
52	外商独资企业	上海	金士顿科技(上海)有限公司	2499262950
53	外商独资企业	广东	乐金显示(广州)有限公司	2446598356
54	私营企业	陕西	西安海邦物流有限公司	2371101723
55	外商独资企业	天津	鸿富锦精密电子(天津)有限公司	2354117100
56	外商独资企业	上海	英华达(上海)科技有限公司	2343836369
57	中外合资企业	山东	浪潮乐金数字移动通信有限公司	2312643114
58	中外合资企业	上海	近铁国际物流(中国)有限公司	2308464555
59	私营企业	广东	维沃通信科技有限公司	2306664117
60	中外合资企业	广西	南宁富桂精密工业有限公司	2305949937
61	外商独资企业	上海	晟碟半导体(上海)有限公司	2283426697
62	私营企业	湖北	摩托罗拉(武汉)移动技术运营中心有限公司	2220445017
63	外商独资企业	福建	福建捷联电子有限公司	2167065086
64	中外合资企业	广东	深圳盐田港普洛斯物流园有限公司	2128897458
65	外商独资企业	广东	伟创力制造(珠海)有限公司	2089762850
66	外商独资企业	江苏	苏州佳世达电通有限公司	2079582936
67	外商独资企业	广东	伯恩光学(惠州)有限公司	2078930212
68	外商独资企业	福建	冠捷显示科技(厦门)有限公司	2015783233
69	中外合资企业	广东	招商局保税物流有限公司	2008331967
70	中外合资企业	广东	广东美的制冷设备有限公司	1975504764
71	集体企业	山东	日照钢铁控股集团有限公司	1971379579
72	国有企业	广东	深圳市金运达国际物流有限公司	1922354319
73	集体企业	江苏	江苏沙钢国际贸易有限公司	1904007454

续表

排名	企业性质	所在地区	企业名称	出口额
74	外商独资企业	广东	东莞创机电业制品有限公司	1893111962
75	私营企业	广东	深圳市朗华供应链服务有限公司	1886041031
76	国有企业	辽宁	本钢集团国际经济贸易有限公司	1883731000
77	外商独资企业	广东	飞力达物流（深圳）有限公司	1850380094
78	外商独资企业	海南	中石化（香港）海南石油有限公司	1825399773
79	国有企业	广东	深圳中电投资股份有限公司	1809221611
80	外商独资企业	广东	惠州TCL移动通信有限公司	1799906165
81	国有企业	山西	山西太钢不锈钢股份有限公司	1758464676
82	外商独资企业	广东	东莞技研新阳电子有限公司	1740420536
83	国有企业	广东	深圳市深国际华南物流有限公司	1701569283
84	国有企业	山东	青岛海信国际营销股份有限公司	1698049296
85	国有企业	上海	上海外高桥造船有限公司	1656266169
86	国有企业	广东	深圳市盐田港出口货物监管仓有限公司	1649241369
87	中外合资企业	湖北	鸿富锦精密工业（武汉）有限公司	1611721160
88	私营企业	广东	深圳市宝积供应链管理有限公司	1606382540
89	私营企业	广东	深圳嘉泓永业物流有限公司	1598595210
90	中外合资企业	广东	深圳赛意法微电子有限公司	1593627338
91	中外合资企业	上海	上海振华重工（集团）股份有限公司	1580873679
92	外商独资企业	江苏	希捷国际科技（无锡）有限公司	1539695018
93	私营企业	浙江	杭州海康威视科技有限公司	1531684473
94	国有企业	广东	东莞市对外加工装配服务公司	1516754503
95	外商独资企业	辽宁	英特尔半导体（大连）有限公司	1508770961
96	外商独资企业	重庆	鸿富锦精密电子（重庆）有限公司	1505814489
97	外商独资企业	上海	安靠封装测试（上海）有限公司	1504113437
98	外商独资企业	广东	兴英科技（深圳）有限公司	1490284602
99	外商独资企业	四川	业成科技（成都）有限公司	1456854337
100	国有企业	北京	中海油中石化联合国际贸易有限责任公司	1447265192
合计				403772912286

资料来源：中国海关信息网。

（二）地域特征

2017年中国企业出口100强中的企业主要来自东部地区，入围企业数达到78家，比2016年减少3家，出口总额为2918.23亿美元，占100强总出口比重的72.27%，每家企业的平均出口额为37.41亿美元；中部地区有7家企业入围，出口总额为469.82亿美元，占比11.64%，平均每家企业的出口额为67.12亿美元；西部地区有13家企业入围，出口总额为615.75亿美元，占比15.25%，平均每家企业出口额为47.37亿美元；东北地区有2家企业入围，出口总额为33.93亿美元，占比0.84%，平均每家企业出口额为16.96亿美元（见表2）。总体来看，东部企业借助沿海优势和30余年来改革开放积累下来的坚实基础，在国际出口总量及入围企业数量上独领风骚；中部地区在国家"中部崛起"计划的指导下，通过不断的招商引资和承接东部沿海产业转移，对外出口额也不断攀升，虽然入围100强排行榜企业数量有限，但入围企业的平均出口额占据绝对优势，属于典型的少而精的类型；西部地区在国家"一带一路"倡议和西部大开发的大力支持下，加之优惠的招商引资政策，企业走出去步伐进一步加快，入围出口100强排行榜的企业数达到历史最高水平；中国东北地区作为中国的老工业基地，拥有强大的制造业基地。随着东北老工业基地振兴的政策支持，国际化的发展水平也逐渐增加。①

表2 2017年中国企业出口100强区域分布

单位：美元，%

	入围100强企业数	出口总额	出口额占比	平均出口额
东部	78	291822998501	72.27	3741320494
中部	7	46981970349	11.64	6711710050
西部	13	61575441475	15.25	4736572421
东北	2	3392501961	0.84	1696250981

资料来源：中国海关信息网。

---

① 注：根据中国国家统计局编撰的《中国统计年鉴》地区划分，东部地区包括：北京、天津、河北、上海、江苏、浙江、福建、山东、广东和海南10个省份；中部地区包括：山西、安徽、江西、河南、湖北和湖南6个省份；西部地区包括：内蒙古、广西、重庆、四川、贵州、云南、西藏、陕西、甘肃、青海、宁夏和新疆12个省份；东北地区包括：辽宁、吉林和黑龙江3个省份。

2017年我国企业出口100强分布在广东、江苏、上海、重庆、北京、天津、四川、辽宁、山东、湖北、山西、陕西、广西、福建、安徽、河南、浙江17个省份（见表3）。本年度企业出口100强的省际分布与2016年大致相同。

表3 2017年中国企业出口100强省际分布

单位：美元，%

省份	入围企业数	出口总额	出口额占比	平均出口额
广东	36	123358062079	30.55	3426612836
江苏	14	68541629127	16.98	4895830652
上海	12	57443963428	14.23	4786996952
重庆	5	22312163240	5.52	4462432648
北京	4	12916672441	3.20	3229168110
天津	3	7665383263	1.90	2555127754
四川	4	20016888420	4.96	5004222105
山东	4	10776314837	2.67	2694078709
湖北	3	7758507035	1.92	2586169012
山西	2	7549219305	1.87	3774609653
陕西	3	16940439878	4.19	5646813293
浙江	2	5112725234	1.27	2556362617
福建	2	4182848319	1.04	2091424160
安徽	1	2956052190	0.73	2956052190
河南	1	28718191819	7.11	28718191819
广西	1	2305949937	0.57	2305949937
辽宁	2	3392501961	0.84	1696250981

资料来源：中国海关信息网。

广东省作为我国对外开放的"领头羊"，在企业出口方面继续保持领军地位。2017年广东有36家企业入围我国企业出口100强排行榜，比2016年少4家。这36家企业中有19家位于深圳，深圳作为我国对外开放的窗口，拥有毗邻香港的得天独厚的优势，企业数占据排行榜中 1/5 的份额，成为拥有我国出口百强企业数最多的城市。广东 36 家企业出口总额为 1233.58 亿美元，占比 30.55%，比 2016 年减少 6.01%，平均每家企业出口额为 34.27 亿美元。

江苏省是沿海经济强省，推动其经济发展的强劲助力器是出口。2017 年江苏省进入中国企业出口 100 强的共有 14 家，和 2016 年同期相比减少 1 家。江苏省出口百强企业分布集中度最高，14 家百强企业中有 8 家位于苏州（含昆山），占总数的 57.14%。2017 年江苏 14 家出口百强企业出口总额达到 685.42 亿美元，占比 16.98%，在所有省份中位居第二，平均每家企业出口额为 48.96 亿美元。

上海作为我国的金融中心，出口贸易一直是其重点发展领域。上海自由贸易区建设得到中央政府的批复与支持，将上海打造成为国际金融中心、结算中心、物流中心、贸易中心等多位一体的战略规划逐渐浮现。2017 年上海有 12 家企业入围中国企业出口 100 强，比 2016 年多 1 家。12 家企业的出口总额达到 574.44 亿美元，占比 14.23%，平均每家企业出口额为 47.87 亿美元，虽然较 2016 年减少 0.08%，但每家企业平均出口额在所有省份中排名第三。

重庆作为我国西部大开发的标杆城市，对外贸易和出口发展如火如荼。凭借舒适宜居的环境和国家政策的大力支持，重庆的招商引资和国际合作发展取得巨大成功，继 2012 年有 2 家企业入围中国企业出口 100 强排行榜后，2013 年猛增至 6 家入围企业，2015 年与 2014 年相同，继续保持 6 家强劲势头，2016 年比 2015 年减少 1 家，2017 年与 2016 年相同，这 5 家企业得益于重庆的对外招商引资。入围企业出口总额达到 223.12 亿美元，占比 5.52%，平均每家企业出口额为 44.62 亿美元。

北京是我国的首都，集政治、经济、文化中心于一身，各大央企总部也云集于此。2017 年有 4 家企业入围，与 2016 年持平。入围企业均属于石化石油类国有企业。4 家百强企业出口总额为 129.17 亿美元，占比 3.20%，平均每家企业出口额为 32.29 亿美元。

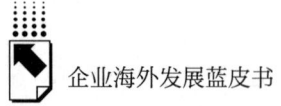

天津是中国北方最重要的港口，滨海新区的建立和京津冀协同发展，进一步提高了其国际化程度。2017年有3家企业入围中国企业出口100强排行榜，较2016年同期持平，入围企业中有2家中外合资企业，1家外商独资企业，集中于电子产品制造行业。入围企业出口总额达到76.65亿美元，占比1.90%，平均每家企业出口额为25.55亿美元。

四川是我国西部大开发的重点省份，通过招商引资，成功地引入了富士康、戴尔、英特尔等全球知名企业的入驻。2017年入围中国企业出口100强排行榜的企业达到4家，比2016年多1家，且全部都是外资企业。4家入围企业出口总额达到200.17亿美元，占比4.96%，平均每家企业出口额为50.04亿美元，在所有入围省份中企业平均出口额排名第一。

山东是我国传统经济强省，具有青岛、烟台、威海等众多港口，与日韩贸易来往紧密。2017年山东有4家企业入围中国企业出口百强排行榜，2家外资企业，1家集体企业，1家国有企业，与2016年持平。入围企业出口总额达到107.76亿美元，占比2.67%，平均每家企业出口额达到26.94亿美元。

湖北省2017年有3家企业入围中国企业出口百强排行榜，与2016年持平。这三家企业分别是鸿富锦精密工业（武汉）有限公司、摩托罗拉（武汉）移动技术运营中心有限公司、联想移动通信贸易（武汉）有限公司。出口总额达77.59亿美元，占比1.92%，平均每家企业出口额达到25.86亿美元。

陕西作为西部省份，2017年有3家企业入围中国企业出口百强排行榜，比2016年多1家。出口总额达169.40亿美元，占比4.19%，平均每家企业出口额达到56.47亿美元。

浙江省浙江一达通企业服务有限公司2017年再次入围百强排行榜，出口总额为35.81亿美元；杭州海康威视科技有限公司首次入围百强排行榜，出口总额为15.32亿美元，占比0.64%。

福建是著名的华侨之乡，海外出口贸易迅速发展。2017年有2家企业入围中国企业出口百强榜，比2016年减少1家，分别是福建捷联电子有限公司、冠捷显示科技（厦门）有限公司。出口额达到41.83亿美元，占比1.04%，平均每家企业出口额达到20.91亿美元。

安徽省2017年有1家企业入围百强排行榜，是联宝（合肥）电子科技有限公司，出口额达到29.56亿美元，占比0.73%。安徽省进出口在2014年达3000亿元后，连续两年呈下行趋势。2017年首破3500亿元大关，联宝公司（含海晨、新宁）成为全省首家超300亿元企业。

河南是我国典型的中部省份，在国家"中部崛起"的政策支持下，大力招商引资，凭借着低廉的劳动力成本优势，吸引了国际加工和制造业巨头富士康集团在郑州设立了富锦精密电子（郑州）有限公司，主要经营电子产品加工和出口业务。该公司2017年再次入围中国企业出口百强排行榜，出口总额达到287.18亿美元，出口额占百强企业出口总额的比重达到7.11%。

广西2017年有1家民营企业进入百强排行榜，是南宁富桂精密工业有限公司，出口额达到23.06亿美元，占比0.57%。随着第二轮"加工贸易倍增计划"的深入推进，广西充分发挥中央及自治区加工贸易专项资金杠杆作用，重点支持承接加工贸易产业转移、改善物流条件，降低企业经营成本，大力开展招商引资等工作，极大改善了加工贸易产业发展条件。其中，龙头企业南宁富桂精密工业有限公司以加工贸易方式进出口增长72.9%，对广西加工贸易进出口总值增长的贡献率高达79%。

辽宁作为我国的传统的重工业基地，具有较好的制造业基础，且具有天然良港大连。大连作为东北地区最重要的港口，吸引了众多出口企业的进驻。2017年辽宁拥有2家企业入围中国企业出口百强排行榜，比2016年增加1家。出口额达到33.93亿美元，占比0.84%，平均每家企业出口额达到16.96亿美元。

（三）行业分布

2017年我国企业出口100强主要分布在制造业，交通运输、仓储业，商务服务业，信息传输、计算机服务和软件业，采矿业五大产业（见图1和表4）。

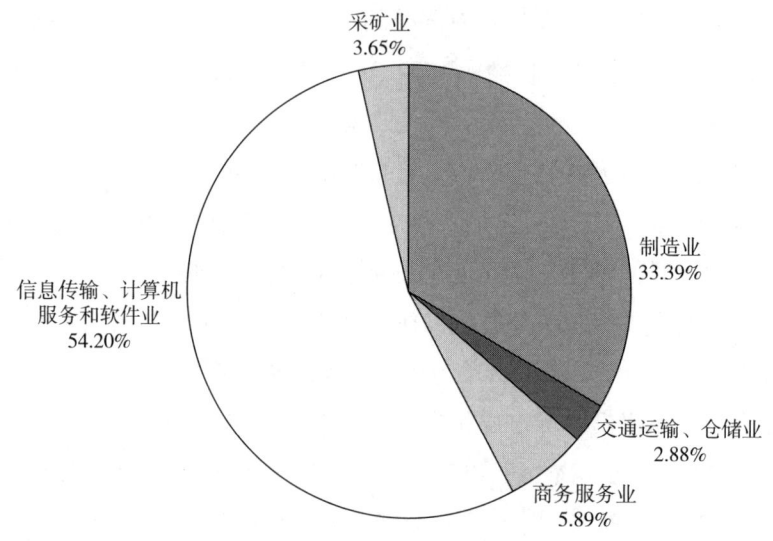

图 1　2017 年我国出口企业 100 强行业分布

表 4　2017 年我国出口企业 100 强行业分布

单位：美元，%

	入围企业数	出口额	占出口总额比重	平均每家企业出口额
制造业	34	134808697495	33.39	3964961691
交通运输、仓储业	6	11620447134	2.88	1936741189
商务服务业	5	23766264818	5.89	4753252964
信息传输、计算机服务和软件业	50	218835430625	54.20	4376708613
采矿业	5	14742072214	3.65	2948414443

资料来源：中国海关信息网。

我国是世界制造业大国，我国制造业，尤其是机电产品制造业出口已经连续 20 年占据出口排行榜第一位。2017 年我国出口 100 强企业中有 34 家企业属于制造业。34 家企业出口总额为 1348.09 亿美元，占出口总额的比重达到 33.39%，平均每家企业出口额为 39.65 亿美元，位居所有行业第二位。我国凭借低廉的劳动力成本优势和优惠的招商引资政策吸引了大批外资企业前往中国大陆投资设厂，排行榜中 34 家制造业企业中有 26 家属于外资企业，占比76.47%，而且以出口导向型的电子产品加工为主。尽管2017年出口百强企业中制造业企业占有较大比重，但是多数企业仍在中低端制造业徘徊，技术依赖性比较强，这也加大了企业经营的风险，应加大研发投入，向高端制造业迈进。

2017年交通运输、仓储业有6家企业入围中国出口100强企业，这6家企业全部位于东部沿海地区，涉及物流集运、分拆、仓储、配送、报关报检、物流加工、信息服务等多个领域。出口总额达到116.20亿美元，占比2.88%，平均每家企业出口额为19.37亿美元。

2017年商务服务业有5家企业入围中国出口100强企业排行榜，这5家企业均分布在东部沿海地区，涉及金融租赁、供应链管理、进出口服务等多个方面。入围企业2017年出口总额为237.66亿美元，占比5.89%，平均每家企业出口额为47.53亿美元。商务服务业领域内民营企业1家，国有企业1家，外资企业3家。

信息传输、计算机服务和软件业入围2017年中国出口100强企业排行榜的有50家，其中有34家外资企业，6家国有企业，9家民营企业，1家集体企业。2017年出口总额达到218.84亿美元，占比54.20%，平均每家企业出口额为43.77亿美元。

2017年采矿业有5家企业入围中国出口100强企业排行榜，比2016年增加1家。该行业全年出口额达到147.42亿美元，占比3.65%，与2016年持平，平均每家企业出口额为29.48亿美元，较2016年下降3.91%。

（四）所有制结构

按所有制结构可以将2017年中国企业出口100强划分为国有、外资、民营三大类，各种性质的企业出口情况见表5。

2017年共有21家国有企业入围中国企业出口100强排行榜，比2016年增加6家，出口总额为722.37亿美元；出口额占比17.90%，同比增加6.9%，平均每家企业出口额为34.39亿美元，较上年增加33.39%。入围国有企业集中分布于东部沿海和东北地区，行业分布均匀，制造业占据2个席位，交通运输、仓储业占据6个席位，商务服务业占据3个席位，采矿业占据3个席位，信息传输、计算机服务和软件行业占据1个席位。

表5 2017年中国企业出口100强的所有制结构

单位：美元，%

企业性质	入围企业数	出口总额	出口额占比	平均出口额
国有	21	72237439066	17.90	3439878051
外资	65	286418205949	70.94	4406433938
民营	14	45117267271	11.17	3222661948

资料来源：中国海关信息网。

外资企业向来是我国对外出口的主力军，出口导向型的外资企业在2017年有65家入围中国企业出口100强排行榜，与2016年持平，出口总额达2864.18亿美元，出口额占比70.94%，同比下降0.1%，平均每家企业出口额达44.06亿美元。入围企业中东部78家，中部7家，西部13家，东北2家。

民营企业以中小企业居多，是我国国民经济发展的重要组成部分，2017年有14家企业入围中国企业出口100强排行榜，比2016年减少4家，出口总额达451.17亿美元，出口额占比11.17%，平均每家企业出口额为32.23亿美元。民营企业集中分布于东部沿海地区。

二 2017年中国企业出口100强的典型企业研究

（一）行业典型企业研究

1. 制造业巨头——富士康（鸿富锦）集团

富士康科技集团是专业从事计算机、通信、消费性电子等产品研发制造，广泛涉足数位内容、汽车零组件、通路、云运算服务及新能源、新材料开发应用的高新科技企业。

凭借前瞻决策、扎根科技和专业制造，自1974年在台湾肇基，1988年投资中国大陆以来，富士康迅速发展壮大，拥有百余万名员工及全球顶尖客户群，是全球最大的电子产业科技制造服务商。2016年富士康进出口总额占中国大陆企业进出口总额的3.6%；2017年位居《财富》全球500强第27位。

2017年富士康科技集团旗下拥有8家企业入围中国企业出口100强排行榜，出口总额为563.98亿美元，占比13.37%。其中有1家企业入围排行榜前10名，是排名第1位的鸿富锦精密电子（郑州）有限公司，出口额为287.18亿美元。此外，排名第12位的鸿富锦精密电子（成都）有限公司，出口额为77.47亿美元；排名第16位的富士康精密电子（太原）有限公司，出口额为57.91亿美元；排名第23位的鸿富锦精密电子（烟台）有限公司，出口额为47.94亿美元；排名第34位的鸿富锦精密工业（深圳）有限公司，出口额为38.76亿美元；排名第55位的鸿富锦精密电子（天津）有限公司，出口额为23.54亿美元；排名第87位的鸿富锦精密工业（武汉）有限公司，出口额为16.12亿美元；排名第96位的鸿富锦精密电子（重庆）有限公司，出口额为15.06亿美元（见表6）。

表6 2017年富士康（鸿富锦）科技集团旗下企业入围中国企业出口100强榜单

排名	所在地区	企业	出口额（美元）
1	河南	鸿富锦精密电子(郑州)有限公司	28718191819
12	四川	鸿富锦精密电子(成都)有限公司	7747027789
16	山西	富士康精密电子(太原)有限公司	5790754629
23	山东	鸿富锦精密电子(烟台)有限公司	4794242848
34	广东	鸿富锦精密工业(深圳)有限公司	3875763816
55	天津	鸿富锦精密电子(天津)有限公司	2354117100
87	湖北	鸿富锦精密工业(武汉)有限公司	1611721160
96	重庆	鸿富锦精密电子(重庆)有限公司	1505814489
合计			56397633650

资料来源：中国海关信息网。

富士康（鸿富锦）集团旗下企业在出口方面取得的巨大成功，主要得益于其出口导向型的公司发展战略。在珠三角地区，布局深圳、佛山、中山、东莞、惠州、广州等地，深圳园区将被打造成专注于科技研发基地和电子商务、电子模块大型贸易、新产品导入、人才培训中心基地，加速集团产业转型升级，力争成为珠三角地区产业转型升级的主力推手。

在长三角地区，布局昆山、上海、南京、淮安、杭州、宁波、嘉善等地，形成以精密连接器、无线通信组件、液晶显示器、网通设备机构件、半导体设备和软件技术开发等产业链及供应链聚合体系，促进区域产业结构优化和升级。

在环渤海地区，布局北京、天津、烟台、菏泽、廊坊、秦皇岛、营口、长春等地，以无线通信、消费电子、云运算、纳米科技、计算机组件、伺服马达、精密机床、环境科技等为骨干产业，为区域经济发展输送科技与制造动能。

在中西部地区，布局太原、晋城、郑州、济源、南阳、鹤壁、濮阳、兰考、武汉、长沙、衡阳、南宁、重庆、成都、贵阳、盘县、兰州等地，重点发展精密模具、自动化设备、镁铝合金、汽车零部件、光机电模组、智能手机、平板电脑、智能电视等，助推"中部崛起"和"西部大开发"国家发展战略实施。

2. 交通运输、仓储业领军者——苏州得尔达国际物流有限公司

苏州得尔达国际物流有限公司成立于2004年4月18日，是苏州物流中心有限公司投资设立的第一家专业第三方物流企业。秉承苏州物流中心一贯的服务宗旨，得尔达公司以客户为中心，依托苏州工业园区，立足长江三角洲，重点布局现代产业链，为上游和下游企业提供一体化的物流服务，包括港口物流、国际分销、仓储（保税/非保税）、国际采购、信息服务、商品展示和贸易、物流培训、海关、运输和即时交货等综合物流服务。

苏州得尔达国际物流有限公司2013年首次入围中国企业出口100强排行榜，2017年凭借着高达115.37亿美元的出口额，在所有企业中排名第9位，在国有企业及交通运输、仓储业中均排名第1位。长三角物流公司实施"走出去"战略，本土化是整合国际物流有限公司的本土企业，有必要借鉴国外先进的管理经验。十几家公司已经进驻苏州物流园区，得尔达保税业务

高居榜首。到目前为止，得尔达业务占保税物流中心的60%以上。得尔达公司也拥有了广泛的合作伙伴，既有大型生产与零售企业又有专业物流公司。

3. 信息传输、计算机服务和软件业常青树——达功（上海）电脑有限公司

华为技术有限公司是一家生产销售通信设备的民营通信科技公司，总部位于中国广东省深圳市龙岗区坂田华为基地。华为的产品主要涉及通信网络中的交换网络、传输网络、无线及有线固定接入网络和数据通信网络及无线终端产品，为世界各地通信运营商及专业网络拥有者提供硬件设备、软件、服务和解决方案。华为的产品和解决方案已经应用于全球170多个国家，服务全球运营商50强中的45家及全球1/3的人口。

华为在2010年以218.21亿美元营业收入首次进入《财富》世界500强榜单，排名第397位。2016年华为排名相较2015年又有大幅提升，上升了57位，至228位。2017年，华为凭借118.61亿美元的出口额排在中国企业百强排行榜第5位。

华为在德国、瑞典斯德哥尔摩、美国达拉斯及硅谷、印度班加罗尔、俄罗斯莫斯科、日本、加拿大、土耳其，中国的深圳、上海、北京、南京、西安、成都、杭州、重庆、武汉等地设立了16个研究所，进行产品与解决方案的研究开发人员约7万名（占公司总人数的45%）。聚焦在ICT领域的关键技术、架构、标准等方向持续投入，致力于提供更宽、更智能、更高能效的零等待管道，为用户创造更好的体验。在未来5G通信、网络架构、计算和存储上持续创新，取得重要的创新成果，同时和来自工业界、学术界、研究机构的伙伴紧密合作，引领未来网络从研究到创新实施；还与领先运营商成立28个联合创新中心，把领先技术转化为客户的竞争优势和商业成功因素。

4. 商贸服务业佼佼者——深圳市一达通企业服务有限公司

深圳市一达通企业服务有限公司成立于2001年，建立了国内第一家面向中小企业的进出口流程外包服务平台，通过互联网（IE+IT）"一站式"服务为中小企业和个人提供通关、物流、外汇、退税、金融等所有进出口环节服务。

该公司于2008年11月与中国银行联合开发出业内第一个贸易融资系列

产品——"融资易",国内首创司内设置中国银行外汇结算网点,为中小企业外贸的出口退税、进口开证和出口信用证打包贷款提供无担保、无抵押、零门槛的融资信贷服务。2010年11月被阿里巴巴集团收购,形成了从"外贸资讯"到"外贸交易""一站式"服务链条,为广大中小企业和个人从事对外贸易提供了更为全面的外贸服务,是典型的中小外贸企业类公共服务平台。

深圳市一达通企业服务有限公司2012年首次入围中国企业出口100强排行榜,至今连续六年入围百强榜单,2017年以53.40亿美元的出口额居排行榜第19位。

(二)不同所有制典型企业研究

1. 国有企业——深圳中外运物流有限公司

深圳中外运物流有限公司1950年成立,是以运输和仓储为主,跨地区、跨行业、跨国经营的企业集团。经过60年的发展,国内外外运具备完善的业务网络,在国外已经有几十个代表和独资与合资企业。

公司2017年再次入围中国企业出口100强排行榜,排名第24位,出口总额为47.57亿美元。深圳市中外运物流有限公司,将在深圳物流园区成立占地136000平方米的物流中心,服务面积将覆盖整个珠江三角洲地区(泛珠三角地区)。物流中心充分发挥现代物流的整合、分裂、仓储、配送、海关清关、物流加工、信息服务等功能,为客户提供高效、优质、综合的物流服务,创造一个一流的综合物流供应商。

2. 外资企业——昌硕科技(上海)有限公司

昌硕科技(上海)有限公司于2004年在上海市浦东新区康桥工业区投资成立,主要从事笔记本电脑、手机等电子信息产品的研发与制造,是全球五大笔记本电脑生产企业之一。

昌硕科技(上海)有限公司本着培育、珍惜、关怀员工,让同仁尽情地发挥最高潜力的人才理念,坚守诚信、勤俭、崇本、务实的正道,无止境地追求世界第一的品质、速度、服务、创新、成本,跻身世界级的高科技领导群。

该公司2017年以145.00亿美元的出口额，居于排行榜第3位，在信息传输、计算机服务和软件行业排名第2位。

昌硕科技（上海）有限公司以研究设计引导制造生产，拥有坚强的研究设计团队，投入新产品的发展，投资2亿元建设的研发大楼已于2009年1月启用，最多可容纳2000名科研人员办公，推动上海园区成为和联科技集团的"全球制造与研发网络"中心节点之一。

为客户提供从最初期的设计概念、产品发展、投入量产，到新产品上市后的售后服务等一贯流程，在各个环节与客户间紧密结合，透过信息系统使客户能完整而有效地掌握产品发展进度，同时兼顾有效的成本控制及优异的质量水平，进而取得生产优势，凭借着快速的供应物流体系，让客户能在最短时间内取得产品，使客户能全心全力致力于产品的推广及营销活动，以获取最大利益。

3. 民营企业——联想移动通信科技公司

联想移动通信科技公司成立于2002年，总部设在中国福建厦门。在北京、上海、厦门分别设有研发和海外业务中心，拥有丰富的产品线和先进的生产设备，以及强大的销售网络和完备的售后服务体系。

联想移动坚持以"自主研发"为核心，积极创新，为用户提供"时尚、品质、易用"的移动通信产品，以及满足用户个性需求的增值服务，使用户在方寸之间尽享移动通信之乐。2017年，联想凭借39.26亿美元的出口额排名中国企业百强排行榜第31位。未来，联想移动将以充满无限热情的创新精神、合作共赢的企业理念、踏实进取的发展态度，致力于成为一家拥有国际竞争力的知名手机企业，回馈社会，并积极推动中国通信产业发展。

（三）地区典型企业研究

1. 东部地区——达功（上海）电脑有限公司

达功（上海）电脑有限公司创建于2000年12月，位于上海松江出口加工区，是广达集团的生产制造基地。广达集团由林百里总裁创建于1988年，是世界500强企业之一，也是世界上最大的笔记本电脑制造商，世界上每3台笔记本电脑就有1台来自广达。除了在笔记本电脑领域中维持领先地位外,广达集团触角更延伸至服务器、液晶显示器、液晶电视、通信等领域,积极展开产业整合布局。

凭借卓越的研发和生产能力,仅仅7年的时间,公司规模由200多人发展到30000多人,出口创汇额由2001年的1.7亿美元增长到如今的300多亿美元。公司广揽业界精英,生产、研发团队实力雄厚,赢得了全球IT业界全球知名企业的青睐,都成为其客户。

该公司从2009年至今一直入围中国企业出口100强排行榜,2017年以176.05亿美元的出口额,居于排行榜第2位,在信息传输、计算机服务和软件行业排名第1位。"虚心求得真道理,用心必得善其事,开心因得美梦成",达功人在"真善美"企业精神的鼓舞下,在"诚信爱"企业准则的指导下,坚持"潜能激发,自主创新",为成为全球最具竞争力的资讯产业基地而拼搏。

2. 中部地区——联宝(合肥)电子科技有限公司

联宝(合肥)电子科技有限公司(LCFC)是成立于2011年的一家年轻而富有活力的高科技企业,由世界500强企业联想集团和台湾仁宝集团携手共建,为联想全球客户提供高科技产品和服务,是联想全球最大的PC研发和制造基地,联想全球每销售8台笔记本电脑,就有1台是联宝制造。公司2017年再次入围中国企业出口100强排行榜,排名第38位,出口总额为29.56亿美元。

联宝的愿景是成为一家不断进取的国际化高科技企业,传承母公司优秀的管理和文化,追求卓越创新,引领产业变革,致力于成为业界领先的移动互联产品创新、设计与生产的领导者。

联宝的使命是为联想全球客户提供高科技产品和服务。传承母公司优秀的管理和文化,专注不断创新与进取,树立在PC及相关产品设计、生产和服务等多个领域的业界领先地位;专注持续提升客户体验,实现科技让工作更加高效与安全,让生活更加时尚与精彩。

3. 西部地区——美光半导体(西安)有限责任公司

美光半导体(西安)有限责任公司是美光科技在西安高新新设立的外

商独资企业,是目前陕西省最大的外商投资企业之一。公司的主要业务是集成电路封装测试和内存模块装配。

美光科技有限公司是高级半导体解决方案的全球领先供应商之一。通过全球化的运营,美光公司制造并向市场推出 DRAM、NAND 闪存、CMOS 图像传感器、其他半导体组件以及存储器模块,用于前沿计算、消费品、网络和移动便携产品。

2017 年,美光以 106.93 亿美元的出口额排名百强榜第 8 位,排名西部地区第 1 名。

4. 东北地区——本钢集团国际经济贸易有限公司

本钢集团国际经济贸易有限公司办公室地址位于矿藏丰富、被誉为"地质博物馆"的著名的钢铁城市本溪,公司成立以来发展迅速,业务不断发展壮大,主要经营承办本企业中外合资经营、合作生产业务。自营和代理各类商品及技术的进出口业务(国家规定的专营进出口商品和国家禁止进出口等特殊商品除外);经营进料加工和"三来一补"业务,开展对销贸易和转口贸易,金属材料、冶金炉料、矿产品(不含煤炭)、机电产品、化工产品销售(不含危险、监控化学品),钢材加工及货运代理服务。公司始终奉行"诚信求实、致力服务、唯求满意"的企业宗旨,全力跟随客户需求,不断进行产品创新和服务改进。2017 年,本钢集团国际经济贸易有限公司以 18.84 亿美元的出口额位居百强排行榜第 76 位,排名东北地区第 1 位。

三 中国企业出口100强排行榜的动态变化分析

2017 年,世界经济温和复苏,全球制造业生产"回暖",国际贸易投资日趋活跃;中国经济已由高速增长阶段转向高质量发展阶段,供给侧结构性改革深入推进,创新能力不断提升,调控政策效果显现。为了更好地理解和预测中国出口工业和企业的未来发展趋势,本部分将从出口总额、入围门槛、排行榜更新率、地域分布、产业结构、所有制结构 6 个方面对中国企业出口 100 强排行榜进行动态变化分析。

（一）出口总额变动分析

2017年中国企业出口100强排行榜中所有企业出口总额达到4037.73亿美元，较2016年同期上升12.72%（见表7）。2007~2017年，2009年受国际金融危机和中国经济结构调整的影响，百强企业出口总额呈下降趋势；2016年形势更加复杂严峻，在国际市场不景气、世界贸易深度下滑的背景下，百强企业出口总额呈小幅下降趋势；2017年随着世界经济温和复苏，中国经济高速发展，百强企业出口强势反弹。11年间，我国百强企业出口总额年均增长率达到2.92%，低于我国GDP年均增长率和出口总额增长率。由此可见，我国出口企业的内部差异正在逐步缩小，而出口数据也佐证了这一点，2011年排行榜前3名企业出口总额达到881.98亿美元，占百强企业出口总额的24.09%；2012年排行榜前3名企业出口总额达到782.52亿美元，仅占百强企业出口总额的20.32%；2013年排行榜前3名企业出口总额仅达到609.48亿美元，占百强企业出口总额的17.08%；2014年排行榜前3名企业出口总额达到601.97亿美元，占百强企业出口总额16.05%；2015年排行榜前3名企业出口总额达到636.73亿美元，占百强企业出口总额的17.19%；2016年排行榜前3名企业出口总额达到544.90亿美元，占百强企业出口总额的15.21%；2017年排行榜前3名企业出口总额达到608.24亿美元，占百强企业出口总额的15.06%。

表7 2007~2017年中国企业出口100强出口总额

年份	100强出口总额	我国出口总额	100强占总额百分比（%）	100强平均出口额	比上年变化率（%）
2017	40377291	153300	26.34	4037.73	12.72
2016	35819897	138409	25.88	3581.99	-3.31
2015	37046581	227533	16.28	3704.66	-2.00
2014	37482575	234274	16.00	3748.25	5.06
2013	35676100	221041	16.14	3567.61	12.55
2012	20498300	385101	18.79	3851.01	5.18
2011	1898600	366122	19.28	3661.22	11.88

续表

年份	100强出口总额	我国出口总额	100强占总额百分比(%)	100强平均出口额	比上年变化率(%)
2010	1577932	327241	20.74	3272.41	20.92
2009	1201660	270623	22.52	2706.23	-5.98
2008	1430548	287849	20.12	2878.49	5.08
2007	1218000	273926	22.49	2739.26	—

资料来源：中国海关信息网。

（二）入围门槛变动分析

2017年中国企业出口100强排行榜的入围门槛是14.47亿美元，较2016年上升12.26%。2007~2017年，只有三次入围门槛下降情况出现：第一次是2009年受到国际金融危机的冲击同比下降了12.71%，第二次是2015年，第三次是2016年，其余八年中国企业出口100强排行榜入围门槛一直在稳步上升，平均增长率达到了4.39%。此外，百强排行榜中首末位企业间的差额也在不断减小，2011年出口排行榜首位企业出口额是末位企业的24倍，2012年是27倍，2013年是16倍，2014年是13倍，2015年是19倍，2016年是21倍，2017年是19倍。而末位企业出口额占百强榜企业出口总额的比例却一直相对稳定，2007~2017年，百强榜末位企业出口额占100家企业出口总额的比重分别是：0.38%、0.39%、0.36%、0.37%、0.38%、0.34%、0.38%、0.42%、0.36%、0.36%、0.36%，一直处于相对稳定状态，由此得知，出口排行榜入围门槛和百强榜企业出口总额的平均增长速度持平。

（三）排行榜更新率分析

2017年中国企业出口100强排行榜中，较2016年更新了20家，更新率达到了20%，比2016年的更新率上升了1个百分点。其中有16家企业连续9年入围百强排行榜、1家企业连续8年入围排行榜、4家企业连续7年入围排行榜、3家企业连续6年入围排行榜、13家企业连续5年入围排行榜

（见表8）。排行榜更新率的上升，一方面是由于市场竞争的加剧，另一方面是因为我国不断调整产业结构，推进产业升级换代的结果。

表8 2017年中国企业出口100强排行榜更新率

企业	排名								
	2017	2016	2015	2014	2013	2012	2011	2010	2009
鸿富锦精密电子（郑州）有限公司	1	1	1	1	2	3	16		
达功（上海）电脑有限公司	2	2	3	2	1		2		
昌硕科技（上海）有限公司	3	3	4	4	4	4	4	12	18
富泰华工业（深圳）有限公司	4	5	2	3	3		2		
华为技术有限公司	5	4	5	5	7	5	3	6	7
名硕电脑（苏州）有限公司	6	7	8	10	9	10	11	11	8
苏州得尔达国际物流有限公司	7	12	9	9	10				
美光半导体（西安）有限责任公司	8	16	13		11		6		
惠州三星电子有限公司	9	8	6	8	5	7	21	21	19
华为终端（东莞）有限公司	10	13	25	31	24				
达丰（重庆）电脑有限公司	11	11	7	6	8	11	65		
鸿富锦精密电子（成都）有限公司	12	14	12	7	6	6	7		
纬新资通（昆山）有限公司	13	57	77	84	45	35	10	7	6
英特尔产品（成都）有限公司	14	72	91	68	49	69	86	54	32
中国国际石油化工联合有限责任公司	15	10	14	11	13				
富士康精密电子（太原）有限公司	16	15	26	33	74	76			15
英业达（重庆）有限公司	17	18	19	2	46		18	19	28
英特尔贸易（上海）有限公司	18	19	41	46	49	69	86	54	32
深圳市一达通企业服务有限公司	19	6	10	25	41	98		6	10
中兴通讯股份有限公司	20	21	15	20	23	13	14	15	20
戴尔贸易（昆山）有限公司	21								
世硕电子（昆山）有限公司	22	30	44						
鸿富锦精密电子（烟台）有限公司	23	28	21	12	14	9	9	9	11
深圳中外运物流有限公司	24	25	24	30	26	19	5	3	3
吉宝通讯（南京）有限公司	25	54	57					54	57
戴尔（成都）有限公司	26	34	31	17	38				34
仁宝信息技术（昆山）有限公司	27	9	11	16	26	19	5	3	3
仁宝资讯工业（昆山）有限公司	28	27	20	26	91	33	36	42	22
东莞市欧珀精密电子有限公司	29	95							
纬创资通（中山）有限公司	30	29	32	34	45	35	10	7	6

续表

企业	排名								
	2017	2016	2015	2014	2013	2012	2011	2010	2009
联想移动通信贸易(武汉)有限公司	31	44	99						
江苏富昌中外运物流有限公司	32	77	80	89		35	10	7	6
三星(中国)半导体有限公司	33	23	51						
鸿富锦精密工业(深圳)有限公司	34	20	18	13	11		6		
达富电脑(常熟)有限公司	35		42	55					
浙江一达通企业服务有限公司	36		33	27	18				
达丰(上海)电脑有限公司	37	45	29						
联宝(合肥)电子科技有限公司	38	49	50						
东莞三星视界有限公司	39	22	22	24	17	17	53		
纬创资通(重庆)有限公司	40	47	48	66					
天津三星通信技术有限公司	41	32	16	22	30	24	27	35	30
旭硕科技(重庆)有限公司	42	36	33	27	18				36
英运物流(上海)有限公司	43								
中国联合石油有限责任公司	44								
吴江海晨仓储有限公司	45	79	35	41					
珠海小米通讯技术有限公司	46								
捷普电子(广州)有限公司	47	35	42	55					
珠海格力电器股份有限公司	48	50	59	64	48	49	56	83	
联想信息产品(深圳)有限公司	49	26	23	29	35	43	51	32	26
中化石油有限公司	50	83							
天津三星视界移动有限公司	51	41	40						
金士顿科技(上海)有限公司	52								
乐金显示(广州)有限公司	53	38	52						
西安海邦物流有限公司	54								
鸿富锦精密电子(天津)有限公司	55	65	58	81					
英华达(上海)科技有限公司	56	81							
浪潮乐金数字移动通信有限公司	57	39	38	35	60	100			
近铁国际物流(中国)有限公司	58								
维沃通信科技有限公司	59								
南宁富桂精密工业有限公司	60	88							
晟碟半导体(上海)有限公司	61	52	67	69					
摩托罗拉(武汉)移动技术运营中心有限公司	62	48		66					
福建捷联电子有限公司	63	61	61	56	50				

续表

企业	排名								
	2017	2016	2015	2014	2013	2012	2011	2010	2009
深圳盐田港普洛斯物流园有限公司	64	55	60	67					
伟创力制造(珠海)有限公司	65	24	17	15	21	40	23	18	28
苏州佳世达电通有限公司	66	73							
伯恩光学(惠州)有限公司	67								
冠捷显示科技(厦门)有限公司	68	92	71						
招商局保税物流有限公司	69	43							
广东美的制冷设备有限公司	70	67	68	65					
日照钢铁控股集团有限公司	71								
深圳市金运达国际物流有限公司.	72	68	55	60					
江苏沙钢国际贸易有限公司	73								
东莞创机电业制品有限公司	74	82	93						
深圳市朗华供应链服务有限公司	75	53							
本钢集团国际经济贸易有限公司	76	98							
飞力达物流(深圳)有限公司	77	56	94						
中石化(香港)海南石油有限公司	78								
深圳中电投资股份有限公司	79	69	43	38	33				
惠州TCL移动通信有限公司	80	42	37	45					
山西太钢不锈钢股份有限公司	81	97	86	78					
东莞技研新阳电子有限公司	82	59	96						
深圳市深国际华南物流有限公司	83	70	64	54	43				
青岛海信国际营销股份有限公司	84								
上海外高桥造船有限公司	85	100							
深圳市盐田港出口货物监管仓有限公司	86	80	83						
鸿富锦精密工业(武汉)有限公司	87	78	66						
深圳市宝积供应链管理有限公司	88								
深圳嘉泓永业物流有限公司	89								
深圳赛意法微电子有限公司	90	93							
上海振华重工(集团)股份有限公司	91	37	63	58	44		32		
希捷国际科技(无锡)有限公司	92	94							
杭州海康威视科技有限公司	93								
东莞市对外加工装配服务公司	94								
英特尔半导体(大连)有限公司	95								
鸿富锦精密电子(重庆)有限公司	96	75	54						

续表

企业	排名								
	2017	2016	2015	2014	2013	2012	2011	2010	2009
安靠封装测试(上海)有限公司	97								
兴英科技(深圳)有限公司	98								
业成科技(成都)有限公司	99								
中海油中石化联合国际贸易有限责任公司	100								

资料来源：中国海关信息网。

（四）地域分布变动分析

2008~2017年，中国企业出口100强排行榜中，东部企业所占比例处于绝对优势，但比例一直呈现下降趋势，从2008年的92家一直下降到2017年的78家，企业也主要分布于广东、江苏、上海和北京四个地区；东北地区的出口百强企业数一直稳定在2家左右，且都集中分布于辽宁；中部地区的百强企业一直徘徊在4家左右，主要分布在河北、安徽和河南，这主要受益于富士康进驻中原地区；西部地区的百强数量大幅上升，从2008年的1家上升到2017年的13家，涨势迅猛，这主要得益于西部地区实行了西部大开发政策与"一带一路"倡议辐射，并加强了招商引资政策，西部地区百强企业主要集中于重庆、四川和陕西。总体来看，东部地区百强企业数呈低速下降趋势，东北地区和中部地区的百强企业数量保持相对稳定，西部地区百强企业数量大幅上升，这与我国的区域政策是相一致的。

（五）产业结构变动分析

2008~2017年中国企业出口100强的行业分布变化较大，其中制造业始终在百强排行榜中占据绝对领先地位，前期呈稳步上升趋势，但2015~2016年却突然大幅下降，占比仅为16.85。交通运输、仓储业的发展迅猛，从2008年的3家变成2016年的21家，增长了6倍，发展速度惊人，一举成为出口企业100强排行榜中第三大行业。2017年是该行业的洗牌年，优胜劣汰，许多企业在这一年经历了行业泡沫的挤压。2017年商务服务业的企业数量从2014年的10家降至5家，成为企业出口100强排行榜中的第四大行业。信息传输、计算机服务和软件业的企业数量突飞猛进，主要是中兴和华为及其相关企业。采矿业的入围企业呈逐年下降的趋势，主要因为中国经济迅速发展，成为资源净进口国，因此出口额较小（见表9）。

表9　2009~2017年中国企业出口100强的产业分布

单位：家

产业 \ 年份	2009	2010	2011	2012	2013	2014	2015	2016	2017
制造业	70	73	76	76	85	66	56	20	34
交通运输、仓储业	3	3	3	2	4	17	15	21	6
商务服务业	15	14	13	14	10	10	19	7	5
信息传输、计算机服务和软件业	3	3	3	3	0	4	6	48	50
采矿业	6	3	3	4	1	3	3	4	5
建筑业	1	2	2	1	0	0	0	0	0

资料来源：中国海关信息网。

（六）所有制结构变动分析

2017年中国出口100强的企业所有制结构呈现新特点，外资（包含港澳台）企业仍然占据主导地位，民营企业异军突起，成为出口新主力，国有企业次之。具体来看，外商投资企业占比稳步上升，从53%上升到2017的70%，达到7年来的最高峰值，2012~2017年增长率高达24.07%。与此截然相反的是，国有企业比例明显降低，由2008年的33%下降至2017年的18%，外资企业和国有企业所占比例的一升一降，也正好体现了我国当前的经济导向，即大力开拓国内市场，挖掘国内市场的消费潜力。民营企业在2008~2017年的比例保持相对稳定，一直在15%左右，2016年达到近年最高值18%，成为出口新主力。这主要是因为民营企业"走出去"过程中质量和经济效益的稳步提升，得益于其坚持国内和国际市场并重的经营原则。

四　展望与建议

2017年世界经济温和复苏，全球制造业生产"回暖"，国际贸易投资日趋活跃。我国对外开放进入新阶段,"一带一路"倡议以来,外贸企业积极转型,国内市场需求向好。我国外贸发展整体扭转了近两年连续下跌的局面,呈现企稳回升走势。

(一)展望

1. 总体趋势

2017年全球经济逐步摆脱低速运行态势,工业生产、贸易和投资等领域缓慢复苏,我国对外贸易发展进入新的发展阶段。在复杂严峻的国际贸易局面中,我国仍保持了全球货物贸易第一大国的地位。百强排行榜入围门槛上升,达到14.47亿美元。百强企业出口总额及增速较2016年均有一定幅度上升,说明我国对外贸易运行呈现增速较快、结构优化、质量提升、效益提高的发展态势。2017年中国企业出口100强排行榜的更新率达到20%,高于2016年同期水平,这一方面展现了市场竞争的激烈程度,另一方面也体现了我国产业结构调整的效果。总体来说,中国企业出口100强排行榜的入围企业质量进一步提高,分布更加均衡,结构日益优化。

2. 行业趋势

2017年中国企业出口100强排行榜的行业分布更加均衡。制造业一支独大的局面有所改观,一方面由于欧美发达国家提出的"再工业化"战略,我国工业品出口受阻;另一方面是我国国内制造业正处于更新换代之中。商务服务业比例显著上升,跨境电子商务、市场采购等新型商业模式正逐步成为外贸发展新的增长点。交通运输、仓储业的发展迎来了春天,实现大踏步地前进,成为百强排行榜中的第三大产业。信息传输、计算机服务和软件业比例保持稳定,这和中国高新科技企业相对集中且稳步发展密不可分。采矿业和建筑业比例持续下降,主要是因为国内市场需求远高于国外市场,企业出口动力不足。

3. 企业趋势

2017中国企业出口100强企业名单,以前所未有的速度升级,这也是与国际市场竞争进一步加剧了国内产业结构调整是一致的。外资企业所占比例持续上升，这和外资企业国际化发展的战略布局是密不可分的，加之其本身出口导向型的企业比例居多，外资企业在出口方面的优势无与伦比；国有企业所占比例的下降趋势明显，这和国有企业在国内肩负着保障关系国计民生的重要行业和关键领域是息息相关的，因此，国有企业的重心是在国内而非国际；民营企业比例正稳步上升，得益于其坚持国际和国内市场，"两手都要抓、两手都要硬"的发展战略。总体来看，企业布局合理，结构稳定，发展势头良好。

（二）建议

1. 创新发展中高端制造，培育增长新动力

2017年中国企业出口百强排行榜中，制造业占据34席。先进的制造技术将是释放未来竞争力的关键。着力构建以企业为主体、市场为导向、"产学研贸"相结合的技术创新体系，促进制造业创新发展。从要素驱动向创新驱动、从数量扩张向质量提升转变，沿着制造业高端化、信息化、服务化、智能化和绿色化的发展方向不断探索创新，推动"中国制造"向产业链中高端挺进。引导企业加强自主创新和自有品牌建设，提高产品的附加值和核心竞争力，培育和形成促进外贸发展的新动力，提高外贸发展质量效益。

2. 出口产业结构转型升级，自主品牌化

一是结合我国产业结构升级，落实"中国制造2025"相关政策，引导和支持高端装备制造出口企业延伸服务链条，加强信息、金融、物流保险、劳务、咨询等方面服务配套贸易。二是借助"一带一路"和国际产能合作机遇，以重大工程为抓手，整合工程规划、设计、承包、建设、制造、金融、运营等领域的企业参与，形成产业联盟，通过合作共赢方式增强我国对外贸易的竞争力。三是进一步发展跨境电子商务，全方位打造电商平台、经营主体、仓储物流、快递配送、售后服务等跨境电子商务系统，形成有利于货服融合发展的跨境电子商务完整的生态链和产业链。四是塑造龙头企业和平台，引导跨国企业聚焦核心业务，发展服务外包；鼓励有条件的企业实施

全球供应链战略；推动企业与供应商合作由加工制造环节为主向合作研发、联合设计、市场营销、品牌培育等转变。

3. "一带一路"：提高全球创新能力

加强同"一带一路"沿线国家的战略对接，增进战略互信，努力实现政策沟通、设施联通、贸易畅通、资金融通、民心相通；推进周边国家产业合作，输出高端优质产能，输入战略资源与产品，推进金融一体化发展，扩大人民币互换范围；重视创新能力开发合作，支持外贸企业利用内部和外部创新资源实现创新发展，一方面充分挖掘自身研发能力，另一方面注重利用外部创新力量，整合各种资源，提高创新能力。

参考文献

[1] 张杰、张培丽、黄泰妍：《市场分割推动了中国企业出口吗?》，《经济研究》2010 年第 8 期。

[2] 孙浦阳、蒋为、陈惟：《外资自由化、技术距离与中国企业出口——基于上下游产业关联视角》，《管理世界》2015 年第 11 期。

[3] 耿强、吕大国：《出口学习、研发效应与企业生产效率提升——来自中国制造业企业的经验数据》，《科研管理》2015 年第 6 期。

[4] 中华人民共和国商务部综合司，http：//zhs.mofcom.gov.cn/。

[5] 中华人民共和国统计局，http：//www.stats.gov.cn/tjsj/ndsj/。

[6] 海关信息网，http：//www.haiguan.info/。

B.3
2017年中国高新技术企业出口100强排行榜及其评析[*]

胡海晨 林汉川[**]

摘 要： 高新技术产品出口100强企业出口情况基本反映了我国高新技术产业发展概况。本文根据《中国高新技术产品出口目录》规定的9类高新技术分类，对我国2017年高新技术产品出口100强企业的地域、行业特征、所有制结构以及2011～2017年的高新技术产品出口100强企业的变动情况进行分析，探索我国高新技术产业发展演变和发展现状，并对我国高新技术产业发展提出建议。

关键词： 高新技术 出口企业 高新技术产业 发展演变

一 2017年我国高新技术产品出口100强企业排行榜

近年来中国在高新技术领域所取得的成就有目共睹，国人为之欢欣鼓舞，然而前一段时间美国中止对中兴通讯公司芯片供货，几乎让中兴通讯处

---

[*] 本报告未特别注明的图表数据均来源于商务部综合司网站或中国海关信息网。
[**] 胡海晨，石河子大学经济与管理学院副教授、管理学博士，主要研究方向：创新与企业转型升级方向；林汉川，对外经济贸易大学国际商学院教授，博士生导师，主要研究方向：企业战略管理。

于崩溃的边缘,让我们不得不重新审视我国还有多少核心技术受制于人,不得不重新审视我国高新技术企业发展的总体情况。我国高新技术企业的出口情况能够从一个侧面反映产业发展总体情况。本文根据《中国高新技术产品出口目录》规定的9类高新技术分类,对我国2017年高新技术产品出口100强企业的地域、行业特征、所有制结构以及2011~2017年的高新技术产品出口100强企业的变动情况进行分析,探索我国高新技术发展演变,并对我国高新技术产业发展提出建议。

(一)2017年我国高新技术产品出口及出口100强企业排行榜

根据智研咨询数据统计,2017年1~12月中国高新技术产品出口金额为667386899千美元,同比增长10.6%。2017年1~12月中国高新技术产品出口量统计表如表1所示。

表1　2017年1~12月中国高新技术产品出口量统计表

月份	出口额(千美元)	出口额同比增长率(%)	月份	出口额(千美元)	出口额同比增长率(%)
1	46852272	5.7	7	53713691	9.0
2	40427654	13.4	8	55972712	13.4
3	51310862	6.8	9	61400735	13.2
4	48388007	3.9	10	60268182	7.9
5	49461727	5.1	11	70210187	14.3
6	54503289	11.6	12	74877581	19.1

资料来源:中国海关,智研咨询整理。

2017年我国全年高新技术产品出口月变动情况如图1所示,全年变动呈向上的总体趋势,年初1月份出口为468.5亿美元,年末12月份达到748.8亿美元,实现了较大幅度增长,相比2016年总体增长了10.6%,表明我国高新技术产业不断发展壮大的态势。其中,我国高新技术产品出口前100强企业名单如表2所示。

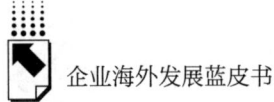

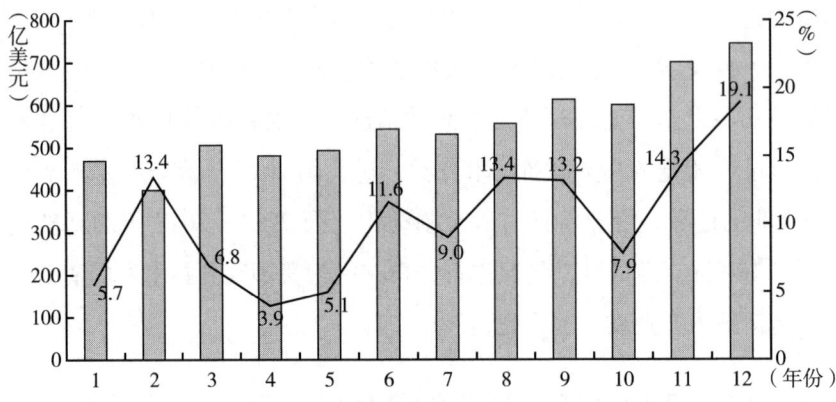

图1 2017年全年高新技术产品出口月变动情况

表2 2017年中国高新技术出口100强企业排行榜

排名	经营单位	排名	经营单位
1	鸿富锦精密电子(郑州)有限公司	22	吉宝通讯(南京)有限公司
2	达功(上海)电脑有限公司	23	仁宝信息技术(昆山)有限公司
3	昌硕科技(上海)有限公司	24	仁宝资讯工业(昆山)有限公司
4	富泰华工业(深圳)有限公司	25	东莞市欧珀精密电子有限公司
5	苏州得尔达国际物流有限公司	26	三星(中国)半导体有限公司
6	美光半导体(西安)有限责任公司	27	江苏富昌中外运物流有限公司
7	华为技术有限公司	28	联想移动通信贸易(武汉)有限公司
8	华为终端(东莞)有限公司	29	鸿富锦精密工业(深圳)有限公司
9	惠州三星电子有限公司	30	达硕电脑(常熟)有限公司
10	达丰(重庆)电脑有限公司	31	纬创资通(中山)有限公司
11	鸿富锦精密电子(成都)有限公司	32	联宝(合肥)电子科技有限公司
12	名硕电脑(苏州)有限公司	33	达丰(上海)电脑有限公司
13	纬新资通(昆山)有限公司	34	东莞三星视界有限公司
14	英特尔产品(成都)有限公司	35	纬创资通(重庆)有限公司
15	富士康精密电子(太原)有限公司	36	天津三星通信技术有限公司
16	英业达(重庆)有限公司	37	旭硕科技(重庆)有限公司
17	英特尔贸易(上海)有限公司	38	吴江海晨仓储有限公司
18	戴尔贸易(昆山)有限公司	39	金士顿科技(上海)有限公司
19	世硕电子(昆山)有限公司	40	天津三星视界移动有限公司
20	中兴通讯股份有限公司	41	乐金显示(广州)有限公司
21	戴尔(成都)有限公司	42	联想信息产品(深圳)有限公司

续表

排名	经营单位	排名	经营单位
43	西安海邦物流有限公司	72	爱思开海力士半导体(重庆)有限公司
44	英运物流(上海)有限公司	73	海太半导体(无锡)有限公司
45	鸿富锦精密电子(天津)有限公司	74	深圳嘉泓永业物流有限公司
46	浪潮乐金数字移动通信有限公司	75	飞思卡尔半导体(中国)有限公司
47	近铁国际物流(中国)有限公司	76	小米通讯技术有限公司
48	南宁富桂精密工业有限公司	77	深圳创维－ＲＧＢ电子有限公司
49	珠海小米通讯技术有限公司	78	深圳村田科技有限公司
50	摩托罗拉(武汉)移动技术运营中心有限公司	79	深圳富裕控股有限公司
51	英华达(上海)科技有限公司	80	三星电子(苏州)半导体有限公司
52	维沃通信科技有限公司	81	深圳市旗丰供应链服务有限公司
53	伯恩光学(惠州)有限公司	82	仁宝电脑(重庆)有限公司
54	深圳市朗华供应链服务有限公司	83	环旭电子股份有限公司
55	伟创力制造(珠海)有限公司	84	戴尔(厦门)有限公司
56	惠州TCL移动通信有限公司	85	深圳富桂精密工业有限公司
57	飞力达物流(深圳)有限公司	86	成都汇晨物流有限公司
58	东莞技研新阳电子有限公司	87	深圳市年富供应链有限公司
59	冠捷显示科技(厦门)有限公司	88	友达光电(厦门)有限公司
60	鸿富锦精密工业(武汉)有限公司	89	苏州三星电子电脑有限公司
61	深圳市宝积供应链管理有限公司	90	苏州三星显示有限公司
62	深圳赛意法微电子有限公司	91	贵州富智康精密电子有限公司
63	希捷国际科技(无锡)有限公司	92	捷普电子(广州)有限公司
64	晟碟半导体(上海)有限公司	93	佛山群志光电有限公司
65	青岛海信国际营销股份有限公司	94	英业达科技有限公司
66	英特尔半导体(大连)有限公司	95	纬创资通(昆山)有限公司
67	杭州海康威视科技有限公司	96	深圳市富森供应链管理有限公司
68	安靠封装测试(上海)有限公司	97	恩斯迈电子(深圳)有限公司
69	兴英科技(深圳)有限公司	98	联想系统集成(深圳)有限公司
70	业成科技(成都)有限公司	99	深圳中电投资股份有限公司
71	TCL王牌电器(惠州)有限公司	100	东芝物流(上海)有限公司

资料来源：商务部综合司。

(二)高新技术产品出口企业特征

1. 高新技术产品出口企业"地域集中性"和"外资倾向性"特征明显

2017年我国高新技术产品出口100强企业的所有制属性和所在省的分布情况如表3所示。

表3　2017年中国高新技术产品出口100强企业按所有制和省属分类情况

排名	经营单位	所在省份	企业所有制性质
1	鸿富锦精密电子(郑州)有限公司	河南	港澳台企业
2	达功(上海)电脑有限公司	上海	港澳台企业
3	昌硕科技(上海)有限公司	上海	港澳台企业
4	富泰华工业(深圳)有限公司	广东	港澳台企业
5	苏州得尔达国际物流有限公司	江苏	民营企业
6	美光半导体(西安)有限责任公司	陕西	外资企业
7	华为技术有限公司	广东	民营企业
8	华为终端(东莞)有限公司	广东	民营企业
9	惠州三星电子有限公司	广东	外资企业
10	达丰(重庆)电脑有限公司	重庆	港澳台企业
11	鸿富锦精密电子(成都)有限公司	四川	港澳台企业
12	名硕电脑(苏州)有限公司	江苏	港澳台企业
13	纬新资通(昆山)有限公司	江苏	外资企业
14	英特尔产品(成都)有限公司	四川	外资企业
15	富士康精密电子(太原)有限公司	山西	港澳台企业
16	英业达(重庆)有限公司	重庆	港澳台企业
17	英特尔贸易(上海)有限公司	上海	外资企业
18	戴尔贸易(昆山)有限公司	江苏	外资企业
19	世硕电子(昆山)有限公司	江苏	港澳台企业
20	中兴通讯股份有限公司	广东	国资企业
21	戴尔(成都)有限公司	四川	外资企业
22	吉宝通讯(南京)有限公司	江苏	外资企业
23	仁宝信息技术(昆山)有限公司	江苏	港澳台企业
24	仁宝资讯工业(昆山)有限公司	江苏	港澳台企业
25	东莞市欧珀精密电子有限公司	广东	民营企业
26	三星(中国)半导体有限公司	陕西	外资企业
27	江苏富昌中外运物流有限公司	江苏	民营企业
28	联想移动通信贸易(武汉)有限公司	湖北	民营企业
29	鸿富锦精密工业(深圳)有限公司	广东	港澳台企业
30	达富电脑(常熟)有限公司	江苏	港澳台企业
31	纬创资通(中山)有限公司	广东	外资企业
32	联宝(合肥)电子科技有限公司	安徽	港澳台企业
33	达丰(上海)电脑有限公司	上海	港澳台企业
34	东莞三星视界有限公司	广东	外资企业

续表

排名	经营单位	所在省份	企业所有制性质
35	纬创资通(重庆)有限公司	重庆	外资企业
36	天津三星通信技术有限公司	天津	外资企业
37	旭硕科技(重庆)有限公司	重庆	外资企业
38	吴江海晨仓储有限公司	江苏	民营企业
39	金士顿科技(上海)有限公司	上海	外资企业
40	天津三星视界移动有限公司	天津	外资企业
41	乐金显示(广州)有限公司	广东	外资企业
42	联想信息产品(深圳)有限公司	广东	民营企业
43	西安海邦物流有限公司	陕西	民营企业
44	英运物流(上海)有限公司	上海	港澳台企业
45	鸿富锦精密电子(天津)有限公司	天津	港澳台企业
46	浪潮乐金数字移动通信有限公司	山东	外资企业
47	近铁国际物流(中国)有限公司	上海	外资企业
48	南宁富桂精密工业有限公司	广西	港澳台企业
49	珠海小米通讯技术有限公司	广东	民营企业
50	摩托罗拉(武汉)移动技术运营中心有限公司	湖北	港澳台企业
51	英华达(上海)科技有限公司	上海	港澳台企业
52	维沃通信科技有限公司	广东	民营企业
53	伯恩光学(惠州)有限公司	广东	港澳台企业
54	深圳市朗华供应链服务有限公司	广东	民营企业
55	伟创力制造(珠海)有限公司	广东	外资企业
56	惠州TCL移动通信有限公司	广东	外资合资
57	飞力达物流(深圳)有限公司	广东	台港澳与境内合资
58	东莞技研新阳电子有限公司	广东	港澳台企业
59	冠捷显示科技(厦门)有限公司	福建	外资企业
60	鸿富锦精密工业(武汉)有限公司	湖北	港澳台企业
61	深圳市宝积供应链管理有限公司	广东	民营企业
62	深圳赛意法微电子有限公司	广东	中外合资企业
63	希捷国际科技(无锡)有限公司	江苏	外资企业
64	晟碟半导体(上海)有限公司	上海	外资企业

续表

排名	经营单位	所在省份	企业所有制性质
65	青岛海信国际营销股份有限公司	山东	国有控股
66	英特尔半导体(大连)有限公司	辽宁	港澳台企业
67	杭州海康威视科技有限公司	浙江	外资企业
68	安靠封装测试(上海)有限公司	上海	外资企业
69	兴英科技(深圳)有限公司	广东	外资企业
70	业成科技(成都)有限公司	四川	外资企业
71	TCL王牌电器(惠州)有限公司	广东	中外合资
72	爱思开海力士半导体(重庆)有限公司	重庆	中外合资
73	海太半导体(无锡)有限公司	江苏	中外合资
74	深圳嘉泓永业物流有限公司	广东	民营企业
75	飞思卡尔半导体(中国)有限公司	天津	外资企业
76	小米通讯技术有限公司	北京	民营企业
77	深圳创维-RGB电子有限公司	广东	港澳台合资企业
78	深圳村田科技有限公司	广东	外资企业
79	深圳富裕控股有限公司	广东	外资企业
80	三星电子(苏州)半导体有限公司	江苏	外资企业
81	深圳市旗丰供应链服务有限公司	广东	民营企业
82	仁宝电脑(重庆)有限公司	重庆	外资企业
83	环旭电子股份有限公司	上海	台港澳与境内合资
84	戴尔(厦门)有限公司	福建	外资企业
85	深圳富桂精密工业有限公司	广东	民营企业
86	成都汇晨物流有限公司	四川	民营企业
87	深圳市年富供应链有限公司	广东	民营企业
88	友达光电(厦门)有限公司	福建	外资企业
89	苏州三星电子电脑有限公司	江苏	外资企业
90	苏州三星显示有限公司	江苏	外资企业
91	贵州富智康精密电子有限公司	贵州	外资企业
92	捷普电子(广州)有限公司	广东	外资企业
93	佛山群志光电有限公司	广东	外资企业
94	英业达科技有限公司	上海	港澳台企业

续表

排名	经营单位	所在省份	企业所有制性质
95	纬创资通(昆山)有限公司	江苏	外资企业
96	深圳市富森供应链管理有限公司	广东	民营企业
97	恩斯迈电子(深圳)有限公司	广东	外资企业
98	联想系统集成(深圳)有限公司	广东	民营企业
99	深圳中电投资股份有限公司	广东	国资企业
100	东芝物流(上海)有限公司	上海	外资企业

资料来源：由作者收集整理。

根据表3的情况统计，2017年我国高新技术产品出口100强企业的区域分布延续了以往的趋势，仍以东部地区为主，合计达到71家。其中广东省上榜企业为36家。广东、江苏、上海三省市合计66家，占到全部上榜企业的2/3，"区域集中性"特征极为明显。与2016年相比，东部地区减少了6家，西部地区增加了5家，东北地区增加了1家（见表4）。区域上榜企业数分布如图2所示。

表4 2017年中国高新技术产品出口100强企业按地区分类

区域	省份名称	省域上榜企业数量（家）	区域上榜企业数量合计（家）	所占上榜企业数量比例（％）
沿海地区	广东	36	71	71
	江苏	17		
	上海	13		
	浙江	1		
	山东	1		
	福建	3		
中部地区	湖北	3	6	6
	山西	1		
	安徽	1		
	河南	1		
京津地区	北京	1	5	5
	天津	4		

续表

区域	省份名称	省域上榜企业数量（家）	区域上榜企业数量合计（家）	所占上榜企业数量比例（%）
西部地区	四川	5	17	17
	山西	1		
	重庆	6		
	陕西	3		
	广西	1		
	贵州	1		
东北地区	辽宁	1	1	1

资料来源：由作者统计计算。

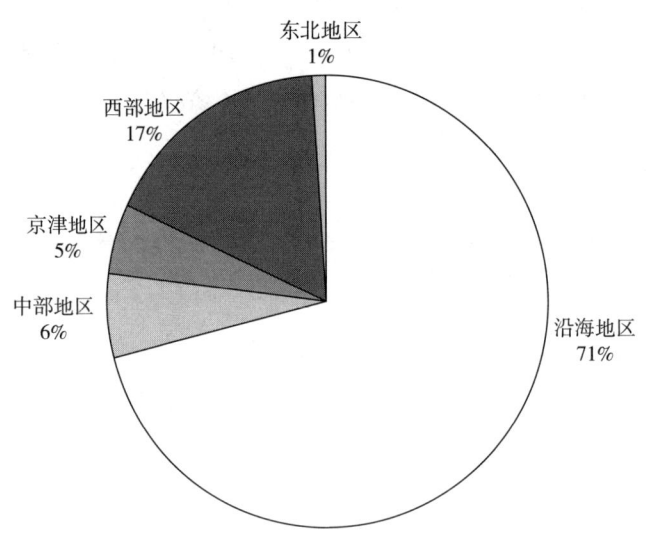

图2　2017年中国高新技术产品出口100强企业数地区分布

以上数据表明，中国高新技术出口100强企业区域分布极不均衡，沿海地区因外资、港澳台企业较早进入形成高新技术产业集聚，近几年广东高新技术发展尤其引人瞩目。

2017年中国高新技术出口100强企业除了区域分布主要集中于沿海外，其"外资倾向性"特征同样明显，国资和民营企业数量较少，而且上榜民营企业主要从事供应链服务，从事高新技术研发、设计、制造的本土企业较少，这也是我国目前许多核心技术缺乏的具体表现。

图3显示了外资企业、港澳台企业、民营企业、国资企业和中外（或港澳台与境内）合资企业五种按企业所有制属性分类的统计数据，其中港澳台企业26家，外资企业43家，两者合计69家，民营企业21家，国资企业3家，中外（或港澳台与境内）合资企业7家。

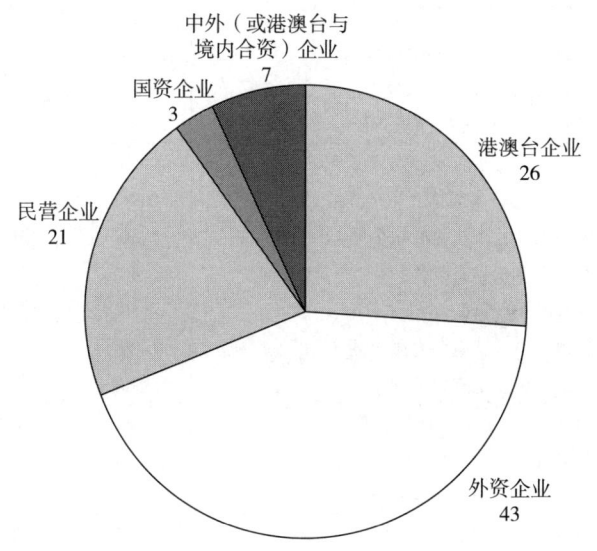

图3 2017年中国高新技术出口100强企业所有制属性分类数据

2.高新技术产品出口企业上榜名单中"集团性"特征明显

高科技产品出口100强企业中，多个企业为同一投资集团设立的分公司，且多为港澳台企业或外资企业，这类企业数为43家。详细情况如表5所示。

表5 我国高新技术产品出口100强企业所属集团情况

所属集团	经营单位	100强榜排名	所有制性质
台湾鸿海精密集团	鸿富锦精密电子(郑州)有限公司	1	台资企业(中国台湾)
	鸿富锦精密电子(成都)有限公司	11	台资企业(中国台湾)
	富士康精密电子(深圳)有限公司	29	台资企业(中国台湾)
	鸿富锦精密电子(天津)有限公司	45	台资企业(中国台湾)
	鸿富锦精密工业(武汉)有限公司	60	台资企业(中国台湾)
台湾广达集团	达功(上海)电脑有限公司	2	台资企业(中国台湾)
	达丰(重庆)电脑有限公司	10	台资企业(中国台湾)
	达富电脑(常熟)有限公司	30	台资企业(中国台湾)
	和达丰(上海)电脑有限公司	33	台资企业(中国台湾)
台湾华硕集团	昌硕科技(上海)有限公司	3	台资企业(中国台湾)
	名硕电脑(苏州)有限公司	12	台资企业(中国台湾)
	世硕电子(昆山)有限公司	19	台资企业(中国台湾)
	旭硕科技(重庆)有限公司	37	台资企业(中国台湾)
韩国三星集团	惠州三星电子有限公司	9	外资企业(韩国)
	三星(中国)半导体有限公司	26	外资企业(韩国)
	天津三星通信技术有限公司	36	外资企业(韩国)
	天津三星视界有限公司	40	外资企业(韩国)
	三星电子(苏州)半导体有限公司	80	外资企业(韩国)
	苏州三星电子电脑有限公司	89	外资企业(韩国)
	苏州三星显示有限公司	90	外资企业(韩国)
台湾纬创集团	纬创资通(中山)有限公司	31	台资企业(中国台湾)
	纬创资通(重庆)有限公司	35	台资企业(中国台湾)
	纬创资通(昆山)有限公司	95	台资企业(中国台湾)
美国英特尔公司	英特尔产品(成都)有限公司	14	外资企业(美国)
	英特尔贸易(上海)有限公司	17	外资企业(美国)
	英特尔半导体(大连)有限公司	66	外资企业(美国)
台湾仁宝集团	仁宝信息技术(昆山)有限公司	23	台资企业(中国台湾)
	仁宝资讯工业(昆山)有限公司	24	台资企业(中国台湾)
	仁宝电脑(重庆)有限公司	82	台资企业(中国台湾)
台湾英业达集团	英业达(重庆)有限公司	16	台资企业(中国台湾)
	英运物流(上海)有限公司	44	台资企业(中国台湾)
	英华达(上海)科技有限公司	51	台资企业(中国台湾)
	英业达科技有限公司	94	台资企业(中国台湾)

续表

所属集团	经营单位	100强榜排名	所有制性质
华为公司	华为技术有限公司	7	中资民营企业
	华为终端(东莞)有限公司	8	中资民营企业
联想集团	联想移动通信贸易(武汉)有限公司	28	中资民营企业
	联想信息产品(深圳)有限公司	42	中资民营企业
	摩托罗拉(武汉)移动技术运营中心有限公司	50	中资民营企业
	联想系统集成(深圳)有限公司	98	中资民营企业
LG集团	乐金显示(广州)有限公司	41	外资企业(韩国)
	浪潮乐金数字移动通信有限公司	46	外资企业(韩国)
小米科技集团	珠海小米通讯技术有限公司	49	中资民营企业
	小米通讯技术有限公司	76	中资民营企业

资料来源：由作者整理。

二 2017年我国高新技术产品出口典型企业分析——小米科技

（一）企业概况

北京小米科技有限责任公司（以下简称"小米科技"）成立于2010年4月6日，其创建团队成员有：创始人雷军（董事长），联合创始人林斌（总裁）以及黎万强、周光平、刘德、黄江吉、洪峰5名副总裁，注册资本5000万元，经营范围是计算机软件、电子产品、通信设备及相关配件的研发技术开发、货物进出口、技术进出口、代理进出口等业务，法人代表是雷军。小米科技的LOGO形象是⌘，是"MI"的变形，同时也是英文Mobile Internet的缩写，表示"小米"是一家移动互联网公司。目前的主要产品有小米智能手机、小米电视、小米盒子、源于Android的二次开发系统MIUI、米聊、小米分享、小米读书等产品。

成立8年来，小米科技以小米手机试水中国手机市场并迅速成为行业内佼佼者，并逐步涉及芯片研发、笔记本电脑、路由器、家电产品、智能设备以及

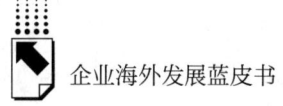

互联网金融等领域,并取得了不俗的成绩。小米手机保持了令世界惊讶的增长速度,2012年全年小米科技售出手机719万台,2017年全年售出手机达到9240万台,2018年小米科技在我国高新技术出口100强企业榜单中排名第76位。

(二)小米科技的发展现状

小米科技自2010年4月成立以来,其发展可以用迅猛来形容,快速成长为一家引人注目的企业,2018年的市场估值为630亿~680亿美元。2018年小米公司的招股说明书披露,小米目前有员工14513名(截至2018年3月31日),其中13935名员工在中国大陆,其余在印度、中国台湾、中国香港、印度尼西亚等地,其中研发人员共计5515人,占总数的38.0%。小米科技的发展历程如表6所示。

表6 小米科技年度发展大事记

年份	年度发展大事记
2010	2010年4月6日,公司成立。
	2010年,融资4100万美元,估计2.5亿美元。
2011	2011年8月16日,正式发布小米手机1,MIUI发布一周年。
	2011年12月18日,小米手机1第一次正式网络售卖,5分钟内30万台售完。
	2011年,手机出货量40万台。
	2011年底,融资9000万美元,估计10亿美元。
2012	2012年6月26日,小米融资2.16亿美元,估计40亿美元。
	2012年8月16日,小米手机2发布,年度出货719万台,含税销售额126亿元。
2013	2013年3月19日,小米盒子发售。
	2013年7月31日,千元智能手机红米手机开售。
	2013年8月23日,小米已完成新一轮融资,估值达100亿美元。
	2013年,小米销售手机1870万台,同比增长160%;含税销售额316亿元,同比增长150%。
2014	2014年7月,小米开始进军印度市场。
	2014年12月14日晚,美的集团发出公告称,已与小米科技签署战略合作协议,小米12.7亿元入股美的集团。
	2014年,小米销售手机总计6112万台,较2013年增长227%;含税销售额743亿元,同比增长135%,登顶中国市场。
	2014年底,小米融资11亿美元,估计450亿美元。

续表

年份	年度发展大事记
2015	2015年2月,MIUI全球激活用户数量超过1亿; 2015年3月18日,微软宣布与小米合作,小米手机4可刷Windows 10系统;4月,小米获11亿美元融资;5月,小米京东官方旗舰店上线,首款互联网金融产品"小米活期宝"上线; 6月,小米进入南美;11月,进入非洲市场; 2015年8月28日,小米进军互联网券商,领投老虎证券; 2015年,小米科技除推出新手机外,还相继正推出了两款智能跑鞋、60寸小米电视3、九号平衡车、小米平板2以及小米空气净化器2等产品; 2015年,小米手机出货量超7000万台。
2016	2016年3月,小米发布小米生态链全新品牌——米家; 2016年6月1日,小米与微软进一步扩展全球合作伙伴关系,小米将在其安卓智能手机和平板电脑上预装微软Office和Skype;6月,小米与新希望筹办的银行开始建设,小米占股29.5%;8月,小米与银联推出小米支付; 2016年,米科技相继推出了旗舰手机小米5、小米max、小米笔记本Air、小米5s和小米5sPlus以及55英寸和65英寸小米电视3s、小米Note2和全面屏概念手机小米MIX; 2016年,小米手机销量出现下滑。
2017	2017年5月,小米与长江产业基金发起120亿元基金,支持小米生态链建设;5月20日,小米之家在印度正式开业;11月,正式进入西班牙市场; 2017年,小米科技相继推出手机芯片松果澎湃S1和搭载此芯片的小米5c、小米6、小米Max2、小米5x、新一代MIUI操作系统MIUI9、全面屏手机小米MIX2、小米Note3和小米笔记本Pro、手机红米5与红米5Plus; 2017年,小米业绩全面回升,销售手机9240万台。
2018	2018年,小米科技相继推出小米VR一体机、小米盒子4、小米MIX2S、小米6x等产品; 2018年4月,小米在印度的手机市场份额达到31.1%,处于市场领导地位; 2018年5月13日,在手机部门内部成立单独的相机部; 2018年5月,小米正式向港交所提交招股书。

资料来源:由作者整理。

图4和图5展示了小米科技自成立以来的手机出货量、营业收入情况以及2016年和2017年小米智能手机在中国智能手机市场上的份额,表明小米手机的市场销量大幅快速增长,获得了消费者的认可;同时,由于小米科技生态产业链的布局,其营业收入也大幅增长。

由于小米科技产品的市场表现及发展预期表现良好,小米科技的市场估值同样受到专业机构青睐,其市场估值不断增加。2018年5月小米科技正式

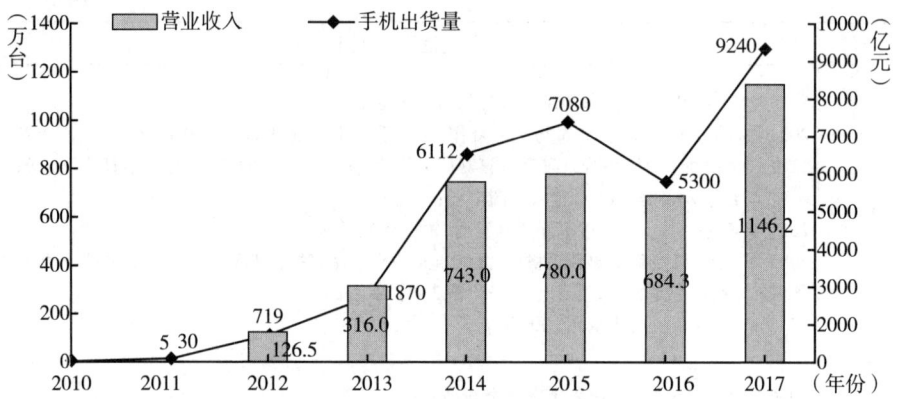

图4　2010～2017年小米科技手机出货量和营业收入情况

资料来源：IDC、小米。

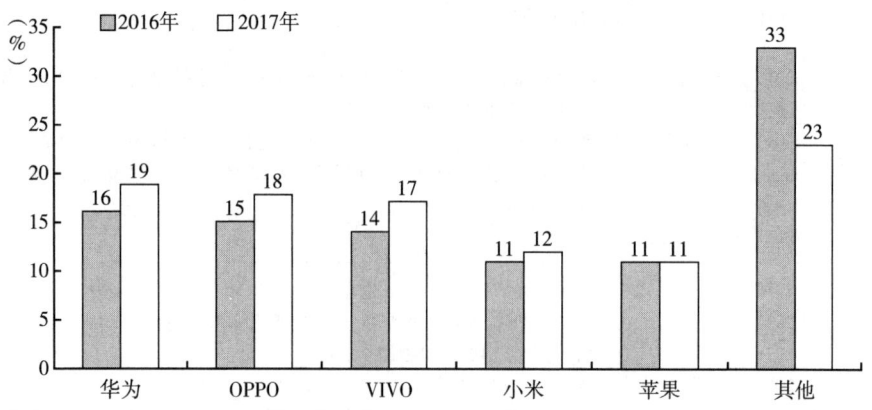

图5　2016年和2017年中国智能手机市场份额

资料来源：IDC、Ganalys、Counterpoint Research、台湾电子时报。

向港交所提交招股书，估值为630亿～680亿美元，而有的机构甚至估出了2000亿美元的高价。2010～2017年小米科技的市场估值变化如图6所示。

有哪些因素驱动了小米科技的发展？这些因素是否能够推动它继续前行？本案例试图通过分析，对小米科技的发展模式进行研究，探讨其成功的经验，并对其可能存在的问题进行发掘并提出发展对策建议。

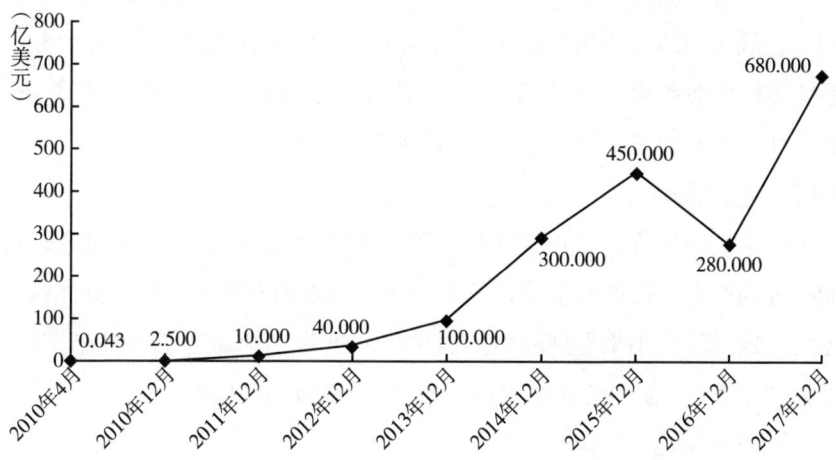

图6　2010~2017年小米科技市场估值变化曲线

资料来源：根据公司公开数据整理。

（三）小米科技发展模式分析

小米科技的快速发展，成为企业界和学界绕不开的问题。通过对小米科技的发展模式分析，我们发现，小米科技的成长有多方面的影响因素，但重要的是小米通过发现消费者的真实需求并通过和消费者的互动将企业的价值观转化为消费者认可的价值观。其具体有三方面的成功经验，一是准确把握了互联网时代的商业模式，二是独创生态链发展模式，三是服务增值的盈利模式。

1.互联网时代的商业模式

（1）互联网时代的免费策略。

互联网时代的重要商业模式就是免费模式，比如QQ、微信、360软件，这种模式最大的特点在于能快速扩散，赢得用户忠诚。小米手机当然不能实现免费，但小米手机的销售价格接近成本价，且小米手机配置较高，因此吸引了大量客户。智能手机是目前人们不可或缺的终端设备，或许客户未来所有的信息服务和电子商务服务都可以通过手机来完成，谁拥有更多的品牌手机用户，谁就可能占有绝对优势。而且，小米的独特优势在于手机和软件MIUI、云服务一体，小米手机用户消费手机后因为使用MIUI、云服务、小米系统等软件而产生"黏性"，小米因此推出个性化增值服务（就像QQ推出的个性化增值服务一样），可以实现更多的价值。

（2）定位策略。

小米手机的定位是"以极客精神服务90%的用户"，即小米愿意以较高功能配置的产品以较低的价格销售给市场中低端消费群体。这一群体数量极为庞大。这一符合小米发展战略的定位事实上为小米赢得了大批忠实用户，称之为"米粉"，他们的存在也为小米带来了良好的口碑。

（3）产品策略。

小米手机的设计理念是"为发烧而生"，即用全球最顶尖的移动终端技术与元器件生产小米手机，但销售价格接近成本，这就必然使小米手机有超高的性价比，每款新手机面世都引来"米粉"的抢购。产品品质是品牌塑造的基石，只有好的品质才能赢得消费者的信赖，正向传递使用感受，从而产生好的口碑效应。

（4）渠道策略。

小米的销售渠道主要是电商直销模式，极大地降低了传统销售模式的成本，相比线下销售模式的渠道商层层加价，小米可以将这部分利益直接让渡给消费者，所以小米手机有"超高性价比"。在互联网时代，互联网思维和互联网销售是小米成功的法宝之一。

（5）营销推广策略。

小米科技主要采用事件营销的方式，利用微博、微信和QQ空间等社交平台进行营销活动，而不是用成本高昂的大规模广告投放来开展营销推广。事实证明，这种方式产生的效果是惊人的，小米因此形成了强大的"米粉"团，这些粉丝团对于小米产品信息的传播和品牌形象的传播起到重要作用。当小米手机销售完成后，小米还通过MIUI系统把这些消费者联结起来，整个小米手机消费群体就变成一个互相连接、规模庞大的社群，甚至各地有自发组织的同城小米粉丝团群体，因此这个有共同消费价值观的群体有很高的商业价值。

(6) 消费者参与策略。

小米的众多消费者自称"屌丝",这些"屌丝"们暂时处于社会的中下层,还处在人生的奋斗阶段,但他(她)们有强烈的成功欲望,有着共同的价值追求。当小米推出超高性价比的手机,而这种手机可以让消费者通过小米 MIUI 和小米系统,表达使用心得、设计缺陷、设计想法、手机功能等,使消费者可以深度参与到小米的企业行为中去。因此,当他们的设想、设计被小米认可、采纳,他们认为这也是他们人生价值的体现,所以小米的成功,也是他们的成功。

2. 扩张模式

小米科技的扩张有三次,一是小米手机的扩张,二是以路由器为中心的家庭智能互联网的扩张,三是"硬件+软件+供应链的生态圈"平台扩张。

(1) 手机的扩张。

小米科技始终认为自己是一家互联网企业,那么小米手机的扩张就不是最终目的,所以小米手机销售价格几乎接近成本,这就是互联网思维的免费策略。小米通过免费的方式集聚了大量的小米手机消费者,这些消费者因为使用小米系统、MIUI 软件等而成为小米的忠实用户。当这个群体数量很大的时候,小米可以通过提供个性化增值服务、广告推送等方式获得商业价值,就像 360 软件、QQ 等现在做的一样。

(2) 以路由器为中心的家庭智能互联网的扩张。

小米推出以路由器为中心的家庭智能互联网解决方案,包括路由器、小米手机、小米电视、小米盒子、平板电脑等家庭娱乐硬件设施和音乐、视频、游戏、资讯服务等软件设施。这从小米的扩张思路上讲是完美的,因为小米手机甚至可以智能控制冰箱、洗衣机、微波炉,这需要小米科技做出好的产品和内容。

(3) "硬件+软件+供应链的生态圈"平台扩张。

小米利用已有的品牌效应,通过资本或渠道、品牌、技术入股的方式参与到外围硬件的生产中去,比如小米手环、小米移动电源、小米摄像头、

ihealth 血压计、小米空气净化器等，实现企业的快速扩张。一方面，这个平台战略可以快速获得硬件的扩张；另一方面，也可以实现小米品牌资本的快速扩张。随着小米品牌影响力的扩张，会有更多智能硬件企业和小米合作，小米的物联网生态圈将更加完善；同时有更多的软件企业和小米合作，小米提供服务支持，MIUI 将更为强大。这个过程中小米需要控制产品的质量，防止因扩张过程中个别产品质量损害企业声誉。

目前小米已经在多个行业成为领军者，如表 7 所示。

表 7　2017 年底小米科技的发展状态

智能终端	生态链硬件	互联网服务	新零售
手机 TOP5 16 个国家	Lot 平台设备 >1 亿部	MIUI 月活跃用户 1.9 亿	电商中国第四
手机进入 >70 个国家	可穿戴设备全球第一	小米云用户 >2 亿	小米之家 295 家
路由器中国第二	移动电源全球第一	日活千万 APP 38 个	全球市场 >70 个国家
智能电视全球第十，中国第四	空气净化器中国第三	应用商店分发 1200 亿	线下店坪效业界第二
/	VR 设备中国第二	参与开发者 >12 万	/
/	笔记本电脑京东第八	应用商店中国第四	/
/	/	小米金融放贷 160 亿元	/

资料来源：IDC、AVC、小米招股书。

3. 盈利模式

2010~2014 年小米的营业收入主要来自智能手机，2013 年小米营收为 265.83 亿元，净利润为 3.47 亿元；2014 年含税收入 743 亿元，净利润 65 亿元；2015~2017 年小米的营收来源开始多元化，包括硬件（智能手机、电视、智能音箱、路由器、生态链），互联网（MIUI、影业、云服务、金融、互娱）和新零售（全网电商、小米商城、小米之家、小米小店、有品商城），形成了小米多元化收入来源的清晰布局，其年收入分别为 668.11 亿元、684.34 亿元和 1146.25 亿元，经营利润分别为 13.37 亿元、37.85 亿元和 122.15 亿元，2017 年同比增速为 222.7%。在可预期的将来，小米科技将通过流量分发、服务增值、广告推送以及金融领域、线上线下等业务形成真正的利润源泉。图 7 展示了小米科技 2011~2017 年营收增长来源。

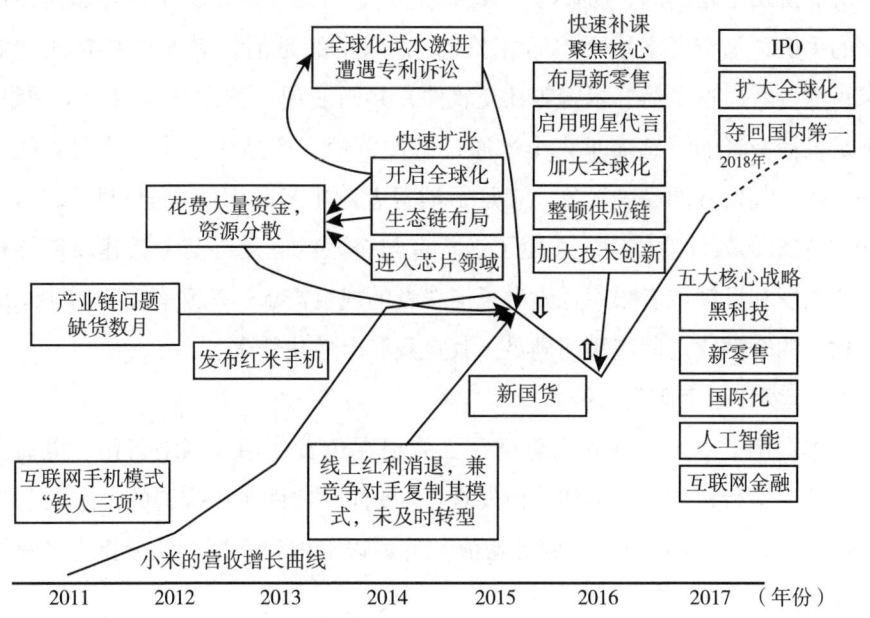

图7 2011~2017年小米科技营收增长来源

资料来源：互联网实验室。

（四）经验与启示

1. 启示一：满足用户的需求

满足用户需求，这是所有企业认识到的问题，但是中国企业或者企业家对消费者需求的认识还只是停留在表面，所以企业把自己对消费者认知的需求当成消费者真正的需求，二者之间有着不小的差距。对消费者真实需求认知得越准确或越接近，企业的市场定位就越准确，营销活动就越有效，产品功能就越符合消费者的设想，企业价值观就越能被消费者认可，企业与消费者的互动就越能得到消费者响应。

在本案例的展示中，小米的市场定位就是中低端客户，甚至有人称为"屌丝经济学"，这个需求极大的群体的真实需求被小米所了解和认知，所以小米成功了；"屌丝"群体对手机性能的需求是高的，只是苦于高性能的手机的价格也是高的，所以才"望高兴叹"，可是小米推出了这样超高性价比的手机，消费者当然会"争相抢购"，满足的是消费者对产品功能的需求；消费者通过微信、米聊等社交软件，共同使用一款产品形成社交网络，满足了消费者的情感需求；小米通过事件营销、产品质量获得消费者的信任，建立起良好的品牌形象，满足了消费者对小米品牌的安全和归属需求；MIUI 和米聊软件的应用，方便了消费者与企业的互动参与，其建议能够被企业发现和反馈或者采用，满足了消费者的成就需求；消费者由于对小米应用软件的个性化定制应用而满足了其自我和个性化需求。

2. 启示二：互联网思维

本案例中小米的互联网思维主要体现在免费使用、网络营销、电商模式、社交平台构建及其群体价值发现、"硬件＋软件＋供应链的生态圈"平台扩张方式、"流量分发、服务增值"等，以上内容在案例的分析中已有详细介绍。

3. 启示三：扁平化的组织结构

作为一家 7000 多人的大企业，小米的组织结构是最扁平化的，基本可以分为三层，第一层是创始人、董事长雷军和联合创始人、总裁林斌，第二层是其余的 5 位联合创始人，副总裁黎万强、周光平、刘德、黄江吉和洪峰，其余员工均为工程师。每一位副总裁负责独立的公司事务，公司强调责任感和透明的利益分享机制。这种组织结构对于小米这样的互联网企业有很好的匹配性，能有效提高工作效率，减少层级干扰。

4. 启示四：轻资产

小米手机采用用户下订单、小米整合供应链、代工企业生产零库存的生产方式，这种生产方式最大的特点就是轻资产，小米没有自己的工厂和设备，因此省去了固定资产成本，其后续的硬件平台扩张模式也遵循这一模式。这意味着小米的营销成本接近零、库存成本接近零、渠道成本极低，小米赢在对互联网的充分认识和利用上。

小米科技的发展积累了品牌知名度，并且在核心技术研发上正快速追赶其他品牌，相信小米能走得更远。

三 2011~2017年高新技术产品出口100强企业变化及分析

（一）2017年与2016年相比上榜企业排名变化及2017年新入围企业

相比2016年，2017年新入选的高新技术产品出口100强企业有18家，更新率为18%，如表8所示。其中未能进入2017年排行榜的企业是：深圳市一达通企业服务有限公司、北京索爱普天移动通信有限公司、深圳市创捷供应链有限公司、全球物流（深圳）有限公司、富裕仓储（深圳）有限公司、深圳市信利康供应链管理有限公司、鸿富锦精密电子（重庆）有限公司、深圳市新宁现代物流有限公司、展讯通信（上海）有限公司、东莞市对外加工装配服务公司、乐金显示（烟台）有限公司、昆山叶水福物流有限公司、东莞市鼎立电子贸易有限公司、昱科环球存储产品（深圳）有限公司、索尼电子华南有限公司、常州天合光能有限公司、深圳市德普特电子有限公司等18家公司。

表8 2017年与2016年相比上榜企业排名变化及2017年新入围企业

2017年出口额排名	经营单位	所在省份	企业性质	2016年出口额排名	排名变化
1	鸿富锦精密电子(郑州)有限公司	河南	港澳台企业	1	0
2	达功(上海)电脑有限公司	上海	港澳台企业	2	0
3	昌硕科技(上海)有限公司	上海	港澳台企业	3	0
4	富泰华工业(深圳)有限公司	广东	港澳台企业	4	0
5	苏州得尔达国际物流有限公司	江苏	民营企业	9	+4
6	美光半导体(西安)有限责任公司	陕西	外资企业	14	+8
7	华为技术有限公司	广东	民营企业	5	-2
8	华为终端(东莞)有限公司	广东	民营企业	10	+2
9	惠州三星电子有限公司	广东	外资企业	6	-3
10	达丰(重庆)电脑有限公司	重庆	港澳台企业	8	-2

续表

2017年出口额排名	经营单位	所在省份	企业性质	2016年出口额排名	排名变化
11	鸿富锦精密电子(成都)有限公司	四川	港澳台企业	11	0
12	名硕电脑(苏州)有限公司	江苏	港澳台企业	12	0
13	纬新资通(昆山)有限公司	江苏	外资企业	44	+31
14	英特尔产品(成都)有限公司	四川	外资企业	49	+35
15	富士康精密电子(太原)有限公司	山西	港澳台企业	13	-2
16	英业达(重庆)有限公司	重庆	港澳台企业	15	-1
17	英特尔贸易(上海)有限公司	上海	外资企业	16	-1
18	戴尔贸易(昆山)有限公司	江苏	外资企业	/	新增
19	世硕电子(昆山)有限公司	江苏	港澳台企业	23	+4
20	中兴通讯股份有限公司	广东	国资企业	20	0
21	戴尔(成都)有限公司	四川	外资企业	26	+5
22	吉宝通讯(南京)有限公司	江苏	外资企业	42	+20
23	仁宝信息技术(昆山)有限公司	江苏	港澳台企业	7	-16
24	仁宝资讯工业(昆山)有限公司	江苏	港澳台企业	21	-3
25	东莞市欧珀精密电子有限公司	广东	民营企业	72	+47
26	三星(中国)半导体有限公司	陕西	外资企业	19	-7
27	江苏富昌中外运物流有限公司	江苏	民营企业	54	+27
28	联想移动通信贸易(武汉)有限公司	湖北	民营企业	37	+9
29	鸿富锦精密工业(深圳)有限公司	广东	港澳台企业	17	-12
30	达富电脑(常熟)有限公司	江苏	港澳台企业	36	+6
31	纬创资通(中山)有限公司	广东	外资企业	27	-4
32	联宝(合肥)电子科技有限公司	安徽	港澳台企业	40	+8
33	达丰(上海)电脑有限公司	上海	港澳台企业	25	-8
34	东莞三星视界有限公司	广东	外资企业	18	-16
35	纬创资通(重庆)有限公司	重庆	外资企业	38	+3
36	天津三星通信技术有限公司	天津	外资企业	24	-12
37	旭硕科技(重庆)有限公司	重庆	外资企业	29	-8
38	吴江海晨仓储有限公司	江苏	民营企业	56	+18
39	金士顿科技(上海)有限公司	上海	外资企业	97	+58
40	天津三星视界移动有限公司	天津	外资企业	32	-8
41	乐金显示(广州)有限公司	广东	外资企业	30	-11
42	联想信息产品(深圳)有限公司	广东	民营企业	22	-20
43	西安海邦物流有限公司	陕西	民营企业	/	新增
44	英运物流(上海)有限公司	上海	港澳台企业	28	-16
45	鸿富锦精密电子(天津)有限公司	天津	港澳台企业	47	+2
46	浪潮乐金数字移动通信有限公司	山东	外资企业	31	-15

续表

2017年出口额排名	经营单位	所在省份	企业性质	2016年出口额排名	排名变化
47	近铁国际物流(中国)有限公司	上海	外资企业	45	-2
48	南宁富桂精密工业有限公司	广西	港澳台企业	63	+15
49	珠海小米通讯技术有限公司	广东	民营企业	/	新增
50	摩托罗拉(武汉)移动技术运营中心有限公司	湖北	港澳台企业	39	-11
51	英华达(上海)科技有限公司	上海	港澳台企业	57	+6
52	维沃通信科技有限公司	广东	民营企业	/	新增
53	伯恩光学(惠州)有限公司	广东	港澳台企业	58	+5
54	深圳市朗华供应链服务有限公司	广东	民营企业	43	-11
55	伟创力制造(珠海)有限公司	广东	外资企业	52	-3
56	惠州TCL移动通信有限公司	广东	外资合资	33	-23
57	飞力达物流(深圳)有限公司	广东	台港澳与境内合资	46	-11
58	东莞技研新阳电子有限公司	广东	港澳台企业	50	-8
59	冠捷显示科技(厦门)有限公司	福建	外资企业	78	+19
60	鸿富锦精密工业(武汉)有限公司	湖北	港澳台企业	55	-5
61	深圳市宝积供应链管理有限公司	广东	民营企业	96	+35
62	深圳赛意法微电子有限公司	广东	中外合资企业	64	+2
63	希捷国际科技(无锡)有限公司	江苏	外资企业	65	+2
64	晟碟半导体(上海)有限公司	上海	外资企业	71	+7
65	青岛海信国际营销股份有限公司	山东	国有控股	82	+17
66	英特尔半导体(大连)有限公司	辽宁	港澳台企业	/	新增
67	杭州海康威视科技有限公司	浙江	外资企业	75	+8
68	安靠封装测试(上海)有限公司	上海	外资企业	53	-15
69	兴英科技(深圳)有限公司	广东	外资企业	68	-1
70	业成科技(成都)有限公司	四川	外资企业	/	新增
71	TCL王牌电器(惠州)有限公司	广东	中外合资	/	新增
72	爱思开海力士半导体(重庆)有限公司	重庆	中外合资	91	+19
73	海太半导体(无锡)有限公司	江苏	中外合资	/	新增
74	深圳嘉泓永业物流有限公司	广东	民营企业	34	-40
75	飞思卡尔半导体(中国)有限公司	天津	外资企业	77	+2
76	小米通讯技术有限公司	北京	民营企业	/	新增
77	深圳创维-RGB电子有限公司	广东	港澳台合资企业	/	新增

续表

2017年出口额排名	经营单位	所在省份	企业性质	2016年出口额排名	排名变化
78	深圳村田科技有限公司	广东	外资企业	/	新增
79	深圳富裕控股有限公司	广东	外资企业	/	新增
80	三星电子(苏州)半导体有限公司	江苏	外资企业	48	-32
81	深圳市旗丰供应链服务有限公司	广东	民营企业	/	新增
82	仁宝电脑(重庆)有限公司	重庆	外资企业	/	新增
83	环旭电子股份有限公司	上海	台港澳与境内合资	/	新增
84	戴尔(厦门)有限公司	福建	外资企业	94	+10
85	深圳富桂精密工业有限公司	广东	民营企业	/	新增
86	成都汇晨物流有限公司	四川	民营企业	/	新增
87	深圳市年富供应链有限公司	广东	民营企业	89	+2
88	友达光电(厦门)有限公司	福建	外资企业	92	+4
89	苏州三星电子电脑有限公司	江苏	外资企业	98	+9
90	苏州三星显示有限公司	江苏	外资企业	59	-31
91	贵州富智康精密电子有限公司	贵州	外资企业	/	新增
92	捷普电子(广州)有限公司	广东	外资企业	60	-32
93	佛山群志光电有限公司	广东	外资企业	95	+2
94	英业达科技有限公司	上海	港澳台企业	80	-14
95	纬创资通(昆山)有限公司	江苏	外资企业	74	-21
96	深圳市富森供应链管理有限公司	广东	民营企业	70	-26
97	恩斯迈电子(深圳)有限公司	广东	外资企业	86	-11
98	联想系统集成(深圳)有限公司	广东	民营企业	87	-11
99	深圳中电投资股份有限公司	广东	央属企业	85	-14
100	东芝物流(上海)有限公司	上海	外资企业	84	-16

注:"+"号表示排名靠前增加,"-"表示排名靠后降低。
资料来源:商务部综合司并经本人整理。

(二)2011~2017年中国高新技术出口100强企业所有制结构变动

与2016年相比,2017年不同所有制属性的上榜企业数变化不大,外资和港澳台企业在100强高新技术出口企业中的数量占绝对优势,本土企业的追赶还有较长的路要走(见表9)。

表9　2011～2017年中国高新技术企业出口100强不同所有制企业数量

年份	国有企业	外资企业	港澳台企业	民营企业
2011	7	55	33	5
2012	7	54	32	7
2013	4	46	32	18
2014	4	46	31	19
2015	4	45	29	22
2016	5	45	25	25
2017	3	43+4	26+3	21

注：2017年所列的外资企业"+4"和港澳台企业"+3"表示合资企业数。

（三）2011～2017年中国高新技术企业出口100强典型企业变动

2011～2017年一直名列高新技术产品出口100强的企业有16家，名单和各年排名情况如表10所示，表明这些企业经营相对较稳定。

表10　2011～2017年中国高新技术企业出口100强典型企业排名变化

企业名称	2017年排名	2016年排名	2015年排名	2014年排名	2013年排名	2012年排名	2011年排名
名硕电脑(苏州)有限公司	12	12	10	10	10	8	10
华为技术有限公司	7	5	5	6	7	4	3
惠州三星电子有限公司	9	6	6	18	5	6	15
昌硕科技(上海)有限公司	3	3	4	4	4	3	4
仁宝信息技术(昆山)有限公司	23	7	8	14	24	14	5
天津三星通信技术有限公司	36	24	13	20	27	16	17
联想信息产品(深圳)有限公司	42	22	19	26	29	29	35
达丰(上海)电脑有限公司	33	25	23	33	39	1	1
英特尔产品(成都)有限公司	14	49	66	50	41	44	57
伟创力制造(珠海)有限公司	55	52	55	56	47	26	16
戴尔(厦门)有限公司	84	94	100	83	62	86	96
仁宝资讯工业(昆山)有限公司	24	21	17	23	63	21	23
晟碟半导体(上海)有限公司	64	71	88	89	74	35	38
飞思卡尔半导体(中国)有限公司	75	77	81	82	89	84	81
英业达科技有限公司	94	80	73	91	96	73	85
英华达(上海)科技有限公司	51	57	95	95	100	69	86

资料来源：由作者整理。

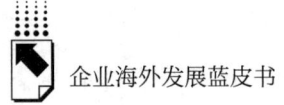

（四）2011～2017年我国高新技术产品出口100强企业区域分布变动分析

从表11可以看出，在高新技术产品出口100强企业中，东部地区一直保持着绝对优势，但其在百强企业中的数量呈下降趋势。2011年有90家企业上榜，而2017年减少到71家，7年中减少了19家；中部地区略有增长，从最初的2家企业入围，到2017年有6家企业进入百强；增长速度最快的是西部地区，由最初的6家企业入围，经过7年的发展，2017年有17家企业进入出口企业百强榜单。

表11 2011～2017年我国高新技术产品企业出口100强区域分布

地区\年份	2011	2012	2013	2014	2015	2016	2017
东部沿海地区	90	85	77	78	76	77	71
中部地区	2	2	4	4	5	6	6
西部地区	6	8	10	11	13	12	17
京津地区	2	5	9	7	6	5	5
东北地区	/	/	/	/	/	/	1

资料来源：由作者整理。

四 展望与建议

高新技术产品具有附加价值高、产品仿制困难等特点。改革开放以来，我国制造业发展迅猛，同时也带动了对高新技术产品的需求。近年来我国政府逐渐认识到发展高新技术产业的重要性，大力推动高新技术产业的发展，"中国制造2025"计划的推出就是重要战略举措。我国不断增加研发投入，2017年我国研发投入17500亿元，比2016年增长11.6%，占GDP比重达到2.1%，是仅次于美国的全球第二大研发投入大国。不断的高投入也带来了重要的回报，目前我国在卫星导航、民航客机、通信设备、无人机、互联网、芯片、智能手机、笔记本电脑、航天工业、液晶面板、高速铁路、锂电池、民用造船、量子通信、5G通信、特高压电输送设备等高科技领域都取得了重要成就,更为重要的是我国完整的工业体系、不断增强的总体国力、研发创新的动力为高新技术产业的发展奠定了坚实的基础。同时,我们也要看到我国本土企业在集成电路研发、生物医药等方面的"短板"。

(一)通过对我国高新技术产品出口100强企业分析发现的问题

1. 高新技术产品出口以计算机和通信技术为主

2017年我国高新技术产品总出口额为6673.98亿美元,其中计算机与通信技术产品出口额达4647.48亿美元,占所有高新技术产品出口总额的69.64%;电子技术产品出口额为1161.92亿美元,占全部高新技术产品出口额的17.41%;其余材料技术、光电技术、航空航天技术、计算机制造集成技术、生命科学技术、生物技术及其他技术产品出口额为864.59亿美元,占12.97%。而计算机与通信技术及电子技术产品出口企业主要为外资企业和港澳台企业,虽然出口额大,但利润主要留在外企和港澳台企业。图8显示了2017年我国各类高新技术产品出口所占比例。

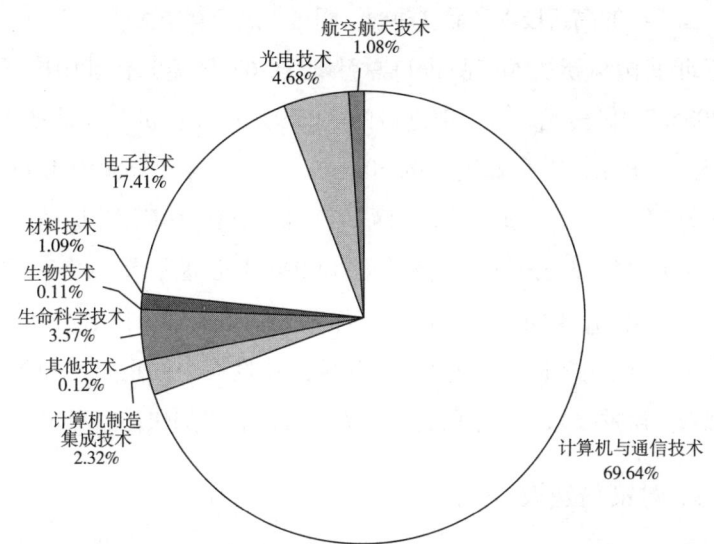

图8 2017年中国各类高新技术产品出口所占比例

资料来源:http://www.trademap.org/Index.aspx。

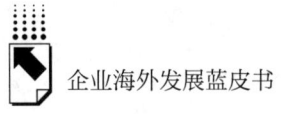

2. 高新技术出口排名上榜企业区域分布"东强西弱"

在高新技术出口企业排名上"东强西弱"的格局在较长时期内将长期存在，2017年东部地区百强企业上榜71家，主要分布在广东、江苏、上海等省市，中部地区入围6家，西部地区入围17家，京津地区入围5家，东北地区入围1家。西部地区入围企业主要集中在重庆、成都和陕西等省、市，多种因素共同作用形成的高新技术产业布局现状较难改变。中西部地区高新技术产业发展除了地理因素外，人才流失、观念落后、物流成本、改革开放政策等都对高新技术产业发展均有负面影响。沿海地区由于产业集聚、改革开放时间早、人才流入以及作为港澳台企业首选之地、港口物流成本低等优势成为高新技术产业发展的重要地区，与我国区域经济发展程度相一致。

3. 高新技术出口排名上榜企业以外资和港澳台企业为主

2017年，高新技术出口百强企业中，外资企业和港澳台企业入围69家，其中外资企业43家，港澳台企业26家，中外（或港澳台与境内）合资企业7家，总计达到76家。在出口百强企业中，民营企业从2011年的5家发展到2017年入围的21家，比2016年少4家。

4. 我国生产的高新技术产品"短板"明显，进口需求大

2017年我国高新技术产品进口总计5771.62亿美元，其中电子技术产品进口3035.31亿美元，占全部进口的52.59%；计算机与通信技术产品进口1163.86亿美元，占全部进口的20.16%，两项合计金额为4199.17亿美元，占比为72.75%，如图9所示。而2017年，我国大宗商品原油进口41957万吨，金额为1623.3亿美元；天然气进口946.3亿立方米（6857万吨），金额为232.8亿美元，两项合计1856.1亿美元，仅占高新技术产品进口额的32.16%，可见高新技术产业发展仍是我国产业发展中的重要"短板"，需要从产业规划、研发投入、人才引进、培养等方面着手加快追赶步伐。

（二）对策与建议

1. 加大创新投入，增强自主高新技术产业发展

从高新技术出口百强企业所有制结构来看，国有企业和民营企业数量较

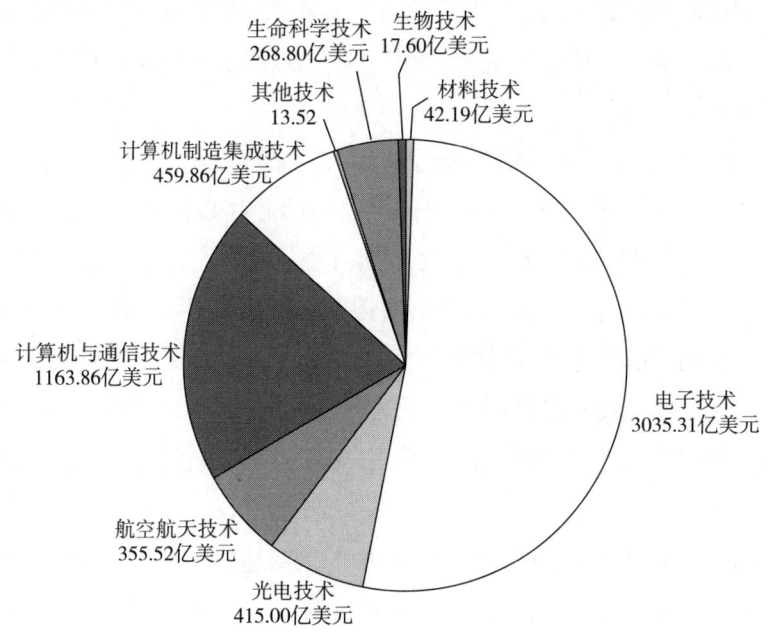

图 9 中国 2017 年各类高新技术产品出口额（亿美元）

资料来源：http://www.trademap.org/Index.aspx。

少，而制造企业更少，表明我国本土自主高新技术产业发展滞后，特别是计算机与通信技术、电子技术产业化发展差距较大，近几年中国在集成电路等领域有一定成长，但与美国、中国台湾、韩国、日本等相距甚远。2017 年电子技术产品和计算机与通信技术产品进口金额为 4199.17 亿美元，是石油和天然气进口额的 2.26 倍。因此，政府应做好产业规划和创新投入，利用技术积累，集中资源进行攻关，突破限制国民经济发展和国外限制出口的高新技术，增强自主高新技术产业发展。我国曾经在许多高新技术产业发展领域受制于人，比如高强度碳纤维材料、卫星导航、高性能芯片、航母阻拦索、舰载机、国际空间站参与等等，可以说是教训沉痛、深刻。而通过自主创新，我国在载人航天、高纳米科技、干细胞研究、高温超导、超高压输变电、人类基因组测序、量子应用、中微子物理、基础材料、超级计算机、国际空间站、量子通信、高速铁路、大型桥梁、载人深潜、航空母舰、战略潜艇、大型风洞技术、大飞机、隐形战机、预警机、世界最大射电望远镜、全球导航系统、遥控、新材料等科技领域不断突破,使我国在高新技术领域不受制于人。

2. 利用国内广大市场,壮大自主高新技术产业

2017年4月,美国对中国中兴通讯公司的芯片禁止出口的法令又给我们上了一课,集成电路技术是我国当前重要的"短板",不仅每年进口消耗大量的外汇储备,而且面临美国的各种限制,比如美国明令禁止出口高性能芯片给中国用于高性能计算机的制造。高新技术的发展必须有较大的市场成长空间,才能实现技术积累和进一步技术追赶,最后实现超越,而中国制造面临转型升级和本身中高级产品市场的不断扩张,高新技术产业发展市场成长空间广阔。

中国高铁通过技术引进、消化、吸收与创新超越,有一个重要前提,那就是中国国内市场的需求,从2004年引进日本、德国等的高铁技术到今天中国高铁技术标准走向世界,国内高铁发展的巨大需求是重要的影响因素,核电技术、C919大飞机、运20大型运输机的发展都不能背离这一原则。国内的大规模运用将产生巨大的广告效应、示范效应和品牌效应,从而促进其国际市场需求和自身发展。

3. 成立专门机构评估核心技术短板,集中力量攻关

"核心技术短板"之痛不是因为中兴事件才得到关注的,而是在中国经济、国防工业发展中无数次出现过,中国工业发展时间短,技术基础薄弱,又面临其他国家的技术出口诸多限制,比如美国、欧美、日本等均对中国高新技术产品出口列有一长串禁止出口清单。而中国作为大国,确实对其他国家的工业发展构成了强有力的竞争,也引起了其他国家的警惕,加强了高新技术出口管控,给我国从外部获取高新技术产品带来困难。同时,我国的国防建设、工业转型升级又急需这些高新技术的支持。新中国成立之初我国实施过诸如"两弹一星"等重大项目攻关,"863计划"、"973计划"以及后来实施的许多重大计划都是在研发条件薄弱,但集中力量攻关取得了许多重大成果的背景下完成的,大大推动了我国经济、社会和国防的发展。因此,

成立专门机构评估当前及今后一段时间内的"核心技术短板"并集中力量攻关，以今日中国之经济实力和技术积累，相对开放的人才环境，一定能够取得重大突破。

参考文献

［1］ 胡海晨、林汉川：《两岸高新技术产品贸易增长影响因素分析——基于修正的CMS模型》，《国际经贸探索（CSSCI）》2017年第33（04）期，第13~23页。

［2］ 吕贵鑫、赵静：《浅析小米公司的未来发展之路》，《企业导报》2014年第2期。

［3］ 雷鸣、刘洪国：《基于战略、策略和战术层面的小米科技营销分析》，《市场研究》2013年第10期。

［4］ 任庆运：《浅议小米手机营销中的售后问题》，《投资与合作》2014年第1期。

［5］ 徐万里、黄泽鹏、黄烨彤：《什么推动高科技企业高速成长——基于小米科技公司的案例》，《石河子大学学报（哲学社会科学版）》2013年第4期。

［6］ 陈恒：《世贸组织：中国继续保持出口第一大国地位》，《光明日报》2017年4月14日（08版），http：//e2paper.gmw.cn/gmrb/html/2017-04/14/nw.D110000gmrb_20170414_10-08.htm？div=-1。

［7］ 杜红亮、任昱：《战略高新技术产业发展规律研究》，《科技进步与对策》2012年第7期。

［8］ 中华人民共和国商务部综合司，http：//zhs.mofcom.gov.cn/。

［9］ 中华人民共和国统计局，http：//www.stats.gov.cn/tjsj/ndsj/。

［10］ 海关信息网，http：//www.haiguan.info/。

B.4
2017年中国民营企业出口50强排行榜及评价

陈 廉*

摘 要： 我国经济进入新常态发展阶段以来，民营企业成为推动我国对外贸易的重要力量。近些年，我国民营企业连续保持出口份额首位，表现出稳中向好的态势，但严峻的外贸环境也对我国民营企业出口产生了显著影响。本文首先对2017年民营企业出口50强排行榜进行综合分析，出口格局呈现"东部独强、中部稳定、西部崛起"和区域内产业聚集效应显著的特征，民营企业出口整体呈企稳向好趋势，最后提出新常态阶段提高民营企业出口竞争力的建议。

关键词： 民营企业 出口贸易 经济新常态

一 2017年中国民营企业出口50强排行榜及总体评价

（一）2017年中国民营企业出口50强排行榜

2017年全球经济逐渐"回暖"，国内经济发展态势平稳。随着"一带一

---

* 陈廉，对外经济贸易大学国际商学院博士后流动站，讲师，研究方向为中小企业发展与"一带一路"倡议对接。

2017年中国民营企业出口50强排行榜及评价

路"倡议的深入推进，外贸稳增长促发展政策效应显现，这些有益因素共同推动我国对外贸易结束两年负增长的态势，进而实现了两位数的恢复性增长。对外贸易保持了回稳向好的发展态势，其中，民营企业进出口增长，比重提升。海关总署数据显示，2017 年，我国民营企业对外贸易进出口额为 10.7 万亿元，增长率 15.3%，占我国对外贸易进出口总额的 38.5%。其中，出口额是 7.13 万亿元，增长率 12.3%，占出口总值的 46.5%，继续保持出口份额居首的地位，比重提升 0.6%。

根据海关信息网提供的中国企业进出口数据，2017 年中国民营企业出口 50 强名单如表 1 所示。

表 1　2017 年中国民营企业出口 50 强名单

排名	企业名单
1	华为技术有限公司
2	华为终端（东莞）有限公司
3	深圳市一达通企业服务有限公司
4	东莞市欧珀精密电子有限公司
5	联想移动通信贸易（武汉）有限公司
6	浙江一达通企业服务有限公司
7	吴江海晨仓储有限公司
8	珠海小米通讯技术有限公司*
9	西安海邦物流有限公司*
10	维沃通信科技有限公司*
11	摩托罗拉（武汉）移动技术运营中心有限公司
12	日照钢铁控股集团有限公司
13	江苏沙钢国际贸易有限公司
14	深圳市朗华供应链服务有限公司
15	深圳市宝积供应链管理有限公司
16	深圳嘉泓永业物流有限公司
17	杭州海康威视科技有限公司
18	深圳市旗丰供应链服务有限公司
19	衡阳富泰宏精密工业有限公司
20	霍尔果斯荣达商贸有限公司
21	深圳富桂精密工业有限公司*
22	成都汇晨物流有限公司*

续表

排名	企业名单
23	深圳市年富供应链有限公司
24	广西圣瑞凯贸易有限公司*
25	义乌市农豪进出口有限公司*
26	山东一达通企业服务有限公司
27	深圳市大疆百旺科技有限公司*
28	联想信息产品(深圳)有限公司*
29	广东跨境达商贸有限公司*
30	深圳市富森供应链管理有限公司
31	深圳市新宁现代物流有限公司
32	昆山叶水福物流有限公司
33	深圳市裕展精密科技有限公司*
34	义乌市博飞贸易有限公司*
35	海尔海外电器产业有限公司
36	广州市番华金银珠宝有限公司
37	中建投物流有限公司*
38	深圳市创捷供应链有限公司
39	浙江大华科技有限公司*
40	江苏一达通企业服务有限公司*
41	广州粜策贸易有限公司*
42	东莞市巴币电子商务有限公司*
43	广东省东莞机械进出口有限公司
44	广西佳愉贸易有限公司*
45	江苏天晨船舶进出口有限公司*
46	广州聪尧贸易有限公司*
47	中信戴卡股份有限公司
48	潍坊歌尔电子有限公司*
49	喀什美瑞国际贸易有限公司
50	福建一达通企业服务有限公司

资料来源：根据海关信息网资料整理，*代表该企业2017年新晋出口50强排行榜，为作者统计。

在2017年中国民营企业出口50强中，新入围企业21家，更新率42%，较2016年降低24个百分点。20家新晋企业多分布于商品贸易和高科技电子信息行业，说明民营企业出口贸易中，该领域竞争激烈（见表2）。

表2　2013～2017年中国民营企业出口50强入围情况

	2017年	2016年	2015年	2014年	2013年
新晋企业数量(家)	21	32	24	21	35
连续两年入围企业数量(家)	30	28	26	29	15
更替率(%)	42	66	48	42	70

资料来源：根据海关信息网资料整理。

（二）2017年中国民营企业出口50强排行榜的总体评价

1. 中国民营企业出口50强的区域结构分析

本部分将我国的31个省（直辖市、自治区）划分为东部地区、中部地区、西部地区三个区域。具体划分如表3所示。

表3　中国东、中、西部地区划分

地区划分	省、直辖市、自治区	个数
东部地区	黑龙江、吉林、辽宁、河北、北京、天津、山东、江苏、上海、浙江、福建、广东、海南	13
中部地区	河南、湖北、湖南、安徽、江西、山西	6
西部地区	陕西、重庆、贵州、广西、云南、四川、甘肃、宁夏、青海、新疆、西藏、内蒙古	12

注：香港特别行政区、澳门特别行政区和台湾地区不在此列。

（1）区域结构分析。

2017年中国民营企业出口50强呈现出明显的区域结构差异。如图1所示，民营企业出口50强榜单中，有41家企业分布在东部地区，6家企业分布在西部地区，中部3家企业上榜。2017年西部地区上榜企业一共4家，广西壮族自治区和新疆维吾尔自治区各2家，另外2家分别在四川省和陕西省。从地区分布来看，在全国12个省、区、市中，广东省27家，江苏省5家，浙江省3家，山东省4家，新疆维吾尔自治区2家，湖北省2家，广西壮族自治区2家，福建省、四川省、湖南省、河北省、陕西省各1家（见图2）。

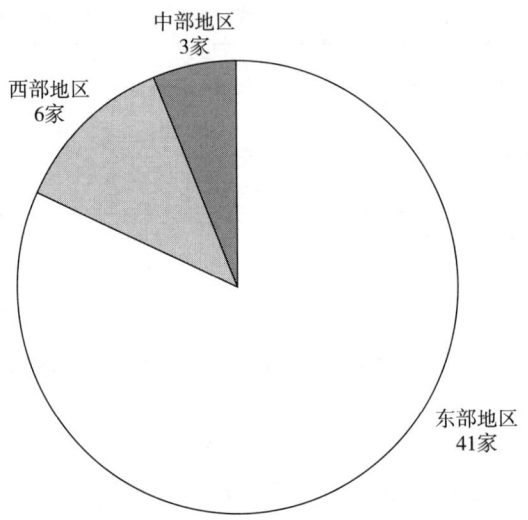

图1 2017年民营企业出口50强区域分布

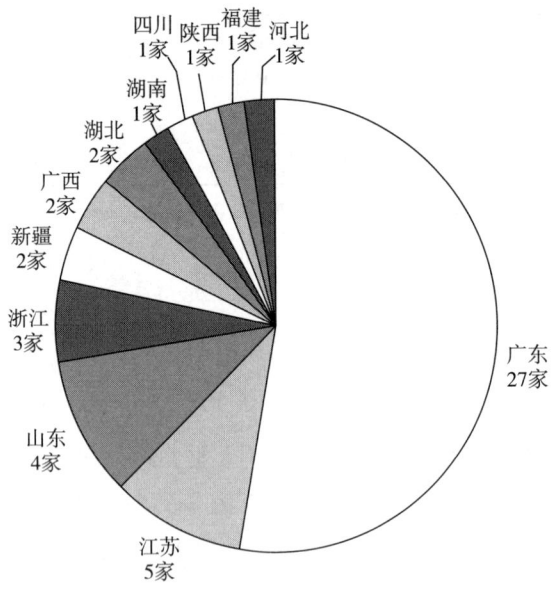

图2 2017年民营企业出口50强地区分布

资料来源：根据海关信息网资料整理。

2017年中国民营企业出口50强排行榜及评价

2017年，中国民营企业出口50强仍然主要分布在东南沿海和内陆沿边地区，涵盖东、中、西部的12个省、区、市。中、西部地区尤其是新疆、广西等地民营企业出口势头稳中有升，四川省和陕西省民营企业出口业绩有所突破。在我国民营企业出口50强的区域分布中，东部地区6省共有41家企业入围榜单，入围企业数量占50强的82%，东部地区入围企业数量比例较2015年降低了4个百分点；西部地区入围企业分布在新疆维吾尔自治区、广西壮族自治区、四川省和陕西省4个省份或自治区。其中，由于沿边重点地区开发试验区建设等扶持政策的推动以及"一带一路"倡议的持续推进，新疆和广西地区的民营企业出口势头相对稳定。2017年西部地区有6家民营企业入围50强榜单，中部地区有3家民营企业上榜，湖北省2家、湖南省1家（见表4）。

表4 2017年与2016年中国民营企业出口50强的区域分布与变动情况

区域	序号	省、区、市	年份	企业数（家）	数量变更
东部地区	1	广东	2017年	27	不变
			2016年	27	
	2	江苏	2016年	5	下降
			2015年	8	
	3	山东	2017年	4	上升
			2016年	2	
	4	浙江	2017年	3	下降
			2016年	4	
	5	福建	2016年	1	不变
			2015年	1	
	6	河北	2016年	1	不变
			2015年	1	
合计			2017年	41	
西部地区	7	新疆	2017年	2	下降
			2016年	3	
	8	广西	2017年	2	上升
			2016年	1	
	9	陕西	2017年	1	新晋
			2016年	0	
	10	四川	2017年	1	新晋
			2016年	0	
合计			2017年	6	合计

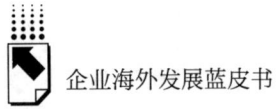

续表

区域	序号	省、区、市	年份	企业数(家)	数量变更
中部地区	11	湖北	2017年	2	不变
			2016年	2	
	12	湖南	2017年	1	不变
			2016年	1	
合计			2017年	3	

资料来源：根据海关信息网资料整理。

2017年，中国民营企业出口50强呈现出"东部独强、中部稳定、西部崛起"格局，东部地区持续强势发展，中、东、西部差距略有缩小；西部地区政策扶持力度大，新疆和广西企业出口业绩保持稳定，四川和陕西民营企业出口实现"零突破"；中部企业3家跻身2017年出口50强的民营企业名单和入榜数量均保持不变。

2017年，东部地区民营企业在出口贸易领域继续保持领先优势。2017年进入民营企业出口50强榜单高达41家，仅比2016年少2家。从入围企业行业分布来看，东部地区贸易服务、电子设备制造占绝对优势，两类行业入围企业24家，占东部地区入围企业数量58.54%。从贸易类型分布来看，东部地区贸易服务持续发力，2017年贸易服务入围企业增长稳定，商品贸易有所减少，轻工业出口持续萎缩。因此，2017年东部地区贸易结构有所变化，贸易格局不断优化提升。

得益于"一带一路"倡议的逐步实施，我国与"一带一路"沿线国家的贸易往来成为对外贸易的增长关键点。西部地区的新疆维吾尔自治区民营企业出口贸易持续发力，仍有2家上榜50强，占西部地区入围企业的1/3席位。但由于广西壮族自治区入围50强的民营企业数量略有上升，由2016年的1家增加到2017年的2家，同时，陕西省和四川省各自实现了从无到有的突破，各自上榜1家，因此，西部地区入围企业数量有所提高，由2016年的4家增至2017年的6家。2017年民营企业出口50强榜单上的2家新疆企业与2016年完全一样，而其他4家都是新晋榜单的民营企业，分属于物流和商贸行业。

2017年，中部地区民营企业在出口贸易50强榜单中的入围数量和入围企业名称均保持不变。2017年，中部地区3家民营企业分布于湖北省和湖南省，湖北省2家民营企业连续三年入围50强，均处于通信设备制造行业，2017年新晋的1家湖南省民营企业则在电子设备制造领域持续保持优势，这表明中部地区民营企业在电子信息领域实力非凡，逐渐树立起可持续的贸易优势。

（2）地区结构分析。

2017年共有12个省、区、市的民营企业入围50强排行榜，广东省、浙江省和山东省是民营企业出口三大省份。东部地区共有6个省份41家民营企业入围，分别是广东省、浙江省、山东省、江苏省、福建省和河北省；西部地区有4个省（自治区）的6家民营企业入围；中部地区有2个省份的3家民营企业上榜。其中，东部地区的广东省入围数量占绝对优势。

2017年中国民营企业出口50强排行榜中广东省入围27家，持续保持出口贸易的绝对优势。在广东省2016年上榜的27家民营企业中，11家连续两年入围榜单，16家企业为新晋企业。

2017年，广东省囊括中国民营企业出口10强中的6席，足以说明广东省民营经济居全国领先地位，发展势态良好。其中，华为技术有限公司连续6年稳居中国民营企业出口50强榜单首位，优势地位明显。华为技术有限公司与华为终端（东莞）有限公司持续保持出口贸易优势，分列广东省民营企业出口排名第1位和第2位，成为该省电子设备制造行业的"领头羊"。处于第4位的东莞市欧珀精密电子有限公司出口额增长迅猛，由2016年的第16位跃升至2017年的前5强之列。在2017年民营企业出口前10强中，有3家为新晋企业（珠海小米通讯技术有限公司、西安海邦物流有限公司、维沃通信科技有限公司），其中2家是广东省的智能终端企业。

近些年，随着产业结构调整及变革加剧，广东省民营企业出口贸易结构正悄然发生变化，传统商贸行业持续萎缩、智能制造行业竞争力不断增强，贸易服务业发展迅速。2017年，以电子设备制造为龙头的智能制造产业已经成为广东省民营企业出口贸易的领军行业，具有传统竞争优势的贸易服务行业持续发展，商贸行业稳定发展，轻工行业持续萎缩。从贸易类型来看，广东省电子设备制造领域上榜企业9家，贸易服务行业上榜企业7家，商品贸易服务企业上榜6家。2017年13家新晋的广东民营企业中，6家为电子设备制造企业，5家为商贸企业，仓储运输行业和电子商务行业各有1家新晋民营企业（见表5）。2017年新晋6家民营企业强势上榜，该行业出口额稳居全国领先地位，打破广东省以往"量少质优"的出口格局，产业聚集效益愈加明显。从广东省民营企业出口50强入围情况来看，该省贸易服务行业发展稳定，而传统商品贸易经过"优胜劣汰"的洗牌之后，逐渐发展成为不可小觑的出口主力军。2017年，电子设备制造行业的强势发展和商品贸易行业的重整旗鼓形成广东省民营企业出口的显著态势，这表明广东省民营企业加快转型升级的步伐，并逐渐摆脱国际贸易价值链条中低端地位，正向中高端贸易服务领域迈进。

表5 2017年广东省民营企业出口50强上榜企业出口及排名情况

年份		企业名称	行业
2017	2016		
1	1	华为技术有限公司	电子设备制造
2	3	华为终端（东莞）有限公司	电子设备制造
3	2	深圳市一达通企业服务有限公司	贸易服务
4	16	东莞市欧珀精密电子有限公司	电子设备制造
8		珠海小米通讯技术有限公司	电子设备制造
10		维沃通信科技有限公司	电子设备制造
14	9	深圳市朗华供应链服务有限公司	贸易服务
15	23	深圳市宝积供应链管理有限公司	贸易服务
16	5	深圳嘉泓永业物流有限公司	运输仓储
18	42	深圳市旗丰供应链服务有限公司	贸易服务
21		深圳富桂精密工业有限公司	电子设备制造
23	22	深圳市年富供应链有限公司	贸易服务
25		义乌市农豪进出口有限公司	商品贸易
27		深圳市大疆百旺科技有限公司	电子设备制造

续表

年份		企业名称	行业
2017	2016		
28		联想信息产品(深圳)有限公司	电子设备制造
29		广东跨境达商贸有限公司	商品贸易
30	18	深圳市富森供应链管理有限公司	贸易服务
31	17	深圳市新宁现代物流有限公司	运输仓储
33		深圳市裕展精密科技有限公司	电子设备制造
34		义乌市博飞贸易有限公司	商品贸易
36	25	广州市番华金银珠宝有限公司	轻工
37		中建投物流有限公司	运输仓储
38	14	深圳市创捷供应链有限公司	贸易服务
41		广州枭策贸易有限公司	商品贸易
42		东莞市巴币电子商务有限公司	电子商务
43	41	广东省东莞机械进出口有限公司	商品贸易
46		广州聪尧贸易有限公司	商品贸易

资料来源：根据海关信息网资料整理。

2017年江苏省民营企业出口50强中占据5席，入围企业数量较2015年、2016年持续减少，依然仅次于广东省位列第二。榜单有2家新晋企业，分别是江苏一达通企业服务有限公司和江苏天晨船舶进出口有限公司，而苏州三星电子家电有限公司2017年跌落至50强之外（见表6）。

2017年江苏省入围民营企业涉及运输仓储、钢铁贸易、物流行业、贸易服务以及商品贸易。2016年出口50强的榜单上4家运输仓储企业仅保留吴江海晨仓储有限公司1家，表明该行业经历了异常激烈的竞争之后，优胜企业的市场领先地位初步确立。经历过2015年的低迷期、2016年的波动期，2017年江苏省钢铁行业的民营企业出口发展势头有所减缓。5年蝉联榜单的江苏永钢集团有限公司并未出现在50强榜单之列，2016年重回榜单的江苏沙钢国际贸易有限公司继续保持了名列前茅的出口额。2017年稳定优异的出口业绩与江苏沙钢国际贸易有限公司在2016年出口积累的业绩表现有关。电子设备制造行业仅上榜1家的苏州三星电子家电有限公司继2016年徘徊在50强榜单的低位之后，2017年已被挤出50强。

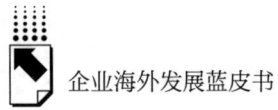

表6 2017年江苏省民营企业出口50强上榜企业出口及排名情况

年份		企业名称	行业
2017	2016		
7	13	吴江海晨仓储有限公司	钢铁贸易
13	12	江苏沙钢国际贸易有限公司	运输仓储
32	20	昆山叶水福物流有限公司	运输仓储
40		江苏一达通企业服务有限公司	运输仓储
45		江苏天晨船舶进出口有限公司*	钢铁贸易

资料来源：根据海关信息网资料整理。

2017年，山东省入围50强排行榜有4家民营企业。其中，仅有1家为新晋企业——潍坊歌尔电子有限公司（见表7）。日照钢铁控股集团有限公司2017年出口业绩较2016年上升较大名次，这得益于将传统优势产业"做大做强、集中优势"的转型理念。山东一达通企业服务有限公司由2016年的榜单前列下滑到榜单中下位，表明贸易服务行业波动性比较大。因此，山东省民营企业不断优化和升级出口贸易结构，正在塑造多元化的贸易优势。

表7 2017年山东省民营企业出口50强上榜企业出口及排名情况

年份		企业名称	行业
2017	2016		
12	34	日照钢铁控股集团有限公司	钢铁贸易
26	11	山东一达通企业服务有限公司	贸易服务
35	28	海尔海外电器产业有限公司	电器制造与贸易
48		潍坊歌尔电子有限公司	电子设备制造

资料来源：根据海关信息网资料整理。

2017年，浙江省有3家民营企业上榜出口50强榜单，分属于贸易服务（1家）、电子设备制造（2家）行业（见表8）。2017年，浙江一达通企业服务有限公司依然稳居出口前10强，处于中高端制造和服务领域的杭州海康威视科技有限公司出口额持续稳定。浙江省民营企业出口贸易结构正逐渐脱离低端的价值链，并朝着高附加值的智能制造和贸易服务领域发展。

表8 2017年浙江省民营企业出口50强上榜企业出口及排名情况

年份		企业名称	行业
2017	2016		
6	4	浙江一达通企业服务有限公司	贸易服务
17	19	杭州海康威视科技有限公司	电子设备制造
39		浙江大华科技有限公司	电子设备制造

资料来源：根据海关信息网资料整理。

2017年，新疆维吾尔自治区民营企业进入出口50强总共有2家企业，均属商品贸易行业（见表9）。2017年，地处西部的新疆地区民营企业在商贸领域继续有所斩获，主要得益于国务院支持沿边地区经济社会发展政策效应和"一带一路"倡议的持续推进。2017年，霍尔果斯荣达商贸有限公司业绩持续向好，名次提升幅度较大。喀什美瑞国际贸易有限公司则继续维持在2016年的名次排列上。值得注意的是，新疆维吾尔自治区2家民营企业上榜50强，但由于所处传统的货物贸易行业，其获利增值空间和出口额在榜单中并不占优势，甚至是处于落后地位。这必将倒逼新疆地区民营企业要逐渐摆脱政策依赖，加快贸易结构调整和升级，提升新疆地区民营企业出口竞争优势。

表9 2017年新疆维吾尔自治区民营企业出口50强上榜企业出口及排名情况

年份		企业名称	行业
2017	2016		
20	30	霍尔果斯荣达商贸有限公司	商品贸易
49	49	喀什美瑞国际贸易有限公司	商品贸易

资料来源：根据海关信息网资料整理。

由于地理区位不如东部沿海地区优越、政策扶持力度不如西部边境地区，中部地区民营经济发展相对滞后，出口贸易多年来一直不见起色。直到2015年，湖北省民营企业在出口50强排行榜上终于实现了"零突破"，而在2016年该省民营企业出口贸易中继续发力，2家上榜企业位列10强。2017年，湖北省入围中国民营企业出口50强排行榜的依然是那两家企业，均属通信设备制造行业（见表10）。由此可见，湖北省民营企业在高科技通信领域发展势头不减，并继续保持了难以复制的出口贸易优势。

表10　2017年湖北省民营企业出口50强上榜企业出口及排名情况

年份		企业名称	行业
2017	2016		
5	6	联想移动通信贸易(武汉)有限公司	通信设备制造
11	8	摩托罗拉(武汉)移动技术运营中心有限公司	通信设备制造

资料来源：根据海关信息网资料整理。

2017年，广西壮族自治区入围民营企业出口50强的企业有2家，均属商品贸易，且都是新晋企业（见表11）。一方面，近两年以来，国家及广西相继出台了一系列降低企业成本、促进外贸稳增长和调结构的政策措施，政策红利不断释放，对于广西对外贸易持续向好发展起到积极的促进作用。另一方面，外部环境仍存在不确定因素，广西壮族自治区新兴贸易业态发展仍显薄弱，这些都是制约其出口贸易发展的关键因素。

表11　2017年广西壮族自治区民营企业出口50强上榜企业出口及排名情况

年份		企业名称	行业
2017	2016		
24		广西圣瑞凯贸易有限公司	商品贸易
44		广西佳愉贸易有限公司	商品贸易

资料来源：根据海关信息网资料整理。

2017年，陕西省、湖南省、四川省、河北省、福建省各有1家企业入围中国民营企业出口50强排行榜（见表12）。西安海邦物流有限公司、衡阳富泰宏精密工业有限公司、成都汇晨物流有限公司、中信戴卡股份有限公司、福建一达通企业服务有限公司，依次分属于物流行业、电子设备制造行业、物流行业、汽车零件制造行业、贸易服务行业，其中陕西省和四川省的民营企业是2017年新晋榜单企业，均为物流行业。这与当地政府重视物流行业发展的政策支持分不开。

表12　2017年陕西省、湖南省、四川省、河北省、福建省民营企业出口50强上榜企业出口及排名情况

年份		企业名称	省份	行业
2017	2016			
9		西安海邦物流有限公司	陕西	物流行业
19	37	衡阳富泰宏精密工业有限公司	湖南	电子设备制造
22		成都汇晨物流有限公司	四川	物流行业
47	46	中信戴卡股份有限公司	河北	汽车零件制造
50	10	福建一达通企业服务有限公司	福建	贸易服务

资料来源：根据海关信息网资料整理。

2. 中国民营企业出口50强的行业结构分析

本研究将行业分为农业、金属、非金属、轻工、家电数码、通信设备制造、电子设备制造、机械设备、能源、运输仓储10个行业类别。由于民营企业出口贸易类似于供应链管理企业等贸易服务业异军突起，本研究将商品贸易行业和贸易服务行业类别加入其中（见表13）。

表13　2017年中国民营企业出口50强所属行业类别

排名	企业名称	行业
1	华为技术有限公司	电子设备制造
2	华为终端（东莞）有限公司	电子设备制造
3	深圳市一达通企业服务有限公司	贸易服务
4	东莞市欧珀精密电子有限公司	电子设备制造
5	联想移动通信贸易（武汉）有限公司	通信设备制造
6	浙江一达通企业服务有限公司	贸易服务
7	吴江海晨仓储有限公司	运输仓储
8	珠海小米通讯技术有限公司*	通信设备制造
9	西安海邦物流有限公司*	运输仓储
10	维沃通信科技有限公司*	运输仓储
11	摩托罗拉（武汉）移动技术运营中心有限公司	通信设备制造
12	日照钢铁控股集团有限公司	金属
13	江苏沙钢国际贸易有限公司	金属
14	深圳市朗华供应链服务有限公司	贸易服务
15	深圳市宝积供应链管理有限公司	贸易服务

续表

排名	企业名称	行业
16	深圳嘉泓永业物流有限公司	运输仓储
17	杭州海康威视科技有限公司	电子设备制造
18	深圳市旗丰供应链服务有限公司	贸易服务
19	衡阳富泰宏精密工业有限公司	电子设备制造
20	霍尔果斯荣达商贸有限公司	商品贸易
21	深圳富桂精密工业有限公司*	通信设备制造
22	成都汇晨物流有限公司*	运输仓储
23	深圳市年富供应链有限公司	贸易服务
24	广西圣瑞凯贸易有限公司*	商品贸易
25	义乌市农豪进出口有限公司*	商品贸易
26	山东一达通企业服务有限公司	贸易服务
27	深圳市大疆百旺科技有限公司*	电子设备制造
28	联想信息产品（深圳）有限公司*	通信设备制造
29	广东跨境达商贸有限公司*	商品贸易
30	深圳市富森供应链管理有限公司	贸易服务
31	深圳市新宁现代物流有限公司	运输仓储
32	昆山叶水福物流有限公司	运输仓储
33	深圳市裕展精密科技有限公司*	电子设备制造
34	义乌市博飞贸易有限公司*	商品贸易
35	海尔海外电器产业有限公司	家电数码
36	广州市番华金银珠宝有限公司	轻工
37	中建投物流有限公司*	运输仓储
38	深圳市创捷供应链有限公司	贸易服务
39	浙江大华科技有限公司*	电子设备制造
40	江苏一达通企业服务有限公司	贸易服务
41	广州粜策贸易有限公司*	商品贸易
42	东莞市巴币电子商务有限公司*	商品贸易
43	广东省东莞机械进出口有限公司	机械设备
44	广西佳愉贸易有限公司*	商品贸易
45	江苏天晨船舶进出口有限公司*	机械设备
46	广州聪尧贸易有限公司*	商品贸易
47	中信戴卡股份有限公司	机械设备
48	潍坊歌尔电子有限公司*	电子设备制造
49	喀什美瑞国际贸易有限公司	商品贸易
50	福建一达通企业服务有限公司	贸易服务

资料来源：根据海关信息网资料整理，*代表该企业2017年新晋出口50强排行榜，为作者统计。

如图3和表14所示，2017年中国民营企业出口50强排行榜覆盖了9大行业。其中，贸易服务、商品贸易、电子设备制造和运输仓储行业出口企业数量相差无几，名列前茅。贸易服务行业上榜11家民营企业，比2015年减少3家。2017年，商品贸易行业出口形势非常乐观，成绩颇为亮眼。其次是电子设备制造行业，入围民营企业出口50强的有9家，比2016年增加3家。2017年，运输仓储行业入围50强的有7家民营企业。这四个行业上榜50强的民营企业总共37家，数量占比高达74%。另外入围的13家企业各自分属于通信设备制造、机械设备、金属、家电数码、轻工行业，分别是6家、3家、2家、1家、1家。

贸易服务上榜的11家企业全部集中在东部地区。广东省数量最多，为7家。而浙江省、山东省、江苏省、福建省各上榜1家民营企业。在业务领域方面，有6家企业主营供应链管理，值得一提的是，在贸易服务领域一大亮点是阿里巴巴一达通外贸综合服务平台旗下的5家企业（深圳市、浙江、山东、江苏、福建）都进入50强榜单。与2016年的优良业绩相比，除了深圳市一达通企业服务有限公司和浙江一达通企业服务有限公司依旧位列前10强，其他3家一达通企业在50强排行榜的位次均有较大下滑。

2017年，民营企业出口50强榜单中表现不俗的行业是商品贸易行业，占领1/5席位。10家入围的民营企业都分布在东部地区（广东省）和西部地区（新疆维吾尔自治区和广西壮族自治区）。在商贸出口行业中，2017年新晋50强榜单的民营企业高达8家，更新率为80%。除新疆维吾尔自治区的2家企业，其余8家都是2017年新入榜的民营企业。从排名来看，所处商贸行业的民营企业出口成绩处于50强的中下游水平。

入围50强的9家电子设备制造企业中有5家在广东省，其余4家分别在浙江省（2家）、山东省（1家）、湖南省（1家）。其中，排名靠后的4家民营企业是2017年新晋榜单的企业，更新率为44.44%。电子设备制造行业属于智能制造产业，需要强大的技术创新、资金支持和人才储备，因此，该行业新旧替换率远不如贸易服务行业。连续上榜的华为技术有限公司和华为终端（东莞）有限公司稳居第1位和第2位。唯一一家中部地区民营企业——衡阳富泰宏精密工业有限公司较2016年的排名有较大提升。总的来说，2017年中国民营企业出口50强分布在贸易服务和电子设备制造行业的实力企业60%都集中在广东省，95%的企业在东部地区，西部地区民营企业无一上榜。这足以说明东部地区尤其是广东省依然是中国民营企业在高端服务业和智能制造行业出口的"先锋队"，支撑着经营经济发展的主力军团。

运输仓储行业经历过2014年爆发式发展、2015年平稳发展阶段、2016年持续稳定发展阶段后，2017年，中国民营企业出口50强排行榜中运输仓储行业企业占得7席，保持着不错的发展势头。2017年，运输仓储行业的7家入围企业中，3家来自广东省，2家来自江苏省，另外2家各来自西部地区的陕西省和四川省。西部地区民营企业在运输仓储行业的"零突破"，打破了2016年东部地区对该行业的垄断地位。从新旧更新程度来看，该行业经历了2016年剧烈震荡之后，行业稳定性所有增强，更新率约43%。

2017年，在民营企业通信设备制造出口领域，联想移动通信贸易（武汉）和摩托罗拉（武汉）移动技术运营中心2家企业表现依然优异而稳定。而广东2家新晋民营企业（珠海小米通讯技术有限公司和维沃通信科技有限公司）出口表现非常突出，2017年跃升至10强榜单。这说明通信设备制造行业进入门槛较高，所需的资金、技术、人才、设备等要求较高，广东省具备众多的要素聚集优势，因此，该地区具有厚积薄发的实力。另外，这也反映了以智能制造为主的企业不太会受到区位、政策的影响，比较适合在中部地区发展，反过来，中部地区因此打造具有比较优势的技术装备龙头企业。

入围2017年的3家机械设备行业全都在东部地区，分布在广东省、江苏省和河北省。这3家民营企业排名在50强的最后10强中，表明整体行业出口竞争实力较其他优势行业相比较弱。中信戴卡非常注重新工艺、新材料的研发和创新，积极构建智能化的生产与管理综合平台，进而促进企业的转型升级。因此，中信戴卡在2017年民营企业出口50强榜单中排名比较稳定。

历年来，金属行业上榜出口50强的全是钢铁企业。2017年，入围中国民营企业出口50强的2家企业均在东部地区,山东省和江苏省各1家。区域聚集程度明显。较2015年相比,2016年上榜企业数量增加2家,完成出口额36.3亿美元,占50强出口比重4.05%。江苏沙钢国际贸易有限公司以"转型、创新、提升"为发展目标,注重技术提升,着力打造绿色钢城,深入推进智能制造,促进公司多元化发展。旗下的江苏沙钢国际贸易有限公司取得良好的出口效益,依然保持较好的出口位次。

继轻工行业2015年快速下滑、进入微利时代后,2016年该行业经历了进入深度调整阶段,2017年入围轻工行业的民营企业出口50强的是连续6年入围的广州市番华金银珠宝有限公司。轻工行业上榜50强的全是经营珠宝的资源类企业,极大地受到市场环境的影响。当珠宝行业的暴利时代转为微利时代后,该行业民营企业出口市场逐渐被高附加值的贸易服务和信息科技企业所挤压,市场份额日益缩小,因此,广州市番华金银珠宝有限公司由2016年的25名降到2017年的36名。

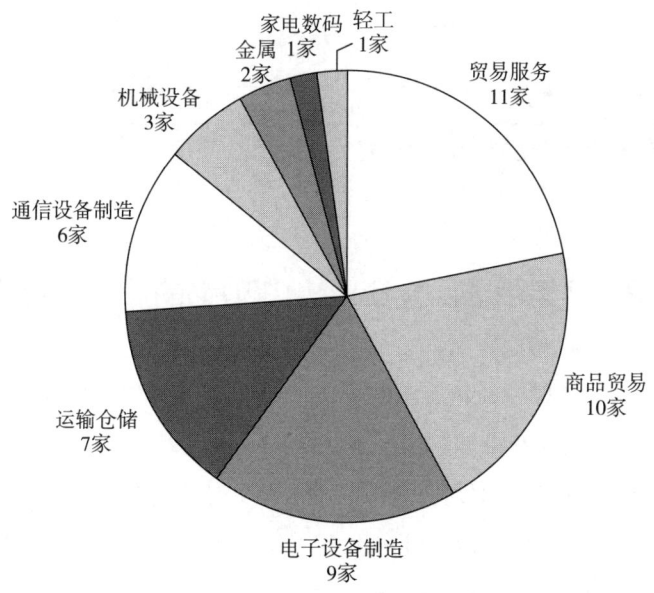

图3 2017年中国民营企业出口50强行业分布

资料来源:根据海关信息网资料整理。

入围2017年民营企业出口50强的家电数码企业是海尔海外电器产业有限公司。海尔海外电器产业有限公司主营业务为家用电器制造和销售,其经营领域还涉足仓储服务、国际货运代理、货物及技术进出口、家用电器及电子产品技术咨询等贸易服务,在一定程度上拓展了市场和盈利空间,有效缓解了生产成本带来的经营压力。因此,该企业在2017年出口业绩中表现尚佳,连续2年进入50强榜单。

表14　2017年中国民营企业出口50强的行业分布情况

行业	入围数量(家)	新晋企业(家)	更新率(%)
贸易服务	11	1	0.09
商品贸易	10	8	80
电子设备制造	9	4	44
运输仓储	7	3	43
通信设备制造	6	4	67
机械设备	3	1	33
金属	2	0	0
家电数码	1	0	0
轻工	1	0	0
合计	50	21	—

资料来源:根据海关信息网资料整理而成。

二　2017年中国民营企业出口50强的典型企业研究

2017年,中国民营经济在发展总量、经济效益和社会贡献等方面实现良好发展,成为支撑和推动中国经济增长的关键力量。2017年,《关于进一步激发民间有效投资活力促进经济持续健康发展的指导意见》《中共中央国务院关于营造企业家健康成长环境弘扬优秀企业家精神更好发挥企业家作用的意见》相继发布,为民营经济转型发展指明了方向和路线。2017年中国民营企业出口50强排行榜中涌现出一批表现优秀的企业,本部分将按照区域分布、行业机构,挑选出口50强榜单中典型民营企业进行研究。

（一）2017年中国民营企业出口前10强企业分析

2017年中国民营企业出口前10强中有3席是新晋企业，华为技术有限公司连续6年雄踞50强榜首，华为终端（东莞）有限公司连续4年入围10强榜单，稳居前3位。深圳市一达通企业服务有限公司近6年内三次进入前10强榜单。联想移动通信贸易（武汉）有限公司和摩托罗拉（武汉）移动技术运营中心有限公司连续3年上榜。2017年民营企业出口前10强榜单企业更新率为30%，低于2016年的50%，表明在宏观环境逐渐复苏的情况下民营经济是增强经济社会发展活力的必然选择，也是不断增强发展新动能的重要支撑。

2017年中国民营企业出口前10强中有1家企业位于中部地区，1家企业位于西部地区，其余8家分布在广东省（6家）、浙江省（1家）和江苏省（1家）的东部地区，区域集聚趋势依旧明显。前10强企业涵盖电子设备制造、贸易服务、运输仓储、通信设备制造行业，其中，贸易服务行业有2家企业入围，电子设备制造行业和通信设备制造行业各上榜3家企业，2家运输仓储企业进入10强排行榜。

本部分挑选2017年中国民营企业出口前10强上榜电子设备制造和贸易服务行业的2家新晋企业进行重点分析，分别是排名榜首的华为技术有限公司和位列第2名的深圳市一达通企业服务有限公司。

1. 华为技术有限公司

2017年，华为技术有限公司位于"2017年中国民营企业500强"榜单榜首，在"2017年中国企业500强"中排名第17位。同时，华为技术有限公司继续蝉联2017年中国民营企业出口50强榜单首位。2017年，华为技术有限公司厚积薄发，增长势头不减，全年销售收入6036亿元，比2016年全年销售收入增长15.7%；2017年，华为技术有限公司在亚太、美洲、欧洲、中东、非洲等地区共计实现销售收入2776亿元，占公司整个销售收入的47.64%。

同时，华为技术有限公司利用全球优势创新资源。全球有14家研究院/

所/室、36个联合创新中心，约8万名研发人员在全球范围创新合作。华为创新研究计划（HIPP）覆盖全球20多个国家和300多所高校，资助1200多个创新研究项目。华为技术有限公司自成立以来坚持聚焦主航道，坚持以客户为中心，以奋斗者为本，持续关注创新研发，在拓展海外市场的国际化进程中稳步前进，为立志于走向世界的民族企业起到了示范和榜样作用。

2. 深圳市一达通企业服务有限公司

深圳市一达通企业服务有限公司，旨在长期持续推动对外贸易模式的创新。一达通通过网络化操作及建立有效的信用数据系统，充分整合对外贸易服务资源和金融资源，为中小企业提供高效和低成本的通关、外汇、退税及配套的物流和金融服务。基于这些贸易大数据的应用，阿里巴巴集团开始打造信用保障体系，为海外买家的生意保驾护航。

深圳市一达通企业服务有限公司2017年位于中国民营企业出口排行榜的第2名。不仅深圳一达通取得骄人的成绩，阿里巴巴旗下的浙江一达通、福建一达通和山东一达通、江苏一达通也跻身于2017年中国民营企业出口50强排行榜，分别是第6名、第26名、第40名、第50名。

（二）区域领先的典型企业分析

1. 深圳市朗华供应链服务有限公司——东部地区

深圳市朗华供应链服务有限公司成立于2006年，是一家国际化的、综合性的供应链服务商。该集团着重服务实体经济与工业制造环节，凭借强大的创新实力和技术优势，朗华公司在跨境、仓储、物流、金融、电商等领域取得56项软件著作权和多项产品证书，通过海关AEO高级认证，凭借创新经营获"中国供应链最佳创新企业"奖。

经过多年的发展，作为一家综合供应链服务供应商，深圳市朗华供应链服务有限公司2017年入围中国民营企业出口50强排行榜，位于第14名，并跻身于贸易服务领域的前3强。

2. 联想移动通信(武汉)有限公司——中部地区

联想移动通信（武汉）有限公司坚持"自主研发"和"自主创新"，

拥有丰富的产品门类、领先的生产设备以及广泛的销售网络和健全的服务体系。秉承持久的创新精神、合作共赢的企业理念、踏实进取的发展态度，联想移动通信（武汉）有限公司立志成为一家拥有国际竞争力的知名手机企业。

继 2015 年首次上榜民营企业出口 50 强，联想移动通信（武汉）有限公司连续 3 年以优异的出口贸易成绩进入前 10 强。2017 年，联想移动通信（武汉）有限公司位列榜单中第 5 名，比 2016 年提前 1 个名次。

3. 霍尔果斯荣达商贸有限公司——西部地区

本着"客户第一，诚信至上"的经营理念，霍尔果斯荣达以实力和质量在国际市场上占取了一席之地。凭借良好的地理优势，霍尔果斯荣达商贸有限公司业务网络集中在"一带一路"沿线国家，如塔吉克斯坦、哈萨克斯坦、俄罗斯等国家。2017 年，霍尔果斯荣达商贸有限公司是"一带一路"倡议和发展沿边经济策略的受益者之一。

2017 年，霍尔果斯荣达商贸有限公司发展势头良好，排位在民营企业出口 50 强的第 20 名，比 2016 年的排位提升了 10 名，也是 2017 年民营企业在商贸行业中的佼佼者。

（三）行业领先的典型企业分析

1. 杭州海康威视科技有限公司——电子设备制造行业

海康威视是物联网解决方案提供商，主营业务是制造视频设备，并向全球提供综合安防、智慧业务与大数据等高端服务。海康威视以杭州为中心，建立辐射北京、上海、重庆、武汉、新疆以及加拿大蒙特利尔、美国硅谷和英国利物浦的研发中心体系。2016~2017 年，在 A&S《安全自动化》公布的"全球安防 50 强"榜单中，海康威视蝉联全球第 1 位。

强大的研发能力和持续的创新实力是海康威视连续 6 年蝉联 IHS 全球视频监控市场占有率冠军的重要保障。2017 年，海康威视位列 50 强排行榜的第 17 名，并以稳定的出口业绩连续 3 年上榜中国民营企业出口 50 强。

2. 中建投物流有限公司——运输仓储行业

中建投物流有限公司投资兴建盐田保税物流中心，包括五层高举架、高负载的现代化物流仓库，配备直线车道、5T 货梯、集装箱泊位、全套物流管理信息系统等现代物流运作基础设施。以"存储安全、流转迅速、信息准确、程序便捷、客户满意"为服务宗旨，中建投物流有限公司在保障客户物流环节顺畅、高效的前提下，致力于营造"共赢"局面，建设现代化的供应链管理企业。拥有专业快捷、以人为本、面向世界的服务优势，2017年中建投物流有限公司在民营企业出口50强名单中名列第37位。

三 2017年中国民营企业出口50强的新晋企业分析

每年新晋企业的上榜反映了民营企业出口贸易的竞争激烈程度，也能显现民营经济的新鲜活力和脱颖而出的新生力量。2017年中国民营企业出口50强排行榜中有21家新晋企业，更新率为42%，低于2016年66%的更新率。2017年中国民营企业出口50强的新晋企业涉足通信设备制造、运输仓储、贸易服务、商品贸易、电子设备制造、机械设备行业，其中新晋企业数量最多的行业是商品贸易、电子设备制造和运输仓储行业，分别是8、4、4家。其中，除了4家西部地区（陕西1家、四川1家、广西2家）新上榜的贸易企业，其余新晋企业都位于东部地区（广东13家、江苏2家、浙江和山东各1家），中部地区则无新晋企业。

表15 2017年中国民营企业出口50强的新晋企业

位次	企业名称	地区	行业
8	珠海小米通讯技术有限公司*	广东	通信设备制造
9	西安海邦物流有限公司*	陕西	运输仓储
10	维沃通信科技有限公司*	广东	运输仓储
21	深圳富桂精密工业有限公司*	广东	通信设备制造
22	成都汇晨物流有限公司*	四川	运输仓储
24	广西圣瑞凯贸易有限公司*	广西	商品贸易

续表

位次	企业名称	地区	行业
25	义乌市农豪进出口有限公司*	广东	商品贸易
27	深圳市大疆百旺科技有限公司*	广东	电子设备制造
28	联想信息产品(深圳)有限公司*	广东	通信设备制造
29	广东跨境达商贸有限公司*	广东	商品贸易
33	深圳市裕展精密科技有限公司*	广东	电子设备制造
34	义乌市博飞贸易有限公司*	广东	商品贸易
37	中建投物流有限公司*	广东	运输仓储
39	浙江大华科技有限公司*	浙江	电子设备制造
40	江苏一达通企业服务有限公司*	江苏	贸易服务
41	广州枭策贸易有限公司*	广东	商品贸易
42	东莞市巴币电子商务有限公司*	广东	商品贸易
44	广西佳愉贸易有限公司*	广西	商品贸易
45	江苏天晨船舶进出口有限公司*	江苏	机械设备
46	广州聪尧贸易有限公司*	广东	商品贸易
48	潍坊歌尔电子有限公司*	山东	电子设备制造

资料来源：根据海关信息网资料整理，*代表该企业2017年新晋出口50强排行榜，为作者统计。

2017年中国民营企业出口50强的21家新晋企业中，有8家属于商贸行业，运输仓储行业和电子设备制造行业各4家，通信设备制造行业有3家，机械设备和贸易服务行业各1家，涉及的行业分布比较广泛。2017年新晋上榜企业中，商贸领域最为活跃。其次，运输仓储和电子设备制造的市场更新程度也比较厉害。同样，民营企业出口对市场环境波动也非常敏感，2017年民营企业出口50强8家上榜的商贸服务企业中有8家为新晋企业，其中2家分布在广西壮族自治区，1家在陕西省，说明该行业依旧处于深度调整阶段，且广东地区运输仓储行业具有显著活力。机械设备和贸易服务行业各有1家新晋企业，都位于江苏省。作为广东省的优势贸易行业——通信设备制造行业新旧更替率达2/3，相对于其他行业来说，该行业进入调整发展阶段。机械设备行业和贸易服务新晋榜单的民营企业各有1家。

从外贸产业链来看，中国民营企业近些年在低迷、动荡、严峻的外贸环境中不断调整、转型、突破，金属（钢铁）企业和轻工珠宝企业正在集中资源增强竞争力，实现提质增效。从2019年新晋企业从事的行业来看，在产业链条中附加值更高的贸易服务领域出口贸易增长较快，表现出非凡的市场活力。商品贸易和运输仓储行业也出现较高的更替率，市场结构更进一步优化。总之，中国民营企业出口贸易结构有所改善，产业转型及升级出现成效，但民营企业整体国际竞争力尚有待提高。

四 展望与建议

2017年，我国相继出台了一系列鼓励民营经济发展的政策，给予新时代民营经济发展强大的政策支持（见表16）。党的十八大以来，全国实有企业数量和注册资本（金）年平均增长率分别为16.7%和27.9%（见图4和图5）。2017年，相对于外资企业和国有企业，中国民营企业出口形势最佳，已然成为中国对外贸易出口的"领头羊"。从出口方位来看，民营企业出口以"一带一路"沿线新兴市场为突破口，准确把握住新兴市场生机勃勃的发展机会；从贸易形式看，民营企业出口以商品贸易为主，积极发展贸易服务、运输仓储、电子设备制造和通信设备制造，因而保持良好的出口形势；从贸易结构来看，民营企业出口产品集中于智能制造、贸易服务和日用消费品等产业。虽然民营企业出口形势稳定向好，但区域发展严重失衡、出口贸易结构不尽合理、国际竞争力偏弱等问题不容小觑。

表16 2017年民营经济重要政策梳理

政策	内容
党的十九大报告	"两个毫不动摇""激发和保护企业家精神" "支持民营企业发展""构建'亲''清'新型政商关系"
企业家精神	《关于营造企业家健康成长环境 弘扬优秀企业家精神 更好发挥企业家作用的意见》
产权保护	最高人民法院公布人民法院依法再审三起重大涉产权案件

续表

政策	内容
民间投资	《关于进一步激发社会领域投资活力的意见》 《关于进一步激发民间有效投资活力 促进经济持续健康发展的指导意见》 《发挥民间投资作用 推进实施制造强国战略指导意见》
海外投资	《民营企业境外投资经营行为规范》 《企业境外投资管理办法》

资料来源：搜狐网，《2017年民间投资与民营经济发展重要数据图示》，http://www.sohu.com/a/222357350_368400，2018-2-12。

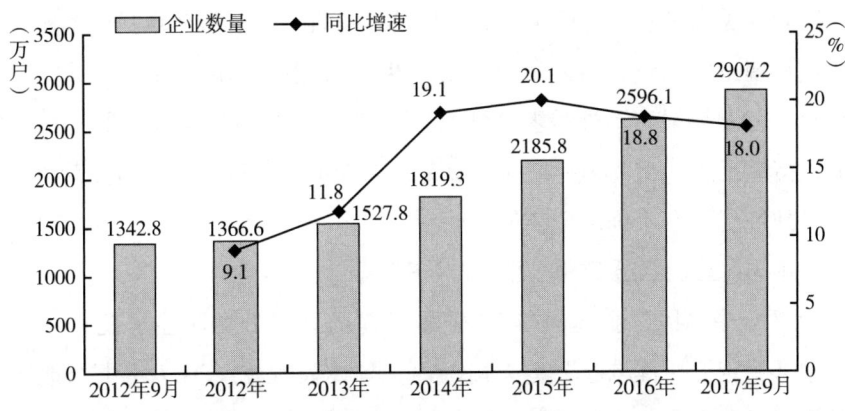

图4　党的十八大以来实有企业数量发展趋势

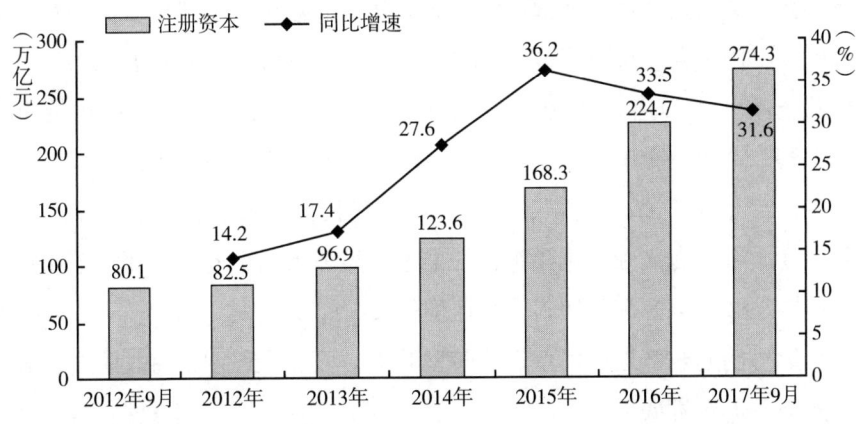

图5　党的十八大以来实有企业注册资本（金）的发展趋势

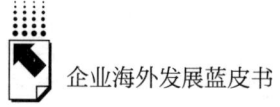

（一）基本结论

1. 中国民营企业出口整体呈企稳向好的发展态势

2017年中国对外贸易保持了回稳向好的发展态势，原因如下：一是全球经济缓慢复苏，国外需求有所增加；二是国内实体经济状况逐渐改善，带动我国进口需求增加；三是大宗商品价格有所上涨，推动贸易进口额快速增加；四是"一带一路"倡议持续推进，新兴市场的开拓成效卓著。

随着相关服务贸易等政策措施效应持续显现，放管服改革贯彻落实，国内营商环境不断改善，对外贸易发展内生动力增强。由于后危机时代"逆全球化"趋势明显，国外需求"疲软"短期内不会消失，国内贸易结构转型升级持续推进，但尚未形成对外贸易发展新动能，所以，中国民营企业出口贸易环境仍具有不确定性和风险性。

2. 中国民营企业出口的地区发展极不平衡

2017年中国民营企业出口50强排行榜的区域分布明显呈现"东部独强、中部稳定、西部崛起"的失衡局面，具体表现在：2017年中部地区上榜的2家民营企业与2016年的保持一致；西部地区上榜的民营企业从2016年的4家上升至2017年的6家，除了新疆维吾尔自治区和广西壮族自治区，新增陕西省和四川省两个西部区域。无论从企业数量还是从出口额来看，东部地区在中国民营企业贸易出口版图中占据绝对性的竞争优势。2017年上榜民营企业出口50强的省份只有12个，其余19个省、区、市的民营企业无一上榜。这也是中国民营企业出口区域失衡的表现之一。东部地区尤其是广东省民营经济"一枝独秀"，根本上得益于民间创新、创业的繁荣。创业创新制度质量的提高和市场化进程的推进，显著激励企业家创新、创业精神向生产性领域的资源配置倾斜，从而促进民营经济壮大。同时，不容乐观的内外贸形势倒逼东部地区民营经济转型升级，更加注重创新商业模式、数字经济齐头并进的发展。

经济新常态下，中西部与东部地区的民营经济差距依旧巨大，导致国内地域经济发展不平衡,这一现象由来已久、难以改变。中西部地区应着力破解影响民营经济发展的思想观念、市场机制、融资渠道、技术落后、人才制约、企业家素质等阻碍因素,从而改变民营经济区域性非均衡发展的局面,真正实现"百家争鸣"的繁荣景象。

3. 中国民营企业出口行业产业聚集效应依旧显著

近些年,进入出口50强榜单的民营企业经营范围已从早期的传统商贸、轻工行业逐步延伸到贸易服务、运输仓储、电子商务、电子通信设备制造等中高附加值服务和智能制造领域,逐渐改变单一的、技术含量不高的贸易结构。2017年商品贸易、贸易服务行业发展迅猛,传统的贸易和运输仓储行业经过深度调整后,维持着一定的贸易优势。其中,金属行业经历"去产能、调结构"的供给侧改革后,行业发展越发稳健,一些优质民营钢铁企业在创新发展、转型升级中实力逐渐显现,2017年在民营企业出口50强排行榜中名次表现稳定。良性竞争中的多元发展趋势带动整个民营企业贸易格局向更合理、更健康的方向发展。

从2017年民营企业出口50强排行榜中反映出某些区域,特别是中西部地区的产业聚集趋势日渐明显,如西部地区民营企业出口集中在商品贸易和仓储运输行业;中部地区均为通信设备制造行业。

(二)对策与建议

1. 提高经营管理水平,大力培养、引进和使用人才

中国民营企业必须打破家族产权结构,用现代企业制度改革民营企业管理方式,从而保证民营企业出口贸易行稳致远。家族式管理模式在民营企业创业早期有助于减少企业的委托代理成本,也可以保持企业的向心力和凝聚力,但随着民营企业出口贸易经营规模的不断扩大,家族式经营模式的缺陷日益显现。过于单一的产权结构使得民营企业所有者风险增加,出口贸易的积极性有所下降。民营企业应勇于自我革新,主动抛弃家族式的"任人唯亲"的用人制度,积极建立人才激励机制。

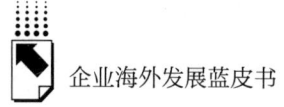

2. 增强创新能力，塑造企业文化

民营企业应该努力创造一种民主、公平、温馨和谐的企业文化，鼓励创新、容忍失败，为员工营造一种较为宽松的环境，激励他们对工作的投入和创新积极性。在考虑出口贸易决策（出口贸易地、出口贸易时间和出口贸易方式）时，必须具备国际市场环境的分析能力，能够审时度势地预测企业出口产品的发展趋势。企业必须认清并充分发挥自身优势，抓住发达国家由劳动密集型产业向资源密集型产业出口贸易，同时，要加大投入提高技术水平，增强企业的创新能力。

3. 调整出口经营策略，依法应对"反倾销"

面对进口国对产品的反倾销，民营企业要不断增强标准意识，重视研发新产品，树立企业国际品牌，实现从"以价取胜"向"以质取胜"的战略转变。在出口贸易市场布局上，要适度调整出口商品结构，多方位开拓新市场，实现出口风险均衡策略。面对"反倾销"，民营企业应当首先建立起反倾销预警机制，及时应对反倾销，善于用WTO赋予的法律武器来维护自身利益。其次是应诉企业应当齐心协力，"抱团作战"。应对"反倾销"企业要认真分析，充分准备，有问必答。而且，民营企业应当着重培养具有国际经验的法务人员，熟知国外的法律条款，做到"知己知彼"。

4. 加快制定促进民营企业出口发展战略的顶层设计

一是强化政府的政策信息服务功能，改进出口金融扶持措施，放松和取消市场准入限制，开拓民营企业参与国际竞争新空间。逐渐扩大中小民营企业贷款额度，适当增加保险门类，降低金融借贷条件。二是充分发挥市场在资源配置中的基础性作用，有效满足民营企业在出口贸易中对各类人才、资金、土地、信息、管理要素的规模需求。三是改革行政服务手段，以申报制代替登记制，即企业出口产品时，向海关申报检验即可，不需要实现审批或备案。

5. 各部门紧密配合民营企业解决融资困难

通过财税政策和政府直接介入来保障民营企业出口额的稳定增长，并通过保险来免除企业的后顾之忧。一是建立保障基金，用于促进民营企业出口贸易的发展。对于原材料和产品销售均在国际市场的企业，应给予政策、财政、税收等方面的优惠。二是建立起民营企业出口贸易的金融政策。发展信用担保机构，增加银行贷款额度。三是利用社会力量和各种融资手段。例如开展合法的民间借贷，利用应收账款融资、租贷、典当、票据兑现、拆借等方法融资。为了切实解决民营企业融资难问题，可以借鉴国外抵押制度、互助担保做法。

6. 开展"政企合作"扫除民营企业出口障碍

一方面，政府应责无旁贷地为民营企业发展出口贸易提供有效的保护。一是当反倾销国具有占领我国市场的风险时，通过征收反倾销税、启动反倾销程序为我国民营企业提供切实保护；二是制定严格的行业准入标准，严厉打击假冒名牌等不法行为，鼓励民营企业创建国际品牌；三是建立"谁应诉谁受益"的关联机制，鼓励民营企业联合应诉。另一方面，引导民营企业成立行业出口协会，加强自律管理。同时，民营企业应发挥营销渠道优势、加工制造优势，提高高端贸易竞争力，推动民营企业出口可持续发展。

参考文献

[1] 江虹：《深圳民营企业外贸出口增长的实证分析》，《国际贸易问题》2007年第4期。

[2] 梁达：《我国外贸2016年回顾和2017年展望》，《宏观经济管理》2017年第3期。

[3] 邢小强、薛飞：《2009年我国民营企业出口50强排行榜评析》，《国际贸易问题》2011年第4期。

[4] 程俊杰：《制度变迁、企业家精神与民营经济发展》，《经济管理》2016年第8期。

[5] 李景海、林仲豪：《"互联网+"、创新驱动发展与广东民营经济转型升级途径研究》，《江淮论坛》2016年第2期。

[6] 王佳莹：《浙江省民营企业出口存在的问题及对策》，《商场现代化》2018年第1期。

[7] 王聪、林桂军、王巍：《金融业市场化与民营企业出口》，《世界经济研究》2018年第2期。

区域篇

Regional Studies

B.5
2017年中国企业对外劳务分省、区、市排行榜及其评析

罗玉波*

摘　要： 总体上看，2017年我国对外劳务合作派出各类劳务人员共52.2万人，同比增长5.6%，结束了连续两年的下降趋势。承包工程项下派出22.2万人，占比42.5%；劳务合作项下派出30万人，占比57.5%。从合作行业来看，73.3%的对外劳务合作人员分布在建筑业、制造业和交通运输业三个领域。山东、福建、广东、江苏、辽宁、上海、河南七个省（市）依然是我国对外劳务合作排名前列的传统强省。我国的对外劳务合作的区域仍主要集中于亚洲，包括中国香港、中国澳门、日本、新加坡、沙特阿拉伯、巴基斯坦等。我们

---

* 罗玉波，北京工商大学经济学院，副教授，研究方向：经济统计学、应用统计。

预计随着"一带一路"倡议的进一步实施，2018年我国对外劳务合作将继续保持小幅增长态势，但由于国内和国际经济形势的复杂性，对外劳务合作下降的压力依旧，面临很大的不确定性。

关键词： 对外劳务合作　对外劳务合作结构　劳务合作强省

党的十九大明确提出要以"一带一路"建设为重点，坚持"引进来"和"走出去"并重，遵循"共商、共建、共享"原则，加强创新能力开放合作，形成陆海内外联动、东西双向互济的开放格局。对外劳务合作是实现"走出去"的一项重要内容，改革开放以来，我国的对外劳务合作逐渐发展壮大，取得了丰硕的成果，但同时也面临着机遇和挑战。一直以来，我国的对外劳务合作为低端密集型，并且集中于亚非等不发达地区，急需向中高端知识型、技能型转变，以适应国际劳务市场迈向中高端的新趋势。此外，世界经济风云莫测，贸易保护主义抬头，反全球化思潮涌动，而我国经济社会发展进入了新时期，正在进行经济转型和产业结构优化升级，国际和国内的变革调整必然会对对外劳务合作产生重要影响，增加不确定因素。另外，"一带一路"的推进将继续成为建设重点，对外劳务合作需抓住机遇，实现对外劳务合作的转型升级。

一　2017年中国企业对外承包劳务分省、区、市排行榜总体评价

（一）2017年中国对外劳务合作派出人数总体评价

2017年，我国对外劳务合作派出各类劳务人员共52.2万人，较2016年同期增加2.8万人，同比增长5.6%，其中承包工程项下派出22.2万人，占比

42.5%,劳务合作项下派出30万人,占比57.5%(见表1)。年末在外各类劳务人员达到97.9万人,较2016年同期增加1万人。总体来看,我国对外劳务合作派遣规模较2016年有所扩大,结束了连续两年的下降趋势,派遣人数小幅回升,呈现出良好的"回暖"态势。需要注意的是,承包工程项下劳务派遣人数依然呈现出下降趋势,但劳务合作项下派遣人数则显著增加。

表1 2011~2017年对外劳务派遣人数

单位:万人

年份	派出人数	承包工程项	劳务合作项	年末在外人数
2011	45.23	24.32	20.91	81.24
2012	51.18	23.34	27.84	85.02
2013	52.66	27.09	25.57	85.27
2014	56.18	26.92	29.26	100.58
2015	52.99	25.31	27.68	102.69
2016	49.42	23.02	26.4	96.89
2017	52.2	22.2	30	97.9

资料来源:中国统计年鉴、商务部统计数据。

从对外劳务合作的国家(地区)来看,我国的对外劳务合作仍主要集中于亚非地区,劳务合作项派遣人员最多的地区是中国香港、中国澳门、日本、新加坡等,承包工程项派遣最多的是沙特阿拉伯、巴基斯坦等。从行业来看,建筑业、制造业和交通运输业为主要领域。就年末在外人数分析,从事以上行业的人员占年末总人数的73.3%,比例较高。其中作为优势行业的建筑业从业人数较2016年有所下降;制造业人数稳定,几乎与2016年持平;交通运输业由于大量培训海乘人员以及国际航运的复苏,劳务人员明显增加。

2017年,"一带一路"依旧是我国的建设重点。全国共有59个企业对"一带一路"的沿线国家新增投资,共计143.6亿美元,同比增加3.5%;对61个"一带一路"沿线国家新签对外承包工程合同,新签合同额达1443.2亿美元,占同期我国对外承包工程新签合同额总额的54.4%,同比增长14.5%,完成营业额855.3亿美元,占同期总额的50.7%,同比增长

12.6%。我国对外承包工程量增加，未来工程项下外派劳务人数的增加应该是可以预期的。

（二）对外劳务合作分省（市）排行榜

2017年，各省（市）的劳务合作状况基本稳定，排名前三的分别是山东省、福建省、广东省。派出人数同在2万人以上的还有江苏省、辽宁省、上海市、河南省，派出人数在1~2万人的有北京市、天津市、浙江省、湖北省、湖南省和安徽省，其余省份派遣人数不足1万人（见表2）。

表2 派出各类劳务人员前七名省市

单位：人

排名	省份	全年派出人数	排名	省份	全年派出人数
1	山东	71570	5	河南	37595
2	福建	59726	6	上海	32837
3	广东	44866	7	辽宁	20000
4	江苏	39699			

资料来源：各省商务厅、上海市商务委员会。

从排行榜中我们可以看到，山东省依然保持劳务输出大省的地位，稳中有进；福建省对外劳务规模发展显著，跃居全国第二名，与第一名相差11844人，差距不大；辽宁省在2015年降到前十名以外，2016年重进前十，其后保持稳定发展。总体来看，2017年各省份情况与2016年相似，派遣人数超过1万人的省份保持为13个。

二 2017年中国企业对外承包劳务典型省（市）分析

（一）山东省

山东省是我国的人口大省，也是传统的劳务大省，2017年山东省稳中求进，对外劳务合作保持平稳发展，全省派出各类劳务人员71570人，同比增长4.2%，位居全国第一。其中，对外承包工程项下外派25216人，同比增长2%，占总人数的35.2%；劳务合作项下外派46354人，同比增长5.5%，占总人数的64.8%。对外承包工程新签合同额874.7亿元，同比增长4%，完成营业额793.7亿元，同比增长9.3%。

从国家和地区分布来看，亚洲和非洲仍是山东省对外劳务合作的主要市场。亚洲市场外派48913人，占比68%；非洲市场外派11006人，占比16%；拉美市场外派8684人，同比增长23%，占比12%（见图1）。

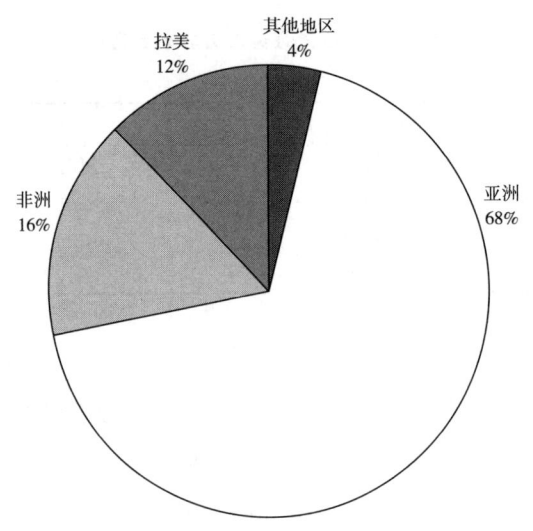

图1　2017年山东省对外劳务地区分布

资料来源：山东省商务厅。

尽管目前山东省的主要劳务市场集中于亚非地区，但山东省已开始开拓欧洲劳务市场，积极向高端知识型、技术型转变。2017年4月，山东省国际承包劳务商会组织省内部分企业前赴欧洲，旨在与欧洲合作，开拓高端劳务市场。商会相继与瑞中企业家协会、丹麦华人总会等机构进行一系列的座谈，主要掌握丹麦、瑞典、芬兰及波兰等国家的中餐业发展情况，了解这些国家对技术工人的需求。具体来看，丹麦对厨师和从事中医、针灸、按摩的技术人员需求较大；瑞典的中餐业发展迅速，对技艺精湛的厨师需求量大；芬兰的中餐业有待继续发展，对厨师提出了一定的要求；波兰除了发展中餐业需要厨师，在基础设施建设领域对技术工人的需求也比较大。山东省在欧洲市场的开拓有利于其"外派欧洲厨师联盟"的业务发展，并且与当地机构建立了稳定的合作关系，有利于山东省对外劳务合作的转型。

（二）福建省

2017年，福建省对外劳务合作发展规模显著。全年派出各类劳务人员6万人次，年末在外劳务人数达7.6万人，同比增长25.8%，外派劳务人员全年实际收入8.9亿美元，同比增长26.3%。对外承包工程企业完成营业额11.3亿美元，同比增长19.1%，新签合同额13.1亿美元，同比增长1.3倍。从洲际分析，福建省的主要市场是非洲和东南亚地区，两地区的对外承包工程企业完成营业额占比超过九成；外派劳务市场排名前三位的是中国澳门、中国香港和新加坡，外派人员占总数的64.6%。对比2016年，共有7个月份的派出人数增加，其中8月份涨幅最大，同比增长205.3%；7月降幅最大，同比下降了47.8%（见图2）。总体来看全年派出人数呈增加趋势，较2016年增加了7542人，同比增长14.45%。

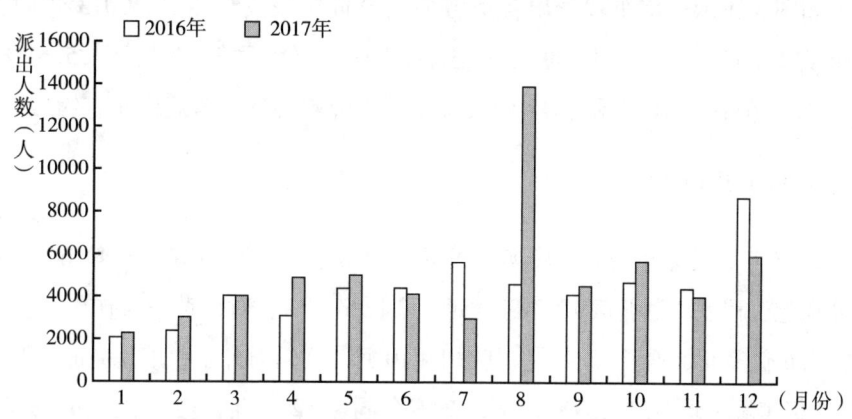

图2 2016年和2017年福建省派出各类劳务人数

资料来源：福建省商务厅。

福建省对外劳务合作的规模持续扩大且市场布局总体稳定，其经营队伍也在不断升级。2017年，福建省实际开展业务的对外承包工程企业有10家，平均完成营业额1.1亿美元，较2016年提升42%，其中完成营业额超过1亿美元的有4家，较2016年增加2家。实际派出劳务人员的对外劳务合作企业有30家，较2016年相比增加3家，其中福建中福对外劳务合作有限公司、泉州中泉国际经济技术合作（集团）有限公司、中国福建国际经济技术合作公司3家省内企业连续多年名列全国外派劳务人数企业前20名。

（三）广东省

作为对外开放的先锋，经济实力雄厚，高新技术产业发展迅速，具有强大的投资吸引力，珠江三角洲地区已成为世界产业转移的首选地区之一，2017年广东人口数量位居全国第一，超过了山东、河南等传统人口大省，在全国占有举足轻重的地位。2017年1~12月，广东省对外承包工程完成营业额181亿美元，同比减少0.35%；劳务项下和工程项下累计派出各类劳务人员44866人，同比减少6.8%；期末在外各类劳务人员85733人，同比增加1.08%；对外劳务合作新签劳务人员合同工资总额7.3亿美元，劳务人员实际收入总额8.7亿美元。

如图3所示，广东省派出各类劳务人员近年来波动明显，2013年同比下降了14.52%，在其后的两年显著回升，分别同比增长了25.61%、13.56%，但在2016年和2017年又出现了下降趋势，派遣规模略有缩减。

（四）北京市

2017年，北京市境外投资实际投资额61亿美元，比2016年下降60.7%；对外承包工程完成营业额40.3亿美元，增长61.4%；对外劳务合作人员实际收入1.6亿美元，增长53.2%。其中1~10月，北京对外承包工程完成营业额18.25亿美元，同比增长18.74%，新签合同额22.77亿美元。从行业来看，对外承包工程集中于交通运输建设、房屋建筑和水利建设领域。从洲际来看，非洲地区新签合同额9.04亿美元，占比49.53%；亚洲新签合同额7.16亿美元，

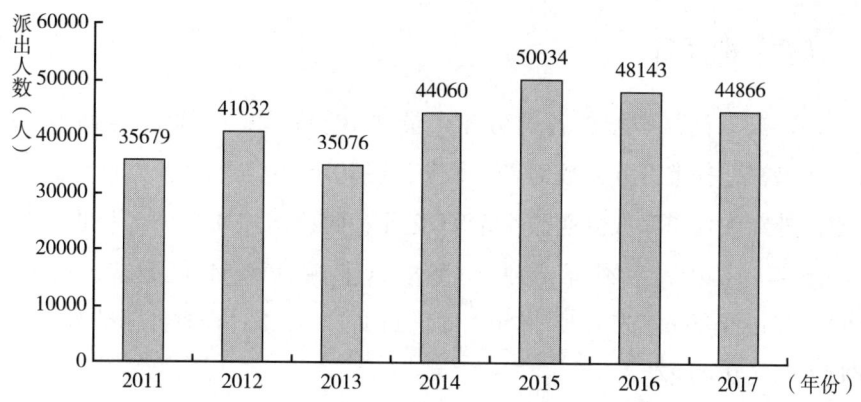

图3 2011~2017年广东省对外劳务派出人数

资料来源：广东省商务厅、广州统计信息网。

占比39.23%，两地共占比88.76%，亚非地区仍是对外劳务的主要市场。对外承包工程发展态势良好，劳务人员收入水平提高，有利于劳务派遣规模的扩大。

（五）河南省

河南省地处中原，是全国的人口大省，2017年其常住人口居全国第三。近年来，河南省经济快速发展，2017年地区生产总值位居全国第五、中西部第一，省会郑州设有期货交易所、国家级航空港经济试验区，又于4月1日正式成立了中国（河南）自由贸易试验区。2017年，河南省派出各类劳务人员57708人，同比下降19.5%，其中直接派出37595人，间接派出20113人，通过本省企业外派人员首次超过外省企业外派人员，全省年末在外人数61622人。对"一带一路"沿线国家进出口965.0亿元，同比增长20.2%。新设来自沿线国家的外商投资企业15家，实际吸收外资11.5亿美元。在"一带一路"沿线国家承包工程完成营业额17.3亿美元，同比增长16.1%，占营业额总额的36.3%，投资共7.6亿美元，增长了75.5%，占对外投资总额的43.2%。河南省人口众多，是传统的劳务大省，随着自贸区的设立和外商投资领域的扩大，河南省应紧跟"一带一路"发展，充分发挥劳动力和行业优势，河南省的派遣规模有进一步的提升空间。

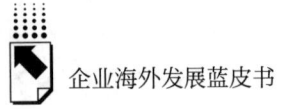

（六）浙江省

2017年，浙江省派出各类劳务人员共16233人，较2016年减少4163人，年末在外各类劳务人数为27873人，较2016年减少6048人。1~12月，全省国外经济合作完成营业额475.95亿元，同比增加0.41%，呈现稳定增长的态势。其中，对外承包工程完成营业额466.54亿元，同比增加0.82%；新签合同额331.15亿元，同比减少12.43%；全省外派劳务人员实际收入总额9.47亿元。

2017年浙江省对外劳务继续保持如下特点。一是工程市场继续由大企业主导，包括浙江建设投资集团、中水舟山渔业、中国电建华东院等企业。二是主要市场仍为亚非国家，"一带一路"沿线依旧是发展重点。2017年，浙江省在"一带一路"沿线国家投资总额达到191.9亿美元，经审批核准或备案的境外企业和机构共计9188家。三是工程项目行业结构进一步优化。传统房屋建筑行业比例略有下滑，电力工程、交通运输建设、水利建设等高端行业占比提升。四是外派劳务人数有所减少，派出各类劳务人员同比减少了20.41%。

三 2017年中国企业对外承包劳务趋势分析

2017年，我国劳务合作派出各类劳务人员共52.2万人，较2016年同期增加2.8万人，同比增长5.6%；年末在外各类劳务人员达到97.9万人，较2016年同期增加1万人（见图4）。由于我国的发展步入新常态，经济结构正处于转型当中，受各类因素影响，派遣人数在2015年出现了下降趋势，但在2017年实现了小幅回升，说明对外劳务合作得到了及时的调整，基本进入了稳定状态。

当前，我国的对外劳务合作具有以下特征。

一是亚洲、非洲仍旧是对外劳务的主要市场，欧美、大洋洲等地区的发展规模非常有限。由于大部分派遣人员学历、资历水平不高，长期以来这一局面将很难扭转，但部分省份已开始注重向欧美地区扩展，积极与欧美地区进行交流访问。

二是对外劳务集中于建筑业、制造业和交通运输业等传统的劳动密集型产业，比例高达73.3%，而对于知识型、技术型的行业发展有限，这也是对外劳务的主要市场是亚非地区的一个因素。

三是派遣人员主要来自劳务大省，各省份之间差距较大。第一名山东省派遣人员达到7.2万人，第二名福建省约6万人，第三名广东省约4.5万人，三个省份的派遣人数占全部人数的1/3。除此之外，派遣人数在2万以上的还有四个省份，人数为1万~2万的有六个省份，其余省份均小于1万人，各省份之间差异较大。

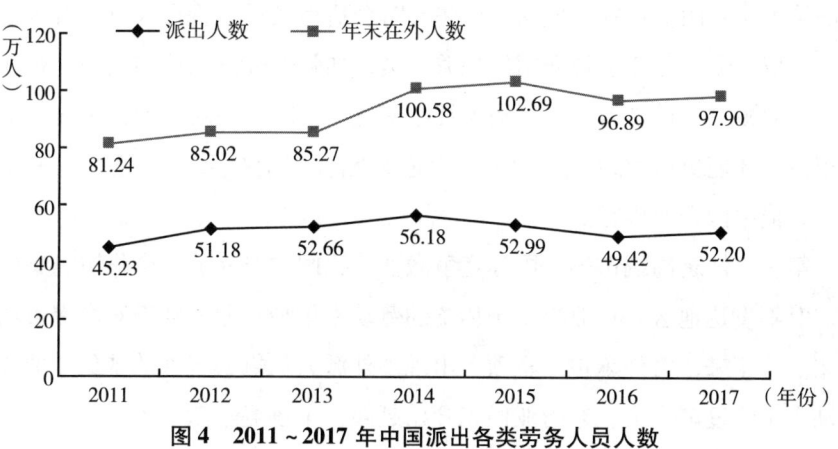

图4　2011~2017年中国派出各类劳务人员人数

四　总结与展望

总的来看，我国对外劳务合作曾出现稳中略升的趋势，但已经趋于平稳，预计在未来几年，对外劳务合作依然维持这种平稳趋势。从区域分布来看，对外劳务合作的来源依然是山东、福建和广东等传统大省。另外，对外劳务合作过程中，仍然有不少问题亟待解决。

第一，派遣劳工的合法权益不能得到有效保护。海外劳工权益缺乏保护是目前的一个突出问题，许多海外劳工遭遇过拖欠工资、违反合约克扣工资、生活环境恶劣、不发工作签证等情况。2016年11月，80多名工人与安徽某公司签署合同，前赴迪拜从事建筑工作，公司收取费用后迟迟不发签证并且克扣工资，后由于手续不合格被停工清场，导致42名工人被困迪拜沙迦劳工营45天，引起了广泛关注。

对于此类现象，有关部门应健全相关法律法规，形成完整的法律系统，通过法律机制保护劳工的合法权益，不能将劳务纠纷全盘托付给外交部门和商务部门。此外，相关部门还要加强对境内涉外中介机构和涉外派遣的规制，规范外派劳务市场。

第二，管理模式封闭。大部分企业为减少与当地社会的摩擦，对外派劳工的管理是封闭僵化的，但这种做法有时会适得其反。管理人员应着重把当地的风俗习惯、法律法规介绍给外派人员，加强对外派人员的培训，采取较为开放的模式，使其深入了解当地社会文化。同时加强对外派人员言行举止的规范，才能更有效地减少冲突，促进其融合当地社会，以免引起不良影响，有损中国企业声誉。

第三，缺乏高端市场，国际竞争激烈。我国的对外劳务合作市场集中于亚非等不发达地区，行业集中于传统的劳动密集型产业，缺乏对高端市场的开拓。近年来，对外承包工程项下出现了外派人员供大于求的现象，低成本劳动力优势逐渐丧失，东南亚国家开始赶超，市场竞争激烈。

一直以来，中国外派劳务人员以技术娴熟、工资低廉、吃苦耐劳、便于管理等特征著称，形成了明显的劳动力优势，一方面要继续保持这种优势，另一方面要加强对劳工的语言培训，补上语言"短板"。对于劳务转型，我国应充分利用多边和双边经贸合作关系，依托"一带一路"的发展战略，积极开拓欧美市场，鼓励国内科技创新企业走出国门；招募更多的知识型、技术型的科技人员和服务人员，对参加派遣的劳务人员进行专门培训，逐步改变以农民工、普通工人为主的派遣格局；从人力资源结构调整入手，根本上改变对外劳务合作的地区市场、行业分布和层次结构，积极推动中国对外劳务合作转型升级，实现对外劳务与经济发展同步转型。

参考文献

［1］文月：《2017年中国对外劳务合作发展评述》，《国家工程与劳务》2018年第3期。
［2］卢朋：《中国对外劳务合作的发展特征、挑战与政策应对》，《劳动经济研究》2017年第2期。
［3］孙国平：《我国海外劳工法律保护之检视》，《时代法学》2013年第2期。
［4］常凯：《论海外派遣劳动者保护立法》，《中国劳动关系学院学报》2011年第1期。
［5］张哲：《2009年度中国人海外安全报告》，《南方周末》2010年1月28日（B11）。
［6］段志成、杨秋波：《对外承包工程外派劳务：现状、问题与对策》，《国际经济合作》2012年第6期。
［7］孙峰：《高职院校建立外派劳务培训体系的研究》，《高教探索》2016年第11期。
［8］匡乃晓：《对外经济合作发展现状及策略》，《中国市场》2016年第24期。
［9］吴莉莉：《论我国对外劳务合作中存在的发展问题及转型之路》，《商》2016年第2期。
［10］刘权：《中国对外劳务合作的问题分析与对策》，《湖北科技学院学报》2014年第10期。
［11］李琳玲：《浅谈涉外劳务派遣纠纷及其解决》，《知识经济》2014年第4期。

B.6
2017年中国企业对外承包工程分省（市）排行榜及其评析

黄满盈*

摘　要： 对外承包工程作为我国"一带一路"倡议实施的重要支柱，对国内设备、技术和劳务出口的综合带动作用明显，同时有利于推动转变外贸发展方式，促进开放型经济发展。本报告基于分省（市）的视角，对中国主要省市对外承包工程的发展状况、变化态势等问题进行研究，并在此基础上提出促进中国对外承包工程发展的对策建议。

关键词： 对外承包工程　分省市　开放型经济　外贸发展

一　2017年中国企业对外承包工程分省（市）排行榜总体评价

据商务部的统计，2017年，我国对外承包工程业务完成营业额11382.9亿元，同比增长7.5%（折合1685.9亿美元，同比增长5.8%）；新签合同额17911.2亿元，同比增长10.7%（折合2652.8亿美元，同比增长8.7%）[①]。其中2017年各月份对外承包工程的完成营业额和新签合同额如表1所示。

---

* 黄满盈，首都师范大学管理学院副教授，主要研究方向：服务贸易。
① 数据来源：商务部网站，http：//hzs.mofcom.gov.cn/article/date/201801/20180102699456.shtml。

2017年中国企业对外承包工程分省(市)排行榜及其评析

表1 2017年各月份对外承包工程的完成营业额和新签合同额

时间	完成营业额(亿美元)	同比(%)	新签合同额(亿美元)	同比(%)
2017年12月	341.9	25.7	553.6	7.4
2017年11月	156.9	-10.6	256.2	-4.9
2017年10月	162.6	12.0	161	-9.0
2017年9月	139.5	37.4	186.3	23.7
2017年8月	109.4	-15.3	143	-23.9
2017年7月	102.8	-6.8	114.9	-19.6
2017年6月	168.8	5.7	483.8	99.9
2017年5月	110.4	4.9	135.9	-17.9
2017年4月	101	6.7	188.5	48.1
2017年3月	124.9	8.5	179.2	22.2
2017年2月	85.8	-16.3	130.7	17.6
2017年1月	81.9	-1.7	119.7	-41.4

资料来源:根据商务部网站数据计算整理,http://data.mofcom.gov.cn/tzhz/forengineerstac.shtml。

从分省(市)的角度来看(见表2),2017年对外承包工程完成营业额排名全国第一的是广东省,完成营业额181亿美元;其次是山东省,完成营业额117.6亿美元;排名第三的是上海市,完成营业额99.3亿美元;其后依次是江苏省、浙江省、湖北省、天津市、河南省、北京市、四川省、陕西省、江西省、安徽省、河北省、云南省、重庆市、辽宁省、福建省、贵州省、新疆维吾尔自治区、山西省、广西壮族自治区、新疆生产建设兵团、青海省、甘肃省[①]。

---

① 2017年全国的其他省市包括湖南省、黑龙江省、吉林省、宁夏回族自治区、内蒙古自治区和海南省,没有提供对外承包工程完成营业额的情况,因此没有进入该排名。

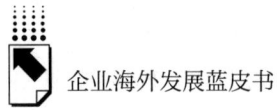

表 2 2017 年中国各省（市）对外承包工程完成营业额及排名

单位：万美元

排名	省市名称	2017年完成营业额	排名	省市名称	2017年完成营业额
1	广东省	1810000	17	辽宁省	161000
2	山东省	1176000	18	福建省	113202
3	上海市	993000	19	贵州省	86132
4	江苏省	952857	20	新疆维吾尔自治区	82607
5	浙江省	714000	21	山西省	71000
6	湖北省	708000	22	广西壮族自治区	68800
7	天津市	500000	23	新疆生产建设兵团	68000
8	河南省	477000	24	青海省	39000
9	北京市	402900	25	甘肃省	23500
10	四川省	393000	26	湖南省	—
11	陕西省	390900	27	黑龙江省	—
12	江西省	379000	28	吉林省	—
13	安徽省	348000	29	宁夏回族自治区	—
14	河北省	294000	30	内蒙古自治区	—
15	云南省	170300	31	海南省	—
16	重庆市	170100			

资料来源：根据各省商务厅、统计局及《国民经济和社会发展统计公报》的数据整理。

从分省（市）的角度来看（见表3），2017年对外承包工程新签合同额排名全国第一的是广东省①；其次是湖北省，新签合同额148.7亿美元；排名第三的是山东省，新签合同额129.6亿美元；其后依次是上海市、江苏省、北京市、四川省、河北省、安徽省、浙江省、天津市、河南省、江西省、陕西省、重庆市、辽宁省、云南省、福建省、山西省、广西壮族自治区、甘肃省②。

---

① 2017年广东省虽然没有提供对外承包工程新签合同额的具体数值，但根据湖北省商务厅的报道，2017年广东省对外承包工程的新签合同额居全国第1名，网址：http://www.hbdofcom.gov.cn/swdt/swjb/52810.htm。

② 2017年全国的其他省市包括贵州省、新疆维吾尔自治区、新疆生产建设兵团、青海省、湖南省、黑龙江省、吉林省、宁夏回族自治区、内蒙古自治区和海南省，没有提供对外承包工程新签合同额的情况，因此没有进入该排名。

表3 2017年中国各省(市)对外承包工程新签合同额及排名

单位：万美元

排名	省份名称	2017年新签合同额	排名	省份名称	2017年新签合同额
1	广东省	—	17	云南省	136300
2	湖北省	1487000	18	福建省	131113
3	山东省	1296000	19	山西省	105000
4	上海市	1085000	20	广西壮族自治区	93700
5	江苏省	1082087	21	甘肃省	19500
6	北京市	906000	22	贵州省	—
7	四川省	792000	23	新疆维吾尔自治区	—
8	河北省	585000	24	新疆生产建设兵团	—
9	安徽省	525000	25	青海省	—
10	浙江省	506800	26	湖南省	—
11	天津市	450000	27	黑龙江省	—
12	河南省	375000	28	吉林省	—
13	江西省	372000	29	宁夏回族自治区	—
14	陕西省	370700	30	内蒙古自治区	—
15	重庆市	211200	31	海南省	—
16	辽宁省	171000			

资料来源：根据各省市商务厅、统计局及《国民经济和社会发展统计公报》的数据整理。

二 2017年中国企业对外承包工程主要省(市)分析

(一)山东省

近几年，山东省对外承包工程情况如图1所示。从2011年开始，山东省对外承包工程完成营业额一直位居全国第2名，2017年完成营业额117.6亿美元，新签合同额129.6亿美元，同比分别增长7.6%和2.3%，二者均创历史新高。对外承包工程企业的实力不断增强，2017年共有65家中国内地企业入选《美国工程新闻》（ENR）全球最大国际承包商250强。按省份来看，北京地区最多，共有27家，其次就是山东省有7家，分别是青建集团股份公司、烟建集团有限公司、山东德建集团有限公司、山东淄博集团有限公司、中国山东对外经济技术合作集团、中石化胜利石油工程有限公司、烟台国际经济技术合作集团有限公司。

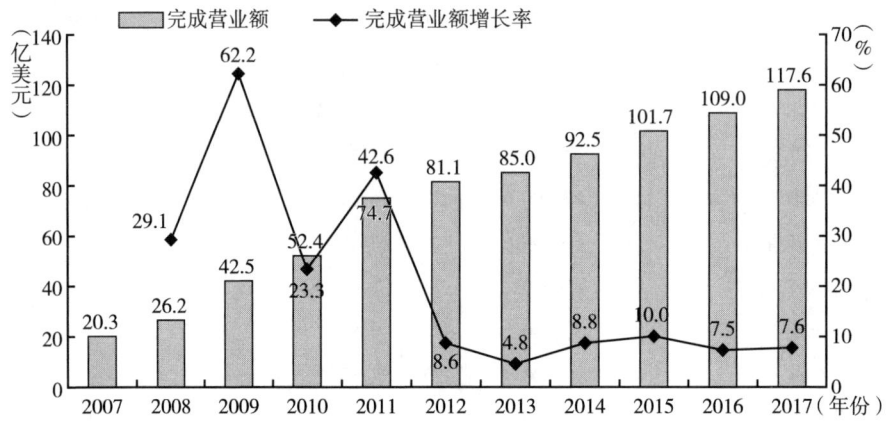

图1 山东省对外承包工程情况

资料来源：根据商务部对外承包工程统计相关数据计算。

下面，以青岛市为例分析山东省对外承包工程业务的特点。2017年青岛市对外承包工程业务新承揽项目120个，新签合同额44.05亿美元，同比增长18.3%，占全省的34%；完成营业额38.22亿美元，同比增长4.9%，占全省的32.5%，保持全省第一，在全国15个副省级城市列第二位。2017年，青岛市对外承包工程业务的发展具有如下特点①。一是对"一带一路"沿线国家承包工程业务增长迅速。2017年，青岛市对外承包工程企业在"一带一路"沿线国家新签对外承包工程项目64个，合同额36.8亿美元，

---

① 本部分数据资料主要来自青岛市商务局网站：《2017年我市对外承包工程业务迈上新台阶》，http://www.qdbofcom.gov.cn/n32207979/n32207980/180126155431694850.html。

占全市新签合同额的83.5%；完成营业额30.3亿美元，增长8.2%，占全市完成营业额的79.3%。在建项目分布在24个"一带一路"沿线国家，其中在阿曼、约旦、印度尼西亚、哈萨克斯坦的业务增长明显。二是对外承包工程业务领域分布更加广泛。2017年，全市对外承包工程业务涵盖《对外承包工程业务统计制度》11大项目分类中的9类，房屋建筑、电力工程、石油化工、工业建设、制造加工设施建设、交通运输建设项目完成营业额均超过亿美元，其中电力工程、房屋建筑及石油化工建设是青岛企业在海外承包工程的主要业务领域。三是对外承包工程新签大项目增势强劲。2017年，全市对外承包工程新签过千万美元项目50个，比2016年同期增加36个，新签合同额为40.6亿美元，同比增长57.5%，占全市对外承包工程新签合同总额的92.2%。四是青岛国际工程发展联盟的成立为建筑企业"走出去"搭建良好的沟通平台。在联盟推动下，多家企业结合自身优势业务展开合作，比如，青建集团与青岛博海、青岛一建签署全面战略合作框架协议，在境内外项目共享资源；青岛市建筑设计院联合青岛市勘察测绘研究院、青岛市市政工程设计研究院共同完成援助塔吉克斯坦丹加拉区学校供水项目设计[①]。

（二）江苏省

近几年江苏省对外承包工程情况如图2所示。江苏省对外承包工程业务在我国一直位居前列，2007年完成营业额34.5亿美元，在全国排第3名；2017年完成营业额95.3亿美元，同比增长了4.6%，在全国排第4名。2017年江苏省对外承包工程业务的发展具有如下特点。一是2017年对外承包工程新签合同规模继续大幅增长。2017年，江苏省对外承包工程新签合同额108.2亿美元，同比增长了48.5%，在全国排第5名。其中苏南地区企业对外承包工程新签合同额为90.9亿美元，占全省总量的84%，增幅达到77.9%。二是南京市在江苏省对外承包工程中占有非常重要的地位，并保持

---

① 《新签合同44亿美元　青岛对外承包工程指标创新高》，青岛新闻网，http://www.qingdaonews.com/content/2018-04/23/content_20125093.htm。

了较快增长（见表4）。2017年南京市对外承包工程完成营业额和新签合同额分别约为40亿美元和61亿美元，占江苏全省的比重分别达41.8%和56.8%，同比分别增长了7%和100.2%。三是对外承包工程龙头企业实力增强。

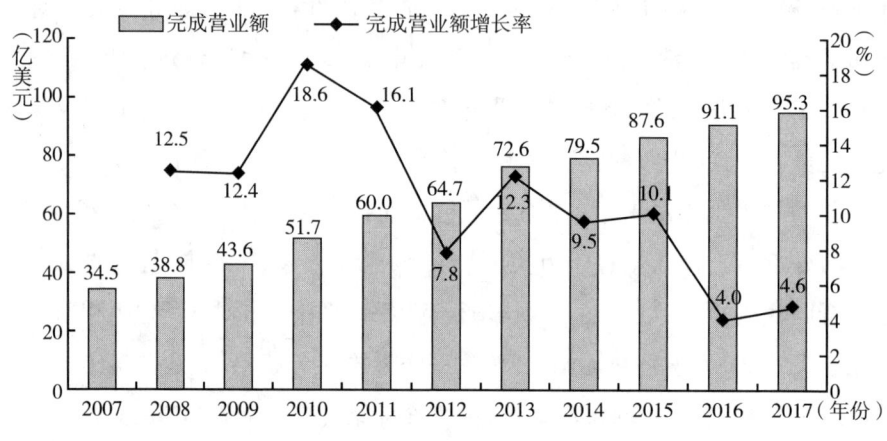

图2 江苏省对外承包工程情况

资料来源：根据商务部对外承包工程统计相关数据计算。

表4 2017年江苏各地（市）对外承包工程情况表

单位：万美元，%

排名	地市名称	新签合同额			排名	地市名称	完成营业额		
		2017年	2016年	同比增幅			2017年	2016年	同比增幅
1	南京市	614939	307163	100.20	1	南京市	398565	372458	7.01
2	苏州市	181091	151083	19.86	2	南通市	152267	172757	-11.86
3	常州市	87020	48777	78.40	3	苏州市	124204	115722	7.33
4	南通市	69206	78301	-11.62	4	扬州市	82635	74368	11.12
5	泰州市	40537	84982	-52.30	5	泰州市	78658	75339	4.41
6	徐州市	34052	9784	248.04	6	常州市	53763	44712	20.24
7	扬州市	24655	32250	-23.55	7	镇江市	33000	32761	0.73
8	镇江市	20505	4018	410.33	8	淮安市	15352	12582	22.02
9	无锡市	5718			9	徐州市	10078	10028	0.50
10	淮安市	4163	12350		10	无锡市	2906	240	1110.83
11	连云港市				11	连云港市	154	59	161.02
12	盐城市				12	盐城市	14	96	-85.42

资料来源：江苏省商务厅。

2017年江苏省有中国江苏国际经济技术合作集团有限公司、江苏南通三建集团股份有限公司、南通建工集团股份有限公司、江苏南通六建设集团有限公司、江苏中南建筑产业集团有限责任公司5家企业入选《美国工程新闻》（ENR）2017年度全球最大国际承包商250强，从省份来看，仅次于北京市的27家和山东省的7家，其中中国江苏国际经济技术合作集团有限公司排榜单的第115名。

（三）湖北省

湖北省近几年对外承包工程情况如图3所示。2017年，湖北省对外承包工程新签合同额148.7亿美元，同比增长17.7%，与全国平均水平相比高出9个百分点，绝对额仅次于广东省，居全国第2位、中部第1位；完成营业额70.8亿美元，同比增长38.4%，与全国平均水平相比高出32.6个百分点，居全国第6位、中部第1位（见图3）。新签合同额和完成营业额较2016年同期全国排名均提升1位。2017年湖北省对外承包工程业务的发展具有如下特点[①]。一是在"一带一路"沿线国家的业务增长迅速。2017年湖北省企业在"一带一路"沿线的33个国家新签合同额84.4亿美元，占全省总额的57%，同比增长12.8%；完成营业额49.2亿美元，占全省总额的69.5%，同比增长45.6%，主要分布在巴基斯坦、马来西亚、俄罗斯、科威特、越南、印度尼西亚等国。以襄阳市为例，2017年其对外承包工程的近七成项目分布在"一带一路"沿线国家，对"一带一路"沿线国家完成营业额0.6亿美元，占完成营业总额的74.6%[②]。二是大项目承揽能力显著提升。2017年湖北省新签合同额5000万美元以上项目38个，较上年度增加5个，合同总额136.1亿美元，同比增长18.5%，占新签合同总额的92%。其中新签合同额10亿美元以上的项目有3个，较2016年增加1个，分别是俄罗斯阿穆尔天然气加工厂项目P1标段（14.5亿美元）、巴基斯坦

---

① 《2017年我省对外承包工程业务创历史新高》，湖北省商务厅网站，http：//www.hbdofcom.gov.cn/swdt/swjb/52810.htm。

② 《2017年襄阳市外经合作助力"一带一路"》，湖北省统计局网站，http：//www.stats-hb.gov.cn/tjbs/fztjbs/117594.htm。

DASU 水电站大坝标（11 亿美元）、巴基斯坦阿扎德帕坦水电站项目（10.9 亿美元）。三是优势行业主导地位稳固。2017 年湖北省对外承包工程业务主要分布在电力、交通、房建、通信、石油化工等领域，涉及五大行业领域的项目共 404 个，新签合同额 136.6 亿美元，占全省总规模的 92%，同比增长 68%；完成营业额 63.1 亿美元，占全省总规模的 89%，同比增长 60%。其中，电力工程项目新签合同额 65.8 亿美元，完成营业额 27.1 亿美元，分别占全省总规模的 45% 和 38%，遥遥领先于其他行业领域，湖北企业在电力工程领域继续保持较强的国际竞争优势。四是业务转型升级和模式创新取得积极进展。湖北省商务厅积极引导和推动企业探索 BOT、BOOT 等方式参与大型国际项目合作，比如，巴基斯坦 SK 水电项目以 BOOT 模式开发建设，总投资 19.62 亿美元，2016 年葛洲坝增资收购 SK 项目公司 78% 的股份，最终以 98% 股份绝对控股投资该项目，实现"投建营一体化"模式正式落地。再比如，中交二航局承接的中马友谊大桥项目采用 EPC 总承包模式，该项目是世界第一座建立在珊瑚礁上的跨海大桥项目，被马方称为"世纪工程"；葛洲坝－中国水电－中地海外联营体中标尼日利亚蒙贝拉大坝及水利站项目，创新性采用 EPC＋F 模式，总投资 57.9 亿美元，再次刷新中资企业在海外承建最大规模水电站的签约纪录。

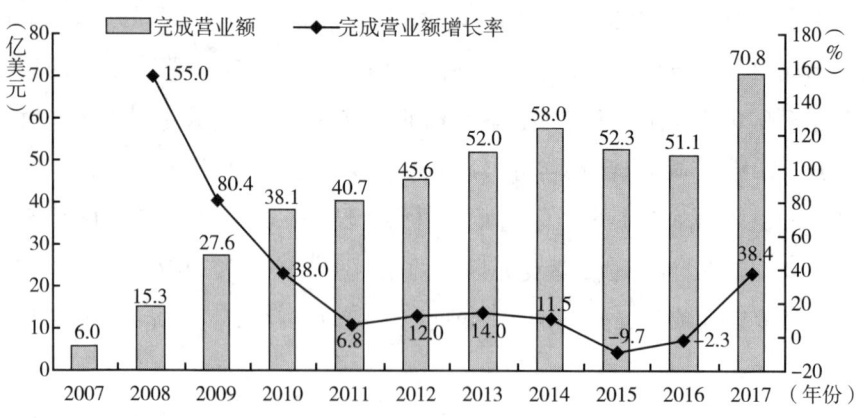

图 3　湖北省对外承包工程情况

资料来源：根据商务部对外承包工程统计相关数据计算。

（四）河北省

河北省近几年对外承包工程情况如图4所示。河北省对外承包工程业务在我国一直位居前列，2007年完成营业额12.4亿美元，在全国排第6名；2017年完成营业额29.4亿美元，在全国排第9名，新签合同额58.5亿美元，在全国排第8名。2017年河北省对外承包工程业务的发展具有如下特点[①]。一是"一带一路"沿线市场业务快速增长，2017年，河北省在"一带一路"沿线25个国家实施对外承包工程业务，新签合同91份，合同额达47.4亿美元，同比增长40%，占全省新签合同额总量的81%。二是对外承包工程业务覆盖广泛，行业板块优势突出，对外承包工程涉及石油化工、电力、水利、交通设施、工业建设、一般建筑等多个领域。其中，石油化工、一般建筑和工业建设类项目是河北省对外承包工程的优势业务，2017年，三大板块新签合同额合计53.9亿美元，比2016年增长40%，占全省总量的92%；完成营业额合计27.9亿美元，比2016年增长26%，占全省总量的95%。

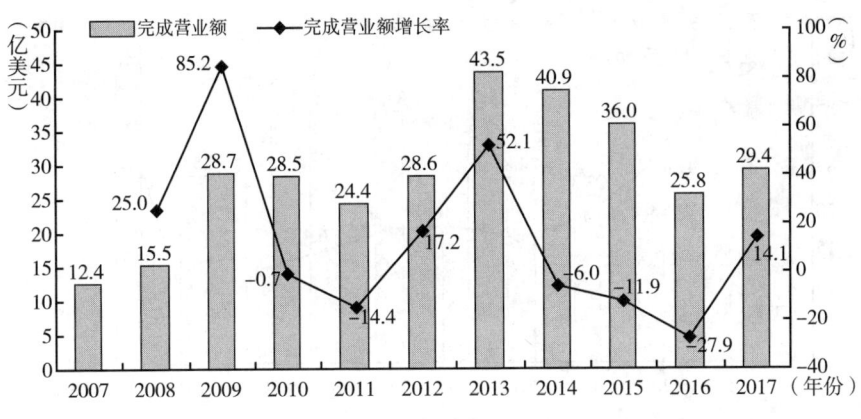

图4 河北省对外承包工程情况

资料来源：根据商务部对外承包工程统计相关数据计算。

---

① 《2017年河北省对外承包工程快速增长》，商务部驻天津特派员办事处网站，http://tjtb.mofcom.gov.cn/article/y/af/201802/20180202714778.shtml。

（五）北京市

北京市近几年对外承包工程情况如图 5 所示。北京市对外承包工程完成营业额在全国的排名比较稳定，2007～2017 年，在全国的排名均在第 10 位前后。2007 年以来，北京市对外承包工程完成营业额虽然不断增加，但增速呈不断下降的趋势，2016 年比 2015 年下降了 29.6%，2017 年出现了大幅反弹。2017 年北京市对外承包工程完成营业额 40.3 亿美元，同比增长 61.2%；新签合同额 90.6 亿美元，同比增长 76.2%。2017 年北京市对外承包工程业务的发展具有如下特点①。一是亚、非地区仍是北京对外承包工程业务的主战场，亚洲第一次超过非洲地区。2017 年，亚、非地区完成对外承包工程营业额 35.48 亿美元，占比 88.06%。其中，亚洲地区完成营业额 20.05 亿美元，同比增长 128.62%，占总额的 50.5%；非洲地区完成营业额 15.42 亿美元，同比增长 8.29%，占总额的 38.27%。二是行业分布广、发展快。北京对外承包工程项目主要集中在交通运输建设、房屋建筑、水利建

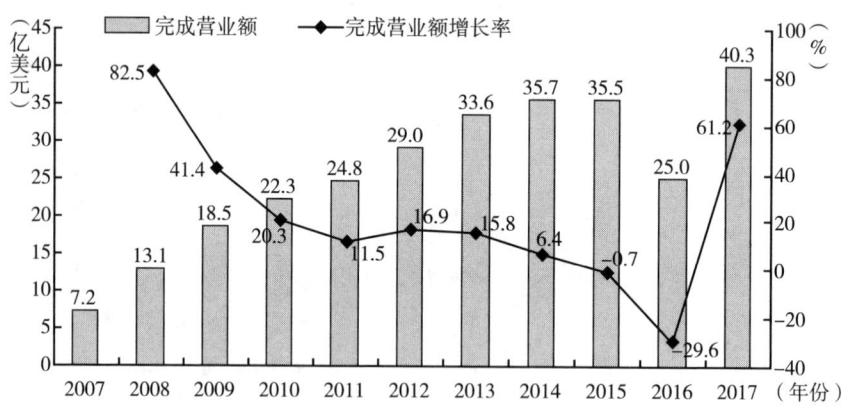

图 5　北京市对外承包工程情况

资料来源：根据商务部对外承包工程统计相关数据计算。

---

① 《2017 年北京对外承包工程业务回稳向好》，商务部驻天津特派员办事处网站，http://tjtb.mofcom.gov.cn/article/y/af/201801/20180102702430.shtml。

设领域，2017年度《美国工程新闻》（ENR）250强中中地海外集团有限公司在污水处理领域榜单荣登第10位。三是新签合同大项目增多。2017年新签项目合同额在1000万美元以上的项目有62个，合计57.27亿美元，其中5000万美元以上的项目有28个。

（六）江西省

江西省近几年对外承包工程情况如图6所示。自2007年以来，江西省对外承包工程完成营业额连年增长，2017年完成对外承包营业额37.9亿美元，增长8.5%；新签合同额37.2亿美元，增长102%。2017年江西省对外承包工程业务的发展具有如下特点[①]。一是在"一带一路"沿线国家承包工程业务发展后劲不断增强。2017年江西省企业在"一带一路"沿线21个国家完成对外承包工程营业额8.31亿美元，占全省对外承包工程总额的22%；新签合同额5.96亿美元，增长了243%。随着"一带一路"倡议的深入推进，2017年江西省企业市场开拓力度进一步加大，远赴中东欧的波黑、格鲁吉亚，东南亚的马来西亚、泰国、柬埔寨、老挝、印度尼西亚、文莱等国家开展了业务考察和对接，积极把握机遇，布局沿线国家。二是大项目承揽能力显著提升。2017年3月，江西中煤建设集团有限公司中标巴基斯坦巴沙水电站进场公路项目和达苏水电站村庄移民两个项目，中标金额近8000万美元，成为江西参与中巴经济走廊建设金额最大的基础设施建设合作项目；2017年5月，江西久盛国际电力工程有限公司签订的印尼东加三期燃煤电厂扩建工程项目，合同金额达3.3亿美元，是江西企业在21世纪海上丝绸之路沿线国家承建的最大工程项目；江联国际工程有限公司签订的印尼金光集团电站总承包项目，是江西企业在海外承接的容量最大的电站总承包项目；2017年6月，江西国际经济技术合作公司拿下12.45亿美元的赞比亚卢恩公路建设总承包项目；11月，江西建工集团

[①]《深耕"一带一路"沿线国家 江西对外承包工程总量跃居全国第七》，江西省人民政府网站，http://www.jiangxi.gov.cn/xzx/jxyw/zwxx/201801/t20180109_1421767.html。

又在"一带一路"沿线重要国家孟加拉国,与马来西亚企业合作成功签下总额12.3亿美元住房建设项目,并且全部由江西建工总承包施工。三是走出去的企业实力不断增强。江西国际、江西中煤、中鼎国际等三家对外承包工程企业连续多年入围ENR全球最大国际承包商250强。2017年,江西国际和江西中煤更是冲入全球百强,"江西建设"品牌在国际承包工程领域已具有相当的影响力。

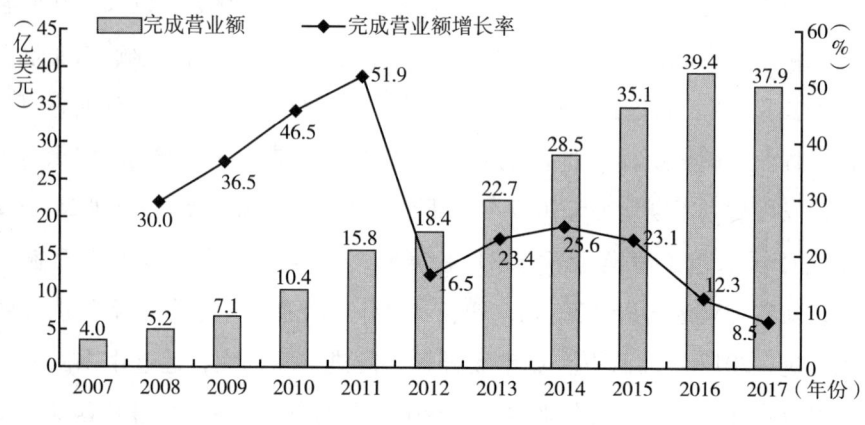

图6 江西省对外承包工程情况

资料来源:根据商务部对外承包工程统计相关数据计算。

三 2015~2017年中国各省(市)企业对外承包工程变化态势评析

(一)2015~2017年中国各省(市)企业对外承包工程变化率排行榜

1. 2015~2016年各省(市)企业对外承包工程变化率排行榜

2016年,我国对外承包工程业务完成营业额1594.2亿美元,同比增长3.5%;新签合同额2440.1亿美元,同比增长16.2%。根据各省区市商务厅和统计局的数据(见表5),2015~2016年,对外承包工程完成营业额增长速度最快的是青海省，营业额从2015年的12510万美元增长到2016年的30900万美元，增长了147%；其次是重庆市，增长了112.5%；排名第三位的是天津市，增长了32.1%；增长速度高于全国增长速度的省市还有新疆维吾尔自治区、浙江省、安徽省、江西省、新疆生产建设兵团、陕西省、甘肃省、山东省、江苏省等；降幅最大的是辽宁省，2015年完成营业额243819万美元，2016年下降到156000万美元，同比下降了36%；其他出现负增长的省区市还有北京市、河北省、四川省、上海市、广西壮族自治区、广东省、山西省、湖北省等。

2. 2016~2017年各省（市）企业对外承包工程变化率排行榜

2017年，我国对外承包工程业务完成营业额1685.9亿美元，同比增长5.8%；新签合同额2652.8亿美元，同比增长8.7%。根据各省市商务厅和统计局的数据（见表5），从2016~2017年，对外承包工程完成营业额增长速度最快的是北京市，营业额从2016年的25亿美元增长到2017年的40.29亿美元，增长了61.2%；其次是陕西省，增长了60.9%；排名第三位的是上海市，增长了49.2%；其后依次是湖北省、重庆市、贵州省、青海省、福建省、河北省、安徽省、江西省、山东省、浙江省，共有13个省市超过全国的增长速度。降幅最大的是云南省，2017年完成营业额17亿美元，同比下降了33.9%，其他出现负增长的省区市还有新疆维吾尔自治区、天津市、广西壮族自治区、甘肃省、四川省、河南省和广东省，其他还包括新疆生产建设兵团、辽宁省、山西省和江苏省等，共有12个省市的增长速度低于全国的增长速度。

（二）2015~2017年中国各省（市）企业对外承包工程变化率情况

表6显示了2015~2017年中国各省（市）企业对外承包工程的变化率情况。2017年增长速度与2016年增长速度相比出现上升的省（市）有13个，增长速度变化最大的是北京市，其增长速度由2016年的-29.7%上升到2017年的61.2%，其他增长速度上升的省（市）还有上海市、陕西省、

表5　2015～2017年各省（市）企业对外承包工程变化率排行榜

单位：%

省(市)名称	2015～2016年变化率	排名	省(市)名称	2016～2017年变化率	排名
青海省	147.0	1	北京市	61.2	1
重庆市	112.5	2	陕西省	60.9	2
天津市	32.1	3	上海市	49.2	3
新疆维吾尔自治区	21.9	4	湖北省	38.4	4
浙江省	15.3	5	重庆市	27.4	5
安徽省	14.9	6	贵州省	26.5	6
江西省	12.3	7	青海省	26.1	7
新疆生产建设兵团	11.0	8	福建省	19.1	8
陕西省	10.2	9	河北省	14.1	9
甘肃省	8.0	10	安徽省	12.5	10
山东省	7.5	11	江西省	8.5	11
江苏省	4.0	12	山东省	7.6	12
福建省	2.5	13	浙江省	7.0	13
贵州省	0.1	14	江苏省	4.6	14
湖北省	-2.3	15	山西省	3.8	15
山西省	-7.0	16	辽宁省	3.2	16
广东省	-8.6	17	新疆生产建设兵团	1.6	17
广西壮族自治区	-9.8	18	广东省	-0.4	18
上海市	-10.7	19	河南省	-9.4	19
四川省	-18.1	20	四川省	-12.1	20
河北省	-27.9	21	甘肃省	-12.7	21
北京市	-29.7	22	广西壮族自治区	-18.8	22
辽宁省	-36.0	23	天津市	-20.5	23
湖南省	—	—	新疆维吾尔自治区	-33.3	24
河南省	—	—	云南省	-33.9	25
黑龙江省	—	—	湖南省	—	—
云南省	—	—	黑龙江省	—	—
吉林省	—	—	吉林省	—	—
宁夏回族自治区	—	—	宁夏回族自治区	—	—
内蒙古自治区	—	—	内蒙古自治区	—	—
海南省	—	—	海南省	—	—

资料来源：根据各省市商务厅、统计局及《国民经济和社会发展统计公报》的数据整理。

河北省、湖北省、辽宁省、贵州省、福建省、山西省、广东省、四川省、江苏省、山东省等。2017年我国有10个省（市）对外承包工程完成营业额的增长速度与2016年的增长速度相比出现了不同程度的下降，降幅最大的是青海省，其增长速度由2016年的147%下降到2017年的26.1%，其他增速下降的省（市）还有重庆市、新疆维吾尔自治区、天津市、甘肃省、新疆生产建设兵团、广西壮族自治区、浙江省、江西省、安徽省等。

表6 2015~2017年各省市对外承包工程变化率情况

单位：%

省（市）名称	2015~2016年变化率	2016~2017年变化率	变化率上升/下降
北京市	-29.7	61.2	↑
上海市	-10.7	49.2	↑
陕西省	10.2	60.9	↑
河北省	-27.9	14.1	↑
湖北省	-2.3	38.4	↑
辽宁省	-36.0	3.2	↑
贵州省	0.1	26.5	↑
福建省	2.5	19.1	↑
山西省	-7.0	3.8	↑
广东省	-8.6	-0.4	↑
四川省	-18.1	-12.1	↑
江苏省	4.0	4.6	↑
山东省	7.5	7.6	↑
安徽省	14.9	12.5	↓
江西省	12.3	8.5	↓
浙江省	15.3	7.0	↓
广西壮族自治区	-9.8	-18.8	↓
新疆生产建设兵团	11.0	1.6	↓
甘肃省	8.0	-12.7	↓
天津市	32.1	-20.5	↓
新疆维吾尔自治区	21.9	-33.3	↓
重庆市	112.5	27.4	↓
青海省	147.0	26.1	↓
河南省	—	-9.4	—
云南省	—	-33.9	—
湖南省	—	—	—

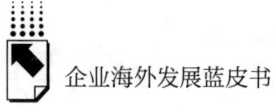

续表

省(市)名称	2015~2016年变化率	2016~2017年变化率	变化率上升/下降
黑龙江省	—	—	—
吉林省	—	—	—
宁夏回族自治区	—	—	—
内蒙古自治区	—	—	—
海南省	—	—	—

资料来源：根据各省市商务厅、统计局及国民经济和社会发展统计公报的数据整理。

四 总结与展望

2017年，在全球经济增长依然缓慢，非洲、拉美等国财政收入减少，贸易保护主义抬头的情况下，我国对外承包工程行业克服各种困难，完成营业额和新签合同额都取得了不错的成绩，完成营业额同比增长5.8%，新签合同额同比增长8.7%。

展望2018年，我国对外承包工程行业仍将面临许多困难和挑战。一是经营合规成为企业持续发展的新要求。对外承包工程企业能否按照国际通行规范和标准、项目所在国要求和合同约定完成项目施工，不仅对于企业自身发展至关重要，而且可能进一步影响到其他中国企业未来国际市场的拓展。二是贸易投资保护主义带来不公平待遇。中国对外承包工程企业中有相当数量的国有企业，因此，一些国家延续"冷战"思维，并以"中国威胁论"为依据，采取针对性的严格管理，增加了企业拓展市场的成本和不确定性。三是恐怖主义活动形式变化带来新风险。对外承包工程施工工期相对较长，相对更为分散和多发的恐怖主义活动将增加对外承包工程企业员工的人身安全风险和安保等管理成本。

面对这些困难和挑战，中国对外承包工程企业应在2018年将自身发展置于国际化的大背景下，一是把握"一带一路"带来的发展机遇，积极拓展重点区域的市场，进一步做细市场布局，提高企业在重点国别的参与度，努力扩大市场份额。二是加快自身观念的转变，培育信用意识，为企业发展积累信用，适应现代经济社会对企业发展方式的新要求。三是中国对外承包企业应学习领先跨国公司经验，以建设跨国公司的理念推动发展，注重自身的产业升级。四是正确认识和把握全球金融市场环境变化态势，在合适的地区市场选择采取恰当方式进行融资，把握不同国家的特点，有效提高自身竞争力。五是企业需要加强自身的社会责任意识，有效改进自身适应外部环境的能力。

参考文献

［1］周密：《2018中国对外承包工程行业展望》，《中国勘察设计》2018年第3期。
［2］中国商务部网站，http：//www.mofcom.gov.cn/。
［3］青岛市商务局网站，http：//www.qdbofcom.gov.cn/。
［4］江苏省商务厅网站，http：//swt.jiangsu.gov.cn/。
［5］湖北省商务厅网站，http：//www.hbdofcom.gov.cn/。
［6］商务部驻天津特派员办事处网站，http：//tjtb.mofcom.gov.cn/。

B.7 2017年中国对外承包工程业务前50名排行榜及其评析

陈薇伶*

摘　要： 通过对2016~2017年中国企业对外承包工程完成营业额50强上榜企业的分析，明确2017年中国对外承包工程业务排行榜变动情况、发展趋势及动态。2017年我国对外承包工程完成额和新签合同额实现双增，虽然增速有所下降，但相较于我国在对外投资、对外劳务等其他多个领域的表现，其仍然保持了绝对的优势。在此基础上，本文从多元化、合规发展等三个方面提出发展建议。

关键词： 对外承包　排行榜　可持续发展

一　2017年我国对外承包工程业务排行榜概况

2017年我国对外承包工程业务完成营业额1685.9亿美元，同比增长5.8%；新签合同额2652.8亿美元，同比增长8.7%。从增速上看，我国对外承包工程增速有所下降，但从营业额看仍表现为持续增长（见图1）。2017年我国非金融类对外投资同比下降29.4%，仅作为我国对外投资主体行业的装备制造行业降幅就达39.3%，而对外承包工程实现了逆势上扬，

---

* 陈薇伶，对外经济贸易大学国际商学院在读博士，防灾科技学院讲师，主要研究方向为企业管理。

仅在"一带一路"沿线国家就签订合同 7217 份,合作国家达到 61 个,新签合同额 1443.2 亿美元,占同期 54.4%,同比增长 14.5%;完成营业额 855.3 亿美元,占同期 50.7%,同比增长 12.6%。由此可以看到,我国对外承包工程在持续发挥竞争优势的同时,依托"一带一路"倡议持续扩大业务规模,不断向多领域、高附加值业务扩张发展。

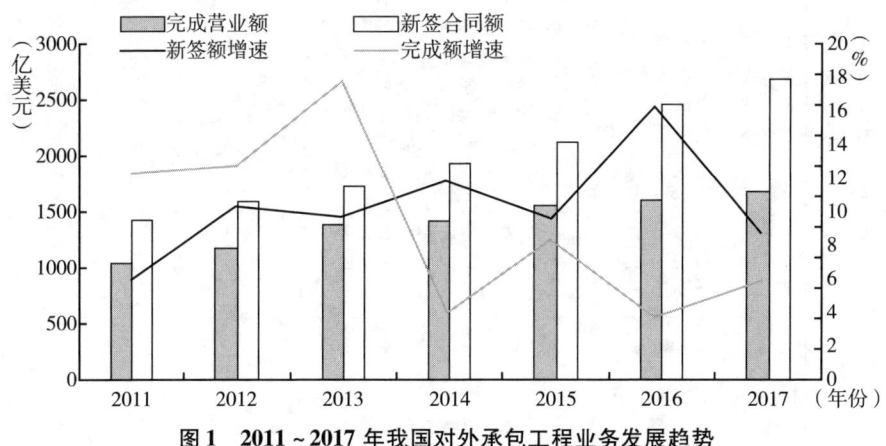

图 1　2011～2017 年我国对外承包工程业务发展趋势

资料来源:作者根据商务部历年数据整理。

(一)2016～2017年中国企业对外承包工程完成营业额50强上榜企业分析

2017 年我国对外承包呈持续发展态势,除加强与"一带一路"沿线国家合作外,亚投行在菲律宾、印度、巴基斯坦等 12 个成员国开展的涉及贫民窟改造、防洪、天然气、电力、公路等 24 个基础设施投资项目为我国对外承包工程放量发展带来更多的机遇。而国务院取消对外承包工程资格制度,以及商务部将对外承包企业获取对外承包工程项管理制度改为"核准制",对我国对外承包发展在法律法规方面给予了更宽松的环境和支持。中国海外基础设施开发投资有限公司作为我国首个海外基础设施"项目孵化平台",也将发展为中国企业开展国际基础设施投资合作的"桥头堡"。中泰铁路的开工、中国交建收购 Aecon (Aecon Group Inc.)等也将从各个领域促进我国对外承包业务的发展。

表 1　2016～2017 年我国对外承包工程业务完成额 50 强企业

单位：万美元

序号	2017 年			序号	2016 年	
	企业名称	完成营业额	位次变动		企业简称	完成营业额
1	华为技术有限公司	1360797	未变	1	华为技术有限公司	1517679
2	中国建筑工程总公司	1217501	未变	2	中国建筑工程总公司	1032086
3	中国水电建设集团国际工程有限公司	562308	↑1 位	3	中国交通建设股份有限公司	704539
4	中国交通建设股份有限公司	534154	↓1 位	4	中国水电建设集团国际工程有限公司	567274
5	中国港湾工程有限责任公司	489923	↑1 位	5	中国路桥工程有限责任公司	398976
6	中国铁建股份有限公司	368460	↑1 位	6	中国港湾工程有限责任公司	395505
7	中国路桥工程有限责任公司	356253	↓2 位	7	中国铁建股份有限公司	277925
8	中国葛洲坝集团股份有限公司	317409	↑1 位	8	中石化炼化工程（集团）股份有限公司	266640
9	中国冶金科工集团有限公司	278750	↑1 位	9	中国葛洲坝集团股份有限公司	263606
10	上海振华重工（集团）股份有限公司	231248	↑1 位	10	中国冶金科工集团有限公司	254723
11	中国土木工程集团有限公司	211634	↑3 位	11	上海振华重工（集团）股份有限公司	220090
12	中国石油工程建设有限公司	210736	↑7 位	12	中信建设有限责任公司	195118
13	中信建设有限责任公司	204323	↓1 位	13	中国天辰工程有限公司	187067
14	中国机械设备工程股份有限公司	188669	↑3 位	14	中国土木工程集团有限公司	171788
15	中铁国际集团有限公司	181892	↑15 位	15	青建集团股份公司	164035
16	青建集团股份公司	168884	↓1 位	16	哈尔滨电气国际工程有限责任公司	149295
17	哈尔滨电气国际工程有限责任公司	158681	↓1 位	17	中国机械设备工程股份有限公司	143867

2017年中国对外承包工程业务前50名排行榜及其评析

续表

	2017年				2016年	
序号	企业名称	完成营业额	位次变动	序号	企业简称	完成营业额
18	中工国际工程股份有限公司	138016	↑5位	18	山东电力基本建设总公司	138552
19	山东电力建设第三工程有限公司	132685	↑1位	19	中国石油工程建设有限公司	130912
20	中国石油管道局工程有限公司	127086	上年未上榜	20	山东电力建设第三工程有限公司	118702
21	中交第一公路工程局有限公司	111699	上年未上榜	21	中国石油集团长城钻探工程有限公司	104950
22	中国电力技术装备有限公司	111611	↑14位	22	中国水利水电第十三工程局有限公司	101656
23	山东电力基本建设总公司	109558	↓5位	23	中工国际工程股份有限公司	100284
24	中交二航务工程局有限公司	105109	上年未上榜	24	中国水利水电第八工程局有限公司	95222
25	中交第四航务工程局有限公司	101764	↑2位	25	中国水利电力对外公司	93534
26	中国水利水电第八工程局有限公司	97813	上年未上榜	26	特变电工股份有限公司	88941
27	惠生工程(中国)有限公司	97386	上年未上榜	27	中国水利水电第十四工程局有限公司	88890
28	中国有色金属建设股份有限公司	96699	↑12位	28	中国石油天然气管道局	87285
29	中国石油集团长城钻探工程有限公司	92667	↓8位	29	中国江西国际经济技术合作公司	83032
30	浙江省建设投资集团股份有限公司	92056	↑3位	30	中铁国际集团有限公司	81329
31	威海国际经济技术合作股份有限公司	92034	未变	31	威海国际经济技术合作股份有限公司	81216
32	国家电网公司	91467	↑2位	32	国家电网公司	81094
33	中国水利电力对外有限公司	90173	上年未上榜	33	浙江省建设投资集团股份有限公司	79963
34	中铁四局集团有限公司	89412	↑38位	34	中国中原对外工程有限公司	79734
35	中国电建市政建设集团有限公司	88572	上年未上榜	35	中国电建集团核电工程有限公司	78994

175

续表

序号	2017年 企业名称	完成营业额	位次变动	序号	2016年 企业简称	完成营业额
36	中国江西国际经济技术合作公司	87858	↓7位	36	中国电力技术装备有限公司	76084
37	中交第三航务工程局有限公司	86039	上年未上榜	37	中地海外集团有限公司	74284
38	中石化炼化工程(集团)股份有限公司	84153	↓30位	38	北方国际合作股份有限公司	74095
39	中石油集团东方地球物理勘探有限责任公司	82401	↑3位	39	江西中煤建设集团有限公司	72117
40	江西中煤建设集团有限公司	80219	↓1位	40	中国有色金属建设股份有限公司	69464
41	上海电气集团股份有限公司	76311	↑29位	41	中材国际工程股份有限公司	66780
42	北方国际合作股份有限公司	75096	↓4位	42	中石油集团东方地球物理勘探(集团)有限公司	64903
43	中国航空技术国际工程有限公司	74095	↑55位	43	安徽省外经建设(集团)有限公司	60140
44	中材国际工程股份有限公司	72900	↓3位	44	中鼎国际工程有限责任公司	60055
45	中国水利水电第十四工程局有限公司	67413	↓18位	45	中兴通讯股份有限公司	58835
46	中兴通讯股份有限公司	66598	↓1位	46	中国建筑第五工程局有限公司	58198
47	中地海外集团有限公司	66168	↓10位	47	中国电力工程有限公司	55758
48	武汉烽火国际技术有限责任公司	65753	上年未上榜	48	中国中铁股份有限公司	55652
49	中国建筑第五工程局有限公司	65136	↓3位	49	新疆生产建设兵团建设工程(集团)有限责任公司	55181
50	中国能源建设集团广东火电工程有限公司	64036	上年未上榜	50	中石化中原石油工程有限公司	53594
2017年对外承包50强完成额总额		10021605		2016年对外承包50强完成额总额		9579643

2017年中国对外承包工程业务前50名排行榜及其评析

表2 2016~2017年连续入选我国对外承包工程业务新签合同额前50强企业

单位：万美元

序号	企业名称	新签合同额	位次变动	序号	企业名称	新签合同额
1	中国建筑工程总公司	2813208	未变	1	中国建筑工程总公司	1682546
2	中国水电建设集团国际工程有限公司	1736897	↑1位	2	华为技术有限公司	1671344
3	华为技术有限公司	1519201	↓1位	3	中国水电建设集团国际工程有限公司	1210099
4	中国交通建设股份有限公司	1519172	↑3位	4	中国冶金科工集团有限公司	1171998
5	中国港湾工程有限责任公司	1200297	↑1位	5	中国葛洲坝集团股份有限公司	1118761
6	中国葛洲坝集团股份有限公司	1178504	↓1位	6	中国港湾工程有限责任公司	1103189
7	中国路桥工程有限责任公司	671382	↑1位	7	中国交通建设股份有限责任公司	942022
8	中国土木工程集团有限公司	651726	↑1位	8	中国路桥工程有限责任公司	799600
9	中国冶金科工集团有限公司	575992	↓5位	9	中国土木工程集团有限公司	705029
10	中国襄球工程建设有限公司	559444	↑12位	10	中国襄球工程有限公司	508939
11	中国铁建股份有限公司	471057	↑2位	11	中国机械设备工程股份有限公司	314350
12	中国国际集团有限公司	455301	↑7位	12	山东电力建设第三工程公司	310365
13	中国机械设备工程股份有限公司	342827	↓2位	13	中国铁建股份有限公司	280621
14	中国石油管道局工程有限公司	279172	上年未上榜	14	中国水电工程顾问集团有限公司	275550
15	中国电力技术装备有限公司	230660	↑12位	15	上海电气集团股份有限公司	263616
16	中工国际工程股份有限公司	230399	↑9位	16	中石化炼化工程（集团）股份有限公司	262984

177

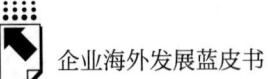

续表

序号	企业名称	新签合同额	位次变动	序号	企业名称	新签合同额
17	中兴通讯股份有限公司	216749	↑9位	17	中铁二局集团有限公司	246988
18	中国石油集团长城钻探工程有限公司	197418	↑2位	18	哈尔滨电气国际工程有限责任公司	235000
19	中国华电科工集团有限公司	187500	上年未上榜	19	中铁国际集团有限公司	206726
20	中国机械进出口(集团)有限公司	187448	↑9位	20	中国石油集团长城钻探工程有限公司	203907
21	上海电气集团股份有限公司	187446	↓6位	21	中国石油天然气管道局	200391
22	上海振华重工(集团)股份有限公司	186533	↑14位	22	中国石油工程建设有限公司	197292
23	中国化学工程第七建设有限公司	183315	↑15位	23	中国石化集团国际石油工程有限公司	189000
24	中交第一公路工程局有限公司	176665	上年未上榜	24	中国水利电力对外公司	182047
25	中国能源建设集团广东火电工程有限公司	171922	↑12位	25	中工国际工程股份有限公司	170549
26	中国航空技术国际工程有限公司	162145	上年未上榜	26	中兴通讯股份有限公司	170383
27	青建集团股份有限公司	161436	↑60位	27	中国电力技术装备有限公司	168148
28	中国江西国际经济技术合作公司	158323	上升4位	28	中信建设有限责任公司	157399
29	安徽省外经建设(集团)有限公司	151384	上升68位	29	中国机械进出口(集团)有限公司	153643
30	中国石油集团渤海钻探工程有限公司	150077	上升25位	30	中国电建集团核电工程有限公司	153152
31	山东电力基本建设总公司	150000	上年未上榜	31	北方国际合作股份有限公司	150239
32	中国中铁股份有限公司东方国际建设分公司	145500	上年未上榜	32	中国江西国际经济技术合作公司	148612
33	山东电力建设第三工程有限公司	143706	↓21位	33	中国中铁股份有限公司	148200

2017年中国对外承包工程业务前50名排行榜及其评析

续表

序号	企业名称	新签合同额	位次变动	序号	企业名称	新签合同额
34	中国电力工程顾问集团华北电力设计院有限公司	139737	上年未上榜	34	新疆正通石油天然气股份有限公司	146782
35	中信建设有限责任公司	138435	↓7位	35	中国重型机械有限公司	128499
36	中地海外集团有限公司	136663	↑3位	36	上海振华重工(集团)股份有限公司	128499
37	成都西油联合石油天然气工程技术有限公司	136000	上年未上榜	37	中国能源建设集团广东火电工程有限公司	125336
38	中建三局第一建设工程有限责任公司	127015	↓29位	38	中国化学工程第七建设有限公司	121549
39	中国葛洲坝国际工程有限公司	124750	↑8位	39	中地海外集团有限公司	119706
40	神州长城国际工程有限公司	121321	上升51位	40	山东电力工程咨询院有限公司	114406
41	江苏永鼎股份有限公司	114120	上升9位	41	成都建筑材料工业设计研究院有限公司	109347
42	惠生工程(中国)有限公司	113377	上升6位	42	北京建工国际建设工程有限责任公司	107426
43	威海国际经济技术合作有限公司	113143	上升21位	43	中国电力工程顾问集团西南电力设计院有限公司	106050
44	江西中煤建设集团有限公司	111203	上年未上榜	44	中钢设备有限公司	105650
45	中国建筑第二工程局有限公司	104627	↓23位	45	中国河南国际合作集团有限公司	105459
46	中国石化集团国际石油工程有限公司	100011	↑14位	46	华山国际工程公司	104196
47	中铁七局集团有限公司	99360	上年未上榜	47	中国电力工程有限公司	103382
48	中国电力工程顾问集团西北电力设计院有限公司	99344	↓25位	48	神州长城国际工程有限公司	102408
49	中国水利电力对外有限公司	97498	↓4位	49	威海国际经济技术合作股份有限公司	101647
50	华山国际工程	95734		50	中国电建集团昆明勘测设计研究院有限公司	101015
	2017年对外承包50强新签合同额总额	19325144			2016年对外承包50强新签合同额总额	17634046

2017年我国对外承包50强工程业务完成额共计10021605万美元，相较2016年虽然提升幅度不大，但总体呈上升趋势。从数据看上榜企业以国有企业为主，50强中有10家新晋榜单企业均为国有企业。虽然华为作为民营企业的代表，其对外承包工程业务近年来一直稳居前列，但相对国有企业来说民营企业集体爆发力不足，总体表现不尽如人意（见表1）。

（二）2016～2017年中国企业对外承包工程新签合同额50强上榜企业分析

2017年我国对外承包工程新签合同额同比增长8.7%，增幅和增速相较对外承包工程完成额领先明显。从数据显示看国际基础设施与建设仍是拉动世界经济增长的重要因素，我国对外承包业务中非洲和亚洲依然是我国主要合作领域。亚洲市场在承包工程领域的巨大潜力，也是我国对外劳务市场的主要合作市场。依托"一带一路"和"中巴经济走廊"建设，我国在基建、能源等领域有大批项目落地，与伊朗、科威特合作的大兴石化项目、火电项目都是我国新签合同额增长的主要原因。

2017年我国对外承包业务50强新签合同总额达19325144万美元，总体呈上升趋势。2017年50强企业与2016～2017年50强名单中的企业变动情况较大，10家新上榜企业也表现不俗。与2017年完成额50强相似，对外承包新签合同额50强企业也以国有大型企业为主，民营企业占比较少（见表2）。

二 2017年对外承包工程业务50强变化分析

2016～2017年对外承包工程业务变动情况较大（见表3）。2016～2017年连续上榜对外承包工程业务完成额和新签合同额50强的企业共有10家，而2015～2016年连续上榜的企业有21家，同比有较大的降幅，这说明2017年我国对外承包工程市场整体环境发生了较大的变化。

2017年中国对外承包工程业务前50名排行榜及其评析

表3 2016~2017年我国连续入围对外承包新签合同额和完成营业额50强企业名单

单位：万美元

企业名称	2017年		位次变动	2016年		2017年		位次变动	2016年	
	序号	完成营业额		序号	完成营业额	序号	新签合同额		序号	新签合同额
华为技术有限公司	1	1360797	未变	1	1517679	3	1519201	↓1位	2	1671344
中国建筑工程总公司	2	1217501	未变	2	1032086	1	2813208	未变	1	1682546
中国水电建设集团国际工程有限公司	3	562308	↑1位	4	567274	2	1736897	↑1位	3	1210099
中国交通建设股份有限公司	4	534154	↓1位	3	704539	4	1519172	↑3位	7	942022
中国港湾工程有限责任公司	5	489923	↑1位	6	395505	5	1200297	↑1位	6	1103189
中国铁建股份有限公司	6	368460	↑1位	7	277925	11	471057	↑2位	13	280621
中国路桥工程有限责任公司	7	356253	↓2位	5	398976	7	671382	↑1位	8	799600
中国葛洲坝集团股份有限公司	8	317409	↑1位	9	263606	6	1178504	↑1位	5	1118761
中国冶金科工集团有限公司	9	278750	↑1位	10	254723	9	575992	↓5位	4	1171998
上海振华重工（集团）股份有限公司	10	231248	↑1位	11	220090	22	186533	↑14位	36	128499

从表3可以看出，在对外承包工程中连续上榜的企业有四家在2016～2017年连续两年排名提升且排名提升幅度不大、一家排名未变。从企业排名的稳定性看，排名持续上升的企业基本与2015～2016年持平，但从分布情况看整体排名更加稳定，说明竞争力较强的企业在变化的市场环境中表现稳定。在新签合同额50强中，我们发现上海振华重工表现较为抢眼，除了维持在对外承包完成额50强中较为稳定的地位，新签合同额排名上升14位，在2016～2017年连续上榜的企业中进步幅度最大。

（一）2016～2017年对外承包完成额50强排行榜变动情况分析

1. 2016～2017年对外承包完成额50强排行榜整体变动情况分析

2016～2017年，连续两年进入我国对外承包工程完成额50强排行榜的企业共计30家（见表4）。

表4 2016～2017年连续两年上榜对外承包工程完成额50强企业

序号	企业名称	序号	企业名称
1	华为技术有限公司	16	中工国际工程股份有限公司
2	中国建筑工程总公司	17	山东电力建设第三工程有限公司
3	中国水电建设集团国际工程有限公司	18	山东电力基本建设总公司
4	中国交通建设股份有限公司	19	中国水利水电第八工程局有限公司
5	中国港湾工程有限责任公司	20	中国石油集团长城钻探工程有限公司
6	中国铁建股份有限公司	21	浙江省建设投资集团股份有限公司
7	中国路桥工程有限责任公司	22	威海国际经济技术合作有限公司
8	中国葛洲坝集团股份有限公司	23	中国中原对外工程公司
9	上海振华重工(集团)股份有限公司	24	中国水利电力对外有限公司
10	中国土木工程集团有限公司	25	中国江西国际经济技术合作公司
11	中信建设有限责任公司	26	中石化炼化工程(集团)股份有限公司
12	中国机械设备工程股份有限公司	27	中国石油集团东方地球物理勘探有限责任公司
13	中铁国际集团有限公司	28	北方国际合作股份有限公司
14	青建集团股份公司	29	中国水利水电第十四工程局有限公司
15	哈尔滨电气国际工程有限责任公司	30	中地海外集团有限公司

从表4可以看到，连续两年上榜50强完成额的企业有30家，占60%，说明企业整体表现较为稳定，上榜企业以大型国有企业为主。华为作为民营

企业代表虽然独占鳌头但并没有带动其他民营企业的共同发展,民营企业在对外承包工程整体上发展优势不足。

2. 2016~2017年对外承包完成额50强排行榜详细变动情况分析

2016~2017年,连续两年进入我国对外承包工程完成额50强排行榜的企业中表现稳定、经营具有一定持续性的企业共计12家(见表5)。

表5 2016~2017年连续两年上榜且表现稳定企业

企业名称	2017年	2016年
华为技术有限公司	未变	未变
中国建筑工程总公司	未变	未变
上海振华重工(集团)股份有限公司	↑1位	↑5位
青建集团股份公司	↓1位	↓2位
山东电力建设第三工程有限公司	↑1位	↑4位
中国水利水电第八工程局有限公司	↓1位	↓5位
中国石油集团长城钻探工程有限公司	↓8位	↓7位
浙江省建设投资集团股份有限公司	↑3位	↑15位
中国中原对外工程公司	↑2位	↑8位
中国水利电力对外有限公司	↓8位	↓14位
中国水利水电第十四工程局有限公司	↓18位	↓12位
中地海外集团有限公司	↓10位	↓4位

从表5企业名单可以看出,上榜的30家企业表现较为稳定的企业有12家,其中华为技术有限公司、中国建筑工程总公司表现最为稳定,并且一直位于排行榜前列;连续两年持续下降的企业有青建集团股份公司、中国水利水电第八工程局有限公司、中国石油集团长城钻探工程有限公司、中国水利电力对外有限公司、中国水利水电第十四工程局有限公司、中地海外集团有限公司六家公司,而中国水利水电第十四工程局有限公司下降最为明显,连续两年下降了30位;连续两年上升的企业有上海振华重工(集团)股份有限公司、山东电力建设第三工程有限公司、浙江省建设投资集团股份有限公司、中国中原对外工程公司四家企业,而浙江省建设投资集团股份有限公司优势最为明显,连续两年累计提升18位。

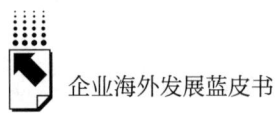

（二）2016～2017年对外承包新签合同额50强排行榜变动情况分析

1. 2016～2017年对外承包新签合同额50强排行榜整体变动情况分析

2016～2017年，连续两年进入我国对外承包工程新签合同额50强排行榜的企业共计23家（见表6）。

表6　2016～2017年连续两年上榜对外承包工程新签合同额50强企业

序号	企业名称	序号	企业名称
1	中国建筑工程总公司	13	中国机械设备工程股份有限公司
2	中国水电建设集团国际工程有限公司	14	中国电力技术装备有限公司
3	华为技术有限公司	15	中工国际工程股份有限公司
4	中国交通建设股份有限公司	16	中兴通讯股份有限公司
5	中国港湾工程有限责任公司	17	中国石油集团长城钻探工程有限公司
6	中国葛洲坝集团股份有限公司	18	上海振华重工(集团)股份有限公司
7	中国路桥工程有限责任公司	19	中国江西国际经济技术合作公司
8	中国土木工程集团有限公司	20	山东电力建设第三工程有限公司
9	中国冶金科工集团有限公司	21	中信建设有限责任公司
10	中国石油工程建设有限公司	22	威海国际经济技术合作有限公司
11	中国铁建股份有限公司	23	中国水利电力对外有限公司
12	中铁国际集团有限公司		

表6显示，连续两年上榜50强新签合同额的企业有23家，表现虽然不如完成额50强企业强劲，但总体表现较为稳定。上榜企业仍以基础设施建设企业为主，高新技术、信息产业占比较低，说明我国未来在对外承包工程中要加大其他行业的发展力度，实现多行业的繁荣发展。

2. 2016～2017年对外承包新签合同额50强排行榜详细变动情况分析

2016～2017年，连续两年进入我国对外承包工程新签合同额50强排行榜的企业中表现稳定、经营具有一定持续性的企业共8家（见表7）。

表7 2016~2017年连续两年上榜且表现稳定企业

序号	企业名称	2017年	2016年
1	中国水电建设集团国际工程有限公司	↑1位	↑1位
2	华为技术有限公司	↓1位	↓1位
3	中国交通建设股份有限公司	↑3位	↑1位
4	中国路桥工程有限责任公司	↑1位	↑1位
5	中工国际工程股份有限公司	↑9位	↑6位
6	中兴通讯股份有限公司	↑9位	↑22位
7	中国石油集团长城钻探工程有限公司	↑2位	↑3位
8	中信建设有限责任公司	↓7位	↓3位

从表7企业名单可以看出,新签合同额连续两年上榜的23家企业中表现稳定的共计8家。连续两年排名上升的企业有中国水电建设集团国际工程有限公司、中国交通建设股份有限公司、中国路桥工程有限公司、中工国际工程股份有限公司、中兴通讯股份有限公司、中国石油集团长城钻探工程有限公司六家,其中中兴通讯股份有限公司表现最好,两年累计提升31位。连续两年排名下降的企业有华为技术有限公司、中信建设有限责任公司两家,其中中信建设有限责任公司下降最为明显,两年累计下降10位。

三 总结与展望

2017年我国对外承包工程完成额和新签合同额实现双增,虽然增速有所下降,但相较于我国在对外投资、对外劳务等其他多个领域的表现仍然保持了绝对的优势。2017年我国对外承包工程业务在"一带一路"沿线国家的合作仍呈上升趋势,未来我国对外承包工程将以基础建设为主。

(一)以建筑行业为基础向多元化发展

从目前我国对外承包工程排名50强企业分布情况来看,以建筑企业为主,我国的海外项目也以道路桥梁、能源场馆等基础设施建设项目为主;制造业作为我国对外承包工程的传统行业在近年表现并不突出,2017年我国制造业对外投资同比下降38.4%，对外承包工程50强企业中制造业企业寥寥无几；信息传输、软件和信息技术服务业虽然有华为这样作为我国对外承包工程完成额和新签合同额双额龙头企业引领，但在高新技术领域仍难以进入。仅以建筑业为主发展我国对外承包工程业务在目前发展中国家大力发展基础设施建设、地域经济政策支持的环境下短期可以支撑我国对外承包工程的发展，但从长远发展来看，我国在发展基建行业的同时应向多行业发展对外承包工程领域，保障我国对外承包工程的可持续发展。

（二）以发展中国家为基础向其他国家辐射

在"一带一路"倡议的引领下，2017年我国与"一带一路"沿线61个国家签订了对外承包劳动合同，而"中非合作论坛"推动了中国和非洲在基础设施建设合作框架下多渠道参与非洲地区互联互通建设，2017年自贸区建设做大我国多边贸易市场，为我国做大做强对外承包工程提供了契机。从目前市场分布情况来看，2017年中国海外建设项目达1034个，市场集中在亚洲、中东和非洲。与格鲁吉亚的自贸协定正式签署实现了在欧亚市场合作伙伴零的突破，虽然中国企业有在美国参与工程施工的案例，但并没有全面打开欧美市场。目前中国在立足亚非、中东市场的同时，积极提升自身水平，申请发达国家市场准入，向欧美等高端市场辐射，实现全球化发展。

（三）强化合规发展理念

一方面，为了引导更多的企业"走出去"、参与到对外承包工程业务中，我国取消了对外承包工程企业资质审核，这是我国2017年对外承包工程业务取得增长的原因之一。另一方面，企业应该积极践行国际通行标准和规范，在项目施工上按照合同要求并符合项目所在国行业规范，这样才能进一步促进国际市场的发展。2017年美国对中国发起"301"调查，中兴因违规受到美国制裁、移动业务几近面临瘫痪，由此可以看出合规发展对中国企业立足国际市场的重要性。随着中国在国际市场各个领域的发展，世界各国对中国的关注度达到前所未有的高度,树立中国企业国际形象的首要因素就是强化合规发展理念,这是我国对外承包工程实现全球合作的基本要求。

参考文献

[1] 商务部官网,http://www.mofcom.gov.cn。
[2] 覃伟芳、陈红蕾:《对外承包工程"走出去"与工业企业出口扩张》,《国际商务》(对外经济贸易大学学报)2018年第2期。
[3] 曾剑宇、何凡、蒋骄亮:《我国对外承包工程推动东道国产业结构升级了吗——基于跨国面板数据的实证研究》,《国际经贸探索》2017年第33(08)期。
[4] 栾茵:《中国对外承包工程企业:机遇与战略调整》,《国际经济合作》2016年第10期。
[5] 卜小龙:《"一带一路"背景下工程承包业走出去的思考》,《宏观经济管理》2016年第2期。

"一带一路"专题篇

the Belt and Road Initiative

B.8
"一带一路"倡议下中国企业海外投资的启示

田春雨　袁伟嘉*

摘　要： 随着"一带一路"国际合作高峰论坛的顺利闭幕，我国与沿线国家的经济合作变得更加紧密，我国企业在政策的支持下也纷纷走上了海外投资之路。但各企业在投资过程中，面临政治波动、国家安全、环境问题等阻碍因素，加之未能详细调研和正确决策，时常出现项目搁置的情况。在这众多的风险之中，国内知名家电厂商美的集团却通过一系列成功的并购在海外市场站稳了脚跟。本文正是要分析中国企业在"走出去"中出现的问题，结合"一带一路"倡议下企业对外投

---

* 田春雨、袁伟嘉，对外经济贸易大学国际经济贸易学院本科生，主要研究方向：中国企业海外投资。

资的机遇和美的成功并购的经验，为我国企业顺利走向海外提供切实可行的建议。

关键词： 美的集团　海外投资　"一带一路"　同质化竞争　企业并购

当前，随着经济全球化的进一步发展，全球化的问题逐渐显现，反全球化的呼声日益增长。以美国为首的部分发达国家开始制定相应的政策以抑制资本、人员的流动，限制国际货物贸易和服务贸易，世界经济格局表现出更多的复杂性和不确定性。

一　"一带一路"倡议下中国企业海外投资现状分析

由近年的数据可知，全球的商品进出口总额一直保持正向增长，近三年增长率稳定在一个均衡水平。因此，世界范围内的贸易仍然处于上升状态，反全球化的呼声难以阻挡全球化的进程。

中国的变化趋势与全球的变化趋势始终保持一致，并且大幅度高于同期世界水平，这表明中国近些年来保持着高速发展态势，全球化参与程度高，这也为中国在新时期抓住历史机遇，引领全球化的进程奠定了基础。

中国于2013年提出了"一带一路"倡议，其目标主要是与东亚、东南亚、中亚、非洲和欧洲等国家和地区实现合作发展，构建包含经济、政治、安全与人文在内的共同利益的命运共同体。目前，已有60多个国家和国际组织积极响应"一带一路"倡议，这些国家的总人口约44亿人，约占全球人口的63%；经济总量约21万亿美元，约占全球的29%。同时，我国企业也积极迈开"走出去"步伐，2014年我国对外直接投资达到1160亿美元，已连续三年位列全球三大对外投资国。然而，受政治、经济、文化、环境等

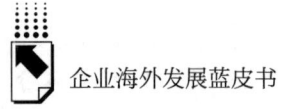企业海外发展蓝皮书

各种因素的影响,我国企业的海外之路并非一帆风顺,许多项目由于考虑不周被临时叫停,损失巨大。面对机遇与挑战,总结我国企业海外投资所面临的问题,借鉴知名企业的成功案例,显得格外重要。

二 中国企业海外投资面临的问题

(一)中外对"共商、共建、共享"的认识和期望存在差异

"一带一路"建设秉承"共商、共建、共享"原则,东道国虽然对此表示欢迎,但在实际操作中,其"隐性"的防范之心依然长期存在。

中国企业认为,中方在沿线国家进行基础性设施建设,互联互通,双方进行大规模的贸易、资本往来,增强政治层面的互信、经济层面的交融和文化领域的和谐,这就是我们所谓的"合作共赢",并不涉及国家间任何主权的让渡,纯粹是经济的往来。然而东道国往往认为,他们把本国的市场让给中国,做出了合作之中的一个重要的让步,而中国作为投资方,其影响力将会长期存在,这是对本国主权的一种威胁,那么东道国理应享受更多的优惠。因此,东道国会要求中方进行更多的让步,索求更多的优惠条件。

(二)盲目投资,缺乏对项目扎实、深入的调研

在国内政策的倡议下,企业在决策上很容易出现"扎堆"现象。项目开展前国内长期的产能过剩,导致开展初期企业急于释放产能而盲目投资,很多项目没有仔细地实地勘测和调研便落地施工,经常在项目后期搁浅。这些风险一般是由外方内部政治动荡以及项目工程复杂所导致的,但是究其根本,在于我国企业对当地的总体状况缺乏全方位的认知。同时,文化差异也是影响企业对海外环境认知的一个重要因素。企业往往依靠新闻和官方数据了解当地的情况,但是对实际的风土人情难有全面的掌握,就难以预计项目动工后的风险。例如在泰国、缅甸和一些拉美国家,政府的更迭、内部政党

或者组织的兴起经常导致投资项目的暂停甚至是终止。在这种情况下,如果能够寻求与熟悉当地情况的合作伙伴去开发这样一个不确定性很大的未知领域,可以分散风险,更有利于中方企业的发展。

(三)产业和项目对接的品牌尚未树立

所有的投资项目最终都要面向市场,在当今消费者导向的市场中,一个知名品牌的效应将会给企业带来巨大收益。因此,企业在海外扩张中需要找到一个合适的品牌来和其产业相对接。然而,许多在国内颇为知名的企业,其品牌在海外的影响力极其有限,要依靠自身力量逐步推广品牌,再得到目标国家的认可,最终形成稳定有力的品牌基础,在短时间内是很困难的,也会使企业面临过高的投入。

(四)国内各省市区出现"同质化竞争"的趋势

目前,多个地区出现了争抢项目的现象,地方政府为了当前的业绩,即便是对一些缺乏可持续盈利性的项目也拼命争取财政补贴,使得财政资源配置效率低下,而其项目不能够长期运行。此外,在资源禀赋、人力资本和市场发育程度相似的情况下,大量省区市选择了近乎相同的功能定位和产业布局,其服务模式、投资领域出现大幅度重合,最终导致各地争抢货源,不经过详细调研便承接项目。在这种情况下,外方自然会在各省市区中选择条件最优惠的项目,因而在同质化的恶性竞争下,财政优惠实际上被外方取得,地方非但没有获益,反而增加了财政负担。

三 对策与建议

(一)做好国别政策研究

随着"一带一路"倡议的推进,我国政府正与沿线国家加强政策沟通,双边投资协议也在不断推进和完善。因此,企业在向东道国投资之前,要掌握

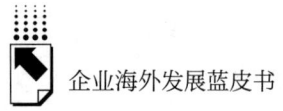

我国和该国的合作协议及其生效和实施情况,充分利用其中的优惠政策,在未规定的方面要做好风险预案。要清楚掌握东道国在外国投资方面的各项规定,严格按照程序进入,特别留意国家安全审查、反垄断审查等强制性审查。

此外,企业还需要对东道国政治、经济、文化环境等做出整体综合的评估,除了投资项目的经济效益外,还要考虑到国际政治、地区发展、民族文化等各种因素,确保投资的安全性。

(二)企业战略定位

正如美的在三大笔收购中做好了市场、品牌、技术三方面的战略定位,企业在对外投资前一定要先明确自身的优势,以及在该项投资中怎样发挥优势,如何利用该项投资的回报助力企业的长期发展,从而确保该投资项目与企业的整体发展方向一致,而不能趁着政策红利盲目进入海外市场。

(三)寻求合适的合作伙伴

国内企业短时间内难以了解纷繁复杂的环境,且在东道国缺乏有竞争力的品牌。如果通过收购、合资、战略合作等方式与熟悉东道国市场环境、在当地拥有知名度的企业共同开发市场,就如同有了在当地投资的向导,可以直接利用合作伙伴已有的资源渠道迅速拓展销路。在此基础上发挥自身与合作伙伴的优势互补效应,不仅有利于企业在东道国的长足发展,而且可以在适当的时机将外国先进的技术和品牌引入国内,创造更好的效益。

(四)舆论与社会责任

目前在"一带一路"倡议的实施中,我国政府一直致力于树立互利共赢的观念,营造良好的舆论环境。进军海外的国内企业更应该树立社会责任感,将这种互利共赢的理念落实到具体决策中,如促进当地就业、保护生态环境、参与公益事业等。将投资与当地的经济社会发展联系起来,使当地民众收获"看得见的利益"。这有利于破除对中国投资的偏见与防范,为企业在东道国的长足发展奠定良好的基础。

参考文献

[1] 刘步尘:《美的收购库卡,德国为何这么舍不得?》,《中外管理》2016 年第 8 期。

[2] 王柄根:《美的集团:收购东芝家电 80% 股权双智 + 国际化战略加速》,《股市动态分析》2016 年第 12 期。

[3] 《美的集团:进军国际品牌 海外并购一定九死一生?》,http://www.sohu.com/a/139256386_ 481520.

[4] 谭畅:《"一带一路"战略下中国企业海外投资风险及对策》,《中国流通经济》2015 年第 7 期。

B.9
"一带一路"倡议背景下我国开拓中东欧市场的策略思考

孙玉琴*

摘　要： 作为亚欧交流合作的纽带，中东欧是中国进入欧盟市场的重要通道，是"一带一路"与欧洲投资计划的对接区，因而拓展中东欧市场，对保障"一带一路"倡议顺利实施至关重要。本文拟从中东欧国家进口需求角度，分析中国对中东欧国家出口商品的总量和结构现状，进而基于"一带一路"倡议下中国拓展中东欧市场面临的机遇和挑战，提出中国拓展中东欧市场的政策建议。

关键词： "一带一路"　中东欧市场　出口贸易　市场策略

中东欧地区由 16 个国家组成，这些国家都属于"一带一路"沿线国家。

一　中国对中东欧出口贸易发展现状

中东欧是新中国成立后首批与中国建立外交关系的国家。1989 年东欧剧变前，中国与中东欧主要发展政治关系；东欧剧变之后，中东欧全面

---

* 孙玉琴，对外经济贸易大学国际贸易学院教授、博士生导师，主要研究方向：中国对外贸易理论和政策。

"回归欧洲",中国与中东欧关系重点也从政治领域转向经济领域。20世纪90年代,双边关系处于重新认识时期。2004年胡锦涛同志访问东欧时提出了"布加勒斯特原则",这一原则为中国与中东欧国家经贸关系的发展奠定了基石,此后双边经贸关系步入稳步发展阶段。受到金融危机和欧债危机的影响,中东欧国家纷纷"向东看",提出"向东开放"政策。2012年4月,时任总理温家宝在波兰华沙提出了促进中国与中东欧友好合作的12项举措,推动中国与中东欧关系进入了飞跃发展阶段。2013年中国提出"一带一路"倡议,以提升"互联互通"水平为抓手,中国致力于加强与中东欧地区的经贸合作,"一带一路"倡议与中东欧"向东开放"政策不谋而合,双边经贸关系快速向前推进,中国对中东欧地区的出口贸易也获得相应发展。

(一)中国对中东欧出口贸易的规模和增长速度

21世纪以来,随着中国与中东欧经贸关系日益密切,中东欧从中国进口产品总额总体呈上升趋势,且增速较快。从图1可见,2006~2015年,中东欧从中国进口产品总额年均增长率为14.36%,显著高于同期中东欧从世界进口产品总额的年均增长率5.21%。2006~2010年,中东欧自华进口货物总额增幅大于中东欧自世界进口货物总额增幅,或者降幅小于中东欧自世界进口货物总额幅度。2011~2013年,中东欧自华进口额较上年进口额增幅小于中东欧自世界进口总额增幅,或者降幅大于中东欧自世界进口货物总额幅度。但值得注意的是,2011年和2012年,中东欧自华进口货物增幅分别为14.44%和-9.15%,而同期中东欧自世界进口货物增幅则分别为21.05%和-5.83%。中东欧自华进口货物增幅明显小于中东欧自世界进口货物增幅,而在2013年两者增幅差距显著缩小,中东欧自中国和世界进口货物额较上年分别增长4.58%和4.97%。可见,2013年提出的"一带一路"倡议在推动中国与中东欧经贸合作中的作用已经开始显现。在接下来的2014年和2015年,中东欧自华进口货物增速显著高于中东欧自世界进口货物增速,尤其值得注意的是2015年,在中东欧自世界进口货物总额较上年下降12.49%的情况下，中东欧自华进口货物总额较上年却上升了0.09%。

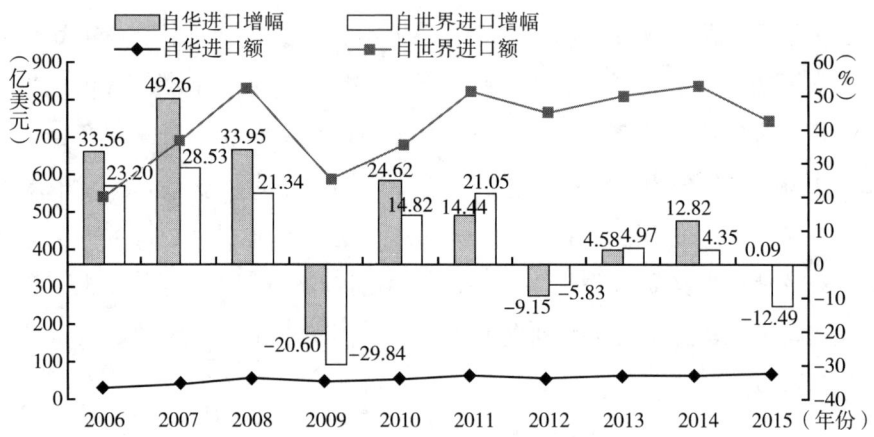

图1　2006~2015年中东欧从世界和中国进口货物总额情况

资料来源：UN Comtrade Database。

从国别构成来看，比较2015年与2006年中东欧各国从中国进口货物总额发现，除克罗地亚外，其余15个中东欧国家从中国进口产品总额都上升了，上升幅度最大的两个国家是捷克和斯洛伐克，增长比例分别为285.16%和232.64%。中东欧从中国进口产品总额增幅超过100%的国家还有阿尔巴尼亚、波黑、拉脱维亚、黑山、波兰、斯洛文尼亚和马其顿；此外塞尔维亚、爱沙尼亚、立陶宛增幅也均超过50%；增幅较小的三个国家为罗马尼亚、匈牙利和保加利亚，增幅分别为46.57%、34.82%和10.39%。

（二）中国出口产品在中东欧的市场占有率

中东欧是连接欧亚的重要通道，无论是在政治上还是经济上，都具有重要的战略作用，因此该地区一直是各大国争夺的对象。冷战结束后，作为新兴市场，中东欧利用自身地理位置的重要性，也积极开展与各国的经贸合作。从图2中可以看出，欧盟、俄罗斯、中国和美国均是中东欧的主要贸易伙伴。

"一带一路"倡议背景下我国开拓中东欧市场的策略思考

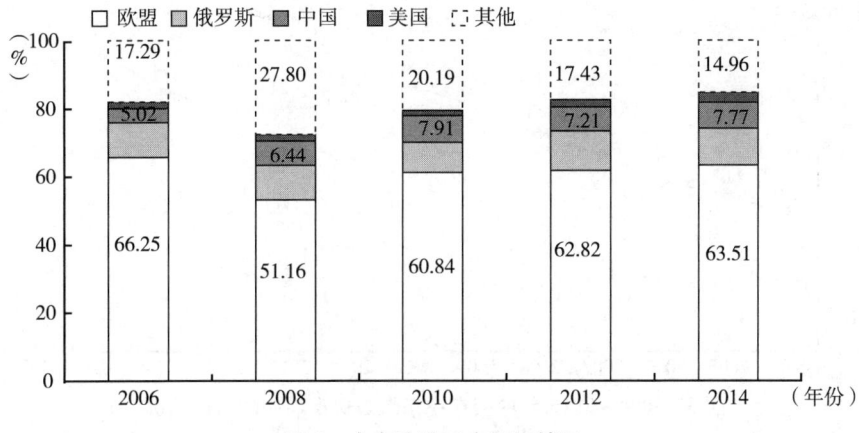

图2 中东欧进口来源国情况

资料来源：欧盟成员国之间的贸易数据来自欧盟统计局网站，其余国家数据来自 UN Comtrade Database。

2006年以来，欧盟、俄罗斯、中国、美国合计占中东欧进口总额的比重均达到80%以上，其中欧盟是其最大的进口来源地，占中东欧进口总值的60%左右，相应的俄罗斯、中国、美国在中东欧进口市场的份额都不高。俄罗斯商品在中东欧进口市场占有率极不稳定，从2006年至2015年，俄罗斯商品在中东欧进口市场平均占比为5.71%，占比最高为2013年的9.49%，占比最低为2008年的2.76%。美国商品在中东欧进口市场占有率并不高，从2006年至2015年，美国商品在中东欧进口市场上的平均占比为1.62%，市场占比变化总体平稳，占比最高为2012年的2.55%，占比最低为2009年的1.23%。近年中国在中东欧进口市场上的占比出现了不断上升的势头。

2004~2015年，中国在中东欧进口市场上的平均占比为6.64%，如图3所示，2004年占比最低，仅为4.10%；从2004年至2010年，中国出口产品在中东欧进口市场上的占比持续上升，2010年中国在中东欧进口市场上的占比达到7.91%。2011年至2013年，中国在中东欧进口市场上的份额略有下降，但降幅较小。在"一带一路"倡议推动下，2014年和2015年中国出口产品在中东欧进口市场上的份额显著提升，分别达到7.77%和8.85%。

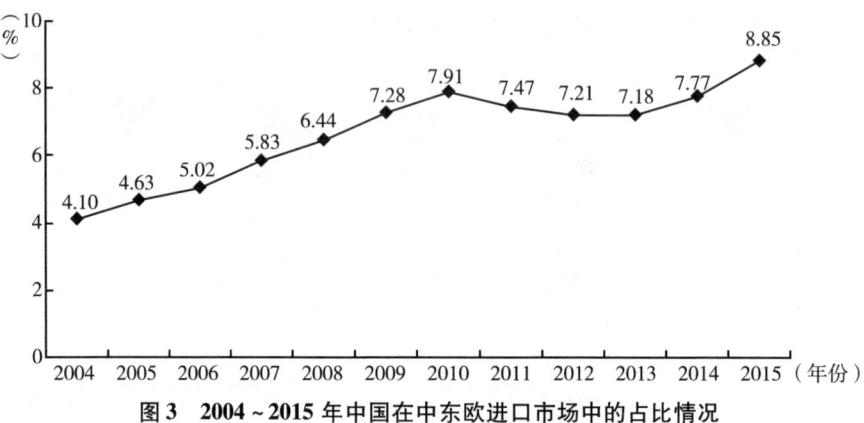

图3 2004～2015年中国在中东欧进口市场中的占比情况

资料来源：UN Comtrade Database。

（三）中国对中东欧出口产品结构

为了进一步分析中东欧国家进口需求的产品结构，需要对进口货物进行分类，本文采取陈万灵、杨永聪（2013）的分类方法，根据产品投入要素的不同，将产品分为资本密集型产品、劳动密集型产品、资源密集型产品、技术密集型产品和服务。本文重点关注中东欧国家对货物的进口需求，下文数据均来源于联合国商品贸易统计数据库（UN Comtrade Database）。

2006～2015年，中东欧从世界进口的各类型商品占比变化相对较小，进口产品构成比较稳定。在各年份资本密集型产品占比均最高，劳动密集型产品占比则最低，在此期间，资源、劳动、资本、技术密集型产品平均占比分别为22.01%、12.47%、45.61%、19.91%（见图4）。从进口增速来看，2006～2015年中东欧从世界进口总额年均增加5.21%，技术密集型产品年均进口增长最快，达到5.92%，占比则从2006年的18.75%上升到20.92%；劳动密集型产品进口额年均增长最慢，为4.41%，占比从2006年的13.44%下降为2015年的13.04%。

2006～2015年，中东欧从中国进口的各类型商品占比总体是平稳的，资本密集型产品和技术密集型产品占比存在此消彼长的特点，除2012年外，中东欧从中国进口的技术密集型产品额均高于资本密集型产品的进口额。如

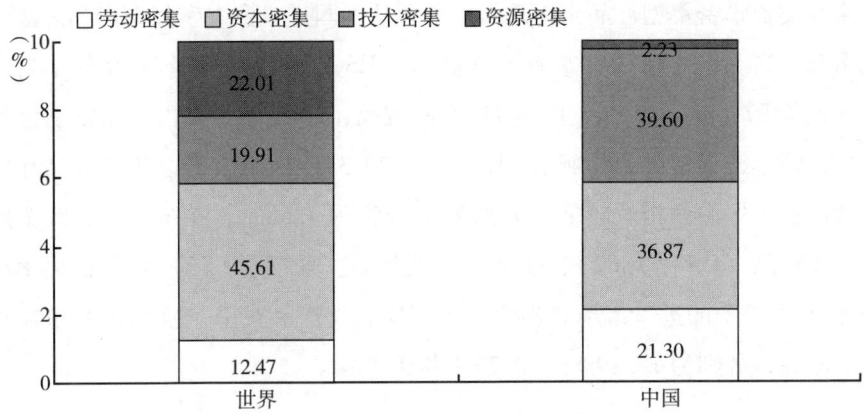

图4 2006～2015年中东欧自世界和中国进口各类货物的平均占比

图4所示，2006～2015年，中东欧从中国进口的资源、劳动、资本、技术密集型产品的平均比重分别为2.23%、21.30%、36.87%和39.60%。从各类型产品增速来看，2006～2015年，中东欧从中国进口的总额年均增长14.36%，资源、劳动、资本、技术密集型产品进口量年均增长分别为5.92%、9.95%、14.46%和15.87%。资源和劳动密集型产品进口额年均增速低于进口总额年均增长的速度，资本、技术密集型产品进口平均增速则高于14.36%。因此与中东欧从世界进口产品的结构和增长速度相比，中东欧从中国进口的资本和技术密集型产品占其从中国进口总额的比重较高，近年来中东欧对中国这两类产品的进口增速较快。

从上文分析可看出，资本和技术密集型产品是中东欧从中国进口占比最高的两类产品，且增速较快，2015年资本和技术密集型产品总和占中东欧从中国进口货物总额的78.98%。表1为2015年中东欧从中国进口的排名处于前十位的资本密集型产品，这十类产品进口额占中东欧从中国进口资本密集型产品总额的95.32%。2015年在中东欧资本密集型产品进口市场中，核反应堆、机械器具类产品（HS码为84）进口量最大，达到中东欧从世界进口资本密集型总额的29.20%，该类产品占中国向中东欧出口资本密集型产品总量的65.52%，中国占中东欧该类产品市场份额的15.53%。除此之外，其余几类资本密集型产品出口量占中东欧从中国进口资本密集型产品总额的比重都不高。但中东欧在塑料及其制品（HS码为39）和车辆及其零附件（HS码为87）这两类产品上的市场空间较大，2015年分别占中东欧从世界进口的资本密集型产品总额的11.02%和20.34%，而中国这两类商品在中东欧所占市场份额相对较低，分别为3.32%和1.68%。在中东欧，贱金属工具类产品（HS码为82）、贱金属杂项制品（HS码为83）和有机化学品（HS码为29）的进口市场并不大，中国这三类产品在中东欧的市场份额却相对较高，分别为12.19%、10.73%和9.87%。

表1 2015年中东欧自华进口额排名前十的资本密集型产品占比情况

产品种类(HS码)	出口占比(%)
核反应堆、锅炉、机器、机械器具及其零件(HS码:84)	65.52
塑料及其制品(HS码:39)	5.29
钢铁制品(HS码:73)	5.19
车辆及其零附件，但铁道及电车道车辆除外(HS码:87)	4.92
有机化学品(HS码:29)	3.91
贱金属杂项制品(HS码:83)	2.55
橡胶及其制品(HS码:40)	2.27
贱金属工具、器具、利口器、餐匙、餐叉及其零件(HS码:82)	2.02
铝及其制品(HS码:76)	1.99
钢铁(HS码:72)	1.66
总　　计	95.32

技术密集型产品是中东欧从中国进口占比最高的一类产品，电机、电气设备类产品（HS码为85）是中东欧从中国进口量最多的一类技术密集型产品。如表2所示，中东欧从中国进口的该类产品占中东欧从中国进口技术密集型产品总额的93.16%，中国该类产品在中东欧所占的行业市场份额为23.08%，同时中东欧在该类产品上的市场空间也较大，2015年中东欧在电机、电气设备及零件类产品（HS码为85）上的进口量占中东欧从世界进口技术密集型产品的71.40%。其余几类技术密集型产品占中东欧从中国进口的技术密集型产品总额的比重都不高。中东欧药品（HS码为30）和光学精

密仪器类产品（HS码为90）进口市场也相对较大，但中国这两类商品在中东欧所占的行业市场份额较小，分别为0.42%和9.00%。中东欧的钟表及其零附件（HS码为91）和乐器及其零附件（HS码为92）进口市场较小，但中国这两类商品在中东欧市场份额较高，分别为23.82%和20.86%。

由此可见，一方面，中国对中东欧出口最多的两类产品是资本密集型产品和技术密集型产品，且近年来中东欧对中国这两类产品进口量呈较快增长态势，机械器具、贱金属制品、钢铁制品等资本密集型产品以及电机、电器设备、光学设备等技术密集型产品是中东欧各国从中国进口量较多的产品种类，同时这些产品也是我国具有较强国际竞争优势的产品，可以看出，中国资本和技术密集型产品在中东欧进口市场具有较大增长空间。另一方面，中东欧从中国进口最多的资本密集型产品是核反应堆、机械器具类产品（HS码为84），进口最多的技术密集型产品是电机、电气设备类产品（HS码为85），进口产品结构较为单一，大大限制了贸易规模的扩大，不利于双边经贸合作的稳定性和可持续性。

表2 2015年中东欧从中国进口的技术密集型产品占比情况

产品种类(HS码)	出口占比(%)
电机、电气设备及零件:录音机及放声机、电视图像、声音的录制设备及零件（HS码:85）	93.16
药品(HS码:30)	0.38
光学、照相、电影、计量、检验、医疗或外科用仪器及设备、精密仪器设备及其零附件(HS码:90)	5.57
航空器、航天器及其零件(HS码:88)	0.10
钟表及其零附件(HS码:91)	0.60
武器、弹药及其零附件(HS码:93)	0.05
乐器及其零附件(HS码:92)	0.13
总计	100

（四）中国对中东欧出口的市场构成

从中国对中东欧出口产品总额的市场构成来看，中东欧各国从中国进口产品额差别较大，中东欧自华进口额排名处于前四位的国家是波兰、捷克、斯洛伐克和匈牙利。2015年，这四个国家自华进口额占中东欧地区自华进口总额的比重是81.32%，罗马尼亚、斯洛文尼亚、塞尔维亚、爱沙尼亚、保加利亚、立陶宛这六国自华进口量占中东欧自华进口总额的比重为14.65%，各国所占比重均处于1%~5%。而2015年波黑、克罗地亚、拉脱维亚、马其顿、阿尔巴尼亚、黑山这六国自华进口量占中东欧自华进口总额的比重仅为4.03%，各国所占比重均处于1%~5%。由此可见，中国对中东欧出口主要集中在少数国家。

从中国出口的主要产品市场构成来看，核反应堆、机械器具类产品（HS码为84）、塑料及其制品（HS码为39）、钢铁制品（HS码为73）是中国对中东欧出口量较大的三类资本密集型产品，2015年该三类产品出口额占中国对中东欧出口资本密集型产品总额的比重分别为65.52%、5.29%和5.19%。如表3所示，中国对中东欧出口的核反应堆、机械器具类产品（HS码为84）主要集中在捷克、波兰、罗马尼亚、匈牙利、斯洛伐克，这五国自华进口的该类产品额占中国对中东欧出口该类产品总额的85.96%，对中国该类产品进口量较少的四个中东欧国家是阿尔巴尼亚、黑山、马其顿和波黑，这四国自华进口的该类产品额占中国对中东欧出口该类产品总额的比重均低于1%，其余七个中东欧国家自华进口的核反应堆、机械器具类产品（HS码为84）占中国对中东欧出口该类产品总额的13.02%。中国对中东欧地区出口的钢铁制品（HS码为73）总额中，75.94%集中在波兰、罗马尼亚、捷克、斯洛文尼亚、匈牙利、立陶宛六国，马其顿、波黑和黑山三国对中国该类产品进口量较少，这三国自华进口的该类产品额占中国对中东欧出口该类产品总额的比重均低于1%。中国对中东欧地区出口的核反应堆及机械器具等（HS码为84）总额中，85.96%集中在捷克、波兰、罗马尼亚、匈牙利、斯洛伐克，捷克是中国该类产品在中东欧地区的最大出口市场，对中国该类产品进口量较少的四个中东欧国家是阿尔巴尼亚、马其顿、波黑和黑山，四国自华进口该类产品数额仅占中国对中东欧地区出口总额的1.02%。

电机及电气设备类产品（HS码为85）和光学、医疗仪器等（HS码

"一带一路"倡议背景下我国开拓中东欧市场的策略思考

90）是中国对中东欧出口量较大的技术密集型产品，2015年这两类产品出口额占中国对中东欧出口技术密集型产品总额的比重为93.16%和5.57%。如表3所示，中国对中东欧出口的电机及电气设备类产品（HS码为85）主要集中在捷克、波兰、匈牙利、罗马尼亚、斯洛伐克，这五国自华进口的该类产品额占中国对中东欧出口该类产品总额的86.27%，对中国该类产品进口量较少的四个中东欧国家是阿尔巴尼亚、马其顿、波黑和黑山，这四国自华进口的该类产品额占中国对中东欧出口该类产品总额的比重均低于1%，其余七个中东欧国家自华进口的核反应堆及机械器具类产品（HS码为84）占中国对中东欧出口该类产品总额的12.75%。中国对中东欧地区出口的光学、医疗仪器等（HS码为90）总额中，91.94%集中在捷克、波兰、匈牙利和斯洛伐克四国，其余12个国家对中国该类产品进口量较少，这12国自华进口的该类产品额占中国对中东欧出口该类产品总额的比重仅为8.06%。

表3 2015年中国对中东欧出口的主要资本和技术密集型产品市场构成

单位：%

国　家	资本密集型产品			技术密集型产品	
	塑料及其制品（39）	钢铁制品（73）	核反应堆及机械器具等（84）	电机及电气设备品（85）	光学、医疗仪器等（90）
波兰	35.14	39.27	30.60	24.01	40.61
罗马尼亚	11.79	10.51	7.92	5.65	3.48
捷克	8.85	8.21	33.15	27.60	8.08
斯洛文尼亚	8.13	6.34	2.93	3.35	1.20
克罗地亚	6.64	4.96	1.33	1.06	0.41
立陶宛	5.56	5.65	2.09	1.88	0.86
匈牙利	5.38	5.96	7.82	23.37	18.15
保加利亚	4.08	3.17	2.14	1.43	0.57
拉脱维亚	3.77	2.78	1.66	1.73	0.62
阿尔巴尼亚	3.26	3.55	0.49	0.37	0.14
爱沙尼亚	3.21	3.15	1.84	2.23	0.37
斯洛伐克	2.38	4.12	6.47	5.64	25.10
塞尔维亚	0.95	1.53	1.03	1.07	0.24
黑山	0.68	0.42	0.26	0.15	0.03
波黑	0.12	0.20	0.10	0.21	0.07
马其顿	0.06	0.20	0.17	0.25	0.07

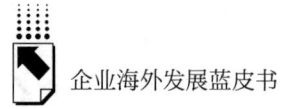

综上所述，近年来中国对中东欧出口贸易增速较快，在中东欧进口市场所占的份额不断上升，中东欧对中国资本和技术密集型产品市场量需求空间较大。但与此同时中国对中东欧出口贸易规模还较小，在中东欧进口市场所占份额不高，且产品结构相对单一，市场也较为集中。

二 中国拓展中东欧市场面临的问题

中国产品在中东欧市场所占份额还较低，产品结构与市场结构均不够合理，一方面反映出我国不少产品国际竞争力不强，另一方面中国企业拓展中东欧市场也面临着中东欧各国宏观经济环境、贸易制度等方面的诸多挑战。

（一）中东欧"向东开放"的政策存在不确定性

一方面，虽然2006年以来中国在中东欧进口市场所占份额呈上升趋势，但是总体上还偏低。2015年是所占份额最高的年份，也仅为8.85%，远远低于欧盟在中东欧进口市场的份额。主要原因是：冷战结束后，大部分中东欧国家已经加入欧盟，经济规则全面向欧盟靠拢，中东欧国家与欧盟成员国贸易往来密切，可以预测短时间内，欧盟仍将是中东欧国家进口的主要来源地。另一方面，中国与中东欧"互联互通"水平总体并不高，根据北京大学海洋研究院与国务院发展研究中心等部门专家联合编制的"一带一路"沿线国家"五通"指数，中东欧大部分国家与中国的互通水平处于"潜力型"。中国与中东欧地理位置相距遥远，社会制度、文化传统等方面都存在巨大差异，历史上双方既没有根本利益冲突，也没有历史遗留问题。中国与中东欧除了经贸合作外，也没有重大的战略问题需要互相支持。中国与中东欧关系存在脆弱的一面，中国与中东欧互通水平不高正说明了这一点。

根据以上两个方面的实际情况，中国在中东欧市场的影响力还很有限，中东欧"向东开放"的政策可能仅仅是因为欧盟陷入债务危机、难民问题。遭受英国脱离欧盟事件打击之后，中东欧不得不做出的权宜之计，中东欧根本的全面向欧盟靠拢的经济策略没有发生改变,一旦欧洲恢复稳定发展局面,中东欧的经济将重新追随欧盟。因此现在中东欧对中国的需求是暂时的,如何把握住这暂时的打开中东欧市场的机遇,使"向东发展"由"权宜之计"变为中东欧的"长久之计",是中国在发展与中东欧经贸合作过程中,应该重点关注的问题。

(二)中东欧基础设施普遍落后

交通基础设施和电子商务基础设施一般被称为贸易便利化的硬件(Wilson, Mann and Otsuki, 2003)。中东欧整体基础设施水平较落后,根据世界银行统计,目前中东欧仅18%的人拥有固定宽带,约为德国一半。中东欧整体拥有铁路里程数为7.1万公里,仅相当于德国和法国两国铁路总长度。波兰、捷克、斯洛伐克和匈牙利是中国在中东欧的主要贸易伙伴,根据世界经济论坛公布的2015年全球基础设施水平的排名,四国在全球的排名分别为56名、41名、48名和57名,处于欧盟平均水平之下,这些落后的基础设施严重限制了中国与中东欧贸易的增长。

(三)贸易便利化软件水平有待提高

政策环境和海关环境是贸易便利化的软件条件(Wilson, Mann and Otsuki, 2003)。政策制度主要指一个国家政策环境的规范性与透明度以及政府管制的负担等。海关环境主要指海关清关程序的效率、进出口手续总数、过境管理的透明度等。世界银行出版的《全球竞争力报告》提供的海关程序负担和非关税贸易壁垒是衡量一国贸易便利化软件水平的良好指标。报告显示,2015年中东欧国家海关程序负担平均得分为4.34,非关税贸易壁垒得分为4.42,同期欧盟这两个指标平均得分为4.61和4.85,中东欧贸易便利化软件水平还有较大提高空间。具体到中国与中东欧贸易而言,双边贸易信用证体系仍不完善,双方在检验检疫方面的合作滞后,清关程序模糊。此外,中东欧国家在市场准入和人员准入方面也存在诸多限制。

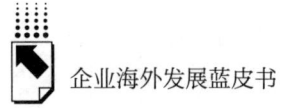

（四）难以形成统一的协调机制

中东欧内部组织众多，有欧盟成员国和非欧盟成员国，欧元区和非欧元区，经合组织、申根区、世贸组织、北约等组织成员国和非成员国。中东欧各国经济发展水平也不同，斯洛文尼亚、捷克、爱沙尼亚、斯洛伐克、拉脱维亚和立陶宛六国同时为发达经济体，其余十国属于新兴与发展中经济体。在对外贸易方面，各国根据本国经济的需要，进口商品类型上各有侧重点。中东欧地区16个国家中，仅马其顿对中国资源密集型产品平均进口比例达到23.25%，其余国家均低于5%；而匈牙利则主要从中国进口技术密集型产品，2006~2015年，年平均进口占比达到73.89%。同时，中东欧国家众多，在宗教、文化传统、产业结构、经济发展规模和水平等方面存在巨大差异。因此虽然在同一个区域，但至今仍未能形成一支完整的战略力量，中东欧国家并非严格意义上的战略整体，更非政治经济实体，难以形成统一的协调机制。中国与中东欧双方合作面临"一对十六"的难题，如何统筹协调好不同组织、不同国家的利益是中国与中东欧经贸合作中一大挑战。

三 对策与建议

为了拓展中东欧市场，提高中国与中东欧的"互联互通"水平，发挥中东欧在"一带一路"倡议中的区域支点作用，本文有以下策略思考。

（一）实施差别化的外贸策略

从上文对中国在中东欧进口市场现状的分析得出，中国技术和资本密集型产品在中东欧进口市场有较大的增长空间。首先，资本密集型行业中的核反应堆、机械器具类产品（HS码为84），车辆及其零附件（HS码为87），塑料及其制品（HS码为39），技术密集型行业中的电机、电气设备类产品（HS码为85），光学、精密仪器类产品（HS码为90），这几类商品在中东欧市场需求大,也是中国在中东欧进口市场所占份额较高的几类产品,中国在这几类商品上具有较强的比较优势,针对这几类商品,应继续推动贸易便利化,消除贸易壁垒,优化运输组织模式,发挥中东欧班列快捷且低成本的优势,降低成本,提升贸易便利化水平。其次,资本密集型产品中的钢铁制品(HS码为73)、橡胶及其制品(HS码为40)、铝及其制品(HS码为76)、有机化学品(HS码为29),中东欧对这几类产品进口量居于前十,且中国在这几类产品上具有较强的国际竞争力,但中国这几类产品在中东欧市场份额不高,双方缺乏经贸合作交流的平台。因此,中国与中东欧可以举办招商说明会、经济贸易论坛、投资和贸易博览会,定期开展产品推广活动,建立中国与中东欧国家企业对话的平台。最后,值得注意的是技术密集型行业中的药品业(HS码为30),中东欧从世界进口该类产品的数额占中东欧从世界进口技术密集型产品总量的15.93%,市场广阔,但我国出口量仅占中国对中东欧出口的技术密集型产品总量的0.38%,可见我国该类商品在中东欧市场没有比较优势,匈牙利、捷克、克罗地亚等国具有先进的制药技术,中国可以在经贸合作中不断向这些国家的企业学习,提升产品品质。根据中国产品在中东欧进口市场的不同情况,采取不同的外贸策略,使中国与中东欧贸易产品向多样化方向发展。

(二)利用基础设施对外投资项目带动中国产能输出

"一带一路"有利于"互联互通"水平的提高,基础设施联通是"互联互通"中重要的一部分,中东欧地区基础设施普遍较为落后,而中国在基础设施建设方面具有很强的竞争优势。"一带一路"倡议提出后,中国在中东欧签订了很多基础设施投资项目,如修建匈塞铁路、葛洲坝公司中标的波黑大型火电站建设项目、华电集团拿下罗马尼亚罗维纳里燃煤发电站项目、罗马尼亚70多亿欧元的核电项目等。基础设施对外直接投资具有很强的渠道效应,能显著促进母国对东道国的出口贸易,渠道效应主要指母国通过对外直接投资增加向东道国出口商品的渠道和扩大在东道国的市场影响力。但目前我国政府部门、金融机构、科研单位和企业均从各自角度调研和开发中东欧市场，这些经济部门未形成统一合力，缺乏协调机制和信息共享，使对外投资带来的出口贸易渠道的作用受到影响。因此，短期内，发挥政府和大型国有企业的组织协调作用，将中东欧基础设施建设项目与中国钢铁制品、水泥以及机械器具等装备制造业对接，促进与基础设施建设相关产品的出口。长期内，结合当地产业发展特点，鼓励装备制造业、化工、轻纺织等企业进行对外直接投资，建立工业园区，带动国内相关机器设备、零部件、中间品的出口。从上文分析可知，目前落后的基础设施是中国与中东欧贸易合作面临的一大挑战，而新的基础设施投资项目的完成，一定会节省贸易产品进出港口和运输时间，进而大幅降低贸易成本，提高贸易效率，促进中国对中东欧地区的产能输出。

（三）加强合作的同时注重示范国的作用

"一带一路"倡议提出后，得到中东欧国家政府积极响应，但稳定的贸易合作，需要根据各国的实际情况，在双方具有共同利益的领域开展合作。根据中东欧国家产业结构，中东欧可以分为"以工业为主导产业的国家"和"以农业和服务业为主导产业的国家"。克罗地亚、保加利亚、塞尔维亚、黑山、波黑、阿尔巴尼亚等国是"以农业和服务业为主导产业的国家"，这些国家农业资源和旅游资源丰富，我国可以加强与这些国家在农产品和旅游服务方面的贸易，加快完成农产品准入程序，加大中东欧旅游业在中国市场的推广活动。通过将中东欧的优势产品出口到中国，减少中东欧国家对华贸易逆差，以缓解逆差对中国拓展中东欧市场带来的阻力。斯洛伐克、斯洛文尼亚、匈牙利、波兰、罗马尼亚、拉脱维亚等国工业基础良好。匈牙利、斯洛伐克、波兰都十分关注与中国在中欧陆海快线上的合作，斯洛伐克注重中国与中东欧地区对话平台建设，立陶宛、拉脱维亚、克罗地亚等国运输和物流产业具有较大的优势，中国可以加强与这些国家在港口、物流运输方面的合作。以拉脱维亚为例，拉脱维亚在经营波罗的海和中亚地区的铁路运输和亚欧之间的集装箱运输过程中积累了大量经验，目前致力于中国—欧洲陆路走廊的北欧物流分支建设，中国可以利用拉脱维亚发达的物流，把拉脱维亚作为产品出口的一个中转站，利用其相对低廉的劳动力成本，对产品进行再加工后出口到欧洲市场。总之，中国根据中东欧各国实际情况，在中国与中东欧国家具有共同利益的领域加强合作，有利于消除中东欧"向东发展"策略存在的不确定性，有利于中国与中东欧各国贸易均衡发展，缓解目前贸易过度集中在波兰、捷克等少数国家而引发的贸易产品结构单一、贸易规模受到限制等问题，同时减少中东欧国家对华贸易赤字，避免中东欧内部出现激烈的竞争和冲突等问题。

拓展中东欧市场，既要根据中东欧各国实际情况，在双方有共同利益的领域扩大合作，也要重视发挥中国与中东欧经贸合作示范国的作用。捷克与中国建立了"战略伙伴关系"，也是首批与中国签订共同推进"一带一路"建设的政府间合作谅解备忘录的国家之一，是中国在中东欧地区的第二大贸易伙伴。捷克地处"一带一路"关键节点，目前正致力于成为中东欧金融中心，中国可以在金融和基础设施领域与其展开合作。捷克的能源消费主要包括核能、天然气、太阳能等可再生能源，我国在核电、光伏、再生能源领域技术领先，可以对接捷克需求，将中国与捷克的经贸合作打造成中国与中东欧经贸合作典范，必然对中东欧其他国家起到很强的示范作用。

（四）加强合作机制建设

中国与中东欧难以形成统一协调机制，需要加强中国与中东欧合作平台建设。一方面，中国与中东欧沟通交流平台的搭建，可以减少信息不对称和不确定性带来的交易成本的增加，另一方面减少双方贸易的摩擦，中东欧各国产业结构、贸易制度、宏观经济环境等都存在差异，中国中东欧合作平台能够更有效地协调中国与中东欧各国以及中东欧内部的利益冲突。在加强"16＋1"合作平台的总框架下，作为对"16＋1"合作平台的支撑，需要不同领域共同配合。在经贸合作领域，开展中东欧投资协定谈判，执行好防止双方重复征税的规定，双方加强海关、质检相互认证方面的合作，提升贸易便利化水平。在金融合作领域，要分短期、中期、长期合作机制建设，各阶段侧重点不一样，短期内搭建各国央行行长和财长对话和互访的机制，发挥亚洲基础设施投资银行和丝路基金的作用；中期主要着眼于建立金融监管机制；长期则应推动信息共享机制和贸易双方金融网络安全。在文化交流领域，中国与中东欧相隔甚远，传统的文化差异较大，加强文化交流也是中国与中东欧合作机制建设必不可少的环节。

（五）协调处理好与欧盟的关系

中东欧国家对欧盟高度认同，欧盟是中东欧国家进口产品最主要的来源地。中东欧国家每年有60%左右的进口商品来源于欧盟。中国要发展与中东欧地区的经贸关系，必然与欧盟成员国存在竞争关系，形成利益冲突。因此，中国在拓展中东欧市场过程中，首先要把中国与中东欧贸易纳入欧盟大框架内，按照欧盟对外贸易政策与中东欧开展贸易，同时寻求三边合作的方式解决利益冲突。此外，中国重点加强与中东欧合作，会引起德国等欧盟国家的警惕，怀疑中国试图通过中东欧国家影响欧盟内部事务，减弱德国等国家在欧盟问题上的影响力，形成"分裂"欧盟的威胁。因此，中国与中东欧合作要去政治化，坚持经贸领域合作的立场，打消欧盟疑虑，同时做好在该问题上的沟通解释工作。

参考文献

［1］王巍：《"一带一路"倡议下发展中东欧市场的对策》，《学术交流》2018年第4期。

［2］侯敏、邓琳琳：《中国与中东欧国家贸易效率及潜力研究——基于随机前沿引力模型的分析》，《上海经济研究》2017年第7期。

［3］沈子傲、韩景华：《中国与中东欧贸易合作研究——基于贸易互补性和竞争性的视角》，《国际经济合作》2016年第8期。

［4］曲如晓、杨修：《"一带一路"战略下中国与中东欧国家经贸合作的机遇与挑战》，《国际贸易》2016年第6期。

［5］于军：《中国—中东欧国家合作机制现状与完善路径》，《国际问题研究》2015年第2期。

B.10
"一带一路"倡议下中国与中亚国家能源合作面临的挑战与对策

林建勇 蓝庆新*

摘 要: 自2013年习近平主席提出建设"丝绸之路经济带"和"21世纪海上丝绸之路"以来,中国与中亚国家经贸往来日趋活跃,能源关系发展迅速,能源合作已成为中国在中亚推进"一带一路"倡议的重要内容和突破口。在此背景下,本文首先分析了中国和中亚国家油气资源供需状况、能源合作的现状,其次分析了"一带一路"倡议下中国与中亚地区能源合作面临的诸如中国油气企业国际竞争力较弱等挑战,最后就"一带一路"倡议下如何深化中国与中亚地区能源合作,提出了加强中国油气企业国际竞争力等对策建议。

关键词: 中国 中亚 能源合作 "一带一路"

21世纪以来,随着中国国内经济的快速发展,国内能源生产已经无法满足总量大幅增长的国内能源需求,中国能源的结构性矛盾日益突出。作为"新丝绸之路经济带"重要组成部分的中亚地区,油气资源丰富,在国际能源体系中扮演着重要的角色。中国与中亚国家地理毗邻,与中亚国家开展能

---

* 林建勇,对外经济贸易大学国际经济贸易学院博士生,主要研究方向为跨国公司与对外直接投资、宏观经济政策;蓝庆新,对外经济贸易大学国际经济贸易学院教授、博导,亚洲经济共同体研究院副院长,世界经济研究室主任。研究方向为国际投资、产业经济、低碳经济。

源合作，对于中国弥补当前能源缺口、优化能源结构以及保障国家能源安全具有重要的意义。自2013年习近平主席提出建设"丝绸之路经济带"和"21世纪海上丝绸之路"以来，中国与中亚国家经贸往来日趋活跃，能源关系发展迅速，能源合作已成为中国在中亚推进"一带一路"倡议的重要内容和突破口。但由于中亚地区复杂的地缘政治环境，"一带一路"倡议下中国与中亚国家能源合作面临诸多的风险和挑战。在此背景下，研究和探讨中国与中亚国家能源合作面临的挑战和相应对策，对于深化中国和中亚国家能源合作，进而推进"一带一路"建设具有一定的现实研究意义。

一 中国与中亚国家能源合作现状分析

（一）中国和中亚国家的油气资源供需状况

改革开放近40年来，中国经济快速发展，创造了世界瞩目的"中国奇迹"。由于经济发展方式粗放，能源利用效率低下，中国能耗速度超过了经济发展速度，能源供求矛盾日益凸显。毗邻中国的中亚地区则蕴藏着丰富的石油和天然气资源，同时中亚国家石油市场存在着严重的供给过剩。

如表1所示，2010年以来中国的石油生产量基本稳定在2.1亿吨左右，而中国的石油消费量却逐年增加，2015年达到5.6亿吨左右，中国的石油消费量相当于生产量的2.7倍，石油市场供不应求的局面逐渐加剧。中国2015年石油的进口依存度达到61.7%，这表明中国的石油消费严重依赖于国际市场。与此同时，2015年哈萨克斯坦的石油生产量为其消费量的6倍之多；土库曼斯坦同样供过于求，石油生产量约为其消费量的2倍；乌兹别克斯坦的石油生产量大体上等于其石油消费量。总体来看，中亚地区石油市场存在着严重的供给过剩，对于石油市场存在巨大需求缺口的中国而言，地理毗邻的中亚地区无疑是较佳的进口来源地。中国与中亚国家在石油市场上存在着较强的合作需求。

表1 2010~2015年中国与中亚三国石油市场供求状况（10^6吨）

国家	项目	2010年	2011年	2012年	2013年	2014年	2015年
中国	生产量	203.0	202.9	207.5	210.0	211.4	214.6
	消费量	447.9	464.2	486.3	507.2	526.8	559.7
哈萨克斯坦	生产量	79.7	80.1	79.2	81.8	80.8	79.3
	消费量	9.3	12.3	13.1	13.1	13.5	12.7
土库曼斯坦	生产量	10.8	10.8	11.2	11.7	12.1	12.7
	消费量	5.5	5.8	6.0	6.2	6.3	6.4
乌兹别克斯坦	生产量	3.6	3.6	3.2	3.2	3.1	3.0
	消费量	3.6	3.4	3.0	2.9	2.8	2.8

资料来源：BP世界能源统计年鉴2016。

如表2所示，自2010年以来，中国天然气市场的需求缺口逐年增大，2015年接近600亿立方米。相应地，中国天然气需求对国际市场的依存度由2010年的10.9%猛增到2015年的30.1%。然而中亚地区天然气市场却存在着严重的供过于求，仅土库曼斯坦一国的天然气盈余2015年就达400亿立方米左右，相当于中国2015年天然气缺口的70%左右。由此可见，中国若与中亚国家开展天然气资源合作，既可解决中国的需求缺口，又可化解中亚国家的供给过剩，从而实现双方合作共赢。

表2 2010~2015年中国与中亚三国天然气市场供求状况（10^9立方米）

目录	项目	2010年	2011年	2012年	2013年	2014年	2015年
中国	生产量	99.1	109.0	111.8	122.2	131.6	138.0
	消费量	111.2	137.1	150.9	171.9	188.4	197.3
哈萨克斯坦	生产量	10.5	10.5	11.3	11.9	12.2	12.4
	消费量	4.5	5.1	6.8	7.0	7.6	8.6
土库曼斯坦	生产量	42.4	59.5	62.3	62.3	69.3	72.4
	消费量	22.6	23.5	26.3	22.9	27.7	34.3
乌兹别克斯坦	生产量	54.4	57.0	56.9	56.9	57.3	57.7
	消费量	40.8	47.6	47.2	46.8	48.8	50.3

资料来源：BP世界能源统计年鉴2016。

（二）中国和中亚国家能源合作的现状

21世纪以来，中国与中亚国家在能源合作方面取得了不少成果，合作项目不断增加。如2011年，中国石油与哈萨克斯坦国家油气有限公司签署《关于哈萨克斯坦乌里赫套项目合作的原则协议》，协议中约定，双方各出资50%成立合资企业，联合勘探开发乌里赫套气田，该气田将为中哈天然气管道二期提供气源保障。2013年中国与土库曼斯坦签署《中土关于建立战略伙伴关系的联合宣言》，中土天然气管道建设进程加快，建成后将每年向中国输送天然气650亿立方米。中国石油与土库曼斯坦天然气康采恩签署"年增供250亿立方米的天然气购销"等协议。中国与乌克兰合建的中乌天然气管道于2008年7月开工，并于2010年实现了双向通气，中乌天然气管道每年向中国输气300亿立方米。近些年来中国与中亚国家在能源合作方面取得的一系列项目成果为"一带一路"倡议在中亚的推进奠定了基础。

二 "一带一路"倡议下中国与中亚地区能源合作存在的问题

（一）中国油气企业国际竞争力较弱

"一带一路"倡议下，中国企业与中亚国家开展能源合作必将面临西方发达国家油气跨国公司的竞争。相比于西方发达国家油气跨国公司，中国油气公司存在着资金缺乏、技术水平低下、管理方式粗放、抗风险能力较弱等劣势。"一带一路"倡议下中国油气企业如何弥补自身不足，提高国际竞争能力，是深化中国与中亚国家能源合作面临的不小挑战。

（二）中亚政局仍存变数

诸如吉尔吉斯斯坦、哈萨克斯坦都曾发生或险些发生"颜色革命"，而今"颜色革命"在中亚地区再次发生的可能性仍然存在。此外中亚多国还面临着"老人政治"问题，诸如哈萨克斯坦和塔吉克斯坦的国家元首都已在65岁以上。尽管目前中亚国家政权还比较稳定，但未来的政局是否稳定，政权是何种形态，新一代的领导人对于"一带一路"是什么态度，都充满了不确定性。一旦国家政局发生动荡，企业可能会遭受非常巨大的损失。中亚政局存在的变数一方面对于已经在中亚国家投资的中国企业而言无疑是潜在的巨大威胁，另一方面也在一定程度上降低了中国企业与中亚国家开展能源合作的意愿。保障中国企业在中亚地区的安全，从而促进中国与中亚国家能源合作，成为推进"一带一路"建设的一项巨大任务。

（三）大国地缘政治影响

对于俄罗斯而言，中亚的地理位置具有重要的战略性，关系俄罗斯的国家安全。因此，俄罗斯对其他大国在中亚拓展其影响力的举动高度警惕。中国推进的"一带一路"倡议和俄罗斯的欧亚联盟构想存在着一些重叠之处，俄罗斯对"一带一路"倡议存在着不小的忧虑。同时，中亚国家的油气出口对于通过能源外交促进国家经济复苏的俄罗斯而言是一种竞争与威胁。因此，"一带一路"倡议下中国与中亚国家的能源合作势必会受到来自俄罗斯的影响和抵触。

（四）中亚地区基础设施建设落后

中亚地区自然资源丰富，但是由于基础设施发展缓慢，基本上仍停留在苏联的水平上，这制约了中亚国家与他国开展能源合作。虽然近些年来中亚地区相继修建了中哈原油管道、中乌天然气管道等管道项目，每年中亚大量出口的油气资源仍需要依赖俄罗斯的能源运输管道。因此，加快基础设施建设，提高航空、铁路、公路、口岸的运营能力，成为"一带一路"倡议下中亚地区加强国际能源合作的迫切需求。

三 对策与建议

（一）加强中国油气企业国际竞争力

为应对激烈的国际竞争，中国油气企业可采取以下策略提高自身国际竞争力：首先，实施人才战略、科技战略，提高员工的国际化经营水平和技术水平；其次，实施业务调整及重组，提升公司整体实力，增强公司盈利能力；再次，建立高效快捷的市场信息处理系统，提高应对国际变化处理能力；最后，坚持多元化经营管理模式，充分发挥多元化经营的抗风险优势。在国际化经营的过程中，消化并吸收国外先进的管理理念，实现管理模式的创新。

（二）立足民生工程，强化民间外交

当前中亚面临民主政治转型问题，中国应该避免卷入中亚的政治斗争。无论中亚国家民主政治转型结果如何，中国对中亚外交的立足点都应放在民生工程上，放在加强能源经济合作上，而非他国政治事务上。中国若要继续推进"一带一路"倡议，不但需要政府层面的支持，还需要来自民间力量的支持。只有加大民间外交力度，使中亚各国民众正确认识并接受中国在中亚的存在，"一带一路"倡议才能在民主政治转型中的中亚地区比较顺利持久地推广，中国与中亚国家才能进一步深化能源合作，实现互惠共赢。

（三）消减俄罗斯对中国"一带一路"的疑虑

首先，对于中国企业而言，在走向中亚市场时，应以实际行动向世界表明其投资的纯粹资本趋利性，而无政治目的。其次，"一带一路"在中亚推行过程中，不可避免地会牵涉到俄罗斯的利益，因此中国在推进"一带一路"倡议时要注意兼顾俄罗斯的利益。最后，加强中俄经济合作，实现合作共赢。对于粮食、石油等资源，中国有广阔市场和长期需求，俄罗斯可以在此方面发挥资源大国优势。俄罗斯远东等地区发展需要大量的基础设施，中国可以在修建高速铁路、和平利用核能等方面发挥自身的优势。通过逐步消除俄罗斯对中国"一带一路"政策的误解，实现经济合作共赢，从而消减中国与中亚国家在能源合作中受到的来自俄罗斯的影响。

（四）加强基础设施"互联互通"建设，承接国际产业转移

加强基础设施"互联互通"建设（如修建环里海油气管线、建设中

国—中亚高速公路等），一方面有利于中亚国家加强与中国的能源合作，实现油气资源出口；另一方面有利于吸引中国国际投资，承接中国过剩产能行业的国际转移，从而加快产业结构调整，实现资源的就地利用。以中哈产能合作为例，中国企业到哈萨克斯坦投资建设钢铁厂、水泥厂等中国过剩产能行业，可以就地消化哈萨克斯坦丰富的油气资源等，同时有利于哈萨克斯坦加快产业结构调整，实现单一资源产业向多元产业转型。通过加强基础设施"互联互通"建设，承接国际产业转移，从而深化中亚国家与中国的能源合作，实现合作共赢，促进"一带一路"倡议的推进。

参考文献

[1] 柴利：《构建我国与中亚国家能源合作机制的动因与基础》，《新疆财经》2013年第1期。

[2] 苏华、王磊：《论我国与中亚国家能源合作互补性》，《经济纵横》2014年第10期。

[3] 柴利、成丽霞：《共建"丝绸之路经济带"背景下我国与中亚国家能源合作中的影响因素分析》，《伊犁师范学院学报》2014年第33期。

[4] 刘丽慧、陈闻君：《基于演化博弈的中国与中亚国家能源合作分析———丝绸之路经济带建设视角》，《石家庄经济学院学报》2016年第4期。

[5] 李淑静、贾吉明：《"一带一路"战略下我国与中亚国家能源合作的思考》，《当代经济》2015年第23期。

[6] 《中石油将开发哈萨克斯坦大型气田》，2011年2月23日，http：//www.caijing.com.cn/2011-02-23/110648537.html。

[7] 袁培、刘明辉、葛晓燕：《"一带一路"背景下中国与中亚国家能源安全链构建》，《新疆财经》2015年第4期。

[8] 陆钢：《"一带一路"背景下中国对中亚外交的反思》，《探索与争鸣》2016年第1期。

B.11
应大力推进民营企业参与"一带一路"建设

蓝庆新*

摘　要： 民营企业是中国经济发展不可或缺的力量,民营企业的国际化代表了中国开放经济的发展水平。自"一带一路"倡议提出以来,民营企业参与"一带一路"建设的意愿强烈,取得了良好成果,探索出多种参与模式。无论从其主体身份还是市场化准则来看,民营企业都充分展示了不可替代的作用。但是,民营企业在参与"一带一路"建设过程中也面临着诸如公平性、风险规避、中介服务和自身素质等内外部问题,应从赋予平等地位、完善风险评估预警体系、建立政策性风险补偿机制、加快"一带一路"中介服务体系的建设、提升民企国际化素质和能力等方面采取措施,大力推进民营企业参与"一带一路"建设。

关键词： "一带一路"　民营企业　"走出去"

"一带一路"发展理念自提出以来,已经成为中国开放经济发展的重要战略和方向,我国企业参与"一带一路"建设的热情高涨,与"一带一路"国家和地区的合作如火如荼,初步形成了以我国为主的价值链体系,从而推

---

* 蓝庆新,对外经济贸易大学国际经济贸易学院教授、博士生导师,亚洲经济共同体研究院副院长,世界经济研究室主任。研究方向为国际投资、产业经济、低碳经济。

动了全球经济治理结构的变化。在"一带一路"建设中,我国国有企业发挥了主力作用,国有资本向"一带一路"相关国家和地区的流向明显,重大投资项目和工程项目热点纷呈。

一 我国民营企业"一带一路"合作现状

2015~2016年,笔者通过中国国际贸易促进会、北京市经信委的平台,调研了北京、山东、辽宁、浙江、江苏、新疆、广西等省区市的300余家民营企业,涵盖了纺织服装、石油化工、橡胶塑料、机械、家电、电子信息、汽车、建工、通信、房地产等多个行业,其中绝大部分为中小企业,通过座谈、走访以及问卷调查等形式,发放并现场回收了292份调研问卷,走访了吉利、华为、美的、碧桂园、联想等10余家典型企业,对相关行业协会和政府部门的人士进行了咨询访谈,较为深入地考察了民营企业参与"一带一路"建设的状况。

(一)民营企业对于"一带一路"建设具有较高的参与热情

根据对调研资料和文献资料的整理与分析,我们发现,民营企业参与"一带一路"建设的意愿强烈,这292家企业全部都有参与"一带一路"建设的意愿,已有263家进行了国际化经营,其中有190家企业与"一带一路"相关国家和地区开展了产能合作,占到了"走出去"企业的72%,可见民营企业对于"一带一路"具有较高的投资贸易热度。

(二)部分民营企业在"一带一路"建设方面取得了良好成果

部分民营企业已经在"一带一路"相关国家和地区进行了价值链布局,成功打造了海外产业链,如我国多家民营企业在老挝合作投资铁矿开发和钢铁制造项目,初步形成中南半岛以钢铁产销为核心的价值链;一些民营企业依托"一带一路"重点国家进行市场开拓和品牌营销,形成了较高的海外知名度,如华为在匈牙利建立欧洲供销物流中心营销推广华为品牌,覆盖欧洲、中亚、俄罗斯、北非的47个国家，向客户供应无线、微波、光网、接入网、数通等产品，获得了较高的认可度；更多的民营企业通过"一带一路"投资，降低了成本，实现了产能转移，提升了利润空间，如宁波某纺织企业，鉴于国内越来越高的用工和土地成本，将目光投向"一带一路"沿线的柬埔寨，利用当地的低成本优势和政策优惠措施，企业综合成本比在国内下降15%以上，订单数量大幅上升，并利用欧盟给予柬埔寨的出口免税特权等贸易优惠措施，扩大了欧盟市场的份额，提升了企业的生产和利润空间。

（三）民营企业参与"一带一路"建设模式多样

总结目前我国民营企业参与"一带一路"建设的模式，主要有如下几种：第一，许多民营企业选择"抱团出海"，依托境外经贸合作区，集群式"走出去"。这些民营企业自身掌握的资源有限，在"一带一路"投资建设中显得势单力薄，如在泰中罗勇工业区，我国民营企业已经形成汽车汽配、印刷、金属制造、化工等产业集群，通过联合行动、联手出击、错位经营，充分发挥了企业各自的管理、技术、资金优势，实现优势互补，增强了企业的市场竞争力。第二，借助国有大型企业平台，实现依附式"走出去"。这类企业国际化经验不足，国际化人才储备有限。当前许多大型国企已经在"一带一路"沿线国家投资搭建了较为稳定的对外投资与经营平台，民营企业通过依附模式融入国有企业的产业链或价值链，通过专业分工、服务外包、订单生产等多种方式与大型国有企业进行项目对接，充分利用国有企业的信息、销售渠道、人才等优势，为在"一带一路"相关国家和地区进行投资建设的大型国企供应原材料、零部件以及成套设备，进而逐步实施在"一带一路"沿线国家的投资合作战略。提供平台的国有大企业也在这一过程中得到了更加专业化的服务，从而实现了双赢，如江苏某阀门企业是一家专注能源开采行业的阀门制造企业，其借助中石化、中石油的油气采炼工程，把产品推向中东、中亚、东南亚、南亚等国际市场。第三，部分民营企业借助自身实力，独立开展产业链"走出去"。这类企业往往具有较强的产业国际竞争力和充分的国际化经营能力和经验,如华为在"一带一路"沿线的相关国家,从通信规划设计、设备供应、建设管理到运营,提供全产业链的"一揽子"解决方案。第四,部分民营企业与国际知名品牌企业合作"走出去"。这类企业往往有较强的研发和生产能力,但并未形成国际知名品牌,处于 ODM 向 OEM 转型期。这些民营企业与国际知名跨国公司共同开发"一带一路"第三方市场,普遍采取合资、合作公司形式,如美的集团与美国开利公司合资在埃及建厂,共同开拓中东、非洲市场。

尽管我国民营企业在"一带一路"建设中取得了不少成就,但同时笔者在调研中也发现,在"一带一路"建设过程中,民营企业的重要作用仍然未得到充分的认识,民营企业参与"一带一路"建设也面临着不少问题和困难,需要相关的政策扶持。

二 民营企业参与"一带一路"建设中存在的问题

民营企业在"一带一路"建设中发挥着不可替代的作用。但是,民营企业在参与"一带一路"建设的实践中仍面临着诸多问题。

(一)公平性问题

在参与"一带一路"建设方面,诸多民营企业反映最集中的问题是与国有企业的公平地位问题。与国有企业相比,民营企业在政策支持、财政支持、融资支持、项目支持、信用支持、外汇支持、专业指导等方面得到的国家扶持相对较弱,无法以与国有企业平等的地位去参与"一带一路"建设,这在一定程度上制约了民营企业在"一带一路"建设中的能力。民营企业很难获得国家在"一带一路"建设方面的支持资金以及政府在相关优惠政策方面的信息,在资金换汇方面也会受到很多限制。如国家在"一带一路"建设上提供的政策性金融贷款,对于大型国有企业,尤其是央企优惠幅度大、利率低,对民营企业却缺乏同等优惠,一些民营企业甚至根本无法获得优惠。一部分有实力的民营企业即使能够获得优惠,资金成本也高于国有企业。

（二）风险规避问题

"一带一路"沿线的许多发展中国家政局不稳、经济发展不确定性强、市场体系不规范、投资风险较大。许多民营企业在参与"一带一路"建设过程中遇到的风险问题突出，这些风险有些是不可抗力，是难以规避的，但是有些风险却可以通过建立政府风险预警体系和采取灵活的措施加以规避。由于我国民营企业"走出去"起步晚，国际化经验不足，一些开展国际化经营较早的民营企业更多关注在欧美、中国香港、新加坡等市场化程度高、营商环境较好的地区，或是在全球开展贸易，而在"一带一路"地区进行投资经营的经验缺乏，抗风险准备不足，极易造成损失。例如，笔者调研中的某企业在埃及投资设厂，赚取的利润是埃镑，准备换成美元汇回国内，但是埃及央行迟迟不进行兑换，结果埃镑兑美元持续贬值，甚至某天贬值达到17%，给企业造成严重损失；如某企业在越南投资设厂，该国2014年发生反华游行，事前未得到预警，造成一定损失等。

（三）中介服务问题

许多民企认为我国在"一带一路"建设方面的中介服务体系不健全、信息不对称问题突出。在调研问卷中，高达71%的民企表示，国内缺乏法律、会计、投资、信息咨询等专业化程度高的机构和中介服务组织来提供完善的相关服务，中介机构普遍缺乏对"一带一路"国家和地区进行法律审查、资产评估等方面的经验和能力；同时，缺乏高效及时的信息渠道和服务平台，对"一带一路"相关国家的政策、法律法规、投资环境、市场信息等不了解，现有服务满足不了企业对信息的有效性、系统性、互动性等需求，存在着信息分散、滞后、脱节以及中介服务不配套等问题。如有企业反映，由于对"一带一路"相关国家的经济、政治、市场变化等信息缺失而蒙受了较大损失，很难找到国内机构提供"一带一路"国家（尤其是欠发达国家）的市场调研和分析，而选择境外知名机构费用高，且沟通联系比较困难，服务效果较难把握，增加了企业参与"一带一路"建设的成本和困难；还有民营企业反映，不知道政府对"一带一路"建设的支持政策以及申请支持的程序，相关行业协会也没有提供明确的指导和信息服务。

（四）自身素质问题

目前，民企参与"一带一路"建设，在不同程度上存在着准备不足、人才匮乏、行为不规范、风险意识和合规意识淡薄等问题。例如，有的同业企业恶性竞争，造成两败俱伤，这点在非洲、中东等地项目投标、产品销售方面十分明显；有的企业不熟悉国际规则，不遵守东道国法律法规，不履行企业社会责任，造成不良影响，这点在非洲、中南半岛地区较为突出。当然，最为突出的问题是适应"一带一路"建设的专业化人才不足。"一带一路"涉及多元文化交织的地区，这里是伊斯兰文化、基督教文化、佛教文化等多元文化的交织地，社会风俗和商业习惯多样，语言多样性十分明显，适用的商业法律法规也有不少差别，因此企业需要相应的语言人才和经贸人才储备。笔者调查发现，有65%的民企表示缺乏熟悉"一带一路"相应国家的国际经营管理人才，51%的民企表示缺乏适合"一带一路"建设的专业技术人才和小语种语言人才。

三 对策与建议

"一带一路"建设是一项复杂的系统工程，需要各种经济主体的广泛参与，除国有企业的引领作用外，也需要切实发挥民营企业的作用。我国政府一直鼓励民营企业"走出去"，2012年6月29日，国家发展改革委、外交部、工业和信息化部、财政部、商务部、中国人民银行等部委印发了《关于鼓励和引导民营企业积极开展境外投资的实施意见》，在民企的政策支持、投资管理、服务保障、风险防范方面都提出了指导性意见。但是鉴于"一带一路"相关国家和地区大多为发展中国家，情况复杂、风险多发，对民营企业的支持需要更具体的政策落实。

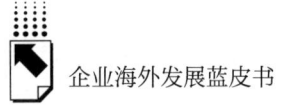

（一）给予民营企业参与"一带一路"建设的平等地位

"一带一路"建设应讲求平等原则和市场化，国有企业和民营企业都要遵循竞争中立原则，这样建设与发展才具有可持续性。包括民营企业在内的中国企业是实现"一带一路"倡议落地的重要力量。民营企业参与"一带一路"建设，可加快民企"走出去"进程，提高国际竞争力，且可淡化我国企业海外投资的政府色彩，避免外界过度解读和误解，其独特作用不可替代。民营企业参与"一带一路"建设，需要公平的竞争环境，要注意将民营企业培育成为"一带一路"建设的生力军，在政策支持、资金扶持、融资担保、公共服务、投资便利方面给予民营企业与国有企业同等的重视，减少对民营企业的行业限制和外汇资金使用限制，为民营企业的对外经济合作拓宽道路，使民企获得与国企平等的发展地位和竞争地位。

（二）完善对"一带一路"沿线国家投资的风险评估预警体系

应加快完善对"一带一路"沿线国家投资的风险评估体系，注重投资风险的综合测评，帮助民营企业准确分析风险，并以此作为提供财政和信贷支持的依据。同时，要加强研究对"一带一路"沿线国家投资风险评估的有效方法，设立规范的风险评估流程，积极探索以企业履约能力、项目收益和现金流作为重要评估依据的授信模式，建立严格的风险评估预警体系。积极鼓励我国民营企业利用保险、担保、银行等金融机构和其他专业风险管理机构的相关业务来保障自身利益。

（三）建立灵活的政策性风险补偿机制

应加强政策性风险补偿机制建设，运用外交途径保护企业利益，采取灵活的措施解决民营企业在"一带一路"建设中面临的问题。在前述案例中，某企业面临着埃镑利润不能换成美元汇回国内的问题，在中国政府向埃及大量提供投资建设资金的背景下，政府可以通过外交手段进行斡旋，敦促埃及政府保护中国企业利益；政府也可以考虑改革管理体制、增加政府效能、采取灵活措施在国内加以解决，如把正在投入埃及经济建设（如中埃苏伊士经贸合作区建设）的美元在国内支付给民营企业，按照即期汇率，用该企业在埃及的埃镑直接投入建设。这既可以解决企业汇率问题，提高投资效能，也可以提升民营企业参与"一带一路"建设的积极性和归属感。

（四）加快"一带一路"中介服务体系的建设

推动国内中介组织参与"一带一路"建设，加强中介组织国际合作，提升国际化服务水平。支持发展一批有能力在"一带一路"相关国家和地区承办国际业务的中介机构，在国际会计、审计、法律、评级、风险评估、信息等领域为民企提供支持和咨询服务，构建多层次交流合作机制，推动民企"走出去"。行业协会组织应注重网站建设，搜集"一带一路"相关支持政策等信息，并加以公示，为民营企业申报支持政策的相关程序提供配套服务。发挥好协会组织协调、法律援助、自律、多元服务等重要作用，支持有条件的行业组织尝试拓展"一带一路"服务网络，在"一带一路"相关国家和地区设立分支或办事机构；注重发挥"一带一路"相关国家和地区华侨华人及其社团组织在民营企业"走出去"进程中的支持作用。

（五）提升民企国际化素质和能力

要加强教育引导和规范约束，引导民企增强"中国企业"的国家形象意识、守法用法的合规意识、求真负责的诚信意识、审慎理性的风险意识。协调民营企业在"一带一路"建设中的利益，避免在某些项目上恶性竞争、自损形象的行为。促进民营企业"抱团走出去"，形成产能合作模式，移植产业链，以集群带动型模式在"一带一路"国家进行价值链投资和布局。引导企业自觉按国际规则和惯例办事，主动与"一带一路"相关国家政府部门、工会组织等加强联系，履行企业在当地的社会责任，提高"中国企业"良好形象。政府应创造条件为民企提供更多适合"一带一路"建设的人才，组织和强化"一带一路"国际化人才培养，建立企业国际化人才支持体系。根据"一带一路"发展中国家的国情培养一批跨文化复合型人才，这些复合型人才能够通晓当地语言、熟知当地法律法规、了解当地文化风俗，从而为民营企业海外拓展提供强大的智力支持。

参考文献

［1］才国伟、曹昱葭、吴华强：《中国经济改革与发展视角下的"一带一路"》，《广东社会科学》2015年第5期。

［2］孙蒙蒙：《"一路一带"战略下我国中小企业发展的法律保护》，《法制博览》2015年第20期。

［3］马玉荣、王艺璇：《"一带一路"—大国发展战略——专访国务院发展研究中心副主任隆国强》，《中国经济报告》2015年第5期。

［4］毛艳华：《"一带一路"对全球经济治理的价值与贡献》，《人民论坛》2015年第9期。

中美贸易问题专题篇

China-US Trade

B.12 特朗普上台对中美直接投资的影响分析

周金凯*

摘　要： 2016年11月9日，特朗普当选美国总统，他主张贸易保护主义和产业回迁，将会对中美直接投资关系产生巨大影响。贸易保护主义将会刺激中国对美直接投资，但增长速度会受到美国国家安全审查制度的影响。产业回迁在促进中国对美投资的同时，会减少美国对华投资，给中国制造业带来负面影响。本文运用灰色关联法和相关数据，分析了特朗普的政策主张给中美直接投资带来的影响，并从政府和企业角度为我国应对特朗普上台后的经贸主张提出若干建议。

关键词： 贸易保护主义　产业回迁　对外直接投资

---

* 周金凯，对外经济贸易大学中国世界贸易组织研究院在读博士，主要研究方向为国际贸易。

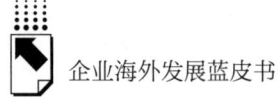
企业海外发展蓝皮书

2016年11月9日,特朗普当选为美国新一届总统。特朗普在竞选中主张将经济增速放在首要位置,提出通过减少税收、贸易保护、产业回迁、增加军费和基建投资刺激经济增长。在贸易保护主义方面,特朗普认为,美国长期的贸易逆差使国内工作岗位流失,失业率增加,对经济造成不利影响。他认为贸易保护政策应从提高关税和重新进行经济谈判或退出国际经济组织入手。针对提高关税,特朗普主张对进口产品提高关税,特别对中国和墨西哥征收更高关税。他主张重新进行国际经济谈判,甚至退出国际经济组织。特朗普不仅反对TPP,还提出重新与加拿大和墨西哥进行北美自由贸易协定(NAFTA)谈判,甚至扬言要退出WTO。此外,特朗普主张产业回迁。特朗普在竞选中提出经济政策的制定要引领制造业回迁,为国内创造更多就业机会。通过减税政策的实施,大幅降低企业所得税,对迁回海外利润的美国企业一次性征税10%,旨在吸引迁移至海外的美国资本回流。特朗普主张的贸易保护主义和产业回迁将会对中美经贸关系造成诸多影响,进而影响中美两国的直接投资。

一 中美贸易现状分析

2005~2009年,中国对美直接投资额与美国贸易保护主义呈现正相关关系,贸易保护越严重对美投资增长越快。贸易保护主义增加了中国对美贸易成本,促使中国企业通过直接投资的形式,对美国企业并购或是绿地投资。但从2010年开始,中国对美直接投资额与美国贸易保护主义呈现负相关关系,且与贸易成本的关联度逐步降低。关联系数的下降意味着美国贸易保护主义的加强并没有促进中国对美直接投资的快速增长。其主要原因是2008年金融危机后,中国对美直接投资快速增长,美国担心中国企业并购威胁到国家安全,加强了对华外资并购的国家安全审查。根据美国财政部2008~2016年报告,2007~2014年美国外资投资委员会(CFIUS)对中国企业并购的审查由3件增长到24件,年均增长率达到87.5%。2014年,中国有24件交易受到审查,占当年CFIUS审查总数的16.3%,连续3年成为受美国国家安全审查最多的国家。在数量占比方面，2006～2013年稳步提高，由0%增加到21.7%。虽然2013年中国受审查数量较2012年降低，但数量占美国当年审查总数的比重却达到历史最高水平。

2011年开始，受审查数增长迅速，原因是2008年金融危机后，中国企业加快了"走出去"的步伐，通过海外并购的方式接管国外的企业。这一举动引发了美国对于国家安全的担忧，从2011年开始，CFIUS规定并购交易除不能涉及政府保密信息外，还将政府敏感信息、政府合约信息及雇员信息列入审查的范围。此外，CFIUS还新增规定，若被外国公司收购的美国企业所在地靠近某些类型的政府设施，CFIUS要对该项目进行安全审查。这一规定导致中国受审查并购交易数量激增。

二 中美直接投资在美国产业回迁形势下产生的问题

奥巴马政府鼓励振兴美国制造业，目前相关资本已有回迁趋势。2013年开始，美国制造业跨国公司资本流出呈持续下滑趋势，2013～2015年资本流出下降16.26%，资本流入则不断上升，2013～2015年上涨183.97%。2010年以来，已经有美国制造企业将部分业务回迁美国，包括美国通用电气和卡特彼勒的组装业务、家电厂商惠而浦旗下著名品牌KitchenAid手持式搅拌器生产业务、福特汽车、英特尔等。若特朗普上台后继续推进制造业回迁，那么资本回流美国将有更强的动力。

（一）美国产业回迁将增加中国对美直接投资，但挑战并存

受我国"走出去"战略引导和美国重振制造业相关政策的影响，中国对美直接投资特别是对美制造业的投资将会继续增加。2014年，中国对美直接投资涉及多个领域，其中流量在10亿美元以上的行业中，对美制造业投资以18.04亿美元位列首位，同比增长109.3%，占对美投资流量的23.7%。2015年对美国制造业投资达40.08亿美元，同比增长122.2%，占对美投资流量的49.9%。美国的产业回迁政策增加了中国企业对美直接投

资,主要是因为美国欢迎中国投资。中国在美投资会雇用大量薪酬高于平均水平的员工,提高美国的就业率。这些公司制造的产品又会带动美国出口,可以提高美国经济的效率,促使营商环境更具竞争力。同时,在美投资企业能够建立对美国文化和制度的认知。这些有助于增强美国对世界经济文化的影响力。

但是,中国对美国直接投资在美国产业回迁过程中会面临诸多的阻力,主要表现在两个方面。一方面,美国制造业回迁与中国产业升级形成巨大的竞争关系。美国制造业回归主要集中在两大领域:一是高端制造业,二是高耗能升级产业。短期看,中国的制造业在这两个领域尚不具备优势,中国企业对美投资不会形成直接的竞争。但从长期来看,随着中国企业产业升级,竞争不可避免。其原因是特朗普主张美国政府在制造业回迁中应加大对新兴产业的支持力度,将其作为制造业回迁的重心,以此推进包括新能源、智能设备在内的科技革命,对这些新兴产业领域投入巨资,同时借助税收优惠保证美国在这些新兴产业领域建立和保持全球竞争优势。这与我国对外直接投资未来方向存在巨大竞争。另一方面,中国对美直接投资主要是制造领域,美国政府对高端制造业采取保护措施。美国外资投资委员会年报显示,美国政府对中国企业收购美国高新技术公司进行严格的国家安全审查,坚决反对外国政府为支持本国企业收购具有关键技术的美国公司而提供帮助。再加之中美在意识形态方面存在分歧,美国对来自中国的企业投资多是存在敌意,因而中国企业对美国直接投资面临巨大障碍。

制造业并购一直是美国国家安全审查的重点。2012~2014年,美国针对各国制造业并购审查共计151件,占三年审查总数的42.2%,其中涉及中国的审查数量为33件,占制造业审查总数的21.9%。如图1所示,美国对中国制造业并购审查由2007~2009年的7件增加到2009~2011年的12件,占对中国审查总数的比重由54%上升为60%。除了制造业,采矿、建筑业的审查件数次之。据统计,中国企业在采矿、建筑方面的审查由2007~2009年的1件增加到2011~2014年的19件,比重由7.7%增长到28%。中国"走出去"的企业中,资金实力雄厚且竞争力较强的企业主要集中在制造业和采矿、建筑业方面，而且以国有大型企业为主，接受审查数量自然较多。

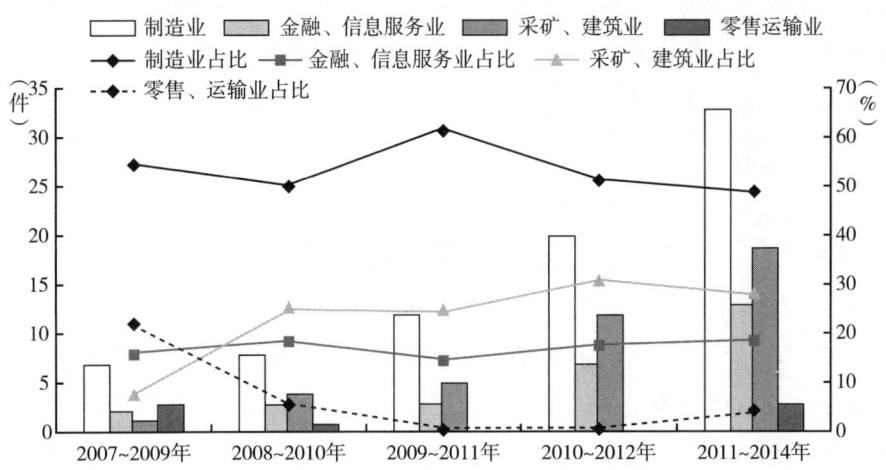

图1 2007~2014年CFIUS对中国不同行业企业审查数量及占比情况

资料来源：Committee on Foreign Investment in the United States；Annual Report to Congress。

（二）美国产业回迁将会继续降低美国对华直接投资

根据商务部统计数据，2000年美国在中国的直接投资为43.8亿美元，2002年实际投资达到54.2亿美元。2003年开始，美国对华直接投资并没有保持增长的态势，新增外资规模有所减少，直到2007年触底之后，2008年开始回升。2009~2015年，美国实际对华直接投资起伏波动较大，整体呈下降趋势。从美国对华投资占全球对华投资比重来看，2015年仅为2.1%，比2000年下降8.7%，成为15年来美国对华投资比重最低的一年，说明随着美国产业回迁政策的实施，美国跨国公司对华直接投资在不断下降。

美国对华直接投资下降主要有两方面原因。一是受金融危机影响，美国出口市场"疲软"，国内经济复苏乏力，失业人口居高不下，因此美国政府采取了制造业回迁战略。通过制造业回迁，充分利用国内劳动力、资本和技术研发三大要素，增强美国产品的核心竞争力，扩宽国内就业领域。美国政府通过改善制造业所处的税收、金融等商业环境，吸引对外投资的美国制造业企业重回美国本土投资。另一个原因是随着中国用工成本的逐年提高，中国人口红利逐渐消失，廉价劳动力时代结束使中国制造成本优势不再明显。相比之下，美国国内经历了金融危机，失业率长期居高不下，劳动力供给较为宽松，再加之美国技术先进、生产率高、生产成本相对较低，加大了美国作为生产地的吸引力。

三　对策与建议

通过对特朗普主张的贸易保护主义和产业回迁的分析，可以得出美国贸易保护主义有助于推动中国企业迈过贸易壁垒增加对美直接投资的结论，但美国国内严苛的国家安全审查制度又将部分投资企业拒之门外。在反对自由贸易的政策下，中国对美投资增长快慢取决于贸易保护主义与国家安全审查的角力。国家安全审查越严，中国对美投资增长率就会越低。

产业回迁政策将增加中国对美直接投资和降低美国对华直接投资。美国通过产业回迁，重振制造业，短期内由于中美制造业所处产业链位置不同，不会降低中国制造业对美投资。长期受美国对回迁企业优惠政策和中国制造业产业升级的影响，中国对美直接投资会面临巨大竞争。此外，产业回迁还将进一步降低美国来华投资的意愿，减少中国实际利用美资金额。通过以上分析可以得出：特朗普上台若实施贸易保护主义和产业回迁政策，将会直接影响中美直接投资，利弊程度要取决于不同政策的实施力度。为了实现中美直接投资的良性发展，中国政府和企业应该采取更合理的方式加以应对。

（一）完善我国外资并购国家安全审查制度，对美国形成反制

美国国家安全审查制度是一套系统的法律体系，并经过多年的实践不断补充完善。然而，我国的国家安全审查制度还没有建立起来，相关法律制定也是刚刚起步。这样，中国企业在美并购接受严苛审查的同时，中国却难以通过法律程序对美国企业进行反制，导致中美企业处于不对等的地位。关于国家安

审查的法律制定应从试点开始,按照 2015 年颁布的《自由贸易试验区外商投资国家安全审查试行办法》,首先在中国自由贸易试验区实施外商投资国家安全审查措施,形成可复制借鉴的经验逐步向全国推广,建立适合我国的国家安全审查制度,对美国的审查形成反制。这样,即使 CFIUS 对中国制造业直接投资进行审查,中国也可以对美国的其他来华投资产业进行对等审查。

(二)积极应对美国贸易保护主义

由于特朗普在贸易保护方面的主张比较激进,虽然双方全面爆发贸易战的可能性不大,但中美局部贸易战不可避免。特朗普当选后,出于兑现竞选承诺的考虑,必然会做出一些象征性的姿态,预计会针对部分中国商品提高关税或设置壁垒,中美贸易摩擦将会增加。中国对外投资企业一定要提高警惕,时刻关注美国市场变化。若国家安全审查成为投资的绊脚石,中国企业要积极应对 CFIUS 审查。中国企业要充分认识到 CFIUS 安全审查是因为美国政府对交易目的存有疑虑。被审查企业应该直面问题,积极回应 CFIUS 的安全关注,通过折中的办法找到双方都能接受的解决方案。在多数涉及"外国政府控制"的并购案中,CFIUS 更有可能提出一项"风险缓解协议",对 CFIUS 的批准附加额外的条件,以消除国家安全顾虑,而不是阻止其交易。由于特朗普明确反对 TPP,他的上任意味着 TPP 可能搁浅,这给中国应对美国贸易保护主义带来了机会。中国企业可以在美国疏于国际贸易合作之际,以"一带一路"为契机,积极拓展国际市场,扩大对其他地区的直接投资额度。

(三)提高我国制造业核心竞争力,降低投资外流造成的损害

美国的产业回迁政策将会对我国造成一定冲击,需要采取措施加以应对。在政策方面,我国应该加大对高新技术产业的扶持,促进产业升级。对涉及国计民生的关键产业要通过税收优惠和补贴等措施进行扶持,保护好国内制造业。在技术创新方面,应进一步加大科研投入,为先进制造业研究提供资金支持,促进科研成果向实际生产的转化。创新是现代产业发展的主要源泉,中国制造业向全球产业链高端发展并形成竞争新优势,离不开自主创

新。在市场方面,中国制造业不仅需要开拓多元化市场,还需要扩大国内需求,巨大的国内市场将为中国高端制造业的发展提供广阔空间。人才方面,应提升教育质量,加大教育投资,通过优惠政策吸引海外技术人员来我国发展,为制造业的产业升级提供智力支持。

参考文献

[1] Trump's Detroit Economic Policy Speech, More on the Death of Korryn Gaines, 2016 – 08 – 18, http://weaa.org/post/first – edition – august – 8 – trumps – detroit – economic – policy – speech – more – death – korryn – gaines.

[2] 王小梅、秦学志、尚勤:《金融危机以来贸易保护主义对中国出口的影响》,《数量经济技术经济研究》2014年第5期。

[3] 贾杉:《贸易保护与中国对美国的直接投资研究》,《统计与决策》2011年第12期。

[4] ANDERSON, J. E. and VAN WINCOOP, E. Trade Costs, *Journal of Economic Literature*, 2004, (3): 691 – 751.

[5] 张毓卿、周才云:《中国对外贸易的测度及影响因素——基于面板数据模型的实证分析》,《经济学家》2015年第9期。

[6] Committee on Foreign Investment in the United States, 2016 – 11 – 08, http://www.treasury.gov/resource – center/international/foreign – investment/Pages/cfius – reports.aspx.

[7] 王梅:《中国投资海外:质疑、事实和分析》,中信出版社,2014。

[8] 新华网:《一文读懂特朗普经济金融主张》,2016 – 11 – 09,http://news.xinhuanet.com/finance/2016/11/09/c_129357645.htm.

[9] 庄芮:《美国重振制造业对中美经贸关系的影响》,《亚太经济》2013年第5期。

[10] 中国商务部、国家统计局、国家外汇管理局编著《2014年度中国对外直接投资统计公报》,中国统计出版社,2015。

[11] 《2015年中国对美投资创新高》,2016 – 10 – 03,http://www.zaobao.com/realtime/world/story20161003 – 673529.

[12] 洪博培:《美国欢迎来自中国的直接投资》,《第一财经日报》2011年3月29日(A08版)。

B.13
透视国际投资规则中的透明度要求
——基于中美 BIT 视角

刘斌 刘颖[*]

摘　要： 在国际投资领域，仲裁因其解决争端的高效性、保密性等特点，而逐渐成为东道国政府与外国投资者较为青睐的争端解决机制之一。然而国际投资仲裁缺点是投资仲裁程序缺乏透明度，导致投资仲裁裁决出现正当性危机，因此增加透明度是当前国际投资仲裁中需要解决的问题之一。本文通过分析中美对透明度认知的差异，并提出中国积极应对中美 BIT 中透明度要求争议的必要性。

关键词： 国际投资规则　透明度　中美差异

自 2008 年至今，历时八年，目前中美 BIT 谈判已临近尾声。2016 年 6 月以来，中美双方开始加速推进中美 BIT 谈判进程，目前双方在负面清单、国有企业、透明度、安全审查等问题上仍相持不下。美国新一任总统特朗普上台，为中美 BIT 的谈判增添了新的不确定性，TPP 的搁浅一定程度上促使中美 BIT 谈判成为美国处理对外投资关系的重要选项。2017 年 4 月 7 日"习特会"后，中美双方就贸易问题制定了"百日工作计划"，涉及投资、市场准入、金融开放等多个方面，旨在将目前紧张的贸易形势"化干戈为

---

[*] 刘斌，对外经济贸易大学国际经济贸易学院副研究员，主要研究方向为国际贸易；刘颖，对外经济贸易大学国际经济贸易学院，主要研究方向为国际贸易。

玉帛"。在美国新一代投资规则范本（2012BIT 范本）中，透明度要求的相关内容得到了进一步的充实，而不论是美国投资安全审查的不透明还是中国投资、金融市场的进一步开放，都直接指向投资规则中的透明度要求。与其他涉及明确产业及国家核心利益的议题相比，透明度要求的谈判具有更强的可操作性，其衡量标准的设定也存在加大的操作空间。中美 BIT 谈判中，透明度要求的争议点究竟是什么？中美双方关于透明度要求的利益诉求与主要分歧点在哪里？中国需要如何应对？本文将结合美国 2012BIT 范本、中加 BIT 以及中韩 FTA 中的投资协定内容，通过对比中、美两国协定文本中的透明度要求，尝试做出分析并提出相应的政策、建议。

一 国际投资透明度现状

（一）国际投资规则中的透明度要求

透明度要求在当下没有统一的界定标准，在国际法律上也没有关于透明度的公认定义。一般情况下，根据适用团体和对象的不同，如 OECD、APEC 等国际组织或者各国投资规则的制定者以及投资商，对透明度要求会有不同的解释。简言之，透明度是指对于相关法律或者法规，人们可以不受妨碍直接获取全部内容的程度。近年来国际社会对透明度要求的关注持续升温，透明度要求在现行国际投资规则框架下不断更新和演进。目前发达国家在各种国际投资协定中不断提高透明度要求的标准，而发展中国家由于经济发展水平相对落后，国内如金融、电信以及国有企业等领域的透明程度远不及发达国家，因而各方对透明度要求的解释也各执一词。

（二）中国对外签订的 FTA 和 BIT 中的透明度要求

在目前中国对外签订的双边和区域自由贸易协定中，中韩自贸协覆盖议题范围最广、涉及国别贸易额最大、标准最高的自贸协定。此外，中加 BIT 作为中国最新签订的双边投资协定，也将透明度条款（第 17 条）纳入其中，主要涉及通知和信息提供、行政程序以及鼓励条款三个部分。对比中韩 FTA 和中加 BIT 中的透明度要求可以看出，二者对透明度义务履行的要求不高，但规定相对明晰，基础性较强；中加 BIT 在提高透明度要求方面做出了新的尝试，将利害关系方的参与包含在鼓励条款之内，这一点同美国 2012BIT 范本中提高公众参与的趋势一致。

二 中美 BIT 谈判中透明度要求存在的问题

（一）中美双方对透明度要求的不同设定

美国 2012BIT 范本为美国双边投资协定的最新范本，其中对有关投资的法律法规和决定的公布（第 10 条）、缔约国和投资者的其他实体透明度（第 11 条）做出了明确规定，同时规定了投资仲裁程序中出现的透明度要求（第 29 条）。其中第 11 条中补充了对技术法规和标准制定的程序性规定。

中国目前已经公开的 BIT 范本中一直未涉及透明度问题。而在中加 BIT 和中韩 FTA 中的透明度要求可视为中国对这一问题基本态度。中国的 BIT 谈判多以之前缔结的 BIT 文本为基础，在此次中美 BIT 谈判中，中国即采用最新的中加 BIT 作为现行规则范本。

（二）中美双方在透明度要求上的差距

美国自 1983 年公布第一套 BIT 范本之后，对 BIT 范本的修订和更新一直延续至今，其中对透明度的要求被不断拔高，2012BIT 范本中透明度要求的最后一点更是通过加强利害关系方和公众参与对透明度标准的制定过程提出了要求。相较而言，中国目前并不具有大幅提高国内透明度标准的实力，国内区域和产业发展不平衡，一方面要保护和扶持国内弱势产业，另一方面，短时间内要大幅提高透明度要求的标准，存在较大的执行成本，对落后偏远地区的信息获取更是难上加难。中韩 FTA 中所涉及的透明度要求对于中国而言并不简单，但与美国 BIT 范本中的要求仍有较大的差距。

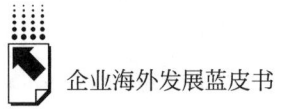

三 对策与建议

透明度要求对于中美BIT谈判的达成不可或缺，而且在中欧BIT谈判以及其他对外投资安排中也具有很强的现实意义。透明度要求的发展与国家经济和社会方向并行不悖，监管和法律制度的逐渐透明化，有利于一国在国际投资仲裁中积极应诉，也能够在长期中促进社会经济良性发展。基于上述分析，针对透明度要求，中国可以从以下两个方面做出改进。

（一）观念转变：积极纳入透明度条款

随着国际经济法自由化的推进，透明度要求的不断发展和延伸必将成为今后国际投资规则发展的重要趋势，在同美国以及其他国家签订的BIT和FTA中也必将涉及透明度要求。就中国目前的法制和经济发展水平而言，对透明度要求的重视程度亟待提高。中美BIT谈判中就透明度要求的争议点主要在于中国的出价过低，依惯例，中国在BIT谈判中可能不会涉及透明度要求，以往涵盖的透明度要求也远低于美国标准，无法达成中美BIT追求的各领域"对等开放"。中国对于美国2012BIT范本中高标准的透明度要求也尚未具备全盘接受的能力。着眼于国际投资规则的发展趋势，中国首先应该积极接受透明度条款，从透明度要求的普及做起，在FTA和BIT的签订过程中就中国自身的情况设计符合自己现状的透明度要求。"打铁还需自身硬"，在不断提升本国透明度标准的基础上，努力向美国等发达国家的标准看齐。

（二）路径选择：整体规划与区别对待

目前中国的透明度要求主要存在两方面问题：一是重视程度有待提高，中国在投资协定的谈判中缺乏对透明度要求相关规则制定的主观意愿，对透明度要求这一原则诉求不强。二是缺少统一的标准规范，中国对外签订的协定中，无论是FTA和BIT之间还是不同FTA之间对比，其透明度要求的规定都不尽相同。诚如前述，在目前的国内外透明度水平下，中国对BIT谈判中的透明度要求应沿以下两条路径展开。

1. 整体规划，抢占先机

中国对外直接投资和吸引外国投资的局面可谓今非昔比，2015年中国对外直接投资流量1456.7亿美元，实际利用外资额为1356亿美元，首次步入资本净输出国行列。无论对中国还是美国而言，要想为如此规模的海外投资提供坚强的后盾、进一步优化投资渠道，就需要强有力的投资条约，就要为投资者提供稳定的投资环境，因此透明度要求不可或缺。现今国际投资中对透明度要求的设定缺少统一的规范，美国试图通过2012BIT范本的推行，力争在透明度规则的制定上占据优势。如果我们能够结合中国国内实际情况以及实践中的具体做法，权衡好中国所能接受的透明度程度，适时制定出适用于自己的透明度规则，就能在未来的BIT以及其他投资谈判中摆脱被动局面，这对中国透明度体系的构建以及投资者利益的维护都将起到极大的促进作用。

2. 区别对待，量体裁衣

美国2012BIT范本中涉及的透明度要求既有符合中国发展阶段的规则，也存在要求特别高的条款。履行透明度义务会在一定时期内让渡本国的主权，中国应始终以维护本国自身利益为重，暂时没有协定要好过急于达成协议而放弃自身权益，在谈判过程中可通过保留和例外等方式为国家留有一定政策空间。对于仍旧存在争议的问题，中国应当秉持审慎的态度，对具体规则的设定加以斟酌，如涉及投资仲裁中透明度可诉性的问题，中国在相关仲裁实践中不具备足够的经验，考虑到赋予外国投资者的权利以及可能涉及的机密信息的公开，中国对这一规则的设计还有待进一步商榷。

目前中国已经成为名副其实的投资大国，参与国际投资仲裁的可能性也会随之增加，要提升自身应诉能力，除了在规则制定方面加以引导，还应重视对行业协会、非政府组织等机构的专业性引导和培育，使其能够在仲裁过程中以及类似中美BIT的谈判和签订过程中给出更多专业性意见。允许公众和非争端缔约方参与，提升投资条约仲裁程序的透明度，这样既有助于在仲裁审理过程中维护自身利益，也便于中国在经济全球化和区域一体化进一步升级的环境下分得国际投资红利一杯羹。

参考文献

［1］黄世席：《欧盟投资协定中的投资者－国家争端解决机制——兼论中欧双边投资协定中的相关问题》，《环球法律评论》2015年第37期。

［2］林其敏：《国际商事仲裁的透明度问题研究》，《河北法学》2015年第33期。

［3］张庆麟：《国际投资仲裁的第三方参与问题探究》，《暨南学报》（哲学社会科学版）2014年第36期。

［4］赵骏、刘芸：《国际投资仲裁透明度改革及我国的应对》，《浙江大学学报》（人文社会科学版）2014年第44期。

［5］于健龙：《论国际投资仲裁的透明度原则》，《暨南学报》（哲学社会科学版）2012年第34期。

B.14 中美双边投资协定谈判背景下 PPP 市场开放探析

史丁莎 王晓楠*

摘 要： 在中美双边投资协定谈判不断深入的背景下，PPP 市场的双向开放成为中美双方共同关注的问题。目前，我国 PPP 市场与发达国家之间仍存在差距，市场成熟度还有待提升，尤其民营企业和外资企业的参与度依然不高。面对 PPP 市场进一步扩大对外开放的趋势，需要在转变政府职能、推进混合所有制改革的同时，通过健全 PPP 法律体系，降低外商投资门槛，为外资企业参与国内 PPP 市场创造公平竞争的市场环境。

关键词： 中美双边投资协定 PPP

目前，外资企业在 PPP 市场的参与程度依然较低。在中美双边投资协定（以下简称中美 BIT）谈判的推动下，我国对外商投资的限制领域将逐步减少，PPP 市场进一步扩大对外开放将是大势所趋。

一 我国 PPP 市场开放现状

在我国 PPP 模式发展历程的各个阶段都有外资企业的参与，但对外资

---

* 史丁莎，对外经济贸易大学中国 WTO 研究院在读博士，主要研究方向为国际贸易；王晓楠，国银金融租赁股份有限公司。

开放的程度不尽相同。20世纪80年代中期，随着改革开放步伐的加快，以及吸引外资有关政策的出台，一批境外资金进入我国经济建设的各个领域。其中，部分外资企业参与了以电力、供水、交通行业为代表的基础设施BOT项目。

1994年，我国基础设施建设领域利用外资的有关政策发生了变化，由限制外资直接投资转向引导外资从事基础设施直接投资，推动了国内PPP市场向外资企业开放规模的扩大。外资企业作为PPP市场中的主角在经济建设中发挥了突出作用。

2002年起，由于我国非公有制资本市场准入限制有所放宽，社会资本在基础设施项目投资规模有所扩大，并开始进入BOT、BT等项目中。这一时期，PPP市场主体多元化，央企、国企、民营企业和外资企业都是市场参与者。相比较之下，外资在PPP市场参与度较低。如国家体育场建设项目是以PPP模式运作的第一个公益项目，参与该项目的企业有中国香港的国安岳强有限公司和美国的金州控股集团有限公司，两家企业投资额占项目总投资的比例仅有4.83%。

2008年金融危机以来，随着经济刺激政策的出台，基础设施建设发展迅速，但对社会资本参与基础设施投资具有明显的"挤出效应"，PPP作为融资模式逐步被地方政府边缘化。这一时期国有企业成为政府合作的主角，PPP项目中外资企业参与数量较少。

2013年以来，随着基础设施领域投融资体制改革的不断深入，为缓解地方财政资金紧张、满足基础设施建设需求，PPP模式推广迅速。尤其在地方政府传统的融资平台取消的背景下，地方政府将PPP作为提供公共产品和服务的主要融资方式。我国基础设施建设规模的不断扩大，吸引了大量国际直接投资。2015年，外资流入量增长6%，达到1356亿美元。联合国贸发会议（UNCTAD）发布的《2016世界投资报告》指出，2014~2015年，中国是全世界第二受欢迎的投资目的地。

正是由于国际直接投资对基础设施建设领域投资需求的逐步提升，未来我国在基础设施建设PPP项目的外商直接投资需求仍将处于较高水平。然而，尽管政府有关部门鼓励外资和民营资本发起设立以投资城市基础设施为主的产业投资基金，允许社会资本通过特许经营等方式参与城市基础设施投资和运营，为 PPP 模式的发展创造了一定的政策环境，但 PPP 项目社会资本方构成仍以央企和国企为主，其承担的项目多集中于交通运输、市政工程等基础设施建设，而民企投资的 PPP 项目则更多集中在生态环保、文化等投资规模相对较小且易产生现金流的领域，外资在 PPP 项目中的参与度依然较低。

二 我国 PPP 市场对外开放存在的问题

（一）PPP 法律体系亟待健全

我国现行的 PPP 法律法规层级较低，权威性不足，效力有待提高。PPP 市场存在上位法体系缺位、部分 PPP 政策衔接配套不足问题，且各地区在实际操作中存在不规范现象。虽然基础设施和公用事业特许经营的制度框架已基本建立，但由于 PPP 项目涉及法律关系，在推广过程中存在许多实际问题，现存法律法规仅能对 PPP 有关的部分法律关系进行规范，对实际操作出现的问题无法有效解决，缺乏针对性，需要在顶层设计、立法层级、法律体系等方面加以完善。我国 PPP 市场存在一定的政策风险和不确定性，影响了外资企业参与的积极性。

（二）外资企业投资受限

为保护国家安全、推动国内经济健康发展，过去我国政府按国际惯例在部分关系国家安全和公共利益的行业领域利用市场准入等政策措施对外资企业实行全面监管。以《外商投资产业指导目录》为例，随着我国市场对外开放步伐的加快，目录已对限制类行业进行大幅缩减，对比 2011 年目录，2016 年目录反映了我国政府进一步向外商投资开放市场、优化产业结构的政策目标，开放政策更加宽松透明。然而，在最新的目录中电力、燃气、交

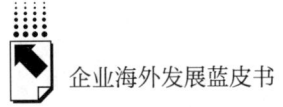

通运输、医疗卫生等部分行业领域依然有中方控股的要求或直接被纳入限制和禁止类。

此外，由于地方政府更偏好央企和国企作为PPP项目社会资本合作方，对部分PPP项目社会资本合作方的选择设置了多种或过高的门槛，如对注册资本金数额和投标企业资质的不合理要求等，以达到排斥包括外资企业在内的部分潜在投标人的目的，导致外资企业投标国内PPP项目意愿降低。

（三）安全审查范围尚需明晰

PPP项目大多为关系国计民生的重点工程，因此，安全审查问题成为外资企业投资PPP项目可能面临的问题之一。现行法律对此并无明确规定，更没有出台关于外国投资安全审查范围的具体标准及行业清单。同时，我国有关法律规范尚未就外商投资PPP项目的安全审查问题做出规定，有关国家安全审查范围存在适用标准缺失等问题，导致相关政策缺乏稳定预期性和明确性，外国投资者对外国投资安全审查的相关规定存在担忧。

（四）PPP项目价格机制有待完善

我国PPP市场价格机制仍不健全，由市场供需决定的价格机制尚待完善。由政府和社会资本成立的PPP项目公司在维护公共利益并承担适当风险的前提下，应能够获取提供公共产品或服务的合理收益，从而促进PPP项目公司提高项目建设和运营管理水平，保证项目的可持续发展。根据财政部PPP综合信息平台项目库统计，市政工程、交通运输、城镇综合开发等行业仍占PPP市场项目投资的较大比重。截至2016年底，各行业PPP项目数及投资额中市政工程、交通运输、城镇综合开发等3个行业PPP项目数量和投资金额均居前3位，合计分别占入库项目总数、总投资的54%、68%。由于基础设施和公用事业的价格调整涉及民生，PPP项目价格大多由政府制定，社会资本尤其是外资企业缺少话语权，议价空间较小，导致外资企业参与这类项目投资的热情不高。

三 对策与建议

（一）借鉴国际经验，完善制度供给

中美 BIT 谈判的不断深入将加快我国相关制度安排与国际接轨，如加强外商投资 PPP 项目方面法律法规的针对性，完善补充外资参与 PPP 项目的风险管理、权责认证、激励监管、外资退出、争议解决和信息披露等方面的制度空白。正在制定当中的外国投资法出台后，应根据其有关规定加快清理、修订 PPP 领域内与外资相关的行政法规、部门规章、地方性法规和规范性文件等；借鉴区域贸易投资协定的有关高标准制度安排，调整国内相关法律，将其作为完善国内 PPP 项目选择社会资本合作方有关制度建设的方向等。中美 BIT 谈判中美国对市场双边开放的高标准要求虽然将给国内市场主体带来一定的冲击和挑战，但从长远看，不仅有利于推动国内有关制度改革，而且将影响我国与其他国家或地区之间的区域贸易投资安排，促进我国 PPP 市场向更高层次的市场开放过渡。

（二）主动扩大对外开放范围

在我国推动贸易投资自由化深入发展、国内市场规模不断扩大的背景下，外资准入制度作为国家经济主权的重要内容，已成为我国和有关国家或地区贸易投资自由化谈判上的焦点问题。以基础设施和公共服务领域为代表的行业，一直在部分贸易投资协定谈判，特别是正在进行的中美 BIT 等谈判中面临有关参加方的要价压力。同时，由于这些行业领域也占据了中国 PPP 市场的主要份额，有关国家期望通过贸易投资协定的有关制度安排进一步打开我国 PPP 市场大门。在这一背景下，PPP 有关法律制度的健全将逐步提高我国 PPP 市场的成熟度，减少对外商投资的限制，推动进一步开放外资企业参与 PPP 市场，而贸易投资自由化的快速推进也将使我国 PPP 市场开放的速度超出预期。此外，通过降低外商投资准入门槛，主动扩大对外开放范

围,从而释放出价压力,将有助于加快有关谈判进程,推动我国更快实现区域贸易投资自由化的目标,最大化减少区域经济一体化对国内有关产业造成的冲击,以及对经济安全的消极影响,为国民经济发展奠定良好基础。

(三)推动混合所有制改革,提升企业竞争力

当前,在国际竞争日趋激烈的背景下,推动产业发展实现由粗放型向集约型的转变将是大势所趋。国际资本多为发达国家的成熟投资者,其国内经济法规健全、政策透明度高,PPP项目运作较为规范。引入这类外资参与国内PPP项目,不仅是扩大有效投资的一种方式,而且是引进国外先进技术和管理经验、推进产业转型升级的重要途径。国企混合所有制改革将打破政府干预、国有企业垄断以及准入限制的坚冰,为外资企业投资或参股基础设施、公共服务等领域的PPP项目提供政策支持,对国内企业创新能力和竞争力的提升具有重要意义,有利于促进国民经济可持续发展。

(四)采用保护性开放策略,避免对外开放过快带来的冲击

我国PPP市场对外开放应遵循保护性开放的基本策略,尤其在美国希望借中美BIT谈判打开我国市场的前提下,我国更应该把握好谈判节奏,从维护本国经济社会健康、可持续发展角度出发,采取适度的保护性策略,延缓部分行业领域的开放进程。虽然中美BIT谈判尚在进行之中,但实际上国外供应商早已进入我国PPP市场。可考虑利用负面清单保留制定例外的权利,对国内可能遭受冲击的PPP相关产业进行保护和扶持。同时,应以发展的视角看待PPP市场向外资开放问题,尤其是对市场未来开放可能涉及的领域进行前瞻性制度安排,通过有关产业政策对国内市场主体加以扶持和引导。值得注意的是,美国在负面清单中列举了关键基础设施、重要技术、国家安全3项,但对其未做定义,这种隐蔽性限制增加了我国企业在美投资的不确定性,但其模糊设置壁垒的方式也适用于我国的市场开放。

中美BIT已将基础设施和公共服务等PPP主要领域的市场准入、国民待遇、争端解决机制等问题纳入谈判范畴,其谈判结果将成为我国与欧盟或

其他国家谈判的标杆，推动 PPP 市场扩大对外开放。而越来越多的外国资本参与 PPP 项目竞标也将倒逼国内相关制度根据项目和市场需求进行调整和完善，与国际逐步接轨。目前美国签订双边投资协定的对象主要是发展中国家，其更希望通过协定的签署获得他国更多的市场份额。因此，美国 BIT 范本通过规定东道国更多的义务和责任，以实现保护投资者的目的，这一目的也将体现在中美 BIT 谈判中。虽然我国对外开放水平不断提高，但在外商投资方面的相关立法尚未完善，部分产业国际竞争力仍然较弱，美国 BIT 高标准的投资自由化并不适合我国的现实国情，尤其针对涉及公众利益和国家安全的 PPP 项目。我国在双边投资协定等国际规制谈判中要坚持国家引导外资发展本国经济的权利，不应给予外资过度的保护，以规避国内 PPP 市场对外开放过快带来的负面影响。

参考文献

［1］张茉楠：《万亿 PPP 市场或成外资新机遇》，《证券时报》2015 年 6 月 2 日。
［2］赵超霖：《别让 PPP 担负不能承受之重》，《中国经济导报》2016 年 1 月 20 日。
［3］李超：《业内呼吁加快推进 PPP 立法工作》，《中国证券报》2016 年 7 月 5 日。
［4］Robert Anderson, The WTO Regime on Government Procurement：Challenge and Reform, 2011.
［5］陈新平：《重新认识 PPP 的功能》，《中国财经报》2016 年 8 月 18 日。

B.15 中美贸易摩擦对中国产业与经济的影响

——以2018年美国对华301调查报告为例

曲越 秦晓钰 黄海刚 夏友富*

摘 要： 以2018年美国对华301调查报告为切入点，用全球贸易分析模型分析301调查对中国产业和经济的潜在影响。研究发现：301条款的演变反映了美国贸易政策的转变，虽然WTO成立以来301调查的频率明显下降，但美国的贸易保护主义依然强势；2018年的301调查会对当前中国各产业的发展造成负面影响，对交通、电子、机械、航空、信息和医药等高科技产业造成的冲击尤为明显，其中，以机器人为代表的机械制造业和以新能源汽车为代表的交通运输业受损最为严重；在中国采取反制措施之前，美国能在贸易平衡和社会福利方面获得一定改善，但如果贸易摩擦升级，会对两国经济产生消极影响；此外，贸易摩擦提升了中美主要贸易伙伴的社会福利，也给他们带来不同程度的贸易逆差。

关键词： 301条款 贸易摩擦 知识产权 GTAP模型

---

* 曲越，对外经济贸易大学国际经济贸易学院博士研究生，主要研究方向为国际贸易理论与政策；秦晓钰，山东大学经济学院博士研究生，主要研究方向为产业经济学；黄海刚，对外经济贸易大学中国开放经济与国际科技合作战略研究中心副研究员，主要研究方向为国际贸易；夏友富，对外经济贸易大学中国开放经济与国际科技合作战略研究中心主任，教授，博士生导师，主要研究方向为国际贸易、产业经济学。

改革开放以来，中国在出口导向型外贸政策的引导下，经过30多年的发展，对外贸易规模不断扩大的同时，已然成为对外贸易顺差大国。作为中国最大的贸易伙伴，美国与中国的经济相互依赖程度不断加深，贸易逆差也持续攀升，2017年贸易逆差额高达2758亿美元，这也是近年来中美之间的贸易摩擦频繁出现的重要原因。其中依托301条款对中国发起的相关调查是中美贸易摩擦出现的主要形式。2018年3月，美国总统特朗普签署总统备忘录，将围绕高科技产业对中国商品征收惩罚性关税，新一轮中美贸易摩擦持续升级。

301条款自生效以来，曾多次围绕专利和知识产权领域，对中国的纺织品、服装、电子、玩具和高科技产业展开过调查，对中国的经济和贸易发展产生过重要影响。本文通过梳理美国301条款的发展演变历程，以2018年美国针对中国高科技领域的301调查报告为切入点，分析301条款对中国产业和经济发展的影响，明确中国的应对措施。

一 美国301条款对中国的调查现状

自《1974年贸易法》生效以来，美国共发起6起针对中国的301调查，主要涉及知识产权保护、新能源和高科技产业等领域，发起时间主要集中在中国谈判力量薄弱的改革开放初期。自中国加入WTO之后，经济实力不断增强，在中美贸易摩擦中的话语权逐渐上升，针对中国的301调查频率明显降低。

（一）改革开放初期的301调查

改革开放初期，针对中国的商标、版权等知识产权保护问题，美国共发起了4次301调查，如表1所示。1989年和1991年的两次301调查，涉及电子、信息、医药和通信等领域，中国从"重点观察国家"上升为"重点国家"，最终双方以签署相关谅解备忘录告终，中国在两轮谈判中局面较为被动；1994年和1996年的两次301调查，涉及领域进一步加深，中国均采取了相应的反制措施，也侧面反映出了中国在对外贸易中实力的上升。最终，中美双方签署了《中美保护知识产权协议》，贸易摩擦并未升级。

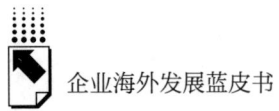

表1　改革开放初期美国针对中国的301调查

时间	涉及领域	调查事由	过程和结果
1989年	电子、信息、软件、著作、专利	针对产品假冒、软件盗版和知识产权问题,质疑中国的著作制度和专利制度	中国被贴上"重点观察国家"的标签,中美政府就此问题举行了谈判,最终于1989年5月拟定了《中美谅解备忘录》草案
1991年	医药、信息、通信、版权	中国知识产权制度不完善,商业秘密、版权和著作权不受保护	美国拟对从中国进口的100多种商品征收100%的惩罚性关税,《中美关于保护知识产权的谅解备忘录》最终于1992年1月签订
1994年	电子、玩具、鞋帽、塑胶、唱片、电影	中国对知识产权侵权打击力度不够,要求对美国知识产权产品开放市场	中国被贴上"重点国家"的标签,与此同时中国拟定了反制裁的措施,最终第二个《中美保护知识产权协议》于1995年2月签署
1996年	唱片、纺织品、服装、电子、电影	中国未履行双方知识产权协议的内容,盗版和侵权对美国造成了实质性的伤害	USTR公布了针对中国向美国出口的产品征收30亿美元惩罚性关税的建议,最终在1999年3月签订了第三个《中美保护知识产权协议》

资料来源：笔者根据相关资料整理。

（二）加入WTO之后的301调查

中国加入WTO之后，美国针对中国的301调查频率明显降低。一方面，WTO的贸易争端解决机制逐渐成熟，对美国形成一定的约束；另一方面，中国的经济实力和贸易话语权不断增强，在知识产权保护方面也获得较大的进步。2004年，美国政府曾驳回针对中国劳工权利和劳工标准的301调查申请。2010年，美国在其钢铁工人联合会的申请下，对中国的新能源产业发起了301调查，主要针对中国对新能源产业发展的补贴进行制裁，指责中国限制重要原料出口，强制外国投资者转让技术，进入WTO诉讼程序后，中美双方经过磋商最终达成一致，中国同意取消调查中涉及的补贴项目。此次的301调查是美国对中国新能源产业发展的冲击，双方并未采取强有力的相关惩罚性措施，调查的领域和过程显示出中国高新技术的发展和经济实力的增强。

（三）美国2017年对中国的301调查

21世纪以来，中美之间的贸易顺差不断扩大，特朗普上台之后，美国的贸易保护主义有所抬头，经济全球化受到一定的冲击，在此背景下，美国于2017年8月对中国发起21世纪以来的第二次301调查。此次调查指责中国的相关做法损害了美国的知识产权、创新和技术的发展，在此基础上，2018年3月美国发布了301调查报告，拟对超过600亿美元的中国进口商品征收惩罚性关税，涉及电子、信息、通信、航空和生物医药等高科技领域。近日中国已经公布了针对美国进口钢铁和铝产品"232措施"的中止减让产品清单，如果美国针对301调查的惩罚性措施成型，中国将进一步加大针对此次调查的反制措施，中美贸易摩擦存在升级的可能性。此次的301调查以及在此基础上的相关惩罚措施，将对中国的高科技产业的发展产生直接影响，同时对中国的对外贸易和经济发展造成一定阻碍。

二 美国301调查给中美贸易带来的问题

纵观美国历史上针对中国发起的301调查，对中国高科技产业和新兴产业的发展均造成过不同程度的影响。2018年针对中国的301调查报告及拟采取的贸易制裁措施，直指中国的航空产品、现代铁路、新能源汽车、信息技术和机械等高科技产业。为进一步分析此次301调查对中国高科技产业及经济发展的影响，本文从多区域、多部门和多要素的一般均衡出发，对影响进行模拟研究。

（一）对中国各产业部门的影响

对中国各个产业部门产生的冲击情况如表2所示。从短期来看，惩罚性关税首先会对中国2018年的所有产业部门均产生连带影响，各产业部门的进口规模无一例外会受到负面冲击，高科技产业的冲击尤为严重；其次，对中国产业2018年的出口规模、产出的负面影响，主要集中在以机器人为代表的机械制造和以新能源汽车以及高铁装备为代表的交通运输两个高科技产业部门，其中产出受损部门还波及了基建业；最后，冲击以牺牲交通运输和机械装备制造两个高科技产业部门2018年的贸易平衡为代价，向石化及金属制品、纺织品与服装业和服务业等产业部门倾斜，电子产品成为冲击中对贸易平衡贡献最大的高技术产业部门，在中国采取相应的反制措施之前，这种影响会一直持续下去。从长期来看，如果中美贸易摩擦升级，对中国各产业尤其是高科技产业的进出口和产出的这种影响将会进一步恶化。

综合而言，美国301调查及其后续惩罚措施，对中国产业发展的影响是全面性的，尤其对高技术产业影响最为严重，机械制造和交通运输两个高科技产业部门受波及最深，电子产业在国际竞争中则处于强有力的比较优势。

表2 301调查对中国各产业部门发展的影响

产业部门	进口规模(%)	出口规模(%)	产出(%)	贸易平衡(百万美元)
交通运输设备业	-0.09	-0.12	-0.01	-66.63
电子产品	-0.07	0.03	0.05	241.92
机械装备制造业	-0.12	-0.42	-0.08	-1534.84
航空产品	-0.05	0.04	0.02	9.42
信息技术	-0.07	0.11	0.00	5.07
生物医药	-0.08	0.11	0.00	15.73
原材料和初级产品	-0.02	0.09	0.02	116.48
食品加工业	-0.05	0.08	0.01	51.29
纺织品与服装业	-0.06	0.12	0.06	512.90
石化及金属制品	-0.07	0.11	0.01	706.06
基建业	-0.08	0.11	-0.01	13.74
服务业	-0.07	0.11	0.00	154.84

资料来源：笔者根据相关资料整理。

（二）对中美双方的整体影响

美国对华6个高科技产业部门征收惩罚性关税，对中美两国经济的影响如表3所示。从短期来看，首先，惩罚性关税对中美两国2018年的进口和出口规模均会产生不同程度的负面冲击，中国较美国的冲击则更为明显；其次，惩罚性关税冲击明显造成了中国2018年GDP水平的下降、贸易条件的恶化，以及社会福利的损失，而美国的GDP水平和贸易条件均有轻微提高和改善，贸易平衡和社会福利则增加显著。因此，对于此次的301调查及可能的惩罚性措施，在中国采取相应的反制措施之前，美国确实能在贸易平衡和社会福利方面获得一定程度的改善，对中国经济增长起到一定程度的遏制作用。但从长期来看，如果中美贸易摩擦升级，在进口和出口规模的双负面影响下，势必会对中美两国经济产生消极影响。

表3 301调查对中美双方的总体影响

国家	进口规模（%）	出口规模（%）	贸易平衡（百万美元）	贸易条件（%）	GDP（%）	社会福利（百万美元）
中国	-0.06	-0.04	225.96	-0.03	-0.04	-653.14
美国	-0.04	-0.03	519.43	0.01	0.01	231.15

资料来源：笔者根据相关资料整理。

（三）对中美双方贸易伙伴的影响

随着中美之间贸易摩擦的产生，双方涉及的出口商品势必会逐渐转移给其他贸易伙伴，美国对华6个高科技产业部门征收惩罚性关税对中美双方贸易伙伴的影响，如表4所示。从短期来看，在本次中美贸易摩擦中，欧盟国家2018年的整体社会福利上升最大，其次是与中美关系较为紧密的东亚和北美的国家和地区，其他贸易伙伴的社会福利也均有一定程度的上升，但也给双方的贸易伙伴带来了不同程度的贸易逆差，这种影响将会一直持续下去，直到中国采取相应的反制措施。从长期来看，如果中美贸易摩擦升级，对双方贸易伙伴的影响都将不断加深，给它们造成的贸易逆差问题将更为突出。

表4 301调查对其他国家和地区的影响

国家和地区	贸易平衡（百万美元）	社会福利（百万美元）	国家和地区	贸易平衡（百万美元）	社会福利（百万美元）
大洋洲	-19.80	3.20	北 美	-63.53	72.05
东 亚	-172.29	81.08	拉丁美洲	-67.21	20.81
东南亚	-44.01	25.52	欧 盟	-264.76	118.73
南 亚	-31.43	28.57	非 洲	-15.80	8.33

资料来源：笔者根据相关资料整理。

三 对策与建议

（一）进一步补充和完善高科技领域的知识产权保护政策

在与美国签署的多个知识产权协议的基础上，中国应进一步完善知识产权保护政策，营造良好的投资环境，尤其是在外商投资领域，以电子产品、机械制造和交通运输等产业为重点，将技术授权、转让和使用的规则和机制公开、透明，参照WTO的相关制度，将知识产权保护和管理与国际接轨。

（二）政府应制定科技政策以促进中国高科技产业发展

政府应通过制定科技政策进一步加大科技领域的研发投入，缩小与美国在高科技领域的差距，以"中国制造2025"为依托，带动新材料、航空产品、新能源汽车和信息技术等一大批高科技产业的发展，提升中国高科技产业的整体竞争力，不断提升中国在世界贸易中的话语权，提升应对贸易摩擦的能力。

（三）中国应推动构建全方位的对外开放格局

在"一带一路"倡议指引下，中国应以高科技产业为依托，以电子信息产业为主导，促进贸易自由化，优化贸易和产业结构，减少对美国进出口的依赖，促进贸易伙伴的多元化；同时应调整进出口商品的结构，扩大相关领域商品的进口，注重贸易商品的质量，促进中国从贸易大国向贸易强国迈进；还应通过对外改革与对内调整相结合的方式，促进供给侧结构性改革的推进，进一步形成全面开放性格局，构建人类命运共同体。

参考文献

[1] 邝艳湘：《经济相互依赖与中美贸易摩擦：基于多阶段博弈模型的研究》，《国际贸易问题》2010年第11期。

[2] ZHANG J L. U. S. – China trade issues after the WTO and the PNTR deal：a Chinese perspective，Hoover Essays in Public Policy，No. 103，2000：1 – 24.

[3] CHAD P B. Rogue 301：Trump to Dust Off Another Outdated US Trade Law, https：// pi – ie. com/research /china, August 3，2017.

[4] ROBERT C F. The effects of U. S. trade protection and promotion policies，University of Chicago Press，1997：117 – 128.

[5] 任靓：《特朗普贸易政策与美对华"301调查"》，《国际贸易问题》2017年第12期。

[6] 孙丽、王厚双：《特朗普启动对华"301调查"的目的与影响透视》，《国际贸易》2017年第9期。

[7] DANIELA B. Constraining and supporting effects of the multilateral trading system on U. S. unilateralism, Graduate Institute of International and Development Studies Working Paper，No：09 /2010.

[8] 于铁流、李秉祥：《中美贸易摩擦的原因及其解决对策》，《管理世界》2004年第9期。

[9] 冯伟业、卫平：《中美贸易知识产权摩擦研究———以"337调查"为例》，《中国经济问题》2017年第2期。

[10] 侯俊军、王耀中：《中美、日美纺织品贸易摩擦比较及其启示》，《国际贸易问题》2006年第4期。

[11] 荣华英、李倩玮、黄玉蓓：《美国对华启动301贸易调查的原因及影响分析》，《对外经贸》2017年第10期。

[12] 刘英奎、刘润丰：《美国301调查的影响及中国的应对策略》，《开发性金融研究》2017年第5期。

[13] RALPH O., Trade wars and trade talks with data, NBER Working Paper, No.

17347, August 2011, Revised January 2014.
[14] GUO M. X., LU L., SHENG L. G., YU M. J., The day after tomorrow: evaluating the burden of Trump's trade war, The Asian economic panel and the Massachusetts Institute of Technology, 2018, 17 (1): 101 - 120.
[15] 易继明、李春晖:《美对华启动301调查与我国的应对措施》,《西北大学学报》(哲学社会科学版) 2018 年第 48 期。

案 例 篇

Case Studies

B.16
徐工集团国际化发展案例研究

刘泽岩*

摘　要： 在经济全球化的背景下，企业国际化发展已经成为世界经济发展的重要趋势。本研究以徐工集团的国际化发展过程为研究对象，通过对徐工集团的国际化发展现状进行描述，系统地分析了徐工集团国际化发展动因和关键因素，并在此基础上得出了我国企业国际化发展的启示。研究发现，国内市场竞争的加剧、"一带一路"倡议的引领以及强大的技术实力助推了徐工集团国际化发展；卓越的品质、持续的创新和科学的管理是徐工集团成功走出国门，走向世界的关键因素。

关键词： 徐工集团　国际化　案例分析

---

* 刘泽岩，对外经济贸易大学国际商学院博士研究生，主要研究方向：中小微企业国际竞争力。

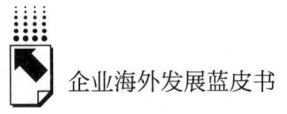
企业海外发展蓝皮书

一 案例状况及问题提出

（一）公司概况

徐工集团成立于 1989 年 3 月，1995 年 7 月作为国家百家现代企业制度试点单位被省政府授权为国有资产投资主体，并改制成为国有独资公司，1997 年 12 月被列入国家 120 家试点企业集团，是国家经贸委重点联系的 520 户企业之一。29 年来，徐工集团始终保持着中国工程机械行业排头兵的地位，目前位居世界工程机械行业第 5 位，中国机械工业百强第 2 位，中国 500 强企业第 150 位，中国制造业 500 强第 55 位，是中国工程机械行业规模最大、产品品种与系列最齐全、最具竞争力和影响力的国有独资大型企业集团。

徐工集团先后经过 2 次大规模的资产兼并和重组，形成了以 16 个子公司为基础，以起重、道路、铲运、挖掘、混凝土机械和汽车事业部为核心，以 1 个研究院和 1 个学院为保障的运营体系，涵盖了从采购、物流到研发、制造再到销售、服务完整的产业链。公司年营业收入由成立之初的 3.86 亿元，到 2017 年接近 1000 亿元，年出口突破 16 亿美元。目前，徐工集团产品涉及起重、挖掘、混凝土、汽车等 14 个领域，总计 390 余种型号，其中全地面起重机、六轮矿用自卸车、大吨位装载机、液压挖钻机等产品，对全球工程机械行业产生了颠覆式影响。

徐工集团是中国最大的工程机械开发、制造和出口企业，徐工品牌是中国工程机械市场认知度最高和最具价值的品牌，它秉承"担大任、行大道、成大器"的核心价值观和"严格、踏实、上进、创新"的企业精神，依靠积聚几十年的发展历练和创新自我、超越自我的发展追求，以超过行业平均增速的发展速度，稳居中国工程机械行业第一的龙头位置。

（1）徐工集团发展情况。

徐工集团从成立至今经历了 5 个发展阶段，分别为破冰起步、快速发展、整体提升、深度融合、产业跃升阶段，具体如图1所示。

破冰起步阶段（1989~1998）：1989年在政府的支持和推动下，重型机械厂、工程机械厂、装载机厂和工程机械研究所进行整合形成了集团公司——徐工集团，标志着徐工工程机械由松散型向集团化的转变。之后徐工集团经历了多次并购和重组，在扩大原有三大主机业务的基础上，增加了混凝土机械、起重机械、消防设备等主机生产企业，发展壮大了液压件、驾驶室、回转支承、驱动桥、齿轮箱、专用底盘等基础零部件企业，完善了力矩限制器、标准件、结构件等基础零部件配套体系。同时集团公司改制为国有独资公司并成功上市。到1998年，徐工集团的生产经营规模比成立时扩展了近10倍。

快速发展阶段（1999~2008年）：徐工集团在深刻认识中国工程机械行业发展的基础上，确定了以创新驱动发展，以品质展开竞争，以管理保驾护航的经营理念和发展方式，通过不断的兼并、重组和运营，形成了主机和基础零部件协调发展的体系。这一阶段是徐工集团快速发展的阶段。到2003年，徐工集团的年营业收入已经过百亿元，2006年跨越200亿元，2008年达到300亿元，经营规模裂变100倍。

整体提升阶段（2009~2011年）：在此期间，徐工集团开始注重集团公司整体化发展，从多方面、多层次进行了提升。2009年，徐工集团开始了信息化发展，成为行业信息化发展领头人；2010年徐工集团在充分调研市场的基础上，投资成立了国内第一个工程机械物联网应用研发中心；与此同时，徐工集团在"互联网+金融"思想指导下，投资搭建了融资租赁网络平台，成为中国第一家建立融资租赁信息化平台的企业；2011年徐工集团率先推出工程机械行业集中采购平台，实施效率为创造业界标杆。

深度融合阶段（2012~2013年）：徐工集团响应我国工业化转型升级战略，积极开展"两化"深度融合，形成了可持续的竞争优势，推动了徐工集团国际业务的发展。2012年徐工集团结合"互联网+"技术，成功部署了工程机械行业第一家海外营销服务信息化平台，成为实现工程机械行业与互联网技术深度融合的先驱企业；2013年徐工集团在欧洲成立了全资子公司，开启了徐工集团国际化的新征程。

产业跃升阶段（2014～2017年）：2014年徐工集团成立了行业内首家专业化信息服务公司，开始引领行业信息化产业跃升；2015年徐工集团成为国家第一批两化融合管理标杆企业；2016年徐工集团在业务经营方面再创佳绩，销售收入和利润全部呈现正向增长，同时徐工集团率先提出"技术领先，用不毁"的行业金标准，并以此为目标生产了多个达到国际一流水平的产品，带动了整个工程机械行业的发展；2017年初徐工工业云平台正式上线，开启了工程机械行业智能化新时代，同年徐工集团的品牌价值稳步上升，达到512.43亿元，再次居中国工程机械行业之首，也是唯一一个进入全球排名前十强的中国品牌。

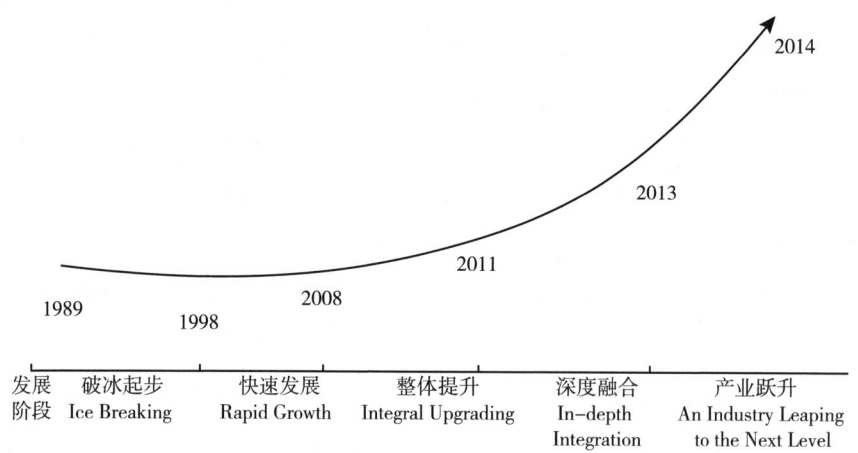

图1 徐工集团发展历程

（2）徐工集团的国际化现状。

近年来，徐工集团以打造世界级的企业为愿景，积极开展国际化发展战略，先后在营销、并购、研发和生产基地建设等方面取得了巨大的突破，初步建立了全球化运营体系。同时"一带一路"倡议的实施为工程机械行业带来了新的发展机遇，徐工集团借助"一带一路"列车的巨大推力，使其国际化进程迈上了一个新的台阶。

1. 全球营销

徐工集团一直将国际化战略作为既定的发展战略，积极布局全球市场，以中国为中心，建立了覆盖全球的营销网络，其产品销售遍及六大洲、177个国家和地区，全球化营销初具规模。依赖全球营销，徐工产品出口呈现爆发式增长。据统计，2017年徐工产品在亚太地区出口额增长达71%；中亚区出口额增长59%；美洲区出口额增长34%；西亚北非区和非洲区出口额分别增长106%和130%，全球出口总计增长90%（具体如图2所示）。目前，徐工产品已成为除美洲外其余各大地区的首选品牌。

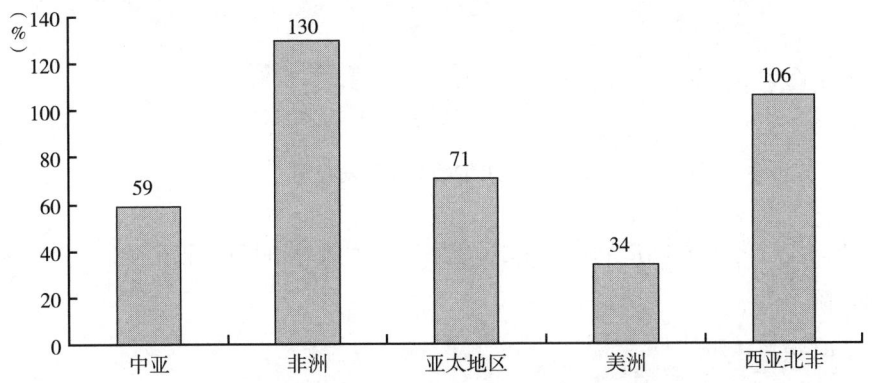

图2　徐工集团全球各地区产品出口增长率

资料来源：公开数据整理。

2. 海外研发

徐工集团在国际化研发方面进行了长期的布局和持续的投入，先后建立了美国、巴西、欧洲、印度、中国5个研究中心，形成覆盖全球的研发布局（见图3）。依靠各研究中心，徐工集团既可以快速地与世界先进工程机械制造技术接轨，也可以吸引全世界的人才为徐工集团服务。

3. 生产基地

目前，徐工集团已经在德国、美国、巴西、印度、奥地利、波兰等地建造了制造基地，构筑了"本产本销"的产业格局，为其实现生产国际化打下了良好的基础。其中位于太平洋彼岸的巴西生产制造基地是徐工集团第一

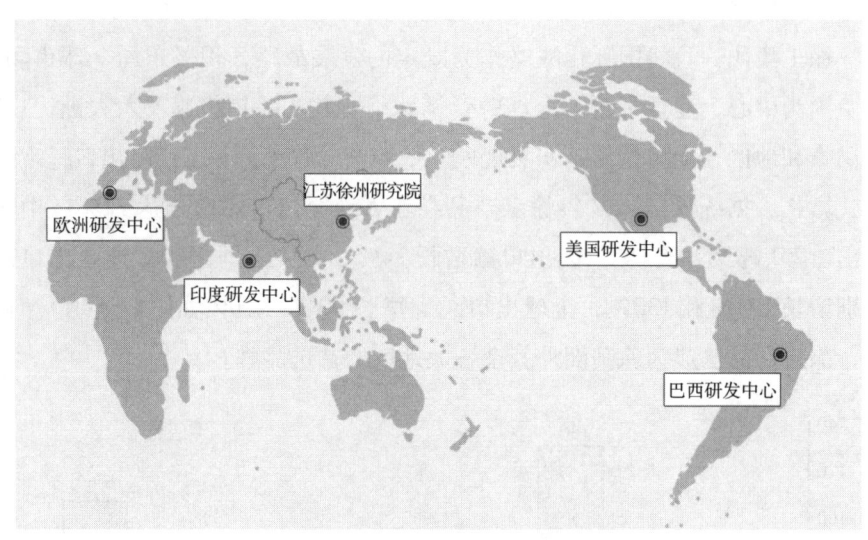

图 3 徐工集团海外研发布局

个独立投资的海外制造基地，标志着徐工集团海外市场的开拓迈上了一个新的台阶。

4. 跨国并购

徐工集团通过海外并购实现滚动发展，加快了其国际化发展步伐。2011年徐工集团完成了对首个海外工程机械公司——荷兰 AMCA 公司的并购，同年完成了对德国 FT 公司的收购，成功地打开了欧洲工程机械市场，跨出了国际化征程的关键一步；2012 年徐工集团对世界混凝土领域的佼佼者——施维英公司完成了控股，进一步完善了徐工集团的国际化布局。通过跨国并购，徐工集团成功实现了国际化进程"三级跳"。

5. "一带一路"倡议下徐工集团的国际化进程

"一带一路"倡议下，徐工集团的国际化进程迎来了黄金发展期。2013年，徐工集团响应国家"一带一路"的号召，对沿线国家和地区工程机械市场进行了全方位的布局。目前，徐工集团已经在沿线国家建立了 116 个一级经销网点、73 个备件网点，11 个生产基地，形成了完整的生产、加工、运输、销售和服务产业链，为徐工产品进入沿线国家和地区奠定了基础。同时徐工集团将产品与本地实际情况相结合,坚持本地制造和销售的原则,最大限度地减少了当地市场的阻力。受益于"一带一路"倡议,徐工产品声誉斐然,在"一带一路"沿线23个国家出口占有率第一,在非洲、中东等地区已经成为当地基础设施建设的必然选择。

二 徐工集团国际化发展动因分析

近年来,随着产业结构的不断优化升级,自主创新能力的持续提升,中国工程机械行业取得了巨大的成就,销售额跃居世界第一。作为中国工程机械行业的标杆企业,徐工集团不断拓宽自己的销售领域,积极开拓国际市场,致力于打造世界级的工程机械高端品牌,其原因主要归结为以下几点。

(一)国内市场产能过剩,竞争进一步加剧

从1996年开始,国内工程机械产品呈现"井喷式"增长,中国工程机械行业进入黄金发展时期。到2011年,中国工程机械行业总资产达5000多亿元,年产值排名世界第二,销售额排名世界第一,是中国制造业的重要支撑产业之一。受金融危机的影响,从2011年以后,国内工程机械市场需求下降,产能过剩,出现严重的供需失衡,导致大量的产品积压。与此同时,世界范围内的工程机械行业竞争愈演愈烈。以挖掘机销售情况为例,其被誉为工程机械行业的"晴雨表"。企业通过分析挖掘机销售数量的变化可以有效地了解工程机械行业市场的波动情况,进而采取针对性的措施。由图4和图5可知,2011年国内挖掘机销售量达19.4万台,之后逐年递减,到2015年国内销量只有6.1万台,下降幅度达68.6%。2015年之后国内市场开始逐渐回温,但增长幅度不大,到2017年国内销售量也只有8.2万台,占2011年国内销售量的42.3%,企业发展受到严重制约。与此相对应的国内挖掘机生产企业也出现了过剩现象,80%的市场已经被主要的挖掘机生产企业所占据,剩余的接近一半的挖掘机生产企业共同分配不足20%的市场份额。国内市场已经无法满足企业的生存。同时部分企业为了抢占市场份

额，开始进行恶意竞争，严重扰乱了市场秩序，给其他企业带来了巨大的风险。

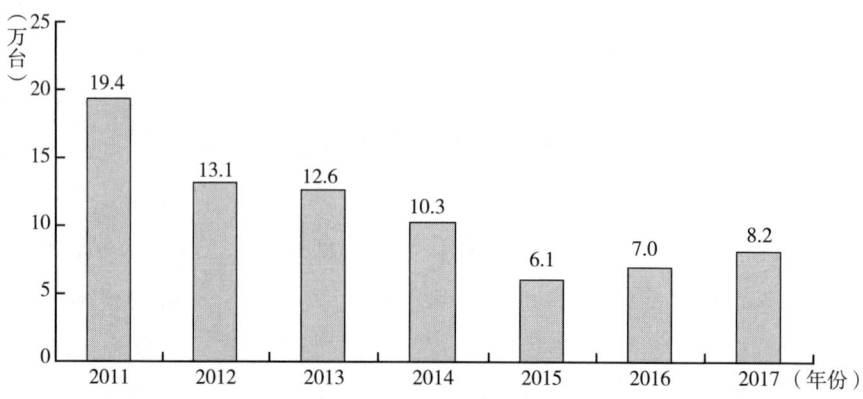

图4　2011～2017年国内挖掘机销量

资料来源：公开数据整理。

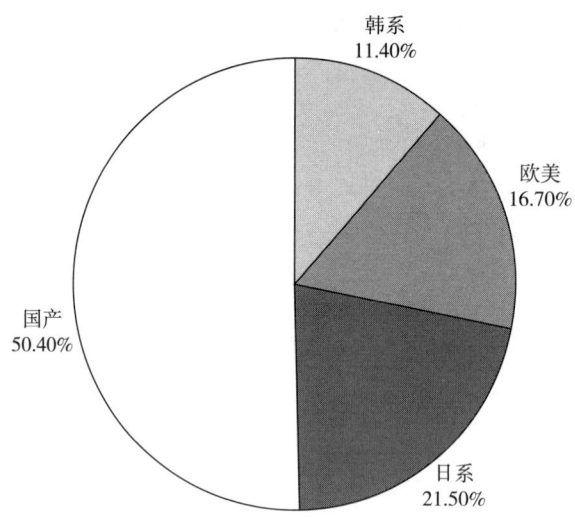

图5　2017年国内挖掘机市场份额

资料来源：公开数据整理。

为了尽快摆脱国内工程机械行业市场低迷的影响，徐工集团开始进行战略转型，积极实施国际化发展战略，将重心由国内市场向国际市场转换。2011年徐工集团先后完成了对荷兰AMCA有限公司和德国FT公司的兼并和重组，实现了对欧洲市场的突破，迈出了"走出去"的重要一步。2013年徐工集团完成了对施维英公司的控股行动，增强了混凝土领域的开发和制造，并以此为跳板成功打入了国际混凝土高端市场，进一步开拓了徐工集团的国际化事业。同年，徐工集团与埃塞俄比亚军方开展合作，获得了价值3亿美元的项目。国内市场的变化开启了徐工集团的国际化进程。

（二）"一带一路"倡议的引领

从改革开放到加快实施"走出去"战略再到"一带一路"倡议，中国一直鼓励和支持有条件的企业积极参与全球贸易活动，在更大范围、更高层次和更广领域开展国际化的竞争和合作。尤其是"一带一路"倡议的实施为许多中国企业进军国际提供了前所未有的机遇。

"一带一路"倡议是中国在经过多方考虑后提出的重要举措，拥有巨大的经济潜力和广阔的市场前景，为国内诸多企业的发展提供了新的机遇。首先，国内许多行业过剩的产能可以向"一带一路"沿线国家进行转移，在一定程度上缓解了国内企业产品滞销的尴尬局面；其次，响应国家"一带一路"倡议的企业可以享受中国和沿线国家双重政策优惠，降低其国际化进程中的风险和成本。在"一带一路"倡议的引领下，中国企业能够更快、更好地走出国门，走向世界。

"一带一路"倡议优先推进铁路、公路、港口、电力等基础设施建设。根据亚洲开发银行测算，到2020年，亚太地区基础设施建设投资将达到8.2万亿美元。作为其中的枢纽型行业，工程机械行业的发展必将迎来"黄金时期"。同时，"一带一路"沿线国家大多是发展中国家，工程机械技术落后，产品质量参差不齐。在此背景下，徐工集团响应国家倡议，积极投身于"一带一路"建设。2012年，徐工集团以合资的形式在乌兹别克斯坦建设SKD组装厂，仅用半年时间就实现了盈利。在土耳其，徐工集团仅用十个月的时间就完成了一年的工作量；在沿线其他国家，徐工集团也凭借高质量的产品取得了斐然的成绩，得到了当地客户的好评。徐工集团对"一带一路"沿线国家和地区的持续性投资，拓宽了集团公司的海外市场，为徐工集团的国际化发展开辟了一条"黄金"通道。

（三）强大的技术实力

徐工集团的产品之所以可以走出国门，和国际工程机械一流品牌进行竞争，离不开其强大的技术创新能力。自成立以来，通过自主创新打破国外技术垄断一直是徐工集团发展的重要战略之一。通过技术创新，徐工集团拥有了行业内领先其他企业的强大技术优势，这成为促进徐工集团"走出去"的重要动力之一。其技术优势主要体现在完善的研发体系和丰硕的研发成果两大方面。

1. 行业最具实力的研发体系

2005年，徐工集团建立了中国工程机械行业第一家试验研究中心，为企业实现自主性创新提供了硬件平台；为了实现从开发向研发的转变，徐工集团针对智能控制、液压、动力传动、结构等产业设立了专业性研发中心，集中力量进行重点突破；2009年，江苏徐州研究院正式成立，其下设立六大研究中心，覆盖了技术、产品、设计、研发管理等多个方面，形成了"一个核心，多个中心"的研发创新体系，为徐工集团技术活动提供了全方位的支撑；同时徐工集团成立工程机械行业第一家博士后科研流动站，为徐工集团提供了源源不断的人才。

2. 丰富的技术和产品成果

通过自主创新，徐工集团在多个领域实现了技术突破，拥有授权专利598件，其中发明专利76件。攻克的重大技术有：SLS选择性激光烧结3D打印技术、液压油在线检测数据物联网关联、节能增效技术、精细化控制技术等；成功研制了许多达到并超过世界先进水平的产品，如全球起重能力最强、技术含量最高的全地面起重机，全球最大吨位的六轮矿用自卸车，中国最大吨位的装载机等。

目前，徐工集团的产品覆盖了起重、混凝土、挖掘、道路、汽车等14大门类70大品系，已发展成为行业产品类型最多的大型工程机械企业。强大的研发体系和丰硕的研发成果为徐工集团带来了巨大的技术优势，使徐工集团具备了向国际市场进军的实力。

三　徐工集团国际化关键因素分析

近年来，国际工程机械市场遭遇滑铁卢，消费者需求的不足打破了供需之间的平衡进而加剧了企业之间的竞争，许多企业到了生死存亡的关键时刻。面对困难和挑战，徐工集团另辟蹊径，以品质为导向，创新为动力，管理为核心，逆势飞扬，在国际市场中异军突起，成为国际工程机械行业中响当当的中国品牌。卓越的品质、持续的创新和科学的管理是徐工集团成功实现国际化的关键因素。

（一）卓越的品质

卓越的品质，是走向世界的桥梁。徐工集团通过持续地改进产品和服务品质来实现对自我的超越和品牌价值的提升。

徐工集团以顾客的需求为导向，围绕原材料的采购、运输、产品的设计、制造、研发、服务等环节，对其中的增值和非增值部分进行识别，并针对非增值部分进行优化，从而降低整个过程中存在的浪费。目前，徐工集团已经形成一套完整的精益管理体系，囊括标准化作业、可视化管理、5S现场管理等多种科学管理方法，对不断提升企业管理品质具有重要意义。

在产品质量管理过程中，徐工集团以"零缺陷"为生产目标，通过六西格玛管理方法不断优化产品生产流程中可能出现的问题，进而减少产品的次品率，达到提升产品质量的目的。与此同时，徐工集团改变传统生产模式，紧紧围绕"一切以客户为中心"的发展理念，建立了包括研发、采购、生产、营销、售后服务在内的全过程质量管理模式，形成了全员参与、全程改善的质量持续优化机制。

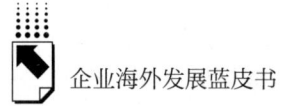

随着国际化进程的不断深入，徐工集团更加重视提升产品的品质。为此，徐工集团提出了工程机械行业第一个"技术领先，用不毁"的金标准，将对产品品质的追求提升到了极致化。为有效实施这一标准，徐工集团将"钉子"精神融入员工的日常工作中，追求细节，不放过任何一处小错误，打造可靠、耐用、经济、安全的高质量产品。对品质的极致追求使得徐工产品和服务品质得到了大幅度的提升，成为徐工集团制胜全球市场的关键。

"精益求精、持续改善"，对品质的无止境追求成为徐工集团"走出去"的关键要素之一。

（二）持续的创新

技术创新是企业长盛不衰的核心基石。20世纪90年代，徐工集团刚刚起步，技术根基还很薄弱，尤其是在自主研发方面，几乎为零。这种情况不止存在于徐工集团中，其他制造企业也是如此。企业自主研发能力的缺失导致了中国在装备制造业方面既没有自己的核心技术，也没有自己的核心产品，许多高端设备只能高价买进。为了摆脱对外国技术和装备的依赖，真正实现中国制造的独立，徐工集团开始了自主研发之路。29年来，徐工集团对研发创新的投入始终保持在企业销售收入的5%左右，远高于国内其他同类型企业，有效地带动了员工的创新和开拓精神。与此同时，徐工集团在全球多个区域成立了研发创新中心，形成了以中国为核心辐射全球的研发体系。在此基础上，徐工集团将互联网创新与集团公司国际化发展相结合，建立了全球技术众筹平台并推行了以消费者需求为导向的研发模式，完善了徐工集团的创新体系，进一步增强了徐工集团的创新能力。

通过技术创新，徐工集团成功地攻克了许多世界级的难题，拥有了自己的核心技术和核心产品。目前，徐工集团拥有授权专利598件，其中发明专利76件，比如SLS选择性激光烧结3D打印技术、液压油在线检测数据物联网关联、节能增效技术、精细化控制技术等；在主机方面，徐工集团创造并保持了全球第一台4000吨级大型履带起重机、2000吨级大型全地面起重机的世界纪录，使中国成为继德国、美国之后世界上第3个能够自主研发制造千吨级超级移动起重机的国家；在核心零部件方面，徐工集团强势攻关、接连斩获，所生产的液压油缸在工况严苛的澳大利亚矿山设备上得到了应用，无故障使用时间已经突破9000小时，创造了奇迹；而自主研发的挖掘机液压多路阀，2017年累计装机保供量将超过千台套，使70吨到110吨起重机主阀实现了国产化完全替代。

完善的创新体系和持续不断的创新为徐工集团的国际化进程提供了强大的动力源泉，成为徐工集团"走出去"的关键要素之一。

（三）科学的管理

科学的管理是徐工集团问鼎世界级企业的核心驱动力之一。徐工集团通过转型升级引入卓越绩效、战略转型等先进管理理念，全面打造全球管控、战略落地、科学管理、高效流程、卓越绩效等优势，塑造了行业独具特色的卓越管理新标杆。

21世纪初，徐工集团开始重视企业管理水平的提升，率先在集团内引入国际领先的"卓越绩效"管理模式，以"满足顾客需求"为导向，对原材料采购、产品设计、生产、销售以及售后服务等价值链环节进行了颠覆性的变革，形成了徐工特色的持续管理变革系统。在此基础上，徐工集团综合运用精益管理和六西格玛管理，从品质、成本、安全等方面进行了重点突破并取得了巨大的成效。通过持续管理变革模式，徐工集团建立了完善的研发体系和源源不断的人才培养体系，增强了识别、处理和管控风险的能力，实现了产品和服务品质的持续提升，为持续攀登世界工程机械行业的"珠穆朗玛峰"做出了巨大的贡献。

2011年，徐工集团实施了"汉风计划"，先后成立了汽车、起重、挖掘、铲机、混凝土和道路机械六大事业部，构成了以事业部发展为中心，各子公司辅助发展的经营模式，实现了徐工集团总部管理和服务的协调发展。通过"汉风计划"，徐工集团成功在营销、设计、研发等方面实现突破，为徐工集团进军世界市场奠定了良好的基础。目前，徐工集团已经在全球多个

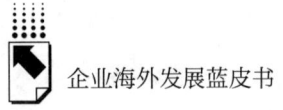

地区建立了生产基地,形成了"全球协作、区域支撑、项目驱动"的产业结构,构造了集协同化、智能化、服务化于一身的精益生产管理系统,满足了其国际化、世界级的发展需求。

科学的管理为徐工集团实施国际化发展战略提供了强有力的保证,成为徐工集团"走出去"的关键要素之一。

四 发现与启示

(一)坚持创新引领,走中高端国际化发展路线

徐工集团的发展过程,就是不断进行自主创新的过程。徐工集团清晰地认识到自己与世界工程机械市场中的老牌企业的差距主要体现在产品的技术上。为此,徐工集团始终将技术创新放在首位,以江苏徐州研究院为基础研究平台,先后设立多个产业技术中心和全球研发中心。并以研究中心和技术中心为支撑,从全球引入高端人才,形成了一支涵盖众多领域和专业的科研团队。同时徐工集团转变了企业发展方向,将"智造"作为企业发展的主旋律,着力以创新、创造抢占市场先机,以提高产品的技术含量和附加值为增长点,走中高端的国际化发展路线。通过自主创新,徐工集团实现了从无到有,开发了多项高端技术产品,攻克了多项技术难题,不但成为国内工程机械行业的佼佼者,而且打破了国外企业的封锁和垄断,实现了从制造链低端向高端的转型升级。

过去企业发展要靠知识和制造,未来则要以创造为主。自主创新能力将是决定企业竞争力的关键因素。因此,中国企业在国际化进程中必须要转变发展方式,变"中国制造"为"中国智造",健全自身的创新机制,加强专业人才的培养和科研团队的建设,形成辐射全球的研发体系和快速响应市场的研发能力,坚持以创新引领企业发展,用技术完成企业腾飞。只有拥有自己的核心技术和核心产品,中国企业才能处于竞争的制高点,不用受制于人,从而真正地走出国门,走向世界。

（二）借力国家战略和政策，抓住企业发展机遇

作为中国工程机械制造的领航者，徐工集团响应国家"走出去"战略的号召，将自身的发展与国家"一带一路"倡议紧密结合，借力"一带一路"发展的春风，以基础设施建设为突破口，成功地打入沿线国家的工程机械市场。无论是"中巴经济走廊"交通、能源建设，卡塔尔世界杯球场的建设，还是乌兹别克斯坦农业灌溉、菲律宾炼油设施等的建设，都能看到"徐工金"的旗帜在飘扬。同时徐工集团在沿线国家的基础设施建设过程中，没有盲目地开发市场，而是在当地设立工厂进行生产并和本地的经销商合作销售，坚持"本土化"融合，降低了发展沿线市场的风险和成本。徐工集团顺应国家的发展战略，搭乘"一带一路"高速发展的列车，为其国际化进程打下了坚实的基础。

"一带一路"不单涉及基础设施互联互通，还包括一系列的金融协作、经贸协作、产能和投资协作等，是一个多层次、宽领域的综合发展倡议，不但为中国企业实施国际化战略搭建了广阔的发展平台，还降低了中国企业"走出去"的成本和风险。中国企业在开展国际化进程时，要以自身的优势为基础，结合当地的实际情况，准确地选择适合自己发展的领域；要精确地识别市场需求，结合当地的实际情况开拓市场；同时还要使企业发展战略与国家的其他相关发展战略相呼应，达到一举多得的效果。

（三）加强品牌建设和宣传，树立国际品牌形象

品牌不仅是一个企业的外在标签，更是一个企业的内涵所在。品牌影响力不仅体现了品牌的知名度、市场占有率、行业地位等，更体现了一个企业文化被市场和客户接纳的程度。徐工集团在国际化进程中高度重视企业品牌的建设，将品质作为徐工品牌的核心价值，以"零缺陷"为目标，精益为标准，追求极致化的产品和服务；以创新、挑战、担当、融合为品牌精神，不怕困难，敢于挑战，以创新为武器，致力于成为世界级的工程机械制造商和服务商，由此形成了独具特色的品牌文化，受到了世界工程机

械行业的一致好评,成功地在国际市场中树立了良好的品牌形象。2017年中国500个最具价值的品牌名单中,徐工集团位居第67,在全球工程机械制造商50强中排名第8位,是中国工程机械行业名副其实的第一品牌,也是世界工程机械市场的一流品牌。徐工品牌成为徐工集团持续进军世界市场的神兵利器。

徐工集团的品牌建设过程值得每一个中国企业去借鉴和学习。中国企业要加强自身品牌建设,不但要高度重视产品的质量和品质,精益求精,持续改进产品品质,为企业品牌打造坚实的基础;也要注重企业自身文化和价值观的培育,以持续满足客户的需求为目标,站位客户视角,为客户创造价值,帮助客户实现成功;同时要加强品牌的国际化传播,只有这样中国企业的品牌才能真正成为国际品牌,为国际市场所接受。

(四)培育工匠精神,勇于与一流企业开展竞争

近年来,逆全球化趋势越发明显,且愈演愈烈。许多企业在国际化过程中遭受到了巨大的挫折和失败,部分企业甚至开始放弃国际市场,将重心向国内转移。面对困难和挑战,徐工集团没有退缩,而是聚焦全球高端制造市场,不畏艰险,不怕失败,勇于与国际龙头企业开展竞争,并屡次将国际巨头"挑落马下",成功打开了全球高端制造市场。徐工集团之所以能够在与世界巨头的竞争中屡屡得胜,"工匠"精神发挥了重要的作用。29年来,徐工集团始终专注工程机械主业不动摇,以创新作为企业发展的主要驱动力,秉承认真负责、精益求精的工作精神,一步步成为受人尊敬的世界品牌。"敬业、创新、专注、精益"的"工匠"精神成为徐工集团逐鹿国际高端市场必不可少的关键因素。

"工匠"精神是中国企业走向世界的必由之路。中国企业,尤其是在国际化进程中遭遇挫折的企业应该以徐工集团为榜样,以"坚持不懈,千锤百炼"的匠心打造我们的企业和产品,使企业真正具备进军全球市场的实力;同时企业要以世界巨头为目标,以全球高端市场为竞争场所,迎难而上,只有这样中国企业的国际化进程才能走得好、走得稳。

参考文献

［1］刘刚:《"一带一路"下的徐工国际化路程》,《中国工业评论》2017 年第 5 期。

［2］赵振宇、李兴才、姚蒙蒙:《"一带一路"沿线国家基础设施现状及市场机会研究》,《建筑经济》2016 年第 37（7）期。

［3］李红彩:《工程机械科技创新企业行——徐工篇（上）》,《建筑机械》2012 年第 23 期。

［4］聂裕鹏:《我国工程机械产品：拓展海外市场的成功经验及启示——以徐工集团的成功经验为例》,《对外经贸实务》2013 年第 7 期。

［5］王伟:《徐州工程机械集团公司发展战略探讨》,西南交通大学硕士学位论文,2003。

B.17 京东方科技集团国际化发展案例研究

蔡悦灵*

摘　要： 京东方科技集团股份有限公司（BOE）创立于1993年4月，是一家为信息交互和人类健康提供智慧端口产品和专业服务的物联网公司。其核心事业包括显示和传感器件、智慧系统和健康服务。本文从集团的内部管理、供应链、投资者和外部环境对其国际化发展特征进行了分析。研究发现，京东方科技集团国际化发展的关键因素包括：探索融资新渠道，国家大力扶持，研发投入持续；工业精神驱动，战略目标坚定；走出合资误区，提升工厂技术，打破垄断格局。并由此得到启示：要明晰产业特点，采取逆市投资策略，发展并增强企业核心竞争力，提高经营效率，创新与规模并进。

关键词： 京东方　国际化　逆市投资　案例研究

一　案例现状及问题提出

（一）京东方科技集团概况

1993年，由2600名员工自筹650万元种子基金创立了北京东方电子集

---

* 蔡悦灵，对外经济贸易大学博士生，主要研究方向为组织变革与中小企业管理。

团股份有限公司（前身为北京电子管厂）。2001年改名为京东方科技集团股份有限公司（BOE）。历经多年的发展，BOE从液晶领域逐渐扩展到现在成为一个网络化企业。其核心业务包括显示器和传感器、智能化现代系统、医疗卫生服务（见图1）。企业在信息交互领域为客户提供智能化的终端产品，并服务于全人类的健康领域。

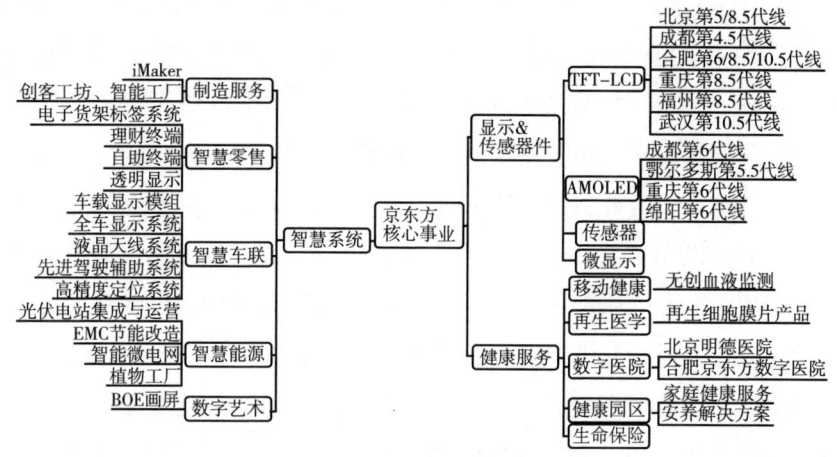

图1 京东方核心事业

资料来源：BOE官方网站，作者整理。

BOE是中国大陆液晶显示产业的开拓者和领导者，是唯一一家集自主研发、生产、制造于一身的半导体显示器产品（1.5~110英寸）企业。自2003年起，BOE先后在北京、合肥等中国大陆地区投资建设多条多世代TFT-LCD生产线，这些生产线的建立标志着中国大陆"无自主液晶显示屏时代"和"无大尺寸液晶显示屏时代"的终结，实现了真正意义上的全尺寸面板自主国产化。同时，BOE还在绵阳投资建设了中国大陆第一条AMOLED（柔性）6代线，成为全球第二家实现柔性面板量产的企业，打破了韩国三星电子在柔性屏生产领域的垄断。2015年，BOE在安徽投资建设全球最高的第10.5代生产线，标志着全球显示领域进入新的里程碑。BOE历经多年奋斗成为中国面板领域领军企业后，再次晋升成为半导体显示行业的全球巨头，引领大尺寸8K超高清显示新时代。公司不仅为智能电视、智

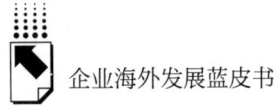

能手机、笔记本电脑、平板电脑、显示器等领域提供更好的产品和服务。同时，也为基因生物测序、物理化学检测、分子天线、光电传感和安防等传感器领域提供完备的信息交互端口解决方案。

2010年以来，随着大数据、人工智能以及物联网的蓬勃发展，人类社会从信息社会向智能社会迈进。第四次工业革命将致力于在生命科学领域发展，同时打造相配套的健康产业。京东方抓住了这一史无前例的发展机遇，提出了2014年度DSH的战略转型计划。"DSH"战略从过去的单一面板业务转变为显示设备、智能系统和医疗服务三大业务。2016年7月，公司升级为物联网技术、产品和服务提供商。智慧系统事业有两个方向，一是物联网方向，二是人工智能方向。BOE基于在显示、人工智能和传感方面积累的技术优势，以用户为中心，致力于智能化制造、智能零售、智能汽车联盟、智能能源四大网络解决方案的发展。智能制造方面，BOE致力于在传统的制造模式上进行升级，进一步解放工人劳动量，建立起智能化工厂，并为客户带来全新的体验，打造个性化定制服务体系。智慧零售方面，BOE准备涉足新零售领域，建立起融硬件产品、软件平台和场景应用为一体的物联网解决方案，可应用于金融、教育、艺术等各个细分行业。iGallery（数字艺术画廊）是2016年发布的企业级产品，一个面向国内的商业智能产品，旨在打造绘画、图像融合和数字艺术、互联网技术、云平台，让消费者足不出户遍览全球艺术珍品。另外，BOE还进行了另一种跨界整合创新，企业在显示等核心方面积累的技术经验能够与生命科学结合起来，在移动健康领域、再生医学和医疗服务等方面整合资源，为广大用户提供新型、智慧的健康产品及服务。京东方提供的移动健康终端设备通过智能终端检测数据，智能医学助理预测健康风险、同时出具治疗建议方案，并提供个性化诊疗和健康管理方案。京东方布局的两家国际化高端综合医院引进了国际顶尖的医疗技术和运营理念。此外，BOE还计划在全国更多地区建立起数字医院，为用户带来全新的、更好的就医体验，造福广大人民群众。

BOE近年来在营业收入和专利申请方面增长迅猛（见表1）。2017年，

BOE在智能手机、平板电脑、笔记本电脑显示屏的出货量居全球第一，显示器、电视显示屏出货量居全球第二。截至2017年12月31日，公司注册资本351.5亿元，员工总数62516人。京东方拥有北京、重庆、安徽、合肥、四川、绵阳、福建、成都、厦门、苏州、福州、江苏、河北、鄂尔多斯等地的制造业基地。在美国、德国、日本、韩国、新加坡、印度、俄罗斯、巴西、阿联酋等19个国家和地区设有子公司，服务体系覆盖欧、美、亚、非等全球主要地区。

表1 2016～2017年BOE营收与专利情况

2016年	营业收入	689亿元（同比增长41.69%）
	归属上市公司股东的净利润	18.8亿元（同比增长15.05%）
	全球国际专利申请数	1673件（全球第八）
	美国专利授权量全球排名	第40位
2017年	营业收入	938亿元（同比增长36.15%）
	归属上市公司股东净利润	75.68亿元（同比增长301.99%）
	全球国际专利申请数	1818件（全球第八）
	美国专利授权量全球排名	第21位
	美国专利授权量	1413件（同比增长62%）
	新增专利申请量	8678件
	发明专利占比	超85%
	新增海外专利申请	超3000件（美国、欧洲、日本、韩国等）
	累计可使用专利数	超6万件（位居全球业内前列）

资料来源：BOE官方网站，作者整理。

（二）京东方科技集团国际化发展历程

京东方的国际化发展大致可分为三个阶段：起步期、液晶期和战略转型期，主要的标志性大事件见表2。京东方在起步初期还处于摸索阶段，其间主要靠成立合资公司开展业务。直到将韩国现代液晶生产线收购，BOE才正式步入液晶领域，开始了漫长而艰辛的技术学习。

表2 京东方国际化大事件

1994年	成立3家中日合资公司
1997年	在深交所成功发行境内上市外资股;与台湾冠捷科技合资成立北京东方冠捷电子有限公司
2001年	收购韩国现代STN-LCD和OLED业务
2003年	收购韩国现代TFT-LCD业务
2006年	在新加坡和韩国成立子公司
2009年	供货联想等国内外客户
2010年	供货三星等国内外客户;收购台北显示器研发中心
2011年	在日本设立子公司和研发中心
2012年	设立美国子公司兼研发中心
2014年	在德国成立欧洲子公司;投资美国AR公司Meta;加入麻省理工全球产业联盟
2016年	在印度成立子公司
2017年	在迪拜、俄罗斯、巴西设立子公司;认购以色列医疗设备公司23.81%的股权

资料来源:BOE官方网站,作者整理。

1. 第一阶段(1993~2002年)起步期

1993年,BOE成立(当时公司名称为北京东方电子集团股份有限公司),董事长兼CEO由王东升出任,带领BOE开启市场化、专业化、国际化的发展征程。1994年,京东方与日本多会社合资成立北京旭硝子电子玻璃有限公司、北京日伸电子精密部件有限公司与北京日端电子有限公司,发展与CRT配套的精密零件与材料业务。于1997年成功上市,股票代码为200725。同年,下游产业布局完成,发展液晶面板业务。1999年,京东方整合真空技术优势,成立京东方真空电器公司,真空灭弧室制造技术达国际领先水平。2001年,在深圳证券交易所增发A股——京东方A(000725)。在同一年,它被改名为京东方科技集团股份有限公司,收购韩国现代电子工业有限公司(HYNIX)的STN-LCD和OLED业务,并进入移动显示行业。

2. 第二阶段(2003~2013年)液晶时期

2003年,京东方收购韩国现代公司TFT-LCD业务、相关专利和团队,进入薄膜晶体管液晶显示器件(TFT-LCD)领域,此次收购事件被中科院全球并购研究中心评为"2003年中国十大并购事件"之一,标志着京东方的

TFT-LCD 事业的战略布局正式启动。2006 年京东方开展东南亚业务。2009 年开展手机显示屏和笔记本电脑显示屏业务。2010 年开展平板电脑显示屏业务。2012 年，京东方布局北美洲；推出全球首款 110 英寸超高清 ADSDS 液晶电视，获吉尼斯世界纪录认证"世界最大的液晶电视"。2013 年，京东方推出全球领先的 5.5 英寸 ADSDS 全高清 LTPS 手机屏和 98 英寸 8K 超高清显示屏，显示效果是 4K 显示屏的 4 倍，能极大还原真实色彩，可覆盖人眼整个视阈，临场感极强。

3. 第三阶段（2014 年至今）战略转型期

2014 年，在国际化战略布局方面，京东方开展欧洲业务，升级品牌标识。同时，也加速了可穿戴和增强现实技术领域的布局。2015 年，京东方在技术上推出全球领先的 10K 级显示屏——82 英寸 10K 超高清显示屏、110 英寸 8K 超高清显示屏和全球领先的手机显示屏——4.7 英寸 UHD 超高清显示屏（像素密度达 941PPI），在分辨率上实现新的突破。在智慧健康领域联手 IBM 打造基于认知计算的大数据平台。

2016 年，BOE 布局南亚业务。从技术上讲，它已经推出了世界领先的 82 英寸 10K 曲面显示产品。据 IHS 统计数据，这三年企业在智能手机、电脑等各方面显示屏方的市场占有率均保持平稳或增长（见图 2）。2016 年度全球创新报告，由汤姆逊路透社公布。BOE 拥有全球创新的领先指标，表明它已经成为 2015 世界半导体领域的第二大创新公司。BOE 董事长于全球创新伙伴大会中首次提出"开放两端，芯屏气/器和"的生态理念，意图通过企业的技术能力，将应用端与技术端融合起来，构成一套全面且开放的体系，并在全球价值链视角下，在新的市场机会中，实现合作伙伴的共赢。在健康服务领域，BOE 旗下的北京明德医院通过了 JCI 国际认证。在智慧系统领域，BOE 推出全球领先的数字艺术馆 BOE 画屏，并投资精电国际，意图实现在车载显示领域全球布局。

2017 年，京东方布局中东、东欧、南美洲并开展业务。技术上推出全球领先的 5.5 英寸 WQHD 柔性 OLED 显示屏，像素密度达到业内领先的 538PPI，可实现 S 形弯折。2016 年 BOE 在世界全球国际专利申请（PCT）

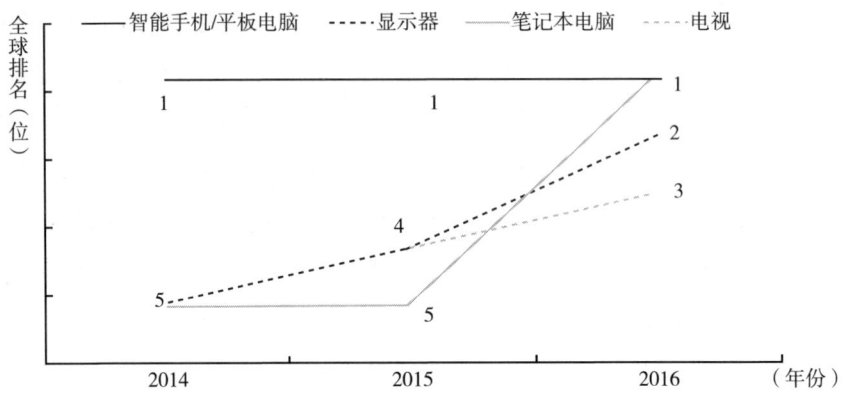

图2 BOE显示屏全球市场占有率排名（2014~2016）

资料来源：BOE官方网站，作者整理。

中排名第八，比2015年增长了36.3%（WIPO统计）。京东方大尺寸液晶面板出货量和中小型液晶面板出货量居世界第一位（IHS统计）。京东方2017年度美国专利授权量的年增长率在专利授权量TOP 50中位列第一（IFI Claims统计数据）。另外，京东方加速推进在移动健康领域的布局，推出了由MTX和移动健康手机应用组成的无创血液检测系统。

二 京东方科技集团国际化发展特征分析

（一）内部管理

1. 公司治理

BOE的公司治理体现在四个方面：第一，规范治理。京东方有着标准健全的公司治理结构，展现了企业高层的权责情况和监督职能。第二，内部控制。内部控制体系十分严格，企业的核心价值观引领的企业文化作为管理所有员工的一个信念系统，是公司内部控制的基石。公司还通过跨层级沟通、企业规范准则、绩效系统等，实现全面的内部自查、自评和审计。另外企业的风险管理有三道防线：流程、制度与业务执行层面，业务支援组织层面以及最高层面风控委员会,以保障企业的全流程运作。第三,商业道德。京东方在商业道德方面始终遵循最高标准,对员工进行思想教育并严格要求,必须坚决遵守行为准则,做到自律、公正和廉洁。除此之外,以技术为重的京东方还特别重视知识产权的保护,通过培训教育加强员工的专利保护意识,并取得了良好的效果,充分体现了其科学、稳定、规范和严格的企业管理理念。第四,企业社会责任管理。当企业的生存目标达到后,BOE不仅紧抓企业的经营状况,同时也开始重视社会责任的履行。BOE一方面对全员进行倡导,另一方面建立健全内外部协同组织,积极与利益相关者进行沟通,将社会责任的履行融入企业运营的各个方面,从而共同推进和实现社会责任。

2. 员工导向

员工是企业的生命力,对于京东方而言,6万多名员工组成的大家庭是企业得以不断前行的基石。企业讲求的用人之道是一视同仁、尊重并激发员工潜力,不因年龄、种族等因素区别对待,讲求公平、公正,让员工充分体会到自身的价值,提升自豪感。企业在人员的录用方面要求正直诚信的人格品性,且要求始终抱有对工作的专注度和热情。京东方针对企业自身特点,提出了领导者素质模型,要求企业的管理层要致力于成功,能够具备打造团队、凝聚并激发团员的能力,始终以客户至上为经营管理理念,用开放的心态接纳新思想,能够整合各类资源,敢于颠覆式创新。京东方认为员工的发展优先于企业的利润,打造出一个完备的、强有力的、人才辈出的队伍,是实现企业可持续发展,为企业带来源源不断利润的基础。BOE一方面对员工实行绩效管理,另一方面帮助开发员工的能力,两方面相互结合、动态循环。通过互补互动过程来实现人力资本的最大化,并给予晋升或报酬激励。对于员工的发展,京东方在2015年成立了京东方大学,追踪产业前沿动态,并为企业不同层级、不同专业、不同阶段的员工提供了充分的培训学习机会。京东方还给予员工非常宽松的成长空间:不同专业的横向轮岗和同一领域的纵向晋升通道,让每个员工都有实现职业成长的机会。针对企业已有的员工,京东方提供了和谐的工作环境,给予了充分的权益、安全保障、福利与关怀。近年来,企业的员工架构呈现出高学历特征,专业化人才也逐年增加。

（二）供应链

1. 供应商

供应商是整个产业链上游最重要的环节，京东方多年来秉持着共同发展的理念，带动着中国整个液晶产业的进步。2017年，京东方在全球各个国家的供应商总数达到了4000多家。供应商与企业是非常紧密的合作伙伴，相互依存，合作共赢，才能实现可持续的产业发展。京东方有着适合企业自身、科学系统的供应商管理体系：企业对供应商的进入有着公平、严格的筛选标准，标准由企业中各个部门共同制定，只有通过其审查认证的供应商才有资格作为被选择合作的对象。企业与供应商合作后，会实行日常跟进、定期的绩效考核、持续改进优化，评判指标包含供应商的成本、技术、品质、财务等，考核通过的供应商能够与企业进行合作培养，考核不通过的则采取退出机制。2017年，京东方新进供应商约500家，退出供应商约300家，企业的供应商管理体系保障了上游供应的质量、活力与稳定。为保障供应链的安全运转，企业还要求对每种供应材料至少保证有两家供应商，并根据实际情况确定供应比例。另外，京东方还非常重视对供应商的环保评估与培训，充分体现了企业的绿色采购、可持续发展理念。

2. 客户

客户是产业链下游的重要环节。京东方的业务经营理念是始终以客户为导向，坚守产品质量。在这个高度信息化的时代，顾客不仅仅是消费者，更担任了引导企业产品创新的角色。京东方通过与客户高频深入的互动，及时掌握消费者的需求动态，并对产品从设计、生产、制造等整体流程实现一体化管理，将客户导向的理念深入到每一个生产经营流程中，不断改进与发展，实现正向质量管理。另外，企业从产品本身出发，回溯生产流程，对工艺流程等进行改造，实现反向质量管理，使系统具备双向信息流，协同实现价值创造。针对客户服务，BOE 的客户沟通体系十分完善，企业会通过各种渠道对客户进行调研、回访，及时了解消费者诉求，改进反馈问题，提升顾客对企业的满意指数。在产品售后方面，BOE 能做到在规定时间内快速响应客户需求并解决问题。此外，京东方在2017年创建了创客用户交互平台，为创客提供设计订单，为客户实现个性化定制服务。

（三）投资者

京东方为投资者建立了公开的信息平台，力求及时主动地传达企业信息，使投资者能即时了解企业的经营动向与投资决策，同时还通过多样化的沟通渠道，实现与投资者的互动交流。对于中小投资者与机构投资者的不同特征和差异化需求，企业给予了有针对性的服务。京东方作为一家上市公司，按照证券监管要求，及时、准确地披露相关信息，接受大众的监督，同时也积极做好市值管理工作，2017年，企业市值成长比例100%，进行了2.66亿股份回购并派发了10多亿元现金红利。

（四）外部环境

京东方坚持倡导绿色发展的理念，建立绿色工厂并呼吁产业上下游共同打造绿色产业链，建立科学高效的生产运营体系，减少污染排放，实现与环境共发展。为此，京东方建立了绿色环境管理体系并不断完善，对外实现环境数据公开化，对内实行规范的环境成本核算，明确企业绿色发展的原则，确立发展目标"成为行业典范"，严格制定并遵守环境保护规章制度。企业通过减少能源消耗、减少温室气体排放、资源回收利用等实现对整体环境的风险防控，2017年绿色考核实现全通过，绿色发展成效显著。除流程绿色化之外，京东方还致力于不断创造绿色产品，布局智慧清洁能源，2017年推出了植物工厂、蓝光护眼技术和电子纸显示技术，同时在全国多个地区发展光伏电站和智慧微电网。京东方通过不断的教育培训，将绿色DNA植根于企业的每一位员工，并不断传承下去。

企业的发展离不开社会的进步，京东方除了在环保领域积极承担社会责任外，还积极回馈社会。第一，实施英才计划，在高校内建立俱乐部平台，创办挑战赛等，通过这些校企合作的方式对高校学子进行人才培养；第二，积极关爱偏远、贫困地区的孩子，开展教育扶贫活动，帮助他们点亮梦想，

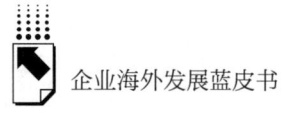

开启成长之路；第三，关爱弱势群体，开展公益活动，帮助自闭症患儿实施康复训练；第四，保护中华民族传统文化，资助文物保护等公益项目。

三 京东方科技集团国际化发展关键因素分析

（一）国家大力扶持，研发投入持续

1. 探索新融资渠道

2003年，BOE在韩国现代的一条液晶生产线的收购上花费3.8亿元，同时，他们也准备在北京投产一条新的液晶生产线。原本打算在港股上市的京东方因为一些变故没能如愿，只能转向银行贷款，但拿到贷款没多久就遇上了产业低谷期，从2004年下半年开始，直至2007年上半年，面板价格一路狂跌，致使京东方连年巨亏，每年面对十几个亿的亏损，让企业叫苦不迭。直到2007年下半年，液晶产业才走出低谷，京东方的财务状况才有所缓解。

资金是企业的生命线，尤其是京东方所处的这类资金密集型、需要用进攻型投资策略来争取市场的行业。一般来讲，企业的融资渠道主要是银行贷款，或者是上市发行股票。但是这两种常规的融资方式都非常强调短期的利益，看重短期财务指标，企业如果在银行贷款期间效益不佳甚至亏损，银行会下调企业的信用等级，到期后无力还款，后续就再无贷款机会。股票市场更是如此，面对接连不断巨额投资但却无法在短期回馈投资者的京东方，在资本市场声誉不佳。京东方意识到这两种方法都不适合需要在低谷期逆势投资的液晶产业，它们顶多只能锦上添花，无法雪中送炭，也就无法成为企业真正的融资渠道。

液晶产业还有一个特点是政策密集型。2013年，京东方在鄂尔多斯投产，由于内蒙古电网水平较差，生产经历了多次电网不稳定、短时停电的风波。政府当时并不懂得断电对流水线作业的损害：生产线上玻璃板的搬运靠电磁力，0.1秒的断电都会立刻让玻璃板粉碎，生产线停工清理至少两个小时。除了电力稳定之外，在地方招聘产业工人、租用土地，还有道

路、用水、排污等方方面面的后勤保障都需要地方政府的政策性支持，于是最好的方法就是让政府入股，享受液晶生产的利润，主动提供政策性保障，同时分摊产业风险。这就是京东方摸索出的，适合中国液晶发展的新融资渠道，如此一来，不但解决了企业的资金来源，更得到了政府各方面的鼎力相助。

2. 高强度政府补贴

到目前为止，京东方的研发资金累计投入高达3000多亿元，是单个企业在中国工业史上最大的投资额。这些源源不断持续为京东方投入的资金除了来源于地方政府参股外，还有高强度的政府补贴。在政府补贴方面，京东方迄今为止已获逾90亿元的政府补助（见表3）。液晶面板产业是国家战略发展的新兴产业，京东方通过多年的努力已成为中国电子行业的领军巨头。政府免去了BOE的巨额债务，将它对企业的扶持力度展现得淋漓尽致，同时也充分证明了产业基金对BOE的大力支持。BOE已成为我国供给侧改革创新、中国制造业的模范。企业坚定实行自主创新，不断将国外厂商的垄断格局打破，并将继续引领中国先进制造业和工业向更高水平发展。

表3　2010~2018年4月京东方获政府补贴详情

2010年	政府补助0.76亿元	2011年	政府补助6.66亿元
2012年	政府补助9.26亿元	2013年	政府补助8.38亿元
2014年	政府补助8.3亿元	2015年	政府补助10.45亿元
2016年	政府补助19.15亿元	2017年	政府补助1.09亿元
2018年1月	豁免福州8.5代线建设的贷款63亿元		
2018年3月	成都高新电子信息产业发展局下发研发费用补助1.8亿元		
2018年4月	吴江政府下发研发费用补贴2亿元		

资料来源：BOE官方网站，作者整理。

半导体行业需要持续的投入，其技术迭代速度之快，不进则退。京东方的前身是北京电子管厂，拥有国企背景和政府资源，作为一个对液晶面板显示领域没有技术积累的后发企业，选择进入高科技领域并在持续亏损中不断投入大量研发资金,这背后恰恰是国家选择技术赶超的决心,国家力量、国家资本、国家产业服务群的鼎力相助,产业政策的鼎力支持使得京东方有强大的后盾,不顾一切地投入研发、学习技术,最终实现赶超。

(二)工业精神驱动,战略目标坚定

京东方从过去的传统型国企,在激烈的全球竞争和国家战略布局下,转变成为一家竞争性企业,作为一个后进入者,它在半导体显示行业历经了二十几年的磨砺并走向了成功,坚定不移的战略目标是企业得以长期持续发展的重要前提。战略目标是企业的信念,是企业前进的驱动力量,京东方作为国家战略性企业意义重大。全球化的产业链格局一旦形成,后进入者将会更难实现技术赶超,尤其是技术资本双密集型的高端产业,京东方在面对这种巨大挑战之下做出的战略决策是有胆识、有抱负的。京东方的发展历程可谓是中国经济发展模式的缩影。国有企业是国家工业化的产物,作为中国工业知识和经验的重要载体,它具有内生的管理领导力,愿意并能够采取创业战略重塑资源,实现创新。液晶产业具有很高的进入壁垒,在国有资本的主导下,尽可能将液晶显示之类高技术型的制造业做大做强,才能减少国内处于产业中下游的企业对国外上游研发型、技术型企业的依赖。这是中国科技创新发展过程中非常重要的战略选择,也是转变过去粗犷型经济发展模式,实现资本和技术积累的必然选择。BOE想要实现产业报国,必须将重点放在技术创新上,坚定企业发展方向不动摇,在连续亏损中持续投入研发,在行业低谷期实行扩张战略,抢占市场份额,通过长期坚持和努力,突破海外企业在该领域的垄断。在房地产行业较为火热的时期,董事长王东升依然坚定地执着在面板显示领域,认为京东方骨子里就流淌着中国工业的血液,所以肩负着中国工业兴起的重任,无人能取代。这是工业精神引领下一种毋庸置疑的选择。

(三)突破核心技术,打破垄断格局

BOE这些年在液晶领域的跨越式发展,得益于企业对技术创新孜孜不

倦的追求，这是公司发展的核心驱动力。BOE 经过多年努力在技术上实现的积累，以及在人才上实现的积累，均成为帮助其打造完备技术创新体系的基石，而技术创新体系又是驱动其实现跨越式发展的不竭动力。作为 BOE 的董事长，王东升始终坚信着技术是企业的核心。秉持着这样的信条，新东方才能多年在一个领域深耕并最终实现突破。BOE 建立了一套特有的技术管理体系（见图3）。公司通过设立技术战略目标，寻求技术来源与技术人才，通过企业间战略合作打造与制定战略标准，进行知识管理与产业孵化。

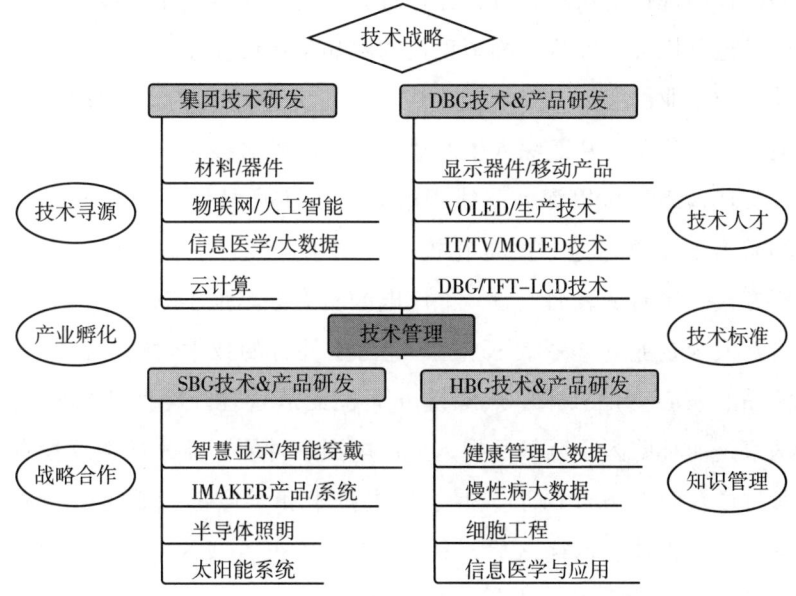

图 3　BOE 技术管理体系

资料来源：BOE 官方网站，作者整理。

1. 走出合资误区

改革开放以来，国产与进口技术之间难以逾越的鸿沟让决策层逐渐形成了认为引进外资能直接实现技术转化的误区。于是，中国开始大量引进外资，企图通过合资的方式，实现对技术的掌握。但事实是，合资工厂在中国疯狂地赚钱，中方无论经历多长时间都无法掌握核心技术。其原因是通过合资这种方式，外企的生产线整体运输到中国，在中国组装好之后始终由外方技术人员控制和运作生产流程，中方无法插手任何生产过程。从整体生产流程的管控，到从上游采购各种零部件，并对供应商进行管理，再到从用户反馈中得到技术的后续更新研发等，都是合资的外方负责承担，BOE仅仅只是分得产品的销售利润。所以，在过去所熟知的合资模式中，中方的地位只是跑腿打杂，没法深入到生产过程中去，更不可能有机会学习并发展自身的技术，而收购则大不一样。北京电子管厂于2001年更名为京东方科技集团，并且决定进入液晶产业。当时液晶产业正好处于低谷期，韩国现代急需现金流，正好打算出售一条液晶生产线，京东方正好抓住了这个机会，收购了韩国现代的液晶生产线。于是，京东方正式成为了被收购企业的主人，对液晶生产拥有了完整的自主安排权和控制权，并对最终产品负责，从而深入生产过程、要求外方技术人员传授技术等都能得以实现，终于可以深入一线了解并学习生产技术。与此形成对比的是，2003年，上海广电集团也在投产液晶生产线，它们选择了比较容易的合资方式。当时从表面上看，上广电的实力甚至强于京东方。然而合资生产恰好成为企业的"短板"，上广电由于外方的技术封锁，始终无法接触到液晶的核心生产技术，供应链方面也无从管控。在产业低谷期来临时，两家企业都陷入了巨额亏损，上广电因各种原因而不敢继续投资，无法扩张生产。京东方却由于掌握了自主技术和供应链，抓住机会逆势投资。最终，在工业衰退期之后，在2007年京东方成为一个盈利的公司。然而，SVA则继续亏损，最终在2009年被转让。

2. 提升工厂技术

从技术吸收、学习到最终实现自主创新的过程中，专利也是一个重点。在日本企业为王的年代，其技术专利的数量在世界范围内遥遥领先。这种专利的特点是从理论转化为实践，科研人员在实验室研发，成功后再投入实际生产，从而实现研发转化。日本企业在技术方面的专利积累，主要来源于实验室。然而，液晶产业的发展绝不能单靠实验室技术，工厂技术也非常重要。工厂技术是指在实际生产中逐渐积累起来的经验技巧，它是一种默会知识，存在于各个员工的脑海和他们的协作关系中，看起来非常不起眼，甚至比较低级，但正是细小点滴的改进和累积，逐渐成为一系列竞争对手难以复制和赶超的技术，是一种具备工厂化、组织化的大型生产能力。例如，在液晶实际生产过程中，避免灰尘是一个很关键的问题，一大块液晶屏只要混入10粒尘埃就得彻底报废。因此，液晶生产线上有非常高的无尘要求。起初，BOE刚建立起自己的液晶生产线，就面临了一个非常严峻的问题——良品率不达标，只有60%左右，这使得企业的生产成本居高不下。无尘技术在小规模试验中很容易做到，但相对庞大的实际生产而言，实验室的无尘技术则毫无意义。大型厂房的实际条件是各种人员和设备的混杂，将这种大型厂房建造成无尘车间需要实地的逐步探索、改进，这种工厂技术无法用实验技术来代替。京东方面对良率低的问题，只能在想得到的地方一点点改进，逐渐把尘埃的数量降低。一段时间后，通过生产技术人员在现场不断反复琢磨，对无数细小的地方进行调整，不断完善各个流程和环节，良品率终于提高到了95%。

四 发现与启示

（一）明晰产业特点

1. 产业发展历程

液晶产业近几十年的蓬勃发展为消费者带来了显示屏的大规模应用：电子表、计算器、手机屏幕、高清电视、电脑显示器等。在这个产业快速变化的背后，有太多的企业大赌大赢、大得大失、大起大落。美国早在20世纪60年代就发明了液晶显示模型，野心勃勃地想要把该技术应用于创造平板电视，但最终因技术不足而中途放弃。而日本企业在见到液晶显示新技术后，大喜过望，因为它们当时恰巧在研发钟表，正苦于显示方面的技术"瓶颈"，于是买来技术率先造出了液晶显示的电子表，并将该技术用于计算机仪表显示等领域，在市场上取得了巨大的成功，并继续为以后的技术研发提供资金支持，促进了LCD产业的持续发展。1992年，液晶显示屏引爆了市场，企业争相进入该领域，独特的液晶周期出现。1993年至1994年，液晶产业进入了第一个低谷期，日本企业因为亏损，顺势削减产量，于是产生了一批失业的技术人员。韩国三星抓住这一机遇，成立研发机构，吸引这些工程师。这是迄今为止业内最为疯狂的反周期投资行为之一，韩国企业凭借激烈的进攻性投资战略一举打败了日本企业。日本企业未能充分理解这一行业规则，及时改变竞争模式，才会一溃千里。京东方的崛起与韩国企业相同。

一项新技术从最初的发明到最终实现工业化量产，需要经历漫长、艰难的研发试验过程。在这个过程中，企业进行持续的R&D投资是最重要的因素。现代电子产业的变化非常迅猛，无法实现一步到位的目标，企业应该从小处着手，逐步开发市场，赚取利润，再投入研发，实现对产业循序渐进的养成模式。当产业逐步养成后，运营的重要性会逐渐超过制造，投资策略会逐步超过技术；工厂经验的重要性丝毫不亚于实验室研发出的专利技术，因为在实干中不断积累的技术、细节等，往往决定了产品的良品率，决定了生产的效率和规模扩张的可能性。另外，外界环境的快速变化使得行业的竞争方式发生了彻底的转变，以往成功的思维定式反而会降低企业的动态能力，阻碍企业的变革。计算机的出现让硬件和软件逐步分家，颠覆了原有从设计到生产纵向一体化的企业形态，这是典型的破坏式创新。日本液晶企业正是由于拒绝这种创新，不愿放弃原有的纵向一体化，才从遥遥领先到一溃千里。现如今的数字时代，是通用技术的时代，电子产业的分工是高度标准化、全球产业链的大分工，已经不再是当初的纵向一体化，各家企业生产线的上游供应商、设备提供商、零配件商都差异较小。在数字时代，企业需要摆脱固化的思维方式，不能再纯粹地为了技术而技术，因为最主要的竞争方式已经从以日本企业为代表的高超工艺、独门绝艺时代，转向为依靠开发新产品速度、供应链控制、成本控制、营销推广等。没有市场需求的"工匠"精神逐渐失去意义。这种模块化生产的水平分工体系使得企业能够降低成本，更加快速地实现创新。

2. 逆势投资策略

液晶生产线的"世代"指的是能生产显示屏尺寸的范围，如此对生产线的划分形成了液晶产业独有的特征——液晶周期。当某一世代生产线量产液晶屏后,产品进入市场后满足了消费者对相应大小屏幕的需求,企业大规模盈利。其他企业看到后,都想在该领域分一杯羹,于是都对该世代生产线进行投资。然后,液晶显示器的这种规模迅速供过于求,因此面板价格下跌,所有屏幕制造商的生产规模都面临利润骤降,甚至亏损。然而,面板价格下跌的同时,消费者受益,低价的液晶显示器让更多的消费者选择使用,于是液晶面板的应用范围又迅速扩张,又导致产能不足,价格上涨,企业又会再次大量投资生产……液晶周期与普通商品供需变化最大的不同就是,面板价格的下跌会衍生出越来越多原来不存在的需求,小到手环,大到巨幕,在社会生活中,原来没有用到液晶显示技术厂商的由于低价改换了液晶显示,原来负担不起液晶显示屏的消费者也由于产业低谷期的低价改用了液晶显示屏,于是应用越来越广。同样,液晶显示领域也属于半导体产业,也遵循摩尔定律,这使得半导体显示性能的提升不仅快,而且看不到尽头。液晶周期的特殊规律是,在每一个周期中,企业都要承担低谷期的损失,坚持投资新一代生产线,扩大生产,然后在高峰时期迎来更大的生产和利润。

液晶面板产业是典型的技术、资本、风险三高型产业,需要巨大的资本投入、技术投入,并且回报周期长,产品需求周期性波动。这样的周期让新企业在每一个低谷期都有新进入市场的机会。所以企业想要在液晶产业的竞争中胜出,一定要深入了解这个产业的特征,那就是必定要依靠投资战略,在产业低谷期要大胆地逆势投资。企业要深入了解自身所处产业的特征,掌握在这样的产业中如何获取技术和资本、如何抗风险,能否应对产业特征所带来的剧烈动荡。中国电子产业摸索出来的经验是:像这种庞大的技术、资本和政策密集型产业如需崛起,一定是个漫长且艰辛的过程,一定要靠政府、全社会的支持,国家的总体能力上升才能实现整个产业的成长。

(二)发展并增强企业核心竞争力

一个企业的核心竞争力是其有别于其他企业,得以发展壮大的根本。企业对资源的掌控能力为其带来了独特的比较优势，这种优势使企业能够长期保持并扩大经营，同时获取超额利润。核心竞争力会随着企业自身的成长以及外界环境的变化而变化，是一个动态发展体系。对于京东方来讲，它专注于半导体显示产业25年，累计专利数超5.5万，其核心竞争力就是在该领域的持续融资能力和技术能力。BOE依靠自身不断的努力，摸索出了适合企业自身可持续的融资方式，其他融资方式无法取代，其他企业也无法轻易复制。BOE技术能力的培养是其从无到有、从低到高逐渐学习追赶的过程，这种对核心技术的执着让其摆脱了中国企业企图通过合资方式获取国外先进技术的巨大误区，实现了自主创新，达到了如今的产业地位。大力发展科学技术是中国实现强盛的必由之路。严峻的国际形势、激烈的市场竞争给中国企业带来了无尽的挑战，同时也赋予了国人强烈的使命，要把握形势、迎难而上，争取早日掌握关键技术，掌握创新和发展的主动权。对于高技术、高附加值的行业而言，关键的核心技术无法讨要也无法购买，企业唯一能做的就是引起战略重视，在技术"瓶颈"上集合精锐的人力、物力和财力，不断学习吸收，逐渐积累并转化成自主创新能力。科学技术如今深刻影响着国家的命运和人民的福祉，而企业及各技术研发部门则承载着实现技术突破和自主创新强烈使命的关键环节。这样的国际化发展历程可以给任何一个企业以启示：一定要发展并增强企业的核心竞争力。

（三）提高经营效率，创新与规模并进

国有企业在实施扩张的过程中，提高各方面的效率显得更为重要。历经20多年积累的BOE，无论是在企业规模、资本、产量、市场占有率等各方面都形成了寡头垄断地位，这一方面为企业带来了很好的营收，另一方面也加大了国有企业难以逃脱的低效。在国内缺少实力能够相抗衡的竞争对手，有政府强大的后盾作支撑，企业规章制度难以灵活变通，且改进缺乏有效的动力机制，薪酬设计体系不完善，管理层缺乏有效惩罚机制，普通员工薪酬体系缺乏有效动力机制等，这些国企的通病都是导致企业低效的重要因素。

国企的管理层要塑造企业家精神，制度改良方面要结合市场情形，在企业内部建立起快速、灵活、高效的改进机制，薪酬体系方面的设计也要考虑到包括经营业绩在内的多方面因素等。努力提高国有企业的经营效率会为企业带来更广阔的未来。

科技创新能力决定了国家实力。创新要在开放的环境下进行，企业要了解全球的创新发展趋势，要充分了解市场需求，与国际市场接轨。最终能实现经济效益的创新才是有价值的创新，不能陷入"为了创新而创新，为了技术而技术"的怪圈。另外，创新要与规模并进，京东方在着力学习技术的同时，在产业周期的低谷实行了扩张战略，这一战略举措成功地将不少竞争者挤出了市场。规模化是工业思维的一个重要体现，一个企业要想在某个产业中达到领先地位，必定要在规模上突破，并形成产业集群，这样的先行者壁垒才能让竞争企业望而却步。大规模绝不仅仅是对小规模的次数复制，当生产形成一个巨大的体系时，环节和风险都会剧增。基于生产实际的工厂技术，在此时会显得比实验室技术更为重要，大部分的实验室专利都能通过公开出版物获取，所以难点在于如何实现从理论到实际，并形成大规模生产。工厂中形成的经验技术有时难以直接传授，只能靠企业"干中学"。重视工厂技术，让点滴的经验从默会到显性再到默会，才能形成竞争对手难以复制和超越的优势。

坚实的技术积淀能带来技术外溢，从而实现持续产业延伸。京东方已在液晶显示领域坚守了近20年，通过整合上下游产业链不断壮大，当在全球市场中占领重要地位后，企业开始考虑相关领域及前沿领域的扩张。京东方以专业技术为核心竞争力，在半导体显示行业积累的大量经验，为其实现相关多元化战略奠定了坚实的基础。向数字医疗、智慧系统的延伸有着极高的准入门槛和壁垒，也需要依托强大的资金和技术作后盾。企业向物联网领域的扩张和转型战略充分体现了半导体显示技术的外溢性带来的产业延伸，有助于京东方整合硬件与软件服务应用，进一步实现相关领域的融合与深化。

参考文献

[1] 京东方科技集团官方网站，www.beo.com。
[2] 路风：《光变：一个企业及其工业史》，当代中国出版社，2016。
[3] 路风、蔡莹莹：《中国经济转型和产业升级挑战政府能力——从产业政策的角度看中国TFT-LCD工业的发展》，《国际经济评论》2010年第5期。
[4] 江积海：《基于价值网络的开放式创新——京东方的案例研究》，《研究与发展管理》2009年第21（4）期。
[5] 包英群：《中国平板显示产业创新能力研究》，电子科技大学博士学位论文，2016。
[6] 蒋毅桉：《京东方布局智能制造领域，打造"有限多元化"新模式》，《通信信息报》2015年12月23日。
[7] 柳卸林、简明珏：《如何通过国际兼并提高技术创新能力——京东方的并购与创新》，《中国软科学》2007年第12期。

B.18
阿里巴巴集团国际化发展案例研究

马娆*

摘　要： 阿里巴巴网络技术有限公司创立于1999年3月，目前是全球最著名的电子商务企业之一，业务范围覆盖网上电子商务、网络金融、娱乐、物流、云计算等领域。本文以阿里的国际化进程为研究对象，研究发现阿里巴巴集团从搭建全球电子商务平台，扩大海外电子支付和金融公司的版图，建设全球化物流服务网络三个方面实施国际化。在世界经济危机背景下，阿里成功实施国际化的关键因素在于：先进科技作支撑，引领全球电商发展；获得东道国政府支持，共同推进电商全球化；定位中小企业，帮助企业成长；良好的公司治理结构。并由此得到启示：要抢抓"一带一路"倡议，紧跟政策，争取母国政府支持；利用科技驱动创新，发挥技术价值；注重企业文化，履行社会责任；"先易后难"，定位全球品牌。本文对阿里国际化进行了纵向案例分析，丰富了电子商务企业国际化的研究内容，为国内企业国际化提供借鉴和参考。

关键词： 电子商务生态系统　国际化　案例研究

---

* 马娆，对外经济贸易大学博士生，泰山职业技术学院讲师，主要研究方向为企业风险管理。

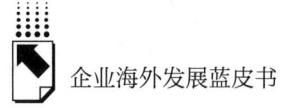

企业海外发展蓝皮书

一 案例现状及问题提出

（一）公司概况

阿里巴巴网络技术有限公司（简称阿里巴巴集团）是全球最著名的电子商务企业之一，旗下的电商平台是目前全球最大的网上交易市场和商务交流社区。1999年3月，成立于杭州，旨在做"中国中小企业贸易服务商"，公司的愿景是让天下没有难做的生意，目前已在美国、伦敦、印度、韩国、欧洲、澳大利亚、新西兰等国家和地区设立70多个分支机构。

自成立至今，阿里巴巴集团建立起了庞大的电子商务生态圈，业务范围覆盖网上电子商务、网络金融、娱乐、物流、云计算等。2016年4月6日，阿里巴巴成为全球最大的零售交易平台。2018年3月，"BrandZ™2018最具价值中国品牌100强"公布，阿里巴巴以886亿美元的品牌价值名列第二。良好的定位、一流的服务、先进的科技、卓越的管理使阿里巴巴构建了庞大的电商帝国，成为全球电商行业发展的领跑者。图1是阿里巴巴集团的Logo。

图1 阿里巴巴集团LOGO

（二）公司发展情况

从成立之初的单一的网络贸易商城模式，到现在的电子商务、物流、云计算、芯片等多战略事业部模式，近20年来阿里巴巴集团的业务以惊人的速度发生着变化，主要经历了三个发展阶段。

1. 布局 B2B 模式：1999～2002年

1999年公司成立，致力于为 B2B 交易提供软件和技术服务。同年10月获得了富达投资、高盛、Ivestor AB 和新加坡政府科技发展基金500万美元的"天使基金"。2000年1月软银集团（SOFT BANK）与阿里巴巴集团正式签约，向其投资2000万美元。在受到风险投资青睐的同时，阿里的知名度也越来越高，并开始实施海外扩张战略。2000年年中，阿里巴巴将网络运营部门从杭州搬到了硅谷，希望可以利用硅谷人才和国外环境资源，开发运营英文网站，但互联网泡沫破灭，加之硅谷和杭州两地因时差等原因交流困难，阿里巴巴经历了网络经济寒冬，撤销掉了美国的办公地点，开始迅速收缩海外市场。随后，阿里巴巴推出了"中国供应商"和"诚信通"等开流项目，同时采用线上和线下两种渠道，有偿地为供应商提供服务，开始探索盈利模式。2002年，推出"关键词"服务，同年阿里第一次实现盈利，全面推广"会员费＋增值服务"的 B2B 模式。

2. 布局 C2C 与在线支付：2003～2007年

2003年5月阿里巴巴集团推出全新的 C2C 型网站淘宝网，并推出"免费"策略，商战矛头直指 eBay。10月淘宝网推出"支付宝"，"支付宝"以第三方身份为买卖双方暂时存放交易资金，消除买卖双方的信任障碍，便于交易管理。为方便交易双方沟通，11月推出网上实时通信软件贸易通，后又推出阿里旺旺。eBay 以电商巨头的优势与各大知名门户网站签订垄断性广告协议，不允许签约网站为淘宝网做广告，淘宝网充分利用中小型网站进行宣传，并针对中国市场需求特点，开发 C2C 市场巨大存量。截至2003年底，阿里电商平台会员数量达271万，市场份额迅速攀升。2005年，淘宝网交易额远远超越 eBay 易趣，5月超越日本雅虎，交易额跃居亚洲电商平台之首。2007年淘宝网交易总额突破433.1亿元，成长为中国第二大综合卖场，至此阿里巴巴完成了淘宝网与支付宝的布局，奠定了 C2C 领域国内的霸主地位。

在这一阶段，阿里巴巴组建了雅虎中国、阿里软件、阿里妈妈等多家公司，收购了口碑网，业务范围涵盖了 B2B、C2C、搜索、竞价排名、支付、商务软件等。2006年10月底，为了满足集团长远发展需求，阿里巴巴对组织架构做出了调整，成立控股公司，分别组建了针对个人（C）、企业（B）的事业群，原事业部提升为子公司，原事业部总经理出任子公司总裁。阿里巴巴组织架构调整情况具体如表1和表2所示。

表1 2006年重整之后的业务框架

事业群	业务范围	负责人	最终管理者
C事业群	雅虎中国	谢文	CEO马云
	淘宝网	孙彤宇	
	支付宝	陆兆禧	
	竞价收入部	雅虎中国副总经理	
	集团广告销售部	谢文	
B事业群	企业电子商务	卫哲	COO李琪
	阿里软件（筹）	王涛	

表2 2006年重整之后的人员构架

人员	职务	管理的职责范围
马云	首席执行官（CEO）	统筹集团事务
李琪	首席运营官（COO）	B事业群、C事业群、集团人力资源及行政工程、集团技术
蔡崇信	首席财务官（CFO）	集团财务部、投资部、法务部和企业融资部
曾鸣	集团资深副总裁	集团总参谋部
吴炯	首席技术官	
金建杭	集团副总裁	集团公关与政府事务部

图2为2007年11月6日，阿里巴巴B2B业务在香港上市之前集团的组织框架。

3. 实施大淘宝、大阿里战略(2008年至今)

2008年，为了适应外部市场环境和集团运营发展的需要，阿里巴巴的新兴业务与平台整合并进，该平台将卖家、买家、支付、金融、物流、营销、搜索整合在一个庞大的网络商务生态系统之中。4月，原"淘宝商城"更名为"天猫"，后从淘宝网分出，独立运营，目前是中国交易量最大的B2C零售网站。9月，"大淘宝"战略正式启动。之后不久，阿里妈妈并入淘宝，打通B2B与淘宝平台，形成B2B2C电子商务生态链条。

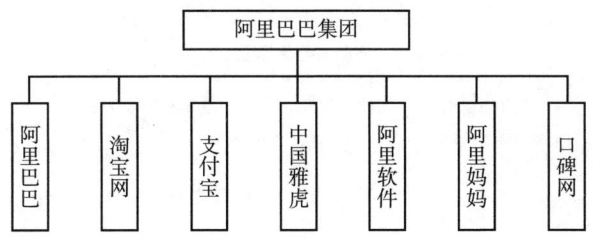

图2 阿里巴巴集团组织框架（2007年）

注：阿里巴巴上市前，口碑网为阿里巴巴集团的控股公司，其他均为其全资子公司。

在经营电商平台的过程中，阿里积累了海量的交易信息，对此类信息加工、分析的结果，将会给卖方带来巨大的商业价值，因此，2009年9月创立阿里云计算，业务包括数据采集、数据处理和数据存储，为集团创收的同时助推了电子商务生态系统的构建。

2011年6月，"大淘宝"战略升级至"大阿里"战略，打通原有阿里内部不同子公司之间的界限，整合信息流、物流、支付、云计算服务等业务，让买卖双方、制造产业链中各方共享阿里的数据资源，搭建中国电子商务未来快速发展的基础平台。

为支撑"大阿里"战略，阿里将科技支撑作为重要纲领，除了专门的科研机构之外，每个事业群都设有自己独立的研发中心。2017年10月成立最高科研机构"达摩院"，该机构致力于探索整个人类科技的未来，并提出了三年投入1000亿元的计划。现在的阿里已不再局限于电子商务领域，而是将业务范围拓展至芯片研发、汽车制造、体育、文娱等行业，构建起了庞大的阿里云系统。

阿里巴巴集团2018财年财报披露，全年集团收入2502.66亿元，同比增长58%。集团经调整息税摊销前利润970.03亿元，同比增长40%。按非美国通用会计准则计，集团全年盈利832.14亿元，同比增长44%。截至2018年3月31日，阿里巴巴集团员工总数为66421人。自集团在美国上市以来，图5和图6描述了阿里巴巴集团自2014年9月19日以来每个季度主要业绩指标的变化情况，可以清晰地看到这些年阿里业绩惊人的增长速度。

图3　阿里巴巴集团电子商务生态系统

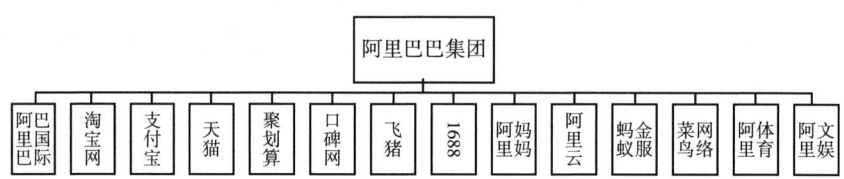

图4　阿里巴巴集团组织框架（2018年）

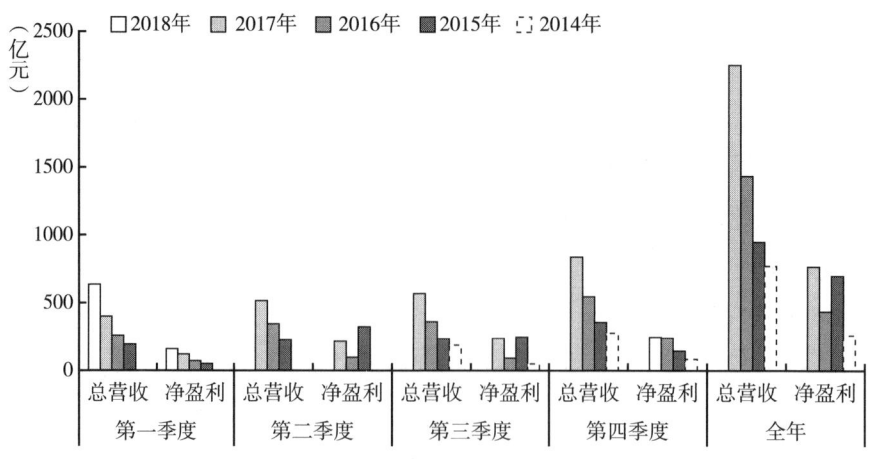

图5　阿里巴巴集团财务业绩

资料来源：根据阿里巴巴集团财报作者整理所得。

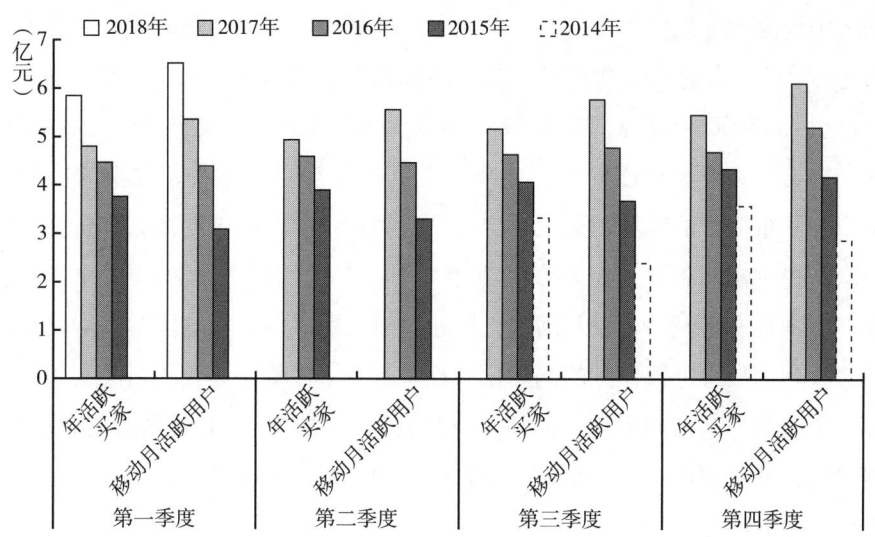

图 6　阿里巴巴集团年活跃买家、移动月活跃用户数

资料来源：笔者根据阿里巴巴集团财报整理所得。

阿里巴巴集团近来爆炸式的发展和全球化的成功实施创造了电商帝国的神话，深入的管理模式、国际化战略、营销方式、企业文化等的内涵和精髓对于其他企业具有较高的借鉴价值，有助于中国企业国际化进程更好、更健康地进行。

二　阿里巴巴集团国际化进程分析

（一）搭建全球电子商务平台

阿里巴巴要实现未来服务 20 亿消费者的宏伟目标，必须搭建全球范围电子商务平台，以实现"全球卖、全球买"。

全球卖，帮助中国中小企业叩开世界市场的大门。2010 年推出全球速卖通平台主要经营跨境零售业务，有"国际版淘宝"之称，为中小企业搭建了一个低成本、高效率走向世界的通道。随着平台影响力的扩大，吸引了来自全球多家超过 1 亿的用户，是目前世界第三大英文购物网站。全球买，助力国外企业开发中国市场。集团旗下的天猫专门开设国际商城，与多国政府进行合作，促进合作国电商发展，增加其对华商品出口量。截至今年3月底已引入18000个品牌，来自74个国家和地区。通过"走出去"和"引进来"的方式，阿里巴巴的全球电商平台已初具规模，在兼顾规模的同时阿里十分注重质量的提高，重视对交易平台海量信息的数据挖掘，分析交易者需求，提供定制服务，改进平台功能，增加客户的满意度进而提升客户黏度。除去自有平台的建设，阿里巴巴还通过收购、入股东道国知名购物平台的方式实施核心电商业务的国际化。投资过程中注重差异化战略的实施，保证对于电商各领域的渗透与占领。通过收购、注资东道国成熟的电商平台，阿里能快速占领市场，并享有原平台较高的市场份额和品牌知名度，提高其在全球电商的影响力。

（二）不断加码海外电子支付和金融公司

支付是电商交易实现交割的必经环节，也是阿里巴巴低成本融资的重要途径，关系到企业资金命脉。在支付出海的过程中首先是以支付为入口，实现海外商家和消费者之间的互动。旗下的蚂蚁金服负责阿里巴巴电子支付和金融业务。蚂蚁金服进驻美国、新加坡、韩国、英国等国家，一方面与线下商场、店铺进行合作，加强软硬件的建设与覆盖，开通线下支付宝的付款通道。另一方面改变国外消费者的传统支付方式，安全高效的电子支付极大地优化了客户的支付体验，使电子支付势不可当。

其次采用投资方式，实现快速扩展。亚太地区是蚂蚁金服海外扩张的重要阵地，主要通过投资保险类企业，收购或入股与支付相关的公司进行。阿里巴巴采用多元化的投资，根据不同战略目的，选择优质成熟的企业进行投资，既降低了投资风险，又提高了阿里巴巴在支付、金融等领域的市场份额，保持了技术优势，积极稳健地推进着阿里的国际化进程。

（三）建设全球化物流服务网络

电商行业的竞争已经进入"白热化"，用户不仅仅对价格敏感，更注重品质和体验。高效低价的物流可以成就一个电商平台，相反低效高价的物流也可以毁掉一个平台。阿里巴巴坚持决策始终都应面向未来，早在 2010 年就意识到当前的物流配送模式和基础网络建设无法满足五年后的包裹配送需求。因此，2013 年 5 月 28 日，由阿里集团牵头申通集团、圆通集团等国内知名的快递企业，成立菜鸟网络科技有限公司，旨在建设一个以大数据为驱动，社会化大协同的物流与供应链平台，完成智能仓储与配送、全球超级物流枢纽等核心领域建设。

1. 提升欧洲效率，引领国外物流流程再造

俄罗斯是阿里巴巴最主要的境外交易市场之一。然而俄罗斯落后的物流运作方式、烦琐的通关流程和干线规划，却成为制约阿里巴巴国际化的"瓶颈"。速卖通进入俄罗斯时，从中国到俄罗斯的电商包裹配送周期通常是 60 天。2013 年速卖通在俄罗斯首次大促，当时俄罗斯邮政包裹处理能力只有 3 万个，无法应对 17 万个包裹的配送任务，一时间系统陷入瘫痪，最长的包裹甚至半年后才送达。针对这一情况，菜鸟与俄方联手对俄罗斯物流实施全面改造。首先，阿里研发了定制化的快递面单，实现自动分拣作业，使两国物流数据得以匹配。同时选择实力强的航空公司进行合作，保证货物运输速度和质量。之后将同样的做法推广到西班牙、英国、芬兰等国家。截至 2018 年 4 月阿里巴巴已经开通了两条洲际航线，将至欧洲的跨境包裹送达时间由 60 天缩短到了 5 天，西班牙、俄罗斯等部分地区实现了 72 小时便可送达。阿里巴巴在参与东道国物流行业的重塑的过程中积极承担社会责任，增加当地就业，促进了当地经济的发展，最大限度地让电商发展的经济效益外溢惠及当地人民，赢得了东道国的社会赞誉。

2. 迎合客户需求，创新物流配送模式

菜鸟网络的航空干线与海外仓储网络已遍及全球五大洲，但是在经济发达的国家，物流配送成本高，部分地区配送人员不足，导致配送时间过长，许多客户为节约经济和时间成本选择自提包裹的方式。阿里巴巴深入了解当地用户的生活习惯和需求特点，因地制宜，在澳大利亚、中国香港、中国台

湾、新加坡等国家和区域,菜鸟网络建成了8000个境外自提点,既降低了客户物流成本,又完成了物流网络与服务对最后一公里的覆盖,助推了其品牌本土化的过程。

3. 合作共赢,共筑全球配送网络

全球配送网络的搭建需要科学规划与实施,需要充分利用各国现有的物流资源,合作共建才能实现。从2016年开始,Lazada平台在泰国、新加坡、马来西亚等多国的运营,都使用菜鸟自主研发的智能仓储管理系统,变革了当地原有的仓储物流管理方式,物流配送效率的提升又推动了菜鸟网络的发展。2017年3月,中国境外第一个eWTP的国际超级物流枢纽在马来西亚吉隆坡正式启动。吉隆坡得天独厚的地理位置,加之菜鸟物流先进的管理技术和模式的应用,使得阿里全球配送72小时之内完成的目标将成为现实。

表3 阿里巴巴集团国际化重要事件

时间	重要事件
2010年4月	·全球速卖通上线
2018年8月	·收购两家服务美国小企业的平台Vendoo及Auctiva
2010年11月	·宣布收购国内的"一站式"出口服务供应商——达通
2012年6月	·阿里巴巴网络有限公司(代码为1688)在香港联交所退市
2014年9月	·阿里巴巴集团在纽约证券交易所挂牌上市,股票代码为"BABA"
2015年3月	·与英国创新借贷机构iwoca和ezbob签订合作协议
2015年6月	·与富士康一起将向软银机器人控股公司分别注资145亿日元
2015年7月	·与联合利华签署战略合作协议
2015年8月	·与美国梅西百货签署独家长期战略合作协议
2015年12月	·在法国巴黎、德国慕尼黑设立办公室
2016年2月	·与韩国SM公司就华电商业务和音乐业务达成战略合作;入股美国团购公司Groupon
2016年4月	·与新西兰贸易发展局签署战略合作协议;控股东南亚最大B2C电商品牌Lazada
2017年2月	·澳大利亚新装总部成立
2017年8月	·投资印度尼西亚最大C2C电商平台Tokopedia
2018年5月	·全资收购巴基斯坦电商公司Daraz

三 阿里巴巴集团国际化关键因素分析

（一）科技助推国际化进程

阿里巴巴以自身的领先技术和行业标准来引领着国际化之路。以科技为核心，推动全球电子商务的迅猛发展，从电子商务全球平台的搭建到支付渠道建设与对接，再到物流配送模式的再造与提速使先进科学技术在不断赋能。

首先，阿里注重自研技术的开发与应用，掌握有多项世界先进技术产权。目前我国企业在众多高精尖的核心技术上面发展滞后，受制于人，对运营成本和战略自由度都构成了威胁。要做102年的企业，阿里巴巴意识到拥有完全自主产权技术的重要意义，不断增加对于科研的投入，成果丰硕，一些技术问鼎世界。比如阿里云自研的拥有完全自主科技产权的系统"飞天系统"，单集群可达1万台规模，10万个进程达毫秒级响应，是全球超大规模通用计算操作系统，已被200多个国家和地区使用。OceanBase是当前世界范围内规模最大的分布式关系型数据库系统，它的出现打破了西方对IT核心技术长期的垄断。还有"一站式"物联网平台阿里云Link"神龙"服务器技术架构、阿里云ET大脑、AI芯片Ali-NPU等。依托这些先进的技术，阿里巴巴创造了全球电子商务交易的一个个惊人业绩，改造了国外落后的物流行业，铸造智能物联网，将支付宝推向全球。

其次，科技引领即阿里巴巴引领世界电子商务相关标准的制定。在阿里巴巴的推动下中国成为世界上电子支付最先进的国家。伴随着阿里巴巴国际化进程的不断推进，中国成功的电子商务、电子支付等模式被推广到更多的国家和地区，阿里巴巴成为该领域相关标准的建设与应用者，完成了我国电子商务从国际标准与规则的适应者向参与制定者的角色转变。2018年5月17日阿里巴巴受邀加入JCP最高执行委员会，并获得执行委员会席位，参与Java技术规范的发展与更新，为国际标准制定贡献中国力量。

有先进科技作为基础，集团在国际化进程中整个业务板块都得到了均衡发展。智能物流扫除跨境电商配送障碍，移动支付抢占国际金融市场，两者合力为阿里全球电子商务踏平道路。在芯片、云计算等领域的深耕，又加强了集团的核心竞争力，反哺阿里的国际化进程。

（二）国际业务赢得政府信任，共同推进电商全球化

国际贸易不是单纯的商品交易，除了交易双方，还涉及双方所在国家的海关、税务、交通、金融等政府部门对国际贸易的态度、管制措施、法律法规等。阿里巴巴要实现公司"让天下没有难做的生意"这一愿景，势必要争取各国政府对企业品牌的信任和对企业服务成果的认可。以提升俄罗斯物流速度为例，菜鸟网络与俄罗斯邮政合作，对其进行全链路端到端的优化，完成物流信息的更新与匹配。在这个过程中，至关重要的是俄罗斯政府高度重视，政府各部门积极推进，海关快速响应完成通关流程改造，对跨境包裹实施快速通关，将通关时间压缩到最短。

鉴于此，阿里巴巴十分注重与政府建立良好的合作关系，为本土化业务经营争取最大限度的政策优惠、支持与保障。阿里巴巴董事会主席马云多年来一直扮演着政府事务员的角色，积极从事企业外交，与美国、马来西亚、英国、意大利等多国首脑会晤，洽谈阿里巴巴国际化事务，从顶层政策出发为阿里的国际化扫除障碍。同时，阿里巴巴主张双赢的国际化，带动东道国中小企业发展，创造巨大的就业机会，改善电子商务与物流环境，成为阿里巴巴与国外政府洽谈合作时最具吸引力的筹码。与各国政府密切合作，建立互惠互信的合作基础，成为阿里巴巴国际化顺利开展的重要推力。

（三）定位中小企业，帮助企业成长，市场回报巨大

1. 定位中小企业，市场容量巨大

中小企业是各国国民经济的重要组成部分，在各国经济体中都占有庞大的数量比例。截至2017年底，中国中小微企业数量占全国企业总数的

99.7%，而在美国该数值高达99.9%。欧洲中小企业商业活动占全体的95%以上，就业人员中60%~70%来自中小企业。尽管各国经济制度与水平不同，但是中小企业却具有相同的特点。例如中小企业自有资金基础薄弱，融资成本高渠道少，资金不足导致发展乏力；普遍规模小，产品科技含量低，品牌效应差，市场竞争力弱；市场信息获取和分析的能力弱，对经济、金融环境变化的识别和应对能力差。因此，急需一个平台降低其交易成本，给予信息咨询与培训，助其释放经济活力。阿里巴巴在成立之初便将服务对象定位于中小企业，1688、全球速卖通、天猫国际正是为这一目的而设立的全球性平台。借助网络平台，全球的中小企业突破地域和时间的限制，以较低的成本将自己的商品销往世界各地。2016年阿里全年国际零售业务收入22.04亿元，一年后该数值上升至73.36亿元，惊人的数值背后反映了中小企业巨大的交易需求和市场容量。通过不断升级技术和服务，深化战略改革，阿里巴巴正从中小企业这一庞大的群体中获取高额的回报，推动其构建国际性的电商帝国。

2. 营销战略的首要原则：帮助客户成长

阿里巴巴将其电商平台定义为能让客户盈利的工具，所以服务客户的首要目标是让客户成长，而不仅仅是从客户手中收取费用。网商盈利才可以证明平台的有效性，形成有力的舆论环境，拓展其市场份额。为实现这一目标，阿里巴巴的电商平台让生产商和最终客户可以直接接洽，将原本消耗在中间渠道的利润还给生产商，消费者也可以获得实惠。这样的模式使得买卖双方获利巨大，深受市场青睐。同时，阿里巴巴对入驻的客户进行专业培训。阿里巴巴先后成立了阿里学院、淘宝大学，培训客户，强化其电子商务知识和运营技能。将阿里巴巴创业、经营过程中总结的数以万计的案例分享给中小企业，帮助其健康快速地成长。这样的模式在国际化过程中也同样得到了推广。

3. 阿里巴巴铁军出击，线上和线下推广，做强做大平台

2000年，在阿里成立初期为了销售当时的"中国供应商"网站项目，成立"阿里铁军"，当时主要采用线下直销的方式抢夺客户争得市场，这支

铁军战功赫赫，为阿里立下汗马功劳。此次阿里出海，铁军再披铠甲。首先，与世界著名商务机构谈判，结成联盟，利用其丰富的会员资源推广阿里平台。其中包括国际贸易联合会（FITA）、意大利外贸组织（AICE）、日本对外贸易组织（JETRO）、美国海湾地区世贸中心（BAWTC）等，建立网上专业的全球推广站点，增加中小企业浏览量和入驻企业数量，提高网站的影响力。其次，与海外知名媒体合作，增加对集团的曝光率，在美国总统竞选、重大节日等时点通过电视、网站、社交媒体、报纸等渠道大量投放广告，吸引全世界范围关注。最后，铁军坚持直销模式，制定策略分批拜访所在国家的中小企业，拓展海外市场。同时兼顾线上销售，做好现有电商平台，吸引更多企业入驻。

（四）科学的公司治理之道

阿里巴巴在众多国际化的企业中能够脱颖而出，其科学的管理体系和方法也是功不可没。

首先，合伙人制度是阿里巴巴公司治理中最大的法宝。2014年9月19日阿里巴巴在美国上市时，第一大股东软银集团持股31.8%，第二大股东雅虎持股15.3%，远超阿里合伙人团队持股13%，而马云本人持股仅为7.6%。然而，实际上以马云率领的合伙人团队才是公司的实际控制人，有对董事会的大多数成员的任命权。之所以这样是因为阿里巴巴采取了合伙人制度进行公司治理。通过合伙人制度建立长期合伙关系，在面对创业团队因个人私利而损害股东利益的道德风险时，外部投资者会信赖具有信息优势的"合伙人"马云创业团队，由其做出决策，所以孙正义、雅虎才愿意放手；与此同时，在长期合伙契约下，合伙人团队一直担任着阿里实质上"不变的董事长"的职务，统一的领导极大地提高了企业管理的效率。正是公司的正确的战略指导和管理实施，让公司可以平稳有序地开展企业的重组与改革，公司的发展质量稳步提高，经营管理不断改善，这些都是企业能够有效开展国际化业务的重要前提。

其次，阿里巴巴在企业发展的过程中始终将"国际化"作为战略升级的大方向。自 2009 年正式启动"大阿里"战略，确定了国际业务的优先地位，2015 年集团宣布五年后将服务全球 20 亿消费者，加大海外收购、物流枢纽中枢建设等一系列举动力度。在 2017 天下网商大会上，马云提出阿里要做到"五个全球"，即全球买、全球卖、全球付、全球运、全球游。再次突出国际业务发展战略，并且指出要加强市场能力建设，通过电商平台建设、智能物流和移动支付有效扩大市场规模，最终达到高效有序推进企业海外布局优化的效果。集团国际化能够得到如此快速的发展和企业的一系列"国际化"战略密不可分。

四 发现与启示

（一）抢抓"一带一路"倡议，紧跟政策，争取母国政府支持

"一带一路"倡议为中国企业"走出去"创造了新的契机，提供了有利的条件。一方面，参与"一带一路"倡议的各国都积极地实施物流软硬件设施的建设，铁路、货物衔接运输、航空等方面新的项目不断竣工，这对于电商行业中物流的发展至关重要。另一方面，作为发起国的中国，在这次经济合作的浪潮中，具备了多种政策和经济合作优势。

在此时代背景下，阿里巴巴紧跟国家战略步伐，在哈萨克斯坦、俄罗斯、西班牙、新加坡、阿拉伯联合酋长国等"一带一路"沿线国家实施国际化。借力"一带一路"政策的东风，发掘新的市场，为企业的效益增长提供了巨大的助力。同时，有政府的支持与合作，阿里巴巴让"一带一路"沿线国家感受到了中国速度，见证了中小企业的蓬勃发展。

中国企业在实施国际化之路时，要学习阿里巴巴的战略规划引领能力，领导层一定要有开阔的视野，站在世界的高度，用前瞻性的眼光规划未来。凡事预则立，阿里巴巴洞察市场先机，充分准备，当政策和机会来临的时候，才能紧紧跟随政策，成为行业进军市场的先驱者。

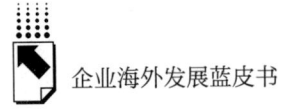

（二）科技驱动创新，发挥技术价值

没有核心技术，企业永远只能依附在产业价值链的末端，受制于人。要成长为102年的企业，阿里巴巴必须重视科技创新，发挥技术价值。所以，阿里建立阿里学院，成立阿里云，推出达摩院，聘请各领域的世界顶级专家，在科研上制定千亿规模的投入计划，研发成果丰硕，产生了众多完全拥有自主产权的专利技术。例如支撑全球最大规模在线交易的数据实时和离线计算能力的分布式计算和存储技术；以支付宝为代表领先世界水平的数据一致性和安全性技术等。这些技术既是阿里实现全球化的物质基础，又是在互联网行业竞争"白热化"时使企业立于行业潮头的资本。

经过近几年的发展，我国已经出现了像阿里巴巴、腾讯、百度等成功的互联网企业，国内互联网企业发展水平显著提高，在移动支付、信息化、互联网金融等领域已经处于国际领先水平，因此在进行国际业务的时候，应该努力转变以往所扮演的角色，做目的国标准、规则的参与制定者，有效提高中国企业的国际话语权，在国际化的舞台上扮演更重要的角色。同时，我国企业在参与国际化竞争的过程中，必然需要在产品质量、技术含量上获得优势，以卓越的技术与服务赢得市场和品牌竞争力。所以，企业若想实现国际化发展，需要创新技术改革，以高新技术促进产品和商业模式的转型升级，加强专业技术人才的培养与管理，以适应创新发展的需求。

（三）注重企业文化，履行社会责任

文化是展现企业发展不可或缺的精神力量，带动企业可持续发展，在企业内部形成强大的凝聚力、约束力和向心力。阿里巴巴的企业文化核心就是要让员工有明确的使命感和与之匹配的价值观。所以，阿里十分注重对员工进行企业文化的培训。通过培训，阿里让企业文化深入人心，员工与企业一起走过了繁荣与萧条。2000年网络泡沫破灭，阿里国际化遭受重创时，就是靠着企业文化的精神力量，员工们在半年没有收入的情况下，依然坚持奋

斗，打赢了这场存亡之战。

同时，阿里巴巴高度重视员工权益，为企业内部人员提供良好的个人事业发展平台。企业文化成为阿里巴巴集团长期发展的精神力量，有利于资源合理配置，从而提高集团的竞争力。

阿里巴巴在完成基本运营的同时，积极履行社会责任，在各国形成了良好的企业品牌形象。阿里认为通过搭建全球化的电商平台，可以实现帮助中小企业成长，服务全球消费者，创造就业岗位，改善全球经济环境的目标，这就是企业履行社会责任最好的表现。随着阿里进军全球市场，东道国发生的变化，阿里赢得了各国政府与人民的肯定。

阿里巴巴集团通过深厚的企业文化，并同时以社会责任为己任，打造了电商界的这艘航母，值得每一个企业去学习。企业国际化经营，需要企业打破国家界限，协调内部员工的步伐，赢得海外消费者的认可，企业文化发挥了重要的沟通作用，更具包容性和强调履行社会责任的文化能够促进企业在国际化发展的道路上越走越远。

（四）"先易后难"，定位全球品牌

作为中国电子商务的领头羊，阿里巴巴在全球化策略制定的时候，着眼于未来长期利益，根据全球市场差异化程度不同，分步实施国际化战略。先从相邻的亚洲和东欧市场着手，由易及难，再开拓北美市场。亚洲、东欧市场的开拓一方面为国际化创造必要的条件，包括财务、组织结构和人力资本方面的准备；另一方面，新市场的开拓提升了企业在全球的知名度，增加了阿里对全球中小企业的吸引力。"创牌"是阿里巴巴海外市场发展的核心价值手段。阿里充分利用社交媒体、互联网、电视等媒介，在淘宝、天猫的"双十一"，"全球速卖通328大促"等事件上，进行舆论造势，极大地提升了阿里在全球市场的声望。加之提升东道国物流效率，为消费者和中小企业创造新的电商体验模式等一系列战略的实施，阿里巴巴塑造了电商巨头的品牌形象，使得众多国家市场期盼阿里巴巴登陆。

中国企业"走出去"的过程，要根据自身目标和国外市场行情，制定

恰当的战略，逐步实施，稳扎稳打。注重品牌形象的塑造，以高质量、科技创新作为主导，避免走入价低质劣、跟随模仿等落后的发展模式。中国企业正在深度融入全球价值链重塑，参与世界经济未来格局的建设，成为中国远播四方的形象大使。定位全球，创造具有国际影响力的企业品牌，是为企业的崛起，也是为中华民族的崛起。

参考文献

[1] 阿里巴巴集团官方网站：https：//www.alibabagroup.com/cn/global/home。

[2] "BrandZ™ 2018 最具价值中国品牌 100 强"，http：//www.millwardbrown.com/docs/default – source/global – brandz – downloads/china/brandz – china – top – 100_2018_ press – release.pdf。

[3] 刘鹰、项松林、方若乃：《阿里巴巴模式》，中信出版社，2014。

[4] 任政和：《阿里巴巴的企业战略：马云谈成就阿里巴巴帝国的战略法则》，海天出版社，2010。

[5] 荆林波：《阿里巴巴集团考察：阿里巴巴业务模式分析》，经济管理出版社，2009。

[6] 杨振华、郭怡君：《中国跨境电商出口贸易现状及发展趋势展望》，《商业经济研究》2015 年第 30 期。

[7] 锁箭、李先军、毛剑梅：《创新驱动：我国中小企业转型的理论逻辑及路径设计》，《经济管理》2014 年第 9 期。

[8] 郑志刚、邹宇、崔丽：《合伙人制度与创业团队控制权安排模式选择——基于阿里巴巴的案例研究》，《中国工业经济》2016 年第 10 期。

[9] 韦斐琼：《"一带一路"战略红利下跨境电商发展对策》，《中国流通经济》2017 年第 3 期。

B.19
风神股份国际化发展案例研究

赵 聪*

摘 要： 风神股份从改革成立到成为一个国际知名轮胎企业的历程展现出风神股份成功的发展战略。风神股份之所以能够快速走上国际化发展道路，离不开风神股份主导的优化产品结构、品牌战略与企业转型升级等战略管理。风神股份以高新技术为支撑推进产品结构优化，以产品质量为基础打造品牌战略，以转型升级为契机提升内涵式发展，最终实现了风神股份的国际化发展。风神股份的成功经验表明：一个不断创新、勇于开拓的管理战略才能推动企业的良性循环发展，风神股份在人才培养、精益化与品牌战略方面都值得企业借鉴和学习。

关键词： 风神股份 国际化 优化结构 品牌战略 转型升级

一 案例现状及问题提出

（一）公司概况

风神轮胎股份有限公司（以下简称风神股份），1998年12月成立于河南，是世界轮胎20强企业，中国最大的全钢子午线轮胎重点生产企业之一

---

* 赵聪，广东理工学院，主要从事标准化方向研究。

和最大的工程机械轮胎生产企业。风神股份在资源节约型与环境友好型的发展理念下，坚持"质量兴国"的质量文化和"创新"的企业精神，创建一流企业、打造一流品牌，并努力成为国际知名企业，其主导产品"风神"牌全钢载重子午胎在全球的140多个国家和地区进行销售，产品业务范围不仅拥有本土市场，在国外市场也名声远扬，尤其在高端市场的产品价格水平和市场占有率方面都有着举足轻重的地位。

风神股份原是河南轮胎股份有限公司，于2003年3月正式更名为风神轮胎股份有限公司，并于同年10月上市，四年后加入了中国化工集团。风神股份主要生产"河南"牌、"风神"牌等七大系列400多个规格品种。风神股份主要经营包括本企业生产的轮胎与出口在内的多种综合业务与包含河南牌、风神牌轮胎在内的七大系列产品，其中，"风神"商标是中国驰名商标，"风神"牌全钢载重子午胎是中国名牌产品（见表1）。

表1　风神股份主要产品与主营业务经营范围

主要产品	主营业务
"河南"牌、"风神"牌工程机械轮胎 全钢载重子午线轮胎 斜交载重汽车轮胎 特种轮胎 轻卡轮胎 农用轮胎 军用轮胎	经营本企业生产的轮胎及相关技术的出口业务
	轮胎、橡胶制品、轮胎生产所需原辅材料、机械设备、零配件、仪器仪表及相关技术的进出口业务和佣金代理（拍卖除外）
	开展对外合作生产、来料加工、来样加工、来件装配及补偿贸易业务
	货物及技术的进出口业务（国家限定公司经营或禁止进出口的商品及技术除外）
	轮胎生产用原辅材料销售
	汽车及工程机械零配件销售
	轮胎开发研制、相关技术咨询
	企业管理咨询
	房屋、设备租赁
	仓储服务（不含易燃易爆等危险化学品）

资料来源：风神股份工商信息。

风神股份前身是河南轮胎厂，始建于1965年，历经3年，生产出第一条9.00-20汽车轮胎，由此轮胎厂正式步入生产发展阶段。改革开放之前，企业虽进行了技术改造、设备更新等一系列整顿措施,但由于在思想上和管理上存在一些问题,企业产量下滑、产品直销,成为全国轮胎企业老大难企业之一。随着改革开放的不断发展,企业抓住机遇,不断团结奋进,使企业迎来了发展的新时期。进入 21 世纪,企业通过坚持新型工业化道路与实施项目带动等战略措施,全面提升企业内部管理、调整产品结构、促进经济效益,把企业从传统的生产型打造成全国一流的上市公司,实现了企业新的腾飞。2004 年与 2000 年相比,产值翻了 3.36 倍之多,资产总额从 2000 年的 9 亿元上升到 22 亿元,实现利润翻了 4 倍,为国家创造的人均利润,创历史新高。2004 年,风神股份在全球轮胎行业 75 强企业的排名中上升至第 26 位。2008 年企业排名升至第 25 位,而 2012 年风神股份的销售收入比 2008 年翻了将近 1 倍,成功闯入世界轮胎 20 强。截至 2016 年,企业的从业人数达到了 6092 人,资产总额达到了 772774.07 万元,纳税总额 25206.19 万元,净利润 8455.14 万元。风神资产状况见图 1,净利润情况见图 2。

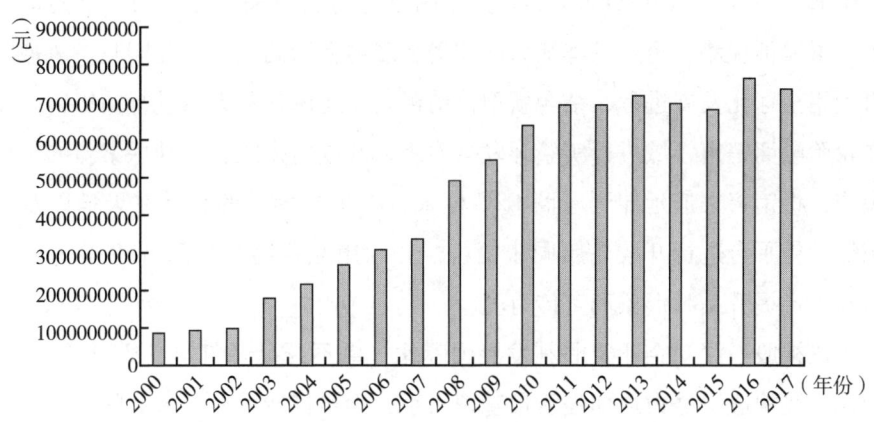

图 1　风神各个年份资产总额状况

(二) 风神股份国际化发展状况与历程

风神股份作为国内轮胎行业的领跑者,它的国际化发展也备受关注。近年来,风神股份在打响国内轮胎行业品牌、奠定行业基础之上,也在推进品

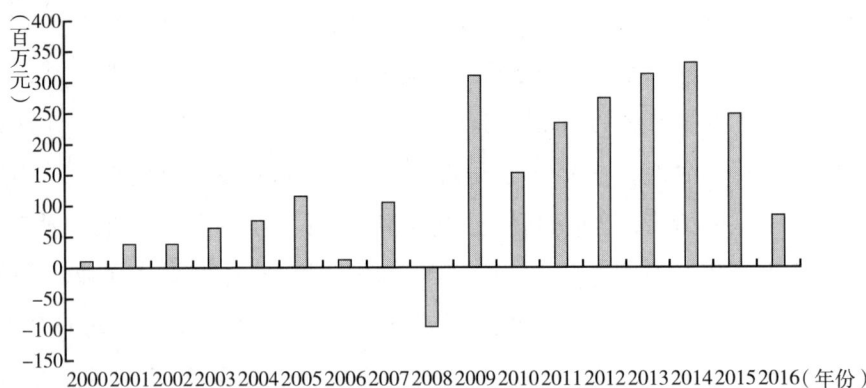

图2　风神股份各个年份净利润状况

资料来源：风神股份（600469）资产分析中的资产负债表与利润表。

牌国际化方面下功夫。风神股份不仅在全球闻名的赛事上进行宣传，积极建设在海外市场上的风神形象，还踊跃参与国外举办的知名专业展会，如参加德国ESSEN展、美国SEMA等，企业用自身的实力和宣传行动再次向世界展示了风神优势，企业品牌知名度和美誉度再上新高度。与此同时，风神股份利用全球化发展进程，结合新型营销模式，运用各种渠道进行销售，率先在轮胎电商销售领域进行实验开发与演练，开创新模式，主动探索新的销售模式，将销售渠道延伸到电商B2C模式，将不同种类的轮胎在天猫以及京东等销售平台进行开放轮胎同步销售，并利用互联网与热门APP等电商渠道与平台提升品牌形象和宣传力度。

　　风神股份深知企业要顺利发展国际化，离不开品牌打造、质量的提升。因此，风神股份努力从加强质量管理入手，逐步打造世界一流品牌，以融入国际化大市场。早在2000年底的时候，风神股份就开始了加快品牌发展的道路。面临汽车以及相关交通运输的发展，轮胎行业有了很大的晋升空间，对轮胎相关材料和工艺也提出了更高的要求，同时，国内轮胎行业也面临着米其林、普林斯通等国际知名品牌进军国内市场的挑战，风神相关领导人很快就确定了自己的品牌目标——"打造一流品牌，创建一流企业"。风神股份的领导很快意识到，要想在国际市场上占据重要地位，打响品牌固然很重要，但不应仅仅止于口号，更重要的是质量、服务、技术、管理等手段的支撑。在全面质量管理的经营理念下，风神股份明确提出自己的品牌质量要求即"斜交胎国际一流，子午胎国际先进水平"，并严格采用国际先进管理办法进行国际标准组织生产，引用国外先进的生产设备武装自己的生产线以提高质量生产，在质量方面取得重大成果。风神股份先后通过了一系列质量认证，如 ISO 9001 质量体系保证认证、ISO 9002 产品质量认证、中国商检认证、欧盟 ECE 认证、美国 DOT 认证等，在出口创汇方面也实现了跨越式增长。2011 年风神进出口总额实现 5.55 亿美元，2015 年风神股份出口创汇再创新高。

历经几年的发展，风神股份在国际市场上的知名度不断上升，也不断地被接受和认可。2004 年在国际规模最大的专业轮胎展上面，风神轮胎以其上乘的质量和潮流的花纹吸引了众多的轮胎制造商家的关注；2007 年企业被河南省商务厅首批推荐"中国出口名牌"单位；2012 年，风神闯入世界轮胎 20 强，在国际市场上占据一席之地。

二　风神股份国际化发展动因分析

创新、创新、再创新，保持处于行业发展前列，是每一位风神人的责任与使命。1998 年到 2018 年，风神股份从无到有、从弱到强、从国内走向国外，风神股份不负众望，从众多轮胎企业中脱颖而出成为国内轮胎行业的领军者，并成功进入世界轮胎 20 强。这与风神股份以先进的技术改造传统产品、实施品牌战略与转型升级密不可分。综上，风神股份国际化发展的主要动因可以归结为以下几点。

（一）以高新技术为支撑，优化产品结构

风神股份的发展离不开技术的推动，风神股份在面临与国际知名品牌之间的技术差异时，加大技术研发的投入，每年销售收入的 4%～5% 将投入到新产品研发中。风神在启动人才培养方面，加强与科研单位和研究院的交

流合作，建立自己的科研平台，主持参与国家标准制定的项目有16项，在40多个规格品种中开创国内首次，这些都是风神股份努力提升技术的成果。有了先进技术的支撑，风神股份发展迅速并成为领先者，其中以全钢子午胎、工程机械胎、斜交胎、农用胎、特种胎等为主的主导产品在市场上的竞争力不断加强，出口数量也不断增加。这些都将是促进风神股份实现跨越式发展的动力。

1999年，风神股份承建的全钢载重子午胎项目提前全面成功完成，标志着风神股份在四个领域的水平突破限制，成为全国轮胎行业子午胎生产线建设速度的领军者、调试投产速度的突破者、试生产成本的低成本生产者、一次投产合格率的成功者，产品填补了河南省空白。最具有技术先进、安全可靠、舒适省油等特性的全钢子午胎，随着市场需求的增多以及企业调整产品结构步伐的加快，产销量持续上升，全钢子午胎变成风神最重要的经济增长点以及利润贡献点。仅2004年一年，风神股份的全钢子午胎占全部产品的比重就从2.93%上升到30%。2011年，风神股份采用高顺式聚丁二烯橡胶与天然橡胶相结合，研发出具有低温硬度兼顾较高的湿摩擦系数的全钢载重子午线冬季轮胎，该产品利用开放式胎肩与不等宽刀槽花纹实现降低水膜厚度的同时提高了轮胎的低温抗湿滑性能，产品因满足客户需求而大受欧美市场的青睐；风神股份开发研制的26.5R25全钢工程子午胎，具有耐磨、耐刺扎和耐切割的性能，使其更适合用于矿山、建筑工地等场所，该产品也已形成规模化生产；风神股份在工程胎及工程巨胎工艺过程中采用罐式胶囊硫化新工艺，克服了以往工艺的弊端，使操作更简单，这三项技术在当时被认为处于国内领先水平。2012年，风神股份又宣布推出绿色轿车轮胎，并隆重召开2012年度工程机械轮胎经销商会议，这次的会议实际上是风神股份对工程机械轮胎进行的产品市场转移和调整，以维修市场中客户的满意为主题，对维修市场的服务进行优化，实现维修服务的新跨越。风神股份不仅在调整产品结构中进行技术研发，还在节能减排中发挥技术优势，使企业走可持续发展道路。

风神股份通过加大对主产品的研发投入，以创新促进产品竞争与结构优化，不仅实现产品销量领先，也对产品的配套服务进行调整。以创新技术引领的产品结构优化与市场调整使风神股份不仅在本土市场形成优势，还成功奠定了走向国际化发展的技术基础。风神股份的众多产品中，全钢载重子午胎脱颖而出，成为抢夺海内外新老客户的主要优势产品带，在美国Smartway测试中顺利过关，在欧盟的测试中也获得较高的等级，在对噪声的控制方面，完美符合欧盟2016年对噪声的限值规范，产品以其独特的优势争得欧美高端市场的高市场占有率。高性能乘用子午胎投放市场以来，达到国内同类产品的最高等级；在国际市场上，以卓越的性能赢得了越来越多海内外客户的喜爱。

风神股份勇于创新，以高新技术为支撑，追求科技引领产品，不断创造产品的多样化，实现高质量发展，满足市场需求，使企业产品在不断优化的进程中提高企业的核心技术与竞争力，让风神股份在激烈的竞争中处于不败之地。

（二）以质量管理为切入点，实施品牌战略

风神轮胎十分重视品牌建设，确立了"创新、信心、做品牌、争一流、一切为了用户"的经营理念和"打造一流品牌、创建一流企业"的工作目标。通过优化产品结构、强化工艺管理与提高产品质量、构建风神文化，有力地推进了企业的品牌建设。

没有质量的保障，怎么打造世界品质、国际品牌？风神股份在打造知名品牌的背后，把质量当作企业的生命。风神股份深知，轮胎产品生产技术是保证产品质量的核心，但这还远远不够，全过程的质量管理、全方位的追求卓越才是风神股份的质量理念，从原料到设备到工序，再到层层质量控制，风神股份在质量上较真斗硬才是产品质量的有力保障。此外，风神股份在技术与信息管理方面也严格把控，在全面执行产品质量控制规范的基础上，推广轮胎生产管理网络控制技术（ACS-ERP系统）。在实现轮胎管控一体化的基础上，发挥信息技术的优势，为每条轮胎设立"数字档案"，方便用技术为用户提供全面的服务。不仅如此，风神股份把深入开展为客户服务活动作为产品质量管理的一大特色，把人的素质提高和责任

目标的落实作为企业质量管理的重中之重。在进军国际市场方面，风神股份狠抓产品质量，牢牢掌控产品"零缺陷"，把全方位追求卓越的质量管理理念发挥到极致。

从1989年国家对轮胎质量监督抽查到现在，风神轮胎合格率名列前茅，退货数量为零，市场投诉为零，创造出高质量发展的奇迹。企业发展全过程实施质量管理，奔着全方位追求卓越的理念，不断破解质量难题，打破管理"瓶颈"，最终实现产品质量过硬，使高质量产品在市场上受客户喜爱，为产品进军国际市场不断发力加油。在制度认可方面，企业精益求精，在获得国家级认可审核后，在世界轮胎行业要求最为严格的ISO/TS 16949的专属认证中也得到认可，使企业的产品在世界所有发达国家交通部门获得认证许可，成功迈出走向国际化市场的第一步。

在实施产品市场品牌占有方面，风神股份已经发展了三大市场，即出口市场、维修市场、配套市场的相互配合，这三大市场齐头并进、共同发展，已有三足鼎立之势。在出口市场方面，风神股份产品在140多个国家和地区都有涉猎，"风神"商标已在多数国家和地区进行了全方位注册，而在欧洲、北美等发达市场上，风神产品的市场占有率在中国轮胎企业中排名靠前。企业在已经取得的成绩之上，进一步进行品牌宣传和推广，提升国际品牌的知名度，为立足国际市场做好铺垫。在维修市场方面，风神股份也保持清醒的头脑，并没有一概而论，而是对不同区域、不同市场采取针对性的措施，不同品牌在不同市场上投放力度适当，实施"多品牌"和"品牌套种"营销组合，建立多元化的营销体系。风神股份针对地区、市场的不同特色制定适合的营销措施，使企业资源合理配置，形成独具特色的立体式营销网络。在国内市场配套方面，风神股份实施强强联合与国内汽车、工程车龙头企业建立了稳固的配套战略合作伙伴关系：在工程机械方面，与柳工、龙工、厦工，在商用车方面与东风汽车、重汽济南商用车公司、欧曼重型汽车等保持着市场份额的绝对优势。企业实施"1+3"（东风汽车公司+龙工、柳工、厦工）市场战略，采取技术服务指导和"点对点"等措施，不断优化配套服务体系，进一步凸显"品牌叠加"效应，继续巩固并提高各主力配套厂家的配套份额，实现合作共赢。

风神股份在实施品牌战略时，并不是一句简单的口号，而是建立在产品质量基础上的品牌效应，这为风神股份打响品牌、走向国际化提供了质量保证。

（三）推动转型升级与内涵发展

风神股份在促进企业质量发展的同时，牢记使命与责任，勇于承担名牌企业的社会责任，主动跟随国家的政策方针，积极响应号召，坚持走新型工业化道路，转变经济增长方式，由传统的粗放型向集约型转变，努力向资源节约型与环境友好型靠拢，走可持续发展道路。风神股份在刚进入21世纪就明确了自己的发展思路和目标，把产品结构优化与产业升级作为工作主线，在高新技术的支撑下，用技术改造推动，突出重点产品，抓好生产线建设，适度经营汽车零部件的生产，把握市场占有率，争取在2005年以前把企业建设成在国内有重要影响力的企业，发挥汽车零部件生产基地的优势，在国际市场地位上也占据重要作用。根据这一目标，风神股份对产品与企业定位进行重新规划，在产品结构方面风神股份主产品定位在轮胎方面，同时也开展适度的延展，把汽车部件也纳入重点经营范围内，力争打造汽车零部件强势企业，风神股份调整产品结构由单一行业产品向多样化产品发展。与此同时，风神股份在市场、营销、运行管理方面都进行了有效的调整和控制，通过发展企业新模式，对资本市场的生产性资源进行重新整合，引用国际上先进的技术和管理方法增强企业竞争力，开拓新市场，建立独具特色的营销体系，聘请专业机构为企业设计管理运行方案。风神股份的全方位发展，产品市场与资本市场的两轮驱动作用，优化产品结构进行产业升级为其国际化发展建立了良好的运行机制。

在转型升级与建设资源节约方面，风神股份引进了丰田生产方式（TPS）并与自身资源整合与重组，实现具有特色的自身内涵发展—精益化管理模式。该模式是糅合质量、成本、效率、安全、环保、员工素养六大维度与三大工具为一体的精益模式，在控制精益生产、清洁生产与全过程物耗方面充分发挥自身的内部优势。企业实施的精益化管理，大大降低了企业的管理和生产成本，为企业提高核心竞争力提供了良好的物质环境，企业在相关的管理经验方面，曾荣获国家级企业管理现代化创新成果奖。该管理模式不仅对轮胎行业提升效率有积极意义，对整个制造业来讲都具有重要的借鉴意义，因此，一些评审专家认为应将此工作法进行全国范围推广。在实施精益化管理之后，风神股份的综合实力大幅度提升，市场占有率名列前茅，在节能减排方面也处于领先地位。

风神牢记使命，不忘初衷，顺应潮流，勇于承担自己的社会责任，实施资源节约型与环境友好型发展战略，积极推进企业内涵发展与转型升级，这为企业走可持续发展与国际化道路创造了有利的条件和环境。风神股份主动出击、转变发展理念，由内而外推动企业内涵发展并顺利推进企业转型升级，符合企业长久发展的规律。企业在节能减排方面也做出了突出贡献，切实承担社会责任，具有大将风范。综上所述，风神股份在实现企业内涵发展的基础上推动产业转型升级取得了优异的成绩，这也将推动风神在国际化发展进程中走得更远。

三　风神股份国际化发展的关键因素分析

（一）响应号召，转型升级

风神股份的成功发展离不开企业的转型升级，这得益于风神股份积极贯彻和落实党中央一系列节能减排政策措施。根据指示精神，把节能减排工作作为公司调整产品结构、转变经济增长方式的重点突破口，使企业走上了可持续发展之路，实现了"高成长、高效率、高效益、低能耗、低排放"的目标，企业由快速发展转变为又好又快发展，由传统概念上的"黑色印象"转变为"绿色主题"。

风神股份在转型升级过程中，将改造、技术与管理紧密结合，不断向资源节约型与环境友好型靠拢。首先，风神股份在发展企业的同时不忘企业应当承担社会责任，积极投入资金来治理环境，然而效果不尽理想。企业痛定思痛，下定决心进行改造，淘汰原有锅炉，建设环保设施先进的热电联产能源综合利用项目，选用国际上除尘效率较高的布袋除尘器，采用双碱法炉外脱硫系统，并加装了烟气污染物排放在线监测装置。从此"污龙"被锁，烟尘和二氧化硫等排放量远远低于国家标准；建设水资源综合利用项目，废水实现"零排放"。其次，技术降能耗。风神股份认为要实现企业的良好循环发展，完成经济方式的转变离不开科技的推动。在降低能耗方面，风神更应该采用先进的技术手段推动企业的低能耗发展，企业以科技导向为理念，积累了经验，奠定了基础，其中包括推广蒸汽冷凝水回收再利用技术、对"电老虎"进行技术改进。再次，管理出效果。风神股份采用扬长避短的方法攻克企业发展"瓶颈"，通过汲取借鉴国内外优秀的方法和措施，形成与企业发展相结合的增强自身特色的创新管理。风神股份通过对原有的节能减排措施进行创新和改造，反响良好，如制定节能减排规划，实施阶段目标管理，建立节能减排激励长效机制，建立完善的能源定额管理体系，积极宣传等一系列管理措施。企业认真负责的态度引领着企业不断进步，企业的能耗降低成果显著，为提高企业效益做出了突出贡献。

节能减排使风神轮胎发生了脱胎换骨的变化，烟尘不再笼罩在公司上空，风神周边的生态环境有了翻天覆地的改变。企业继续推进生态环境建设，不断加大企业周围与内部绿化面积。风神轮胎生产经营一如既往的红火甚至更胜以前，"黑色印象"却渐行渐远，绿色成了风神股份的主题。

（二）技术支撑，创新驱动

"创新是风神发展的原动力，没有创新就没有风神的今天！"曾任风神股份第一、第二、第三届董事长的曹朝阳如是说道。风神股份坚信创新是风神立于不败之地的法宝之一。曹朝阳指出，轮胎产业的特殊之处在于，轮胎产业与一般的工业产业相比，是集劳动、技术和资金于一身的密集型产业，仅仅依靠技术创新支撑产业自主创新是远远不够的，需要建立一个创新平台，构建包含技术创新在内的机制创新、管理创新与文化创新等创新体系，才能真正让企业自主创新发挥作用。

为此，风神股份建立了自己的科研技术平台，加大对科技研发的投入，同时还与国内外知名企业进行产学研合作，以项目带动技术进步，进一步提升企业科技水平，促进创新驱动发展。风神股份技术中心作为企业推动技术创新的研究平台，不仅担负着企业的创新与发展，还为企业提供了优秀的科技人才，拥有中级以上技术研究人员216人，享受国务院政府津贴9人。风神的人才战略为企业提供了雄厚的技术力量和后劲发展力量，形成企业的人才基础，推动企业不断发展进步，以创新驱动企业的长久发展。在技术研发投入方面，企业大力支持科技的投入，每年保持4%的销售额用于科研经费支出，保证新技术的开发和科研项目的实施。在2001年至2005年的5年里，风神股份的新产品研发投产率达到了2/3以上，保证新产品的研发力度，使新产品跟随新项目投产；2006年又推出港口专用工程机械轮胎，企业在产品系列增加了新的模块系列，实现了产品多样化全面发展。在产学研合作方面，企业与相关研究领域的高校紧密合作，加强对轮胎虚拟试验场的开发、有限元分析等方面的研发合作，与北京化工大学联合成立的"风神－北化轮胎新材料研究中心"，重点开展轮胎用高分子弹性体、纳米等新型材料的研究应用工作，带领企业产学研合作与交流，在促进企业技术的进步、新产品的研发与投入使用方面发挥巨大的作用；除了与科研单位进行产学研合作，风神股份还将眼光放到国际市场，与国外著名企业进行合作研发，全面加强全钢载重子午胎和工程子午胎的新技术研发，提升公司的创新与研发能力，形成自身企业的技术文化与传承。

除此之外，风神股份在知识产权方面也加强知识产权保护意识，对企业自主研发的技术成果申请专利授权。截至目前，风神股份知识产权相关条目达到819项（见图3和表2），其中，专利信息467项、商标277项、资质认证70项、软件著作权3项、域名2项。企业加强各级工作人员的创新和研发能力，不仅要高层次技术人员创新，而且为鼓励全员参与，建立专项考核制度，对一线员工在专业活动中进行的创新进行激励，并纳入员工绩效考核，鼓励员工提高技术的创新与运用。

风神股份不断创新、利用先进的技术武装自己进行新产品的研发，推动企业的创新驱动发展,为风神提高核心竞争力,进一步扩展市场,打造知名品牌和迈向国际化发展做出重要贡献。风神的创新驱动将不断激励着企业向国际化的更高程度发展。

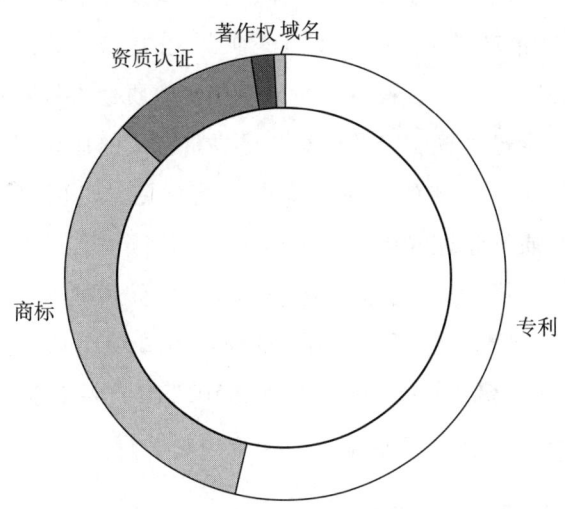

图3 风神股份知识产权状况

表2 风神股份专利与商标情况

专利(467)	发明(84项)
	实用新型(120项)
	外观设计(263项)
商标(277)	运输工具(83项)
	广告销售(23项)
	建筑修理(23项)
	餐饮住宿(8项)
	化学原料(4项)
	其他(136项)

(三)质量争先,品牌塑造

打造知名品牌一直是风神股份追求的目标,企业为了实现这一目标,树立了"创新、信心、做品牌、争一流,一切为了用户"的经营理念,开展了一系列的工作加强企业品牌建设,在产品结构调整、工艺管理、产品质量等方面不断地追求更高要求。

在质量控制方面,风神股份严于律己,不仅积极贯彻国务院《质量振兴纲要》和河南省的《质量振兴实施意见》相关方针政策,对产品质量要求更是有了更高层次的自身追求。风神股份在质量方针和质量目标方面明确企业质量的全过程控制以及针对自己主打产品的质量目标,实施质量一票"否决权"制度,还认真对待客户反馈意见,对用户返回的轮胎质量进行追溯。在质量管理的原则方面,建立并不断完善持续有效的质量管理、质量保证、环境管理、安全健康管理体系,先后通过了质量、环境与安全等方面的13个相关认证,如商检认证、美国DOT认证、欧盟ECE认证、QS9000认证、VDA6.1认证、巴西INMETRO产品认证、ISO14001环境管理体系认证、TS/16949认证等,是全国轮胎行业极少数通过13个认证的企业之一。

风神股份对质量的控制不仅体现在管理体系上,还通过技术工艺的改造和引进实现先进水平的高质量发展。企业为提高工程胎质量,对硫化工序进行控制,投入巨资购入先进设备,先后引进了电子拉力机、流变仪、加工性能试验机以及硫含量测定仪、炭黑分散度检测仪等检测设备,并对C-2800日本成型机、1000D-11A型缠绕机等设备进行了改造和处理,保证企业从原料入厂到产品出厂都在世界先进水平的检测仪器环境下进行控制和生产,节约了资源,大大提升了产品的质量和效率。

风神股份严格的质量控制、先进的技术和生产设备、检测环境,也为企业带来了丰厚的回报。高质量的产品使企业的"河南"牌工程机械轮胎成为中国市场上客户对同类产品的首选;在国际上,风神股份推出的无内胎子午胎因其质量过关和满足客户需求,迅速攻占北美和欧洲两大市场。风神依靠自己的技术力量制造出的产品不仅质量上乘、性能俱佳,还能满足客户的多样化需求,因此深受客户喜爱,使"风神"品牌代表中国全钢载重子午线轮胎叫响了欧美市场,出口创汇再创新高。

四　发现与启示

风神股份历经多年的发展，从一个名不见经传的轮胎厂发展成为知名上市公司，从老大难企业成为国内轮胎行业的龙头企业，从国内走出国门并在国际市场上占据一席之地。风神股份经历过挫折和困难，在困境中谋发展最终造就了企业的今日辉煌，它所取得的优异成绩离不开一代又一代风神人的奋斗。回顾历史，展望未来，风神股份不忘使命，向着目标继续前进，努力推动世界级制造再上新台阶、内涵式发展再攀新高峰，在资源节约与环境友好型的良性循环发展中，打造风神股份成为中国轮胎样板企业和国际知名企业，续写风神股份新篇章。

风神股份的辉煌和国际化进程是有迹可循的，是与每一位风神人的创新、拼搏与激情相联系的。在今天，风神股份国际化发展的历程仍然可以作为一个典范，尤其是企业的发展战略包括转型升级、产品结构调整、人才培养与精益化管理、品牌打造都值得我们借鉴和学习。

（一）牢牢把握创新，实施人才战略

创新是一个民族进步的灵魂，是一个国家兴旺发达的不竭动力，对于企业来讲，创新是推动企业不断前进的动力。风神股份也认识到，想要把国内轮胎行业做大做强，进入到国际化发展，就必须要改变现状、不断创新。风神股份的历任重要领导人都曾经是技术骨干，他们都认识到技术所带来的优势，一直把创新当作推动企业发展的不竭源泉，主动推动企业的自主创新。为了攻克计算机辅助轮胎结构设计这一项比较复杂的技术难题，他们自学AuToLISP语言，成功完成外胎设计相关程序，使企业相关技术登上新台阶。通过一系列的设计使复杂的工作简单化，大大提升了效率，使轮胎设计周期成倍缩减。这将极大地增强风神股份的创新能力与核心竞争力，提高国内轮胎行业参与国际竞争的实力。

风神股份在进行自主创新的同时实施人才战略，这是因为企业核心力的

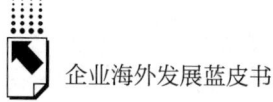

竞争最终演化为人才的竞争。企业拥有博士后科研工作站，支持高新技术发展的同时也对员工进行积极培训，争创中国化工集团创新实践基地、WCM/CI示范基地、培养和输送专业人才的人才基地，对外企业开展产学研合作与协同发展。

不断创新才能够让企业在激烈的竞争中不被淘汰，而创新的实施最终还将依靠人才，在国际化、全球化与信息化的今天，人才更是被企业争相抢夺，企业只有实施人才战略才能赢得最终的胜利。人才战略不仅包含了对人才的培育和激励，更重要的是增加企业自身的魅力，留住人才、吸引人才，形成人才资源的规模效益和良性循环发展，不断为企业增加软实力。

（二）树立以质量为保障的品牌文化

实施名牌战略是促进生产力发展的重要途径和方法，能够提升企业知名度，是企业打开并深入市场的通行证，也是企业走向成功的必由之路。风神股份努力打造世界一流品牌，让客户熟悉、喜爱并信任，让更多的潜在客户提升对风神的认知，有利于企业进一步开拓市场。风神股份为了提高风神品牌的影响力，不断地对风神产品进行广告策划和宣传，每年都投入巨资进行策划宣传。企业利用各种方式和渠道深入市场宣传，不仅在电视、日报等新闻媒体上进行宣传，更是在高速公路、北京公交车、新世纪论坛等进行广告宣传，从而提高了风神品牌的知名度和美誉度。企业的策划宣传努力为企业打造良好的形象提供了有利条件，名牌观念深入人心，最终这一策略取得喜人效果，"风神"牌全钢载重子午胎成为中国名牌产品。

仅仅依靠品牌的口号宣传只能取得一时的利益，对企业未来的成长和发展百害而无一利。风神在实施品牌战略时，时刻保持清醒的头脑，认清质量的好坏才是衡量能否打响品牌的基础保障，在此基础上对产品进行全过程的质量管理，并依此形成风神人的品牌文化。此外，风神人还意识到品牌的保护，积极对风神品牌进行维护，保护知识产权，不仅在国内进行认证，还在多个国家和地区进行了注册，有效地保护了企业的合法权益，大大提高了企业核心竞争力，是企业在国际市场竞争中能够进行竞争并取得最终胜利的坚实基础。

（三）推动转型升级与内涵发展

在推动转型升级与内涵发展方面，风神股份更是向众多企业做出表率，勇于承担社会责任，最终顺利完成了转型升级，改变了企业经济增长方式。风神股份的成功经验为其他转型升级企业提供了一种解决思路。风神股份的轮胎全寿命周期管理系统成为轮胎行业商业模式转型升级的强力支撑，该系统以终端客户的责任与关怀为出发点，对产品质量层层追溯和监控，从设计到制造到销售再到终端客户，是国内轮胎行业首个推出轮胎全寿命周期管理的系统。2013年，以该系统为主要内容的智能轮胎全价值链管理项目获得了国家工信部立项支持。

风神股份的转型升级获得了国家支持，自身的内涵与节能发展也不甘落后，甚至在推行绿色制造和环境保护方面更是起到重要的引领和示范作用。在国家、行业都没有推行实施的情况下，企业高瞻远瞩，率先在全球推广了绿色轮胎，该轮胎不仅无毒无害，还能做到低碳节油和可翻新，节约资源、提高效率，率先在全球轮胎行业实行100%的绿色制造。风神股份注重责任践行和使命担当，利用内涵发展推动企业成功转型升级并不断挑战节能减排新目标，率先在全球实现子午胎系列产品无差别、无歧视、百分之百的绿色制造，这种行为向世界传递了中国制造、中国创造敢于担当责任的发展理念。

参考文献

[1] 百度百科风神股份有限公司：https://baike.baidu.com/item/。
[2] 朱豫东、闫春保：《百年风神百亿起点——写在风神轮胎股份有限公司销售收入突破一百亿元，跨入百亿级企业行列之际》，《河南化工》2011年第11期。
[3] 胡志华：《打造世界品质国际品牌——记风神轮胎股份有限公司董事长王锋》，《企业管理》2013年第12期。

［4］季风：《风神轮胎股份有限公司节能创新推动内涵式发展》，《创新科技》2012年第2期。

［5］谢智保、应世洲、申玉德：《风神轮胎依靠创新促发展》，《轮胎工业》2008年第5期。

［6］郁书钧、梁万魁：《"风神"鼓风吹开高质量之门——河南风神轮胎公司以人为中心提高产品质量》，《中国质量报》2007年7月20日第1版。

［7］刘立云、凌娜：《从"黑色印象"到"绿色主题"——风神轮胎节能减排纪实》，《中国现代企业报》2008年1月25日第3版。

B.20 格兰仕集团国际化发展案例研究

刘 佳*

摘 要： 新兴国家的中小企业国际化路径长期被学术界和业界所关注。本文以格兰仕企业为案例样本，试图通过梳理其国际化进程中的关键因素，总结出新兴企业通过贴牌式创新到自主创新的成功路径，并分析这一路径在未来可被其他企业借鉴的风险和机会，试图探索出新兴企业如何通过创新走向国际化的可行之路。

关键词： 成本优势 贴牌生产 自主创新

一 案例现状及问题提出

格兰仕，微波炉行业的新秀，却已经开始成为国内外微波炉行业的引领者和带动者，推动着行业的不断更新发展，迭代升级。格兰仕集团创立于1978年，当初是一家在广东顺德的桂州羽绒厂，从事纺织、印染、服装和羽绒制品的民营企业；从1992年开始借我国改革开放的东风，在格兰仕总裁梁庆德的带领下，积极把握市场脉搏，开始转型为以生产微波炉为主要业务的家电生产制造企业。自从2006年格兰仕制定了"百年企业，世界品牌"的企业愿景后，持续推进国际化战略，目前每天都有10万台微波炉等产品销往全球近200个国家，并在世界各地设立研发中心、分销中心、销售

---

* 刘佳，对外经济贸易大学国际商学院博士生，主要研究方向为战略管理与企业国际化经营。

分公司等1000余家，甚至在建设当地的物流配送和仓储体系，俨然践行着从"世界工厂"到"世界中心"目标的转变。格兰仕创业40周年以来，从当初由七人创业加工制作羽绒服等轻纺织品的手工作坊，华丽转身为海外销量占据60%的全球性家电行业巨头，也作为中国制造业品牌成功实现全球化的成功案例之一。格兰仕能成为世界瞩目的跨国白色家电集团离不开其转型初期对拥有先进技术和成熟生产线的跨国公司的学习和钻研，甚至从20世纪90年代末开始一直活跃在世界各地一流展会，与全球近200多个国家和地区的跨国零售集团进行广泛战略合作伙伴关系，为全球重要的零售渠道直接供应家电产品，创造更简单有趣的智能家居解决方案，让国内外各地人民得以实现追求生活高品质的愿望和需求。除此之外，格兰仕已摆脱之前靠产品和销量制胜的路径，多年来专注于技术研发，并在四年前荣获"工业设计金奖"，两年前荣获"节能环保金奖"，2017年获得两项产品技术创新大奖。截至2017年5月，格兰仕已在143个国家和地区成功申请自主品牌商标，取得500多项经国际上具有权威质量认证和考核的自主研发成果，累积申请到国内外技术专利高达2208项，这一事实表明从中国的广东省扩展到全国，乃至全世界的家家户户，都有机会享受到格兰仕家电产品为美好家居带来的创造性发明和满足便捷性的生活需求，成为现代都市人在家庭生活中离不开的家电产品。总结格兰仕的成功路径，除了转型初期依靠成本和规模优势跻身到家电行业外，更重要的是主动向具有先进技术的国家和地区学习，花费巨资作为研发投入引进或自主发明核心技术，或是与国际领先的专业科研机构、知名研发中心进行战略意义上的合作，积极引进国内外优秀的科技人才，靠最先进的技术生产出最一流的产品，这些都是格兰仕的产品和服务能够遍及全球的最重要原因。目前，在企业愿景和文化的凝聚下，来自世界各地的"格兰仕人"正在致力于进一步推动格兰仕作为品质家电产品在世界范围内的推广和发展，除此之外还有平行的家电产品和相关配套产业的国际化发展，吸收全球最优势的人才和行业中一流的设备，发挥创业以来积累的产能优势、自主研发优势和配套产业优势，将其形成合力将微波炉的生产成为中国的另一张名片，也率先打造出中国制造业中的"中国智造"。

格兰仕通过研制微波炉实现自身企业理想的同时，也造福亿万家庭解放双手就能享受饮食文化的精粹。微波炉在改革开放初期一直被国外知名的跨国公司品牌所垄断，对于国人来说是触不可及的奢侈品，所幸作为民族品牌的格兰仕，在实现企业目标的同时，也实现了现代家庭对于家居生活节能、智能、艺术等方向的追求。例如格兰仕积极根据消费升级的需求，进一步实现技术升级，从侧开门式的微波炉，到下拉门式和上开门平台式等不同的产品构造，深得消费者和顾客的好评和信赖。在中国品牌力指数排名中，格兰仕已连续七年名列前茅，从品牌价值评级制度设立依赖始终保持行业第一的成绩，2017 年获得 633.8 分，让格兰仕成为消费者最信赖的品牌。

从转型前的"轻纺领军企业"到国际化战略后的"微波炉世界冠军"，再到打造"综合领先全白电集团"，格兰仕始终与国家宏观经济发展政策和所要求的转变经济发展模式保持一致，致力于推动中国经济从高增长到高效率，实现中国制造由大到强，从家电大国走向家电强国，逐步走向"中国智造"。

二 格兰仕集团国际化进程中的战略发展阶段

格兰仕集团的传奇在于短时间内从基本无相关性的轻纺行业转型至家电行业，与其他同样实行国际化战略的家电企业不同，格兰仕结合自身的比较优势与传统国际分工理论相结合，采取贴牌战略（OEM），即只在价值链末端的生产制造环节赚取微薄的利润，受委托企业生产制造委托企业要求的产品，并按照被明确规定的产品指标和过程指标进行生产，最终的产品需要冠以委托企业的品牌进入消费市场。格兰仕就是以代工者的身份渐渐打入微波炉行业，以成本优势在生产制造环节占据一席之地，也借此在世界上各种家电展会上崭露头角，尝试与其他跨国公司进行战略合作，成功践行着国际化的企业战略，成为中国微波炉市场上的龙头企业。学术界对于格兰仕在转型初期通过劳动力成本和规模效应制胜，普遍存在很多问题，例如加工出来的产品质量和水平不高、产品的技术含量和水平低、企业进入行业的门槛低以及企业绩效低下等问题；OEM制造厂商依赖的成本最低优势取决于国内劳动力工作时间、工作条件、竞相引资等因素制约，存在着明显的要素价格扭曲，面临未来人力等要素成本的上升，我国制造企业实行贴牌生产的过程中因缺乏知识技术产出将不得不面临十分被动局面；贴牌生产的制造厂商在以低成本战略进行流水线式的加工制造时，产业链的分工本身非常明显，核心零部件和关键技术掌握在委托企业手中，受托企业只能被动地接受委托企业的价格和进行重复性的操作工作，处于受制于人的地位。因此，本文着重回答格兰仕如何在OEM战略中取得竞争优势，摆脱下游地位，成功掌握上游资源和原材料，并获得控制成本和扩张规模的能力，且走向世界成为自主品牌的主要原因，分析其迅速成长的战略选择过程以及在全球市场竞争力形成的关键因素。

格兰仕之所以从生产羽绒服的轻纺业转型到生产微波炉的家电行业，主要得益于当时高管团队具有长远战略眼光的决策，客观进行SWOT分析（见表1和表2），即当时微波炉行业的挑战和未来发展机会和趋势，以及自身所具备的优劣势。

表1　格兰仕集团SWOT分析

外部因素＼内部因素	格兰仕集团内部优势(Strength) 低劳动力成本、低地租、低水电费等单位生产成本优势； 生产羽绒服时已迈向供应外贸公司出口国际市场的全球化； 羽绒服生产具备一体化流程	格兰仕集团内部劣势(Weakness) 从轻纺行业转型到无相关度的家电行业，沉没成本巨大； 微波炉行业零技术、零人才、零基础
格兰仕集团外部机会(Opportunity)： 微波炉行业在中国还是"奢侈品"，行业成长性高，市场空间巨大； 跨国公司将产能向中国转移； 开放的贸易政策； 金融危机带来机遇	SO战略组合： 成本竞争战略； 规模经济效应； 贴牌生产(OEM战略)	WO战略组合： 集中一点战略； 技术自主开发

续表

格兰仕集团外部威胁(Threat)： 微波炉行业在中国已进入技术成熟期； 微波炉核心技术被大型跨国公司控制； 反倾销指控、环保新标准； 产品升级换代加快	ST 战略组合： 国际化品牌战略	WT 战略组合： 战略联盟战略

资料来源：作者根据文献整理。

表2 格兰仕集团战略分析

国际化贴牌生产战略（全价值链的成本领先战略）	1. 劳动力成本和土地成本等比较优势转化为制造水平的优势，从而成为行业的"制造寡头" 2. 采用专业化大规模生产方式成为全球微波炉生产车间，成为"世界工厂" 3. 通过贴牌生产的加工制造方式参与到全球几乎200多个国家的生产制造环节，从生产设备、配套零部件到整个生产线，都在进行学习、模仿和引进	1. 垄断市场的生产权和供给权 2. 保证产品特征和质量，实现可持续性成本优势 3. 在微波炉、空调、小家电领域均在世界市场有较高的占有率
横向一体化战略（多元化战略）	除生产微波炉之外，还有与其产品技术、销售网络、品牌延伸方面相关程度较高的空调、电饭煲、冰箱、电风扇、洗碗机、洗衣机等其他家电产品	1. 获取范围经济效益、提升企业战略能力 2. 获得内部资源调配和安排的灵活性 3. 满足动态竞争的需要，在与竞争对手的互动过程中占据优势地位
纵向一体化战略	1. 继续保持轻纺工业加工制造羽绒服的生产一体化思想 2. 在转型之后通过购买、以设备入股、租赁等获得核心零部件的技术，生产上游供应半成品配件：变压器、磁控管、集成电路、微型电机、压缩机、铜漆包线等，成为零部件供应商并建立方便快捷的物流体系，形成了较为完整的家电产业供应链	1. 缩短供应链和降低交易成本 2. 形成行业配套优势，提供整体配套及时性，对外经营发展配套物料 3. 顺德成为全国品种最全，规模最大的家电配件生产基地

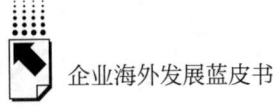

续表

竞合战略	1. 利益捆绑：为跨国公司进行生产制造的同时，学习和引进相关的核心技术和关键零部件；参与国外物流配送体系建设，与主流零售商进行战略合作，为其提供直销产品；分销竞争对手的部分产品于中国市场；同时将销售任务外包给经销商运营，与其建立战略合作伙伴关系 2. 利益联盟：在微波炉等产业结成产业联盟	资源共享，互利共赢
集中一点战略（利基战略）	1. 在战略转型的过程中，将企业资源和能力集中放置在某个领域或行业。若同时占据不同业务线，不易进行良好经营 2. 企业从行业中份额较小的产品或服务领域切入，集中优势资源争取做到领域所在行业的第一，并实现可持续发展、稳定持久的优势地位，获得高于同行业水平的收益	成功地从以轻纺业为主转型为以家电业为主
技术创新（创牌）战略	1. 国外企业通过委托生产线的使用权使格兰仕获得技术外溢的优势，提高自身的技术吸收能力，建立自有品牌 2. 利用前期贴牌生产积累的利润和资金投入到技术研发，培养自身进行专利研发的能力	拥有自主知识产权的专利产品，进一步扩大市场份额

资料来源：作者根据文献整理。

总结来说，格兰仕借助改革开放初期国内具备的特有的生产要素投入方面的比较优势，抓住全球化趋势带来的跨国公司在国内进行科技研发，在其他国家进行生产制造的机会，将所有精力专注于加工制造产品，从而与跨国公司形成一个互补的合作关系，在为大公司代工的同时采取以上国际贴牌生产战略、横向一体化战略、纵向一体化战略、竞合战略、集中一点战略以及技术创新战略等，将自己发展成为一个无可替代的"制造寡头"。格兰仕之所以能在短时间内成为微波炉行业的新秀，得益于在转型之后做出的符合自身发展和外部环境的SWOT战略分析，最大限度地弱化自身在技术创造方面的弱势,发挥我国当时处于改革开放初期具有的劳动力成本低廉的优势,从而与世界其他制造厂商进行竞争,将自身的优势与当时跨国公司对于外包制造环节的需求相结合,进而创造了很多合作机会,在生产制造环节形成垄断势力,成为世界工厂。格兰仕清楚如果仅靠生产制造、规模效应和成本优势,为委托企业加工零部件,即使是生产整个生产线上完整的产品,也无法使企业获得长期的竞争能力。反之,格兰仕在为委托企业进行贴牌生产的同时,绝非仅为了生产而生产,而是在生产的同时发挥后来者在"干中学"和"学中做"的优势,积极主动地学习与其合作的跨国公司的先进技术,大量进行研发投入,引进委托方的生产线,在不断地学习、模仿和引进过程中,培养自身的科研团队,在国际化战略实施的同时,也获得了自主研发创造的能力,为格兰仕从家电制造品牌过渡到家电创造自主品牌奠定了基础,也使格兰仕成功进入比较成熟的家电行业,并能综合白色家电品牌巨头成功路径。除了引进与产品生产直接相关的技术之外,保护技术更好发挥作用的外在制度和方法、内在理念和意识等等,需要统一进行更新,如产品质量管理制度、西方先进的管理经营理念等。从初期完全为委托企业代工,到部分参与产品设计并以自有品牌进行生产和销售,最终实现依靠独立的研发能力创造自己的品牌进行生产和销售的三个阶段,即格兰仕实现国际化战略的成功之处(见图1)。

除了自主创新品牌之外,格兰仕审时度势分析国内小家电行业的劣势,实施进军家电产业的多元化战略。家电行业整体上市场集中度极低,排在行业前四位品牌占有率基本上远低于50%;产品普遍质量低下;产品创新能力不足,同质化现象突出;在追求产品品质方面的竞争不充分;行业整体专业化程度不足等,而格兰仕通过生产微波炉成为世界上主流的家电商,为继续进行小家电产业生产形成品牌联动。在产品制造方面,小家电产业与空调、微波炉的零部件或制造设备几乎相近或通用,对于拥有10多年全球采购、全球制造经验的格兰仕而言,在采购和生产上都可以最大限度地实现规模经济。目前,小家电产业在国内外的发力为格兰仕进一步实现国际化战略贡献力量,未来格兰仕可能会成为小家电市场的霸主。

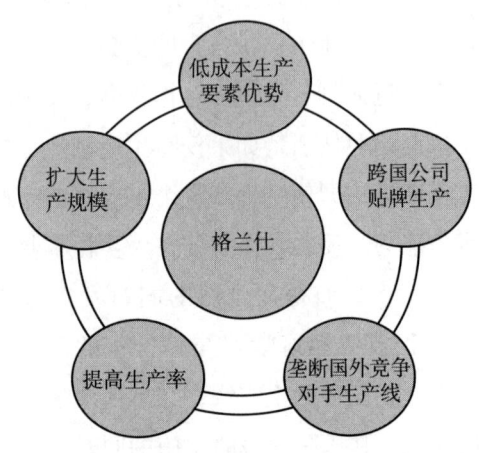

图 1　良性循环图

资料来源：作者根据文献整理。

三　格兰仕集团全球化进程中的关键因素分析

从 1992 年格兰仕转型进入微波炉行业，1996 年开始国际化战略，格兰仕在 2000 年就提出打造面向全球市场的综合领先的白色家电自主品牌。近 22 年来，格兰仕的国际化进程取得了不小的成效，从生产制造型品牌向消费创新型品牌转型升级，在全球主流零售渠道中都会销售占有一定市场份额的小家电产品，如微波炉、空调、冰箱、烤箱、洗衣机、洗碗机等，格兰仕实现了以自主品牌的全面直接供应。另外，格兰仕已在微波炉、微波炉食品、厨具等各方面实现产业链的协同升级发展。结合已有文献的整理分析，笔者大概将格兰仕的国际化战略分为以下四个阶段（见图 2）。

（一）引进技术，模仿创新，快速扩张国内市场

1992 年格兰仕通过考察决定放弃原先利润丰厚但未来前景并不好的

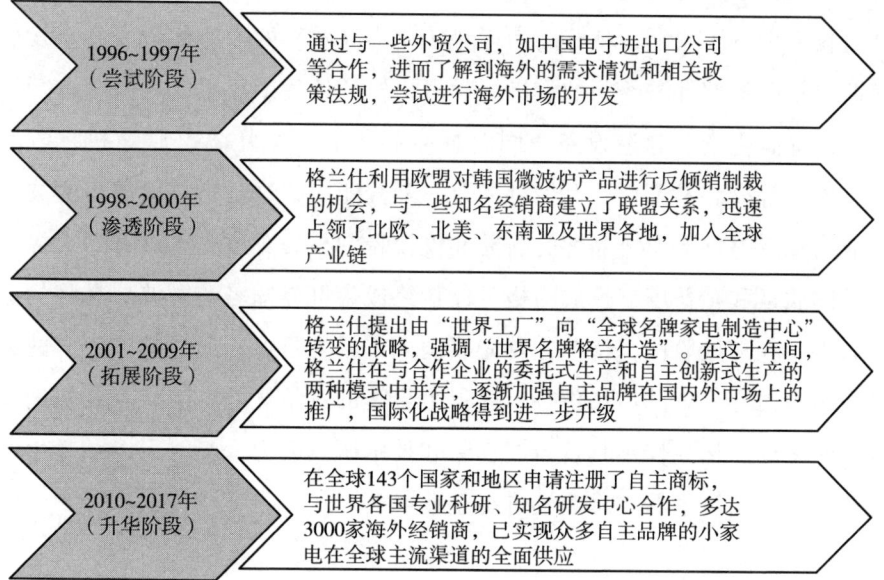

图 2　格兰仕集团国际化战略阶段

资料来源：作者根据文献整理。

羽绒制品业务，转而进入微波炉制造业。在家电行业从 0 到 1 实属不易，首先技术问题就是最大的难关。当时的总裁梁庆德"三顾茅庐"聘请了上海无线电 18 厂的 5 位在国内掌握先进技术的微波炉专家担任公司的高级工程师，格兰仕的第一支技术队伍成立，这也为后来企业能和众多知名的跨国公司进行技术引进与合作提供了可能。同年，格兰仕为了引进最先进的生产线和相关零件的生产技术，投入巨资 400 万美元与日本东芝公司进行合作；第二年，格兰仕花巨资从日本引进当地专业化的优秀人才，帮忙为生产线的管理工作提供重要的指导意见。对于微波炉生产最重要的核心零部件部分，格兰仕在初期只能依靠技术引进的方式进行学习模仿。如当时利用自己的成本优势，与美国企业建立良好的战略合作关系，然后有机会引进微波炉的核心零部件变压器，同时利用价格威胁手段从日本引进生产线，格兰仕虽然处于价值链的末端生产制造的环节，但实际上已经拥有了发达国家具有的完整的微波炉生产线，这就为后来短时间内实现自主开发技术埋下了伏笔，将劳动力优势转化为高效率的产能优势。介于发展初期对核心零部件和经验的引进、学习，格兰仕后期才得以有基础自行研发、设计、生产、制造设备，同时拥有磁控管、变压器、压缩机、电路板、电机等核心零部件、元器件的自我配套能力，这是格兰仕成为微波炉行业内拥有完整产业链品牌的新秀和佼佼者的核心竞争力。这有助于提高产品的质量和精益度，也成为格兰仕最终成为世界知名的微波炉品牌的必要条件。在初始阶段，格兰仕首先以国内市场为目标，通过贴牌生产的方式在国内占有一定的市场份额，获得了显著的竞争优势。但从企业长期发展战略来看，格兰仕不具备自主创新和技术研发能力，当时只以贴牌生产创造为主、引进学习技术为辅进行企业经营。

（二）注重产品质量

以打造全球领先的白色家电品牌为目标，通过提升产品质量和服务的战略来实现国际化。格兰仕初期为提高产品质量，在自身技术水平还不足以独立进行创造的阶段，主动从日本引进"东芝"最先进生产线，以及当时最先进的核心零部件磁控管，并借鉴日本和其他国家的产品质量管理制度，保障产品质量，与国际领先水平保持趋同。在每年我国国家技术监督局对微波炉进行的抽样检验中，格兰仕产品的质量水平始终处于前列，优等品率达到100%。格兰仕微波炉还顺利通过了国际上的质量认证，如丹麦 Demko、挪威 Nemko、德国 GS、欧盟 CE、美国 UL 和 ISO9001 质量认证，很难得成为中国首家获此认证的本土民族品牌产品。除此之外，格兰仕在生产线中自行创建了立体化的全过程服务模式，从顾客需求出发反向要求员工在产品设计、质量管理、工艺创新等不同环节中注重产品质量和服务质量，尽最大可能满足顾客的多样化、动态的需求。通过立体化的服务模式演化出为顾客诚心、精心、放心、安心的"四心级"服务。

（三）技术投入实现突破性开发，建立自有品牌

格兰仕自创业以来从未停止过技术和创造的重视和追求，截至2016年，已累积申请国内国际专利2208项，到2017年5月，获得欧美多国质量认证的600余项科研成果，这些成果表明在2000年提出的从"世界工厂"向"世界中心"，即全球名牌家电制造中心，甚至是向目前关注的"智能制造"转变战略制定的科学性，以及格兰仕能在短时间内高效地使战略落地的能力，成功实现了"世界名牌格兰仕造"的品牌目标。这一战略的提出也使得格兰仕摆脱了创业初期只能在生产线和价值链的末端获取低廉利润的困境，借助技术投入这一转机逐渐依靠研发设计的科技之手来改变只会制造的负面印象。技术创新要从小做起，格兰仕选择与拥有核心技术的跨国公司合作，为其进行贴牌生产，通过模仿学习，渐渐过渡到自主开发，在公司重视技术创新的战略引领下，进展很顺利。从科研立项到最终自主研发核心零部件并形成规模制造，仅花费了3年多的时间。格兰仕拥有核心零部件技术后，加上原先的规模采购优势和本土优势，采取不同的资本运作方式，如并购、合作、合资或相互参股控股等，对生产线的上游供业链进行整合，最终成为国内外微波炉产品的重要生产线。其中的关键因素就是格兰仕通过发明自有专利技术和投入大量的资金人员，成功实现从贴牌生产到自主创新的转型，顺利实现企业价值链的提升。格兰仕在实现拥有完整产业链之后，开始追求产业链和生产线的自动化过程，因为自动化和智能化已是全球产业发展的趋势和方向，也代表了家电行业发展的最高水准。因此格兰仕从2012年开始投入30多亿元用来推动全产业链的智能化进程，最终顺利设计出行业内少有的处于领先水平的包括洗衣机、洗碗机等小家电产品的生产线。除了自主研发生产之外，格兰仕还积极与欧洲进行战略合作，成功打造全球首个微波炉自动化装配生产线。相比传统的生产线，微波炉产品的生产效率显著提高38%，产品的直通率也在90%以上。在专注生产微波炉40年的过程中，格兰仕从一开始凭借质量、效率、成本等比较优势成为后来者居上的微波炉行业巨头并闻名于世，如今全球每3台微波炉中就有1台是格兰仕研发

制造的。这也与格兰仕从未放松对技术和研发方面的重视紧密相关，及时从依靠规模扩张转变到依靠效率和技术提升在国际化过程中持续获得竞争优势。伴随着中国的经济发展方式要从高速增长过渡到高质量增长，格兰仕依靠"高效率、高流通、高技术"的发展基本点，正好符合国家经济发展的要求，这当然离不开格兰仕总裁对企业可持续发展战略的清晰认识和前瞻眼光。只有依靠核心技术做出一流产品，通过创新驱动发挥优质产能，才能为自有品牌的持续发展提供实力保障，为其他中国名牌在国际舞台上的立足提供借鉴路径。

进入智能互联网时代之后，消费者需求随之发生改变，渐渐成为"尝新一族"。格兰仕将微光和光波技术进行结合创新研发出双变频微波炉，后来又设计出UOVO圆形炉腔微波炉，经过一系列技术的创新，格兰仕已经可以凭借高超的技术配套能力在微波炉行业自立门户，甚至成为行业的引领者。受益于互联网技术的迅猛发展，移动终端设备的普及率大幅度提高，另外居民的实际居住面积受高房价的挤压被迫缩减，厨房所占的面积自然也大幅度减少，这就直接影响了消费者对小家电产品的需求。随着经济水平的提高，不断追求生活高品质的消费者开始重视对小家电的选择。因此格兰仕不断对研发团队进行投入，最终实现独家掌握"微波+光波"的双变频核心技术。在一次次突破技术疆域对传统产品技术进行颠覆之后，格兰仕在技术创新的同时关注顾客满意度，以"努力，让顾客感动"为中心点，将有限的资源优先投放在人才和设备的引进上，尽力赶上国际上微波炉产品的最近技术的转型升级。

格兰仕因为在技术研发上的大量投入，依靠自身的科研团队成功实现数次重大技术的突破创新，具备了真正意义上的自主创新能力。如传统的微波炉是以微波为核心技术，格兰仕力求推出环保绿色高效能的产品，在技术上进行深度攻克，颠覆性地提出微波与吸收光波技术融合，突破性地开发出数码广波技术。在技术升级的带动下格兰仕一步步进行着国际化发展战略，并在国际化过程中不断赶超传统的家电品牌，升级为具有自主研发能力的白色家电新秀企业。总结格兰仕的技术成长模式，可以概括为从引进技术到学习模仿再到消化吸收，最终实现自主创新开发的几个阶段，与理论中的技术外溢效应相契合，作为理论在实践中的成功运用，充分体现了拿来主义的"干中学"、内部技术资源与引进技术知识相结合的模仿创新、掌握核心技术的自主创新"三步走"的战略发展路线。

（四）平台化战略

中国的互联网潮流使很多企业面临转型和变革以适应时代的需求，格兰仕也不例外。介于最高层领导对外部环境极高的敏感度，及时提出格兰仕在智能家居的系统布局，即在传统家电的基础上打造一个由云服务、APP、物联网模块等共同构建运营的智能家电支撑系统，以完成家电产品智能化的转型升级。在产品层面，针对新一代的消费人群多样化、个性化的需求，同时平衡先前的大规模低成本生产的优势，因此需要通过系统打造平台与模块化战略，生产创新产品，如2015年专为年轻消费者定制的互联网品牌UU，优化成本与高附加值的关系，为企业创造更高价值；另外G+智慧家居战略平台也允许其他家电企业的加入，即通过平台共享，打破中国家电行业之间的壁垒，让更多家电企业完成智能化，进而推动中国整个家电行业的智能化升级。这一系列举措的根本目的是为消费者能选择并使用到最佳用户体验的产品，并为国际化战略的实施奠定基础，在实现空间上的国际化同时不忽视产品在互联网大背景下的更新迭代，只有产品本身顺应时代发展潮流，企业的国际化战略才能获得成功，满足全球不同人群的需求。

（五）格兰仕全球化进程问题分析

格兰仕贴牌生产战略曾遇到"瓶颈"和障碍，因没有自主核心技术导致企业绩效低下，因此从1998年起，格兰仕认识到产品研发的重要性，并不惜花重金为科技研发投入，可喜的是根据最终的销量和利润率比值来看，研发投入对产品的利润提升起到了不可忽视的催化和促进作用，但因自主研发项目启动稍晚，比起行业发展的速度和多变性，在发展初期还是很难短期赶超成熟的跨国公司品牌。成本优势战略延续到 2001 年，格兰仕的微波炉生产进入瓶颈期，逐渐受到没有核心技术软肋的制约，也随之失去原先的规模效应。因格兰仕在实现国际化进程中的大多数销售额都是依靠贴牌生产战略实现的，但真正的利润获得者是技术委托企业，即国外的品牌拥有者，站在价值链末端的格兰仕只能获取微薄的制造组装费用。当时我国正在进行大规模的"价格清洗"活动，加上自有品牌的建设需要大量的资金投入，为了获取资金，格兰仕被迫扩张委托企业品牌产品的销售份额，这对于格兰仕自有品牌在市场上的扩张和销售造成恶劣的影响，并由此形成了恶性循环。

长远来看，依靠成本优势的贴牌生产战略无法为企业赢得长期的竞争优势。首先，贴牌生产战略意味着只能从产业链的低端生产制造环节瓜分部分利润，而站在产业链上游的委托企业才是"利润剪刀叉"的最大瓜分者；加上国内拥有众多处于生产制造环节的产品供应商，自家的竞争使得本来就稀少的利润变得更加微薄。其次，我国的人口红利优势已开始逐渐削减，用工荒现象时时出现，未来想依靠我国人力成本优势获得竞争力的企业将很难维持经营。南亚和东南亚的很多发展中国家享有人力成本的绝对优势，分割了大量的劳动密集型企业和制造企业。最后，受托企业容易对委托企业形成过度依赖，很难跳出已经成熟的生产线或技术水平，突破技术疆域进行创新，因为代工企业的经营风险将会增加。

四 发现与启示

（一）加强产业配套能力

规模化生产对产业配套能力的要求越来越高，而产业配套能力也是实现生产制造企业与技术创新的委托企业在生产链环节的合作化的必备条件，因为这可以赢得委托企业对受托企业在生产制造方面的信任，愿意投入更多的资金和技术支持，这样对于受托企业来说有更多机会获得技术外溢源。而产业配套能力体现在生产制造企业的专用资本规模和技术能力。政府会根据市场发展趋势和动态对特定的产业进行扶持，如优化投资环境、增加优惠政策，鼓励以核心产业为中心的周边配套企业的兴起和发展，加强核心产业的稳固地位，最终使承接国际产业业务的受托企业依照贴牌生产的方式在国内获得竞争优势，形成一定规模的产业集群。

（二）加强自主创新能力

在与委托厂商合作过程中，受托厂商如果仅依赖于政府给予的专用资本规模和各项优惠政策的补助和扶持，没有动力和意愿去投入技术和研发，那么受托制造厂商前期制胜的法宝——成本最低优势将无法支持企业的长久发展。劳动力工作时间、工作条件、竞相引资等因素，存在着明显的要素价格扭曲，面临未来人力等要素成本的上升，我国OEM中缺乏知识技术产出的企业将面临十分被动的局面。另外，贴牌生产的制造厂商在以低成本战略进行流水线式的加工制造时，产业链的分工本身非常明显，核心零部件和关键技术掌握在委托企业手中，受托企业只能被动地接受委托企业的价格和要求进行重复性的操作工作，而委托企业同时具备规模生产效应和技术品牌效应，受托企业很可能拉大与委托企业的差距，长期处于受制于人的地位，只获取价值链底端的微弱利润。与此同时，没有自主创新能力的企业终究会对具备技术创新能力的企业形成资源依赖，长远来看，不利于受托企业与其他竞争对手或供应链上其他企业的合作。如在生产成本上，印度、越南等南亚和东南亚国家目前处于快速发展阶段，人口众多，享有劳动力成本优势，与我国目前的劳动力价格和土地价格形成差距，形成明显的竞争力。国内的制造业生产成本不占优势，委托企业就可能另找合作厂家。因此，靠外在环境获得的成本优势终究不是企业发展的长久之计。

（三）实施全面信息化管理

格兰仕在实施国际化战略的过程中，除了引进跨国公司的成熟生产线和技术，还有先进的管理理念和工具。如在行政办公、财务运营和物流运输等环节安装了各自对应的专业化办公软件，以及专业化的办公 OA 系统、ERP 系统、SAP 系统、CRM 系统和 HR 系统。这和当今的人工智能时代很相似，尝试用机器来代替人力，很大程度上解决了人为因素导致的办事效率低下，准确率低下带来的库存不准备、成本模糊、计划拖延、生产效率低等问题，信息系统的配套使得格兰仕生产和办公过程中消耗的成本费用大幅度下降。格兰仕通过对一系列先进管理系统和工具的引进，一方面从之前粗放化的管理迈向精细化的管理；另一方面得益于系统的更新，企业内部的组织结构和业务流程也随之得到规范，提高了管理绩效，从整体上提高了资源的有效利用。

（四）有长远的技术战略思想

并不是每个企业都能像格兰仕一样，在实行一段时间贴牌生产战略后及时进行自主品牌创立战略，所以格兰仕真正值得被学习的是在企业创立初期，就应形成长远的发展愿景，是选择单纯依靠贴牌生产的成本优势进行价格战，还是仅仅以其为桥梁，在发展过程中不断进行技术创新，创造自主品牌。而对于后来者的新型国家或企业，在技术成长道路有一个普遍认同的模式，即在引进成熟技术之后学习模仿并消化吸收，在此基础上再尝试自主创新和研发。这也证明了技术能力的成长是一个渐进的过程。在企业从生产到研发的不同环节中，越靠近价值链的终端，相对应要接受的要求也越多，特别是自主研发阶段，需要企业有足够大的市场需求能够吸纳新产品的开发，以及自身需要具备足够顶尖的技术团队。而发展中国家或新型国家很难在发展初期就具备独立研发的能力，而从生产制造到自主创新研发是一个渐进性学习、阶段性沉淀技术和经验的过程，可以避免自己从零做起不断试错，利用后来者优势借鉴他国先进的成熟的经验，即"弯道超车"，从成本和规模上形成优势，形成竞争力，并以此积累技术。前期依靠成本优势实行的贴牌生产战略为后期自主研发提供坚实的资本和技术支持，并为未来的自主品牌推广提前占有市场份额，这是新兴市场企业通过不断申请技术专利，拥有自主知识产权，开发自主创新品牌，最终赢得市场竞争的结果，也是可以被其他企业借鉴的成功路径。

（五）率先掌握产业链中核心零部件的供应权

作为产品加工的制造企业，掌握核心生产技术就等于掌握整个生产线，有能力降低生产成本，扩大产业规模。核心技术对于产品制造就是最珍贵的稀缺资源，掌握核心技术才能为未来的自主创新提供学习模仿的样本，为进一步进行技术创新提供可能。格兰仕作为微波炉行业的实力品牌，当时就是通过与海外众多跨国公司进行战略合作，引进其先进的生产线，花费巨资投入到核心零部件磁控管的研发，最终才实现生产规模的扩大，以及成本优势的维持。另外，对核心零部件技术的掌握为后来得以自主研发进行技术更新升级提供了强大的技术和知识支持。

（六）技术发展需要以生产的规模化为前提

中国有很多在初期发展阶段采取贴牌生产策略的企业，但这仅适合在企业发展初期，刚进入某行业时的选择。企业要想实现长期发展，必须拥有长效的竞争优势，技术就是其中重要的一种。而发展技术需要大量的资金保障，如果企业前期通过成本优势实现规模效应成功积累一定的资金，就能为技术投入奠定基础，同时巨大的生产规模也可稀释大量的技术投入，使其可以仍然保持成本优势。反之，技术进步可以进一步推动生产规模扩大。两者相辅相成，很适合中国其他采用贴牌生产策略的企业学习。

（七）企业在国际化战略的推进下进行升级

创业初期，格兰仕践行贴牌生产战略实行国际化，伴随着市场竞争的激烈程度的持续升温，以及价格战带来的低竞争力，格兰仕开始学习模仿委托企业中的核心零部件生产技术，甚至进行自主创新，开发新产品，以贴牌生产和自创品牌并存的形式进行国际化生产。企业若只依靠加工制造的贴牌生

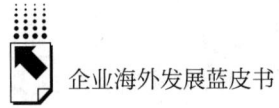

产战略,没有技术投入支持的国际化很难持续推行。格兰仕在基于自主创新能力的前提下推进国际化的路径值得更多企业借鉴。

参考文献

［1］杜尚义:《"海尔"、"TCL"、"格兰仕"国际化模式比较分析》,《经济与管理》2008 年第 7 期。

［2］汪建成、毛蕴诗、邱楠:《由 OEM 到 ODM 再到 OBM 的自主创新与国际化路径——格兰仕技术能力构建与企业升级案例研究》,《管理世界》2008 年第 6 期。

［3］邵兴东:《海尔与格兰仕国际化战略的比较》,《经营与管理》2007 年第 12 期。

［4］王世豪:《国际化经营中 OEM 方式的效应分析——以顺德家电企业格兰仕集团为例》,《国际经贸探索》2006 年第 3 期。

Abstract

Enterprises in China are facing a complex and profound international environment when they develop overseas. On the one hand, with the European and American economies' slowly recovering and emerging economies' slowing down, the competition in the global market has risen. As a result, the trade protectionism is rising among some countries, which has composed many challenges to Chinese enterprises' overseas development. On the other hand, the European and American economies' slowly recovering and emerging economies' slowing down provide China with new strategic opportunities. Chinese enterprises can improve the allocation of resources, develop a "Go Out Policy" and promote economic cooperation among international regions under that background. Under a new international situation, it is a vital action for China to make an adjustment to economic structure and conduct a transition strategy. Therefore, how to seize the opportunities and avoid risks count for a lot, so as to occupy new markets and resources overseas.

Firstly, this report conducts an overall analysis on the ranking list of Chinese enterprises' import and export in 2017. Secondly, researches about the effects of the Belt and Road Initiative on Chinese enterprises are made. Thirdly, this report makes analyses and explorations on China-U. S. Trade Issues in 2017. Finally, case studies are conducted, which are about five typical enterprises' overseas development in 2017. In general, this report presents a systematical analysis of Chinese enterprises' current status, variation tendency, and policy orientation.

Keywords: Chinese Enterprises' Overseas Development; Ranking List of Import and Export; "the Belt and Road" Initiative; China-U. S. Trade Issues; Case Studies

Contents

I   General Report

B. 1   Overall Analysis and Evaluation of Chinese Enterprises'
Overseas Development in 2017   / 001

     1. Overall analysis and evaluation of Chinese enterprises' foreign trade   / 002

     2. Overall analysis and evaluation of Chinese enterprises' service trade   / 021

     3. Overall analysis and evaluation of Chinese enterprises' foreign investment   / 028

     4. Prospects and suggestions   / 046

Abstract: In 2017, the world's economic environment was generally positive. Endogenous growth momentum and cyclical factors were significantly enhanced, market demand was revived and financial environment was improved. The economic situation in developed countries has continued to improve, the rate of unemployment in the United States and Eurozone stabilized at a low level. In the real estate market, price and quantity have risen together. The income of the residents was steadily increasing and the pace of recovery was accelerated. The core inflation rate of Japan has changed from negative to positive. Under the influence of continued expansive fiscal policy and quantitative easing monetary policy, the economy takes a further favourable turn which will form a strong support for the recovery of the world economy. However, it should also be noted that the tide of 'anti-globalization' is surging, the rising trend of protectionism will continue, and trade frictions will further threaten the healthy development of global trade. In this macro context, Chinese enterprises continue to tap their potential and carry out international operations, their overseas development has made important achievements. This chapter focuses on the analysis of the development status of Chinese enterprises in 2017, which include their foreign trade, service trade and foreign investment. And explores the existing problems. We especially studied the Chinese enterprises' development problems in the construction of 'The Belt and Road', and put forward corresponding countermeasures and suggestions which include promoting the integration and development of goods trade and service trade, promoting global cooperation on production capacity, reducing the cost burden of 'going-out' enterprises and so on.

Keywords: Enterprises of China; Foreign Trade; Foreign Investment; Overall Evaluation

II Specific Reports

B.2 Analysis of the Top 100 Export Enterprises in China in 2017 / 050

Abstract: China's foreign trade is going into the new normal stage whose growth rate is in a moderate decline. The urgent need is the transformation and upgrading. Based on the data of the Top 100 export enterprises in China from 2007 to 2017, this paper made a deep analysis from many aspects concerning the overall situation, regional distribution, industry distribution and the ownership structure. Then it made a dynamic evaluation of the Top 100 export enterprises in China from 2007 to 2017 and summed up the development trend in the future. Finally, we need to realize the transition and upgrading from four aspects such as upgrading the global competitiveness of the manufacturing industry based on "Made in China 2025", reforming the export supply side to optimize the industrial structure, clustering to occupy the global high-end value chain, innovation driven

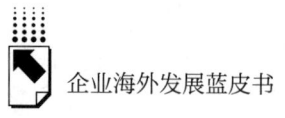

to promote conversion of export power. It enriches the research concerning how to realize the upgrading from speed and quantity to quality and efficiency during the internationalization of Chinese enterprises which has certain reference significance.

Keywords: the New Normal; the Top 100 Export Enterprises in China; Transition & upgrading; Dynamic Evaluation

B.3 Analysis of the Top 100 High-tech Export Enterprises in China in 2017 / 080

Abstract: The export situation of top 100 high-tech export enterprises basically reflects the development of China's high-tech industry. According to the 9 categories of high-tech classifications stipulated in the "China High-tech Products Export Catalogue", this paper analyzes the regions, industry characteristics and ownership structure of China's top 100 high-tech products export enterprises in 2017, the changes of the top 100 high-tech products export enterprises in 2011 – 2017, explores the development evolution and development status of high and new technology in China, and put forward suggestions for the development of high-tech industry in China.

Keywords: High-tech; Export; Characteristic; Analysis; Countermeasure

B.4 Analysis of the Top 50 Private Export Enterprises in China in 2017 / 112

Abstract: Since China's economy has entered a new normal stage of development, private enterprises have become an important force to promote China's foreign trade. In recent years, private enterprises in China continue to maintain the first export share, showing a steady trend, but the severe foreign trade environment also has a significant impact on the export of private enterprises in

China. First of all, the paper makes a comprehensive analysis of the top 50 list of the export of private enterprises in 2017. The export pattern shows the remarkable characteristics of "East district independence, central district stability, the rise of the west district" and the industrial agglomeration in the region. The export of private enterprises is stable and good. Finally, the paper put forward to improve the export competitiveness of private enterprises.

Keywords: Private Enterprise; Export Trade; New Economic Normality

Ⅲ Regional Studies

B.5 Analysis of China's Foreign Labor Cooperation Sorted by Provinces (Cities) in 2017 / 142

Abstract: On the whole China assigned over 522 thousand people for foreign labor service cooperation in 2017, an increase of 5.6% over the same period of the last year, after two consecutive years of decline. Among them, 222 thousand people were assigned due to the contract project, accounting for 42.5%, and 300 thousand of the labor service cooperation were assigned accounting for 57.5%. About 73.3% of personnel are distributed in three different fields: construction, manufacturing and transportation. Seven provinces and cities, including Shandong, Fujian, Guangdong, Jiangsu, Liaoning, Shanghai and Henan, are still the traditional Leading provinces in China's foreign labor cooperation. The region of China's foreign labor cooperation is still mainly concentrated in Asia, including Hongkong, Macao, Japan, Singapore, Saudi Arabia and Pakistan etc.

We expect that with the further implementation of the "one belt one road" initiative, China's foreign labor service cooperation will continue to maintain a small growth trend in 2018, but the pressure on the decline in foreign labor cooperation is still greatly uncertain due to the complexity of the domestic and international economic situation.

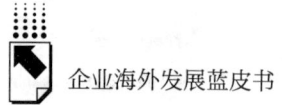

Keywords: Foreign Labor Cooperation; Structure of Foreign Labor Cooperation; Leading Provinces in Foreign Labor Cooperation

B.6 Analysis of China's Foreign Contracted Projects Sorted by Provinces (Cities) in 2017 / 154

Abstract: As an important pillar of China's "The Belt and Road" strategy, foreign contracted projects play an important role in progressing export of domestic equipment, technology and labor, in accelerating transformation of development mode for international trade as well as in boosting national economic development. From the perspective of provinces, the paper will study the development status and change trend of foreign contracted projects in China's major provinces and cities. Finally, the paper puts forward the countermeasures and suggestions of promoting the development of China foreign contracted projects.

Keywords: Foreign Contracted Projects; Provincial Perspective; Development Status; Change Trend

B.7 Analysis of the Top 50 Ranking of China's Foreign Contracted Projects in 2017 / 172

Abstract: Through the analysis of the changes in the list of China's foreign contracted projects, the development trends and trends of foreign contracting are clearly defined, and the development proposals are put forward from three aspects, such as diversification and compliance.

Keywords: Foreign Engineering Contracting; Rankings Change; Sustainable Development

IV the Belt and Road Initiative

B. 8 The Enlightenment of Chinese Enterprises' Overseas Investment in "The Belt and Road" Initiative / 188

Abstract: With the successfully closing of the "The Belt and Road Initiative" International Cooperation Summit Forum, our country's economic cooperation with the countries along the line has become more closely. Our enterprises have also embarked on the road of overseas investment under the support of the policy. However, in the process of investment, enterprises are confronted with obstacles such as political fluctuation, national security, environmental problems and so on. In addition, the situation of project shelving often occurs when it fails to make detailed investigation and correct decision. Among these risks, the famous domestic power plant company Midea Group has gained a firm foothold in the overseas market through a series of successful mergers and acquisitions. This article is to analyze the problems of Chinese enterprises in "going out", and combine the opportunity of foreign investment and the experience of successful merger and acquisition under the strategy of "The Belt and Road Initiative", and provide practical and feasible suggestions for the smooth moving of Chinese enterprises to overseas.

Keywords: Midea Group; Overseas Investment; "The Belt and Road" Initiative; Homogeneity Competition; Merger and Acquisition

B. 9 Strategy of Opening up China and Eastern Europe Market under the Strategy of "The Belt and Road" Initiative / 194

Abstract: As a link between Asian and European exchanges and cooperation, Central and Eastern Europe is an important channel for China to

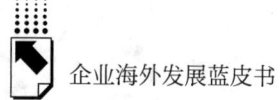

enter the EU market. It is the docking area of the "one along the way" and the European investment plan. Therefore, it is very important to expand the central and Eastern European markets to ensure the smooth implementation of the "one way" initiative. From the perspective of the import demand of the central and Eastern European countries, this paper analyzes the total and structural status of China's export commodities to central and Eastern European countries, and then based on the opportunities and challenges facing China to expand China and Eastern Europe market under the initiative of "The Belt and Road Initiative", and puts forward the policy proposals for China to expand China and Eastern Europe market.

Keywords: "The Belt and Road" Initiative; Central and Eastern European Markets; Market Strategy

B. 10 Study of the Challenges and Countermeasures of Energy Cooperation between China and Central Asian Countries under "The Belt and Road" Initiative   / 211

Abstract: China and central Asian countries have frequent economic and trade exchanges and good cooperation since President Xi initiated the Silk Road economic belt and the 21st century maritime Silk Road in 2013. Under this background, this paper firstly analyzes the current situation of supply and demand of petroleum in China and Central Asian, and the existing energy cooperation between China and central Asian countries. Then we analyze the challenges of energy cooperation between China and central Asian countries under The Belt and Road Initiative, such as the international competitiveness of Chinese oil and gas companies is weak. Finally we put forward the corresponding countermeasures and measures to enhance the cooperation between China and central Asian countries in energy cooperation under The Belt and Road Initiative.

Keywords: China; Central Asian Countries; Energy Cooperation; "The Belt and Road" Initiative

B. 11　Let the Private Enterprises Participate in the "Belt and

　　　　Road" Initiative　　　　　　　　　　　　　　　　　　　／218

Abstract: Private enterprises are indispensable forces in China's economic development. The internationalization of private enterprises shows the development level of China's open economy. Since the The Belt and Road Initiative was proposed, private enterprises have been strongly willing to participate in it and achieved good results by exploring a variety of participation models. Looking at their role or according to a market-oriented criteria, private enterprises have fully demonstrated an irreplaceable role. However, in the course of participating in the "Belt and Road" initiative, they are also faced with internal and external problems such as fairness, risk aversion, intermediary services and their own strength. To solve these problems, the government should ensure the private enterprises have an equal status with the public sector; improve the risk assessment and early warning system; establish the policy risk compensation mechanism; speed up the development of the intermediary service system; enhance the internationalization level of private enterprises; and continue to vigorously encourage them to participate in the initiative.

Keywords: "The Belt and Road" Initiative; Private Enterprises; "Go Global"

V　China-US Trade

B. 12　Analysis of the Influence on Sino-US Direct Investment

　　　　after Trump Taking Office　　　　　　　　　　　　　／227

Abstract: November 9, 2016, Trump was elected as the president of the United states. He stands for trade protectionism and industry relocation, which will have a huge impact on the direct investment relationship between China and America. Trade protectionism will spur China's direct investment in America.

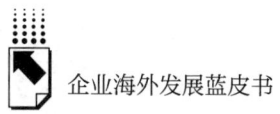

However, the growth rate will be affected by national security re-view system. Industry remove will prompt the China's direct investment in America and decrease America's investment in China simultaneously. As a result, it will have negative impact on the China's manufacture industry. This paper analyzes the influence on Sino-US direct investment after Trump taking office through using gray correlation method and collecting relevant data. Finally, this paper puts forward suggestions toward ways to deal with Trump's new trade proposition from the view of government and enterprises.

Keywords: Trade Protectionism; Industry Relocation; Foreign Direct Investment

B. 13 Transparency Requirements in the Perspective of International Investment Rules   / 235

Abstract: In the field of international investment, arbitration has gradually become one of the dispute settlement mechanisms favored by the host government and foreign investors because of its high efficiency and secrecy. However, the shortcoming of international investment arbitration is the lack of transparency in the procedure of investment arbitration, which leads to the legitimacy crisis of the arbitral award of investment, so increasing transparency is one of the problems that need to be solved in the current international investment arbitration. This paper analyzes the differences between Chinese and American perceptions of transparency and points out the necessity for China to actively respond to the disputes over transparency requirements in BIT between China and the United States.

Keywords: International Investment Rules; Transparency; Differences between China and the United States

Contents

B.14 Analysis of PPP Market Opening in the Context of Sino US Bilateral Investment Treaty Negotiations / 241

Abstract: Under the context of bilateral investment agreement negotiations between China and the United States, the analysis of the opening of the PPP market in the context of the deepening of bilateral investment agreement negotiations between China and the United States, the two-way opening of the PPP market has become a common concern of both China and the US. At present, there is still a gap between the PPP market and the developed countries in China, and the maturity of the market is still to be promoted. Especially, the participation of private enterprises and foreign enterprises is still not high. To further expand the trend of opening to the outside world in the PPP market, it is necessary to improve the functions of the government and promote the reform of the mixed ownership system. At the same time, we should improve the PPP legal system, reduce the threshold of foreign investment and create a fair and competitive market environment for the foreign invested enterprises to participate in the domestic PPP market.

Keywords: Bilateral Investment Treaty; PPP

B.15 The Impact of China-US Trade Friction on China's Industry and Economy Based on Section 301 Investigation Report on China in 2018 / 248

Abstract: Based on the Section 301 investigation report on China in 2018, this paper analyzes impact of the Section 301 investigation on China's industry and the overall economic development with the GTAP model. The evolution of section 301 reflects the shift of American trade policies. Though the frequency of Section 301 investigation has decreased significantly since the establishment of the WTO, the trade protectionism in USA is still relatively strong. Section 301

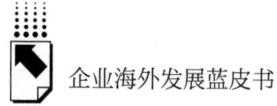

investigation in 2018 will have a negative impact on the current development of China's various industrial sectors, especially on high and new technology industries, such as China's transportation, electronics, machinery, aviation, information and medicine. Among them, the machinery manufacturing represented by robots, and transportation represented by new energy vehicles, will get most severely damaged. Before China takes countermeasures, the United States will have some improvement in terms of trade balance and social welfare. But if the trade friction escalates, it is bound to have a negative impact on both economies. In addition, trade frictions will raise the social welfare of the major trading partners of China and the United States, and also bring them a different degree of trade deficit.

Keywords: Section 301; Trade Friction; Intellectual Property Rights; GTAP Model

VI Case Studies

B.16 The Case Study of XCMG's International Development / 257

Abstract: Under the background of economic globalization, the internationalization of enterprises has become an important trend in the development of the world economy. This research takes international development process of XCMG as the research object. Through the description of the international development situation of XCMG, this paper systematically analyzes the motivation and key factors of internationalization development of XCMG. On this basis, the enlightenment of the internationalization development of enterprises in China is obtained. The study found that the intensification of competition in the domestic market, the implementation of the "The Belt and Road" Initiative and the strong foundation on technology have promoted the international development of XCMG. Excellent quality, continuous innovation and scientific management are the key factors for XCXG to successfully go global.

Keywords: XCMG; Internationalization; Case Analysis

B. 17　The Case Study of BOE's International Development　　/ 274

Abstract: BOE Technology Group Co., Ltd. (BOE), founded in April 1993, is an IOT company providing intelligent port products and professional services for information interaction and human health. Its core businesses include display and sensor components, smart systems and health services. We analyzed the characteristics of the group's international development from its internal management, supply chain, investors and external environment. The key factors of the international development of BOE include: Exploration of new financing channels, Great support from the state, Continuous r&d investment; The industrial spirit, Firm strategic goals; Avoidance of the pitfalls of joint ventures; Upgrading of factory technology; The breaking up of monopoly. From this, we can get inspiration: we should clarify the characteristics of the industry, and adopt the counter-market investment strategy. The core competitiveness of the enterprise should be developed and enhanced. The operating efficiency as well as innovation and scale are also really important.

Keywords: BOE; Internationalization; Counter-market Investment Strategy; Case Studies

B. 18　The Case Study of Alibaba Group's International Development　　/ 295

Abstract: Alibaba Group was established in March 1999. Now it is one of the most famous e-commerce enterprises all over the world. The business scope covers online e-commerce, online finance, entertainment, logistics, cloud computing and other fields. We analyze the internationalization process of Alibaba Group and find that it implements the internationalization strategy from three aspects: building a global e-commerce platform, expanding overseas electronic payment and financial companies, and building the global logistics service network.

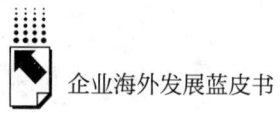

We find the success of Alibaba Group lying in advanced technology, the support from the host country, selecting the small and medium enterprise to be the target market then helping them develop and excellent corporate governance. Four enlightenments derive from this research: we should follow The Belt and Road Initiative, win the support of the home government; use science and technology to drive innovation; attach importance to corporate culture, fulfill social responsibility; take the easiest the first to carry on the internationalization. The enlightenments contribute to the internationalization of domestic enterprises This paper analyzes features of Alibaba Group's internationalization, finds out the successful reasons. It expands the research on e-commerce enterprise internationalization, and provides domestic corporations with references.

Keywords: E-commerce Ecosystem; Internationalization; Case Studies

B.19 The Case Study of Fengshen Shares' International Development / 313

Abstract: The history of Fengshen shares from the establishment of the reform to becoming a well-known international tire company shows the successful development strategy of Fengshen. Fengshen promotes the optimization of product structure with the support of high and new technology, builds the brand strategy based on product quality, and takes the opportunity of transformation and upgrading to enhance the connotative development, and finally realizes the international development of Fengshen shares. The successful experience of Fengshen shares shows that a management strategy that is constantly innovating and brave to develop can promote the virtuous circle development of the company. Fengshen shares are worth learning in terms of talent cultivation, leanness and brand strategy.

Keywords: Fengshen Shares; Internationalization; Optimized Structure; Brand Strategy; Upgrade

B. 20　The Case Study of Galanz's International Development　/ 331

Abstract: The internationalization path of SMEs in emerging countries has long been concerned by academics and industry. This paper takes Galanz enterprise as a sample case, tries to summarize the key factors of the internationalization process, summarizes the successful path of emerging enterprises through OEM innovation to independent innovation, and analyzes the risk that this path can be borrowed by other companies in the future. And opportunities to try to explore how viable companies can move toward innovation through internationalization.

Keywords: Cost Advantage; OEM Production; Independent Innovation

权威报告·一手数据·特色资源

皮书数据库
ANNUAL REPORT(YEARBOOK) DATABASE

当代中国经济与社会发展高端智库平台

所获荣誉

- 2016年，入选"'十三五'国家重点电子出版物出版规划骨干工程"
- 2015年，荣获"搜索中国正能量 点赞2015""创新中国科技创新奖"
- 2013年，荣获"中国出版政府奖·网络出版物奖"提名奖
- 连续多年荣获中国数字出版博览会"数字出版·优秀品牌"奖

成为会员

通过网址www.pishu.com.cn访问皮书数据库网站或下载皮书数据库APP，进行手机号码验证或邮箱验证即可成为皮书数据库会员。

会员福利

- 使用手机号码首次注册的会员，账号自动充值100元体验金，可直接购买和查看数据库内容（仅限PC端）。
- 已注册用户购书后可免费获赠100元皮书数据库充值卡。刮开充值卡涂层获取充值密码，登录并进入"会员中心"—"在线充值"—"充值卡充值"，充值成功后即可购买和查看数据库内容（仅限PC端）。
- 会员福利最终解释权归社会科学文献出版社所有。

卡号：323163525278
密码：

数据库服务热线：400-008-6695
数据库服务QQ：2475522410
数据库服务邮箱：database@ssap.cn
图书销售热线：010-59367070/7028
图书服务QQ：1265056568
图书服务邮箱：duzhe@ssap.cn

S 基本子库
SUB DATABASE

中国社会发展数据库（下设 12 个子库）

全面整合国内外中国社会发展研究成果，汇聚独家统计数据、深度分析报告，涉及社会、人口、政治、教育、法律等 12 个领域，为了解中国社会发展动态、跟踪社会核心热点、分析社会发展趋势提供一站式资源搜索和数据分析与挖掘服务。

中国经济发展数据库（下设 12 个子库）

基于"皮书系列"中涉及中国经济发展的研究资料构建，内容涵盖宏观经济、农业经济、工业经济、产业经济等 12 个重点经济领域，为实时掌控经济运行态势、把握经济发展规律、洞察经济形势、进行经济决策提供参考和依据。

中国行业发展数据库（下设 17 个子库）

以中国国民经济行业分类为依据，覆盖金融业、旅游、医疗卫生、交通运输、能源矿产等 100 多个行业，跟踪分析国民经济相关行业市场运行状况和政策导向，汇集行业发展前沿资讯，为投资、从业及各种经济决策提供理论基础和实践指导。

中国区域发展数据库（下设 6 个子库）

对中国特定区域内的经济、社会、文化等领域现状与发展情况进行深度分析和预测，研究层级至县及县以下行政区，涉及地区、区域经济体、城市、农村等不同维度。为地方经济社会宏观态势研究、发展经验研究、案例分析提供数据服务。

中国文化传媒数据库（下设 18 个子库）

汇聚文化传媒领域专家观点、热点资讯，梳理国内外中国文化发展相关学术研究成果、一手统计数据，涵盖文化产业、新闻传播、电影娱乐、文学艺术、群众文化等 18 个重点研究领域。为文化传媒研究提供相关数据、研究报告和综合分析服务。

世界经济与国际关系数据库（下设 6 个子库）

立足"皮书系列"世界经济、国际关系相关学术资源，整合世界经济、国际政治、世界文化与科技、全球性问题、国际组织与国际法、区域研究 6 大领域研究成果，为世界经济与国际关系研究提供全方位数据分析，为决策和形势研判提供参考。

法律声明

"皮书系列"（含蓝皮书、绿皮书、黄皮书）之品牌由社会科学文献出版社最早使用并持续至今，现已被中国图书市场所熟知。"皮书系列"的相关商标已在中华人民共和国国家工商行政管理总局商标局注册，如LOGO（ ）、皮书、Pishu、经济蓝皮书、社会蓝皮书等。"皮书系列"图书的注册商标专用权及封面设计、版式设计的著作权均为社会科学文献出版社所有。未经社会科学文献出版社书面授权许可，任何使用与"皮书系列"图书注册商标、封面设计、版式设计相同或者近似的文字、图形或其组合的行为均系侵权行为。

经作者授权，本书的专有出版权及信息网络传播权等为社会科学文献出版社享有。未经社会科学文献出版社书面授权许可，任何就本书内容的复制、发行或以数字形式进行网络传播的行为均系侵权行为。

社会科学文献出版社将通过法律途径追究上述侵权行为的法律责任，维护自身合法权益。

欢迎社会各界人士对侵犯社会科学文献出版社上述权利的侵权行为进行举报。电话：010-59367121，电子邮箱：fawubu@ssap.cn。

社会科学文献出版社

皮书系列

2018年

智库成果出版与传播平台

社会科学文献出版社
SOCIAL SCIENCES ACADEMIC PRESS (CHINA)

社长致辞

蓦然回首，皮书的专业化历程已经走过了二十年。20年来从一个出版社的学术产品名称到媒体热词再到智库成果研创及传播平台，皮书以专业化为主线，进行了系列化、市场化、品牌化、数字化、国际化、平台化的运作，实现了跨越式的发展。特别是在党的十八大以后，以习近平总书记为核心的党中央高度重视新型智库建设，皮书也迎来了长足的发展，总品种达到600余种，经过专业评审机制、淘汰机制遴选，目前，每年稳定出版近400个品种。"皮书"已经成为中国新型智库建设的抓手，成为国际国内社会各界快速、便捷地了解真实中国的最佳窗口。

20年孜孜以求，"皮书"始终将自己的研究视野与经济社会发展中的前沿热点问题紧密相连。600个研究领域，3万多位分布于800余个研究机构的专家学者参与了研创写作。皮书数据库中共收录了15万篇专业报告，50余万张数据图表，合计30亿字，每年报告下载量近80万次。皮书为中国学术与社会发展实践的结合提供了一个激荡智力、传播思想的入口，皮书作者们用学术的话语、客观翔实的数据谱写出了中国故事壮丽的篇章。

20年跬步千里，"皮书"始终将自己的发展与时代赋予的使命与责任紧紧相连。每年百余场新闻发布会，10万余次中外媒体报道，中、英、俄、日、韩等12个语种共同出版。皮书所具有的凝聚力正在形成一种无形的力量，吸引着社会各界关注中国的发展，参与中国的发展，它是我们向世界传递中国声音、总结中国经验、争取中国国际话语权最主要的平台。

皮书这一系列成就的取得，得益于中国改革开放的伟大时代，离不开来自中国社会科学院、新闻出版广电总局、全国哲学社会科学规划办公室等主管部门的大力支持和帮助，也离不开皮书研创者和出版者的共同努力。他们与皮书的故事创造了皮书的历史，他们对皮书的拳拳之心将继续谱写皮书的未来！

现在，"皮书"品牌已经进入了快速成长的青壮年时期。全方位进行规范化管理，树立中国的学术出版标准；不断提升皮书的内容质量和影响力，搭建起中国智库产品和智库建设的交流服务平台和国际传播平台；发布各类皮书指数，并使之成为中国指数，让中国智库的声音响彻世界舞台，为人类的发展做出中国的贡献——这是皮书未来发展的图景。作为"皮书"这个概念的提出者，"皮书"从一般图书到系列图书和品牌图书，最终成为智库研究和社会科学应用对策研究的知识服务和成果推广平台这整个过程的操盘者，我相信，这也是每一位皮书人执着追求的目标。

"当代中国正经历着我国历史上最为广泛而深刻的社会变革，也正在进行着人类历史上最为宏大而独特的实践创新。这种前无古人的伟大实践，必将给理论创造、学术繁荣提供强大动力和广阔空间。"

在这个需要思想而且一定能够产生思想的时代，皮书的研创出版一定能创造出新的更大的辉煌！

社会科学文献出版社社长
中国社会学会秘书长
2017年11月

社会科学文献出版社简介

社会科学文献出版社(以下简称"社科文献出版社")成立于1985年,是直属于中国社会科学院的人文社会科学学术出版机构。成立至今,社科文献出版社始终依托中国社会科学院和国内外人文社会科学界丰厚的学术出版和专家学者资源,坚持"创社科经典,出传世文献"的出版理念、"权威、前沿、原创"的产品定位以及学术成果和智库成果出版的专业化、数字化、国际化、市场化的经营道路。

社科文献出版社是中国新闻出版业转型与文化体制改革的先行者。积极探索文化体制改革的先进方向和现代企业经营决策机制,社科文献出版社先后荣获"全国文化体制改革工作先进单位"、中国出版政府奖·先进出版单位奖、中国社会科学院先进集体、全国科普工作先进集体等荣誉称号。多人次荣获"第十届韬奋出版奖""全国新闻出版行业领军人才""数字出版先进人物""北京市新闻出版广电行业领军人才"等称号。

社科文献出版社是中国人文社会科学学术出版的大社名社,也是以皮书为代表的智库成果出版的专业强社。年出版图书2000余种,其中皮书400余种,出版新书字数5.5亿字,承印与发行中国社科院院属期刊72种,先后创立了皮书系列、列国志、中国史话、社科文献学术译库、社科文献学术文库、甲骨文书系等一大批既有学术影响又有市场价值的品牌,确立了在社会学、近代史、苏东问题研究等专业学科及领域出版的领先地位。图书多次荣获中国出版政府奖、"三个一百"原创图书出版工程、"五个'一'工程奖"、"大众喜爱的50种图书"等奖项,在中央国家机关"强素质·做表率"读书活动中,入选图书品种数位居各大出版社之首。

社科文献出版社是中国学术出版规范与标准的倡议者与制定者,代表全国50多家出版社发起实施学术著作出版规范的倡议,承担学术著作规范国家标准的起草工作,率先编撰完成《皮书手册》对皮书品牌进行规范化管理,并在此基础上推出中国版芝加哥手册 ——《社科文献出版社学术出版手册》。

社科文献出版社是中国数字出版的引领者,拥有皮书数据库、列国志数据库、"一带一路"数据库、减贫数据库、集刊数据库等4大产品线11个数据库产品,机构用户达1300余家,海外用户百余家,荣获"数字出版转型示范单位""新闻出版标准化先进单位""专业数字内容资源知识服务模式试点企业标准化示范单位"等称号。

社科文献出版社是中国学术出版走出去的践行者。社科文献出版社海外图书出版与学术合作业务遍及全球40余个国家和地区,并于2016年成立俄罗斯分社,累计输出图书500余种,涉及近20个语种,累计获得国家社科基金中华学术外译项目资助76种、"丝路书香工程"项目资助60种、中国图书对外推广计划项目资助71种以及经典中国国际出版工程资助28种,被五部委联合认定为"2015-2016年度国家文化出口重点企业"。

如今,社科文献出版社完全靠自身积累拥有固定资产3.6亿元,年收入3亿元,设置了七大出版分社、六大专业部门,成立了皮书研究院和博士后科研工作站,培养了一支近400人的高素质与高效率的编辑、出版、营销和国际推广队伍,为未来成为学术出版的大社、名社、强社,成为文化体制改革与文化企业转型发展的排头兵奠定了坚实的基础。

 宏观经济类

宏观经济类

经济蓝皮书
2018年中国经济形势分析与预测

李平/主编　2017年12月出版　定价：89.00元

◆ 本书为总理基金项目，由著名经济学家李扬领衔，联合中国社会科学院等数十家科研机构、国家部委和高等院校的专家共同撰写，系统分析了2017年的中国经济形势并预测2018年中国经济运行情况。

城市蓝皮书
中国城市发展报告 No.11

潘家华　单菁菁/主编　2018年9月出版　估价：99.00元

◆ 本书是由中国社会科学院城市发展与环境研究中心编著的，多角度、全方位地立体展示了中国城市的发展状况，并对中国城市的未来发展提出了许多建议。该书有强烈的时代感，对中国城市发展实践有重要的参考价值。

人口与劳动绿皮书
中国人口与劳动问题报告 No.19

张车伟/主编　2018年10月出版　估价：99.00元

◆ 本书为中国社会科学院人口与劳动经济研究所主编的年度报告，对当前中国人口与劳动形势做了比较全面和系统的深入讨论，为研究中国人口与劳动问题提供了一个专业性的视角。

宏观经济类·区域经济类

中国省域竞争力蓝皮书
中国省域经济综合竞争力发展报告（2017~2018）
李建平　李闽榕　高燕京/主编　2018年5月出版　估价：198.00元

◆ 本书融多学科的理论为一体，深入追踪研究了省域经济发展与中国国家竞争力的内在关系，为提升中国省域经济综合竞争力提供有价值的决策依据。

金融蓝皮书
中国金融发展报告（2018）
王国刚/主编　2018年6月出版　估价：99.00元

◆ 本书由中国社会科学院金融研究所组织编写，概括和分析了2017年中国金融发展和运行中的各方面情况，研讨和评论了2017年发生的主要金融事件，有利于读者了解掌握2017年中国的金融状况，把握2018年中国金融的走势。

区域经济类

京津冀蓝皮书
京津冀发展报告（2018）
祝合良　叶堂林　张贵祥/等著　2018年6月出版　估价：99.00元

◆ 本书遵循问题导向与目标导向相结合、统计数据分析与大数据分析相结合、纵向分析和长期监测与结构分析和综合监测相结合等原则，对京津冀协同发展新形势与新进展进行测度与评价。

 社会政法类 | 皮书系列 重点推荐

社会政法类

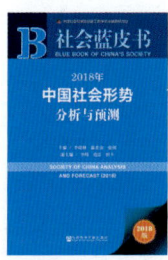

社会蓝皮书
2018年中国社会形势分析与预测

李培林　陈光金　张翼/主编　2017年12月出版　定价：89.00元

◆ 本书由中国社会科学院社会学研究所组织研究机构专家、高校学者和政府研究人员撰写，聚焦当下社会热点，对2017年中国社会发展的各个方面内容进行了权威解读，同时对2018年社会形势发展趋势进行了预测。

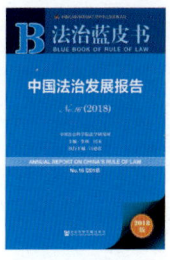

法治蓝皮书
中国法治发展报告 No.16（2018）

李林　田禾/主编　2018年3月出版　定价：128.00元

◆ 本年度法治蓝皮书回顾总结了2017年度中国法治发展取得的成就和存在的不足，对中国政府、司法、检务透明度进行了跟踪调研，并对2018年中国法治发展形势进行了预测和展望。

教育蓝皮书
中国教育发展报告（2018）

杨东平/主编　2018年3月出版　定价：89.00元

◆ 本书重点关注了2017年教育领域的热点，资料翔实，分析有据，既有专题研究，又有实践案例，从多角度对2017年教育改革和实践进行了分析和研究。

社会政法类

社会体制蓝皮书
中国社会体制改革报告 No.6（2018）

龚维斌/主编　2018年3月出版　定价：98.00元

◆ 本书由国家行政学院社会治理研究中心和北京师范大学中国社会管理研究院共同组织编写，主要对2017年社会体制改革情况进行回顾和总结，对2018年的改革走向进行分析，提出相关政策建议。

社会心态蓝皮书
中国社会心态研究报告（2018）

王俊秀　杨宜音/主编　2018年12月出版　估价：99.00元

◆ 本书是中国社会科学院社会学研究所社会心理研究中心"社会心态蓝皮书课题组"的年度研究成果，运用社会心理学、社会学、经济学、传播学等多种学科的方法进行了调查和研究，对于目前中国社会心态状况有较广泛和深入的揭示。

华侨华人蓝皮书
华侨华人研究报告（2018）

贾益民/主编　2017年12月出版　估价：139.00元

◆ 本书关注华侨华人生产与生活的方方面面。华侨华人是中国建设21世纪海上丝绸之路的重要中介者、推动者和参与者。本书旨在全面调研华侨华人，提供最新涉侨动态、理论研究成果和政策建议。

民族发展蓝皮书
中国民族发展报告（2018）

王延中/主编　2018年10月出版　估价：188.00元

◆ 本书从民族学人类学视角，研究近年来少数民族和民族地区的发展情况，展示民族地区经济、政治、文化、社会和生态文明"五位一体"建设取得的辉煌成就和面临的困难挑战，为深刻理解中央民族工作会议精神、加快民族地区全面建成小康社会进程提供了实证材料。

产业经济类

房地产蓝皮书
中国房地产发展报告 No.15（2018）

李春华 王业强 / 主编　2018 年 5 月出版　估价：99.00 元

◆ 2018 年《房地产蓝皮书》持续追踪中国房地产市场最新动态，深度剖析市场热点，展望 2018 年发展趋势，积极谋划应对策略。对 2017 年房地产市场的发展态势进行全面、综合的分析。

新能源汽车蓝皮书
中国新能源汽车产业发展报告（2018）

中国汽车技术研究中心　日产（中国）投资有限公司
东风汽车有限公司 / 编著　2018 年 8 月出版　估价：99.00 元

◆ 本书对中国 2017 年新能源汽车产业发展进行了全面系统的分析，并介绍了国外的发展经验。有助于相关机构、行业和社会公众等了解中国新能源汽车产业发展的最新动态，为政府部门出台新能源汽车产业相关政策法规、企业制定相关战略规划，提供必要的借鉴和参考。

行业及其他类

旅游绿皮书
2017~2018 年中国旅游发展分析与预测

中国社会科学院旅游研究中心 / 编　2018 年 1 月出版　定价：99.00 元

◆ 本书从政策、产业、市场、社会等多个角度勾画出 2017 年中国旅游发展全貌，剖析了其中的热点和核心问题，并就未来发展作出预测。

行业及其他类

民营医院蓝皮书
中国民营医院发展报告（2018）

薛晓林 / 主编　2018 年 11 月出版　估价：99.00 元

◆ 本书在梳理国家对社会办医的各种利好政策的前提下，对我国民营医疗发展现状、我国民营医院竞争力进行了分析，并结合我国医疗体制改革对民营医院的发展趋势、发展策略、战略规划等方面进行了预估。

会展蓝皮书
中外会展业动态评估研究报告（2018）

张敏 / 主编　2018 年 12 月出版　估价：99.00 元

◆ 本书回顾了 2017 年的会展业发展动态，结合"供给侧改革"、"互联网＋"、"绿色经济"的新形势分析了我国展会的行业现状，并介绍了国外的发展经验，有助于行业和社会了解最新的展会业动态。

中国上市公司蓝皮书
中国上市公司发展报告（2018）

张平　王宏淼 / 主编　2018 年 9 月出版　估价：99.00 元

◆ 本书由中国社会科学院上市公司研究中心组织编写的，着力于全面、真实、客观反映当前中国上市公司财务状况和价值评估的综合性年度报告。本书详尽分析了 2017 年中国上市公司情况，特别是现实中暴露出的制度性、基础性问题，并对资本市场改革进行了探讨。

工业和信息化蓝皮书
人工智能发展报告（2017～2018）

尹丽波 / 主编　2018 年 6 月出版　估价：99.00 元

◆ 本书国家工业信息安全发展研究中心在对 2017 年全球人工智能技术和产业进行全面跟踪研究基础上形成的研究报告。该报告内容翔实、视角独特，具有较强的产业发展前瞻性和预测性，可为相关主管部门、行业协会、企业等全面了解人工智能发展形势以及进行科学决策提供参考。

 国际问题与全球治理类

皮书系列
重点推荐

国际问题与全球治理类

世界经济黄皮书

2018年世界经济形势分析与预测

张宇燕 / 主编　2018年1月出版　定价：99.00元

◆ 本书由中国社会科学院世界经济与政治研究所的研究团队撰写，分总论、国别与地区、专题、热点、世界经济统计与预测等五个部分，对2018年世界经济形势进行了分析。

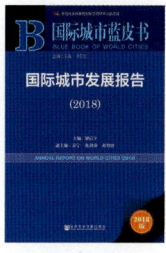

国际城市蓝皮书

国际城市发展报告（2018）

屠启宇 / 主编　2018年2月出版　定价：89.00元

◆ 本书作者以上海社会科学院从事国际城市研究的学者团队为核心，汇集同济大学、华东师范大学、复旦大学、上海交通大学、南京大学、浙江大学相关城市研究专业学者。立足动态跟踪介绍国际城市发展时间中，最新出现的重大战略、重大理念、重大项目、重大报告和最佳案例。

非洲黄皮书

非洲发展报告 No.20（2017～2018）

张宏明 / 主编　2018年7月出版　估价：99.00元

◆ 本书是由中国社会科学院西亚非洲研究所组织编撰的非洲形势年度报告，比较全面、系统地分析了2017年非洲政治形势和热点问题，探讨了非洲经济形势和市场走向，剖析了大国对非洲关系的新动向；此外，还介绍了国内非洲研究的新成果。

国别类

国别类

美国蓝皮书
美国研究报告（2018）
郑秉文 黄平 / 主编　2018 年 5 月出版　估价：99.00 元

◆ 本书是由中国社会科学院美国研究所主持完成的研究成果，它回顾了美国 2017 年的经济、政治形势与外交战略，对美国内政外交发生的重大事件及重要政策进行了较为全面的回顾和梳理。

德国蓝皮书
德国发展报告（2018）
郑春荣 / 主编　2018 年 6 月出版　估价：99.00 元

◆ 本报告由同济大学德国研究所组织编撰，由该领域的专家学者对德国的政治、经济、社会文化、外交等方面的形势发展情况，进行全面的阐述与分析。

俄罗斯黄皮书
俄罗斯发展报告（2018）
李永全 / 编著　2018 年 6 月出版　估价：99.00 元

◆ 本书系统介绍了 2017 年俄罗斯经济政治情况，并对 2016 年该地区发生的焦点、热点问题进行了分析与回顾；在此基础上，对该地区 2018 年的发展前景进行了预测。

 文化传媒类

文化传媒类

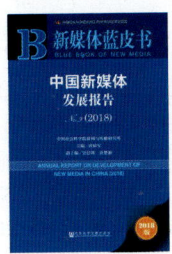

新媒体蓝皮书
中国新媒体发展报告 No.9（2018）

唐绪军 / 主编　2018 年 6 月出版　估价：99.00 元

◆ 本书是由中国社会科学院新闻与传播研究所组织编写的关于新媒体发展的最新年度报告，旨在全面分析中国新媒体的发展现状，解读新媒体的发展趋势，探析新媒体的深刻影响。

移动互联网蓝皮书
中国移动互联网发展报告（2018）

余清楚 / 主编　2018 年 6 月出版　估价：99.00 元

◆ 本书着眼于对 2017 年度中国移动互联网的发展情况做深入解析，对未来发展趋势进行预测，力求从不同视角、不同层面全面剖析中国移动互联网发展的现状、年度突破及热点趋势等。

文化蓝皮书
中国文化消费需求景气评价报告（2018）

王亚南 / 主编　2018 年 3 月出版　定价：99.00 元

◆ 本书首创全国文化发展量化检测评价体系，也是至今全国唯一的文化民生量化检测评价体系，对于检验全国及各地"以人民为中心"的文化发展具有首创意义。

地方发展类

北京蓝皮书
北京经济发展报告（2017~2018）

杨松/主编　2018年6月出版　估价：99.00元

◆ 本书对2017年北京市经济发展的整体形势进行了系统性的分析与回顾，并对2018年经济形势走势进行了预测与研判，聚焦北京市经济社会发展中的全局性、战略性和关键领域的重点问题，运用定量和定性分析相结合的方法，对北京市经济社会发展的现状、问题、成因进行了深入分析，提出了可操作性的对策建议。

温州蓝皮书
2018年温州经济社会形势分析与预测

蒋儒标　王春光　金浩/主编　2018年6月出版　估价：99.00元

◆ 本书是中共温州市委党校和中国社会科学院社会学研究所合作推出的第十一本温州蓝皮书，由来自党校、政府部门、科研机构、高校的专家、学者共同撰写的2017年温州区域发展形势的最新研究成果。

黑龙江蓝皮书
黑龙江社会发展报告（2018）

王爱丽/主编　2018年1月出版　定价：89.00元

◆ 本书以千份随机抽样问卷调查和专题研究为依据，运用社会学理论框架和分析方法，从专家和学者的独特视角，对2017年黑龙江省关系民生的问题进行广泛的调研与分析，并对2017年黑龙江省诸多社会热点和焦点问题进行了有益的探索。这些研究不仅可以为政府部门更加全面深入了解省情、科学制定决策提供智力支持，同时也可以为广大读者认识、了解、关注黑龙江社会发展提供理性思考。

宏观经济类

城市蓝皮书
中国城市发展报告（No.11）
著(编)者：潘家华 单菁菁
2018年9月出版／估价：99.00元
PSN B-2007-091-1/1

城乡一体化蓝皮书
中国城乡一体化发展报告（2018）
著(编)者：付崇兰
2018年9月出版／估价：99.00元
PSN B-2011-226-1/2

城镇化蓝皮书
中国新型城镇化健康发展报告（2018）
著(编)者：张占斌
2018年8月出版／估价：99.00元
PSN B-2014-396-1/1

创新蓝皮书
创新型国家建设报告（2018~2019）
著(编)者：詹正茂
2018年12月出版／估价：99.00元
PSN B-2009-140-1/1

低碳发展蓝皮书
中国低碳发展报告（2018）
著(编)者：张希良 齐晔
2018年6月出版／估价：99.00元
PSN B-2011-223-1/1

低碳经济蓝皮书
中国低碳经济发展报告（2018）
著(编)者：薛进军 赵忠秀
2018年11月出版／估价：99.00元
PSN B-2011-194-1/1

发展和改革蓝皮书
中国经济发展和体制改革报告No.9
著(编)者：邹东涛 王再文
2018年1月出版／估价：99.00元
PSN B-2008-122-1/1

国家创新蓝皮书
中国创新发展报告（2017）
著(编)者：陈劲　2018年5月出版／估价：99.00元
PSN B-2014-370-1/1

金融蓝皮书
中国金融发展报告（2018）
著(编)者：王国刚
2018年6月出版／估价：99.00元
PSN B-2004-031-1/7

经济蓝皮书
2018年中国经济形势分析与预测
著(编)者：李平　2017年12月出版／定价：89.00元
PSN B-1996-001-1/1

经济蓝皮书春季号
2018年中国经济前景分析
著(编)者：李扬　2018年5月出版／估价：99.00元
PSN B-1999-008-1/1

经济蓝皮书夏季号
中国经济增长报告（2017~2018）
著(编)者：李扬　2018年9月出版／估价：99.00元
PSN B-2010-176-1/1

农村绿皮书
中国农村经济形势分析与预测（2017~2018）
著(编)者：魏后凯 黄秉信
2018年4月出版／估价：99.00元
PSN B-1998-003-1/1

人口与劳动绿皮书
中国人口与劳动问题报告No.19
著(编)者：张车伟　2018年11月出版／估价：99.00元
PSN G-2000-012-1/1

新型城镇化蓝皮书
新型城镇化发展报告（2017）
著(编)者：李伟 宋敏
2018年3月出版／定价：98.00元
PSN B-2005-038-1/1

中国省域竞争力蓝皮书
中国省域经济综合竞争力发展报告（2016~2017）
著(编)者：李建平 李闽榕
2018年2月出版／定价：198.00元
PSN B-2007-088-1/1

中小城市绿皮书
中国中小城市发展报告（2018）
著(编)者：中国城市经济学会中小城市经济发展委员会
　　　　中国城镇化促进会中小城市发展委员会
　　　　《中国中小城市发展报告》编纂委员会
　　　　中小城市发展战略研究院
2018年11月出版／估价：128.00元
PSN G-2010-161-1/1

皮书系列 2018全品种 区域经济类·社会政法类

区域经济类

东北蓝皮书
中国东北地区发展报告（2018）
著(编)者：姜晓秋　2018年11月出版 / 估价：99.00元
PSN B-2006-067-1/1

金融蓝皮书
中国金融中心发展报告（2017~2018）
著(编)者：王力　黄育华　2018年11月出版 / 估价：99.00元
PSN B-2011-186-6/7

京津冀蓝皮书
京津冀发展报告（2018）
著(编)者：祝合良　叶堂林　张贵祥
2018年6月出版 / 估价：99.00元
PSN B-2012-262-1/1

西北蓝皮书
中国西北发展报告（2018）
著(编)者：王福生　马廷旭　董秋生
2018年1月出版 / 定价：99.00元
PSN B-2012-261-1/1

西部蓝皮书
中国西部发展报告（2018）
著(编)者：璋勇　任保平　2018年8月出版 / 估价：99.00元
PSN B-2005-039-1/1

长江经济带产业蓝皮书
长江经济带产业发展报告（2018）
著(编)者：吴传清　2018年11月出版 / 估价：128.00元
PSN B-2017-666-1/1

长江经济带蓝皮书
长江经济带发展报告（2017~2018）
著(编)者：王振　2018年11月出版 / 估价：99.00元
PSN B-2016-575-1/1

长江中游城市群蓝皮书
长江中游城市群新型城镇化与产业协同发展报告（2018）
著(编)者：杨刚强　2018年11月出版 / 估价：99.00元
PSN B-2016-578-1/1

长三角蓝皮书
2017年创新融合发展的长三角
著(编)者：刘飞跃　2018年5月出版 / 估价：99.00元
PSN B-2005-038-1/1

长株潭城市群蓝皮书
长株潭城市群发展报告（2017）
著(编)者：张萍　朱有志　2018年6月出版 / 估价：99.00元
PSN B-2008-109-1/1

特色小镇蓝皮书
特色小镇智慧运营报告（2018）：顶层设计与智慧架构标准
著(编)者：陈劲　2018年1月出版 / 定价：79.00元
PSN B-2018-692-1/1

中部竞争力蓝皮书
中国中部经济社会竞争力报告（2018）
著(编)者：教育部人文社会科学重点研究基地南昌大学中国
　　　　　中部经济社会发展研究中心
2018年12月出版 / 估价：99.00元
PSN B-2012-276-1/1

中部蓝皮书
中国中部地区发展报告（2018）
著(编)者：宋亚平　2018年12月出版 / 估价：99.00元
PSN B-2007-089-1/1

区域蓝皮书
中国区域经济发展报告（2017~2018）
著(编)者：赵弘　2018年5月出版 / 估价：99.00元
PSN B-2004-034-1/1

中三角蓝皮书
长江中游城市群发展报告（2018）
著(编)者：秦尊文　2018年9月出版 / 估价：99.00元
PSN B-2014-417-1/1

中原蓝皮书
中原经济区发展报告（2018）
著(编)者：李英杰　2018年6月出版 / 估价：99.00元
PSN B-2011-192-1/1

珠三角流通蓝皮书
珠三角商圈发展研究报告（2018）
著(编)者：王先庆　林至颖　2018年7月出版 / 估价：99.00元
PSN B-2012-292-1/1

社会政法类

北京蓝皮书
中国社区发展报告（2017~2018）
著(编)者：于燕燕　2018年9月出版 / 估价：99.00元
PSN B-2007-083-5/8

殡葬绿皮书
中国殡葬事业发展报告（2017~2018）
著(编)者：李伯森　2018年6月出版 / 估价：158.00元
PSN G-2010-180-1/1

城市管理蓝皮书
中国城市管理报告（2017-2018）
著(编)者：刘林　刘承水　2018年5月出版 / 估价：158.00元
PSN B-2013-336-1/1

城市生活质量蓝皮书
中国城市生活质量报告（2017）
著(编)者：张连城　张平　杨春学　郎丽华
2017年12月出版 / 定价：89.00元
PSN B-2013-326-1/1

社会政法类
皮书系列 2018全品种

城市政府能力蓝皮书
中国城市政府公共服务能力评估报告（2018）
著(编)者：何艳玲　2018年5月出版 / 估价：99.00元
PSN B-2013-338-1/1

创业蓝皮书
中国创业发展研究报告（2017～2018）
著(编)者：黄群慧　赵卫星　钟宏武
2018年11月出版 / 估价：99.00元
PSN B-2016-577-1/1

慈善蓝皮书
中国慈善发展报告（2018）
著(编)者：杨团　2018年6月出版 / 估价：99.00元
PSN B-2009-142-1/1

党建蓝皮书
党的建设研究报告No.2（2018）
著(编)者：崔建民　陈东平　2018年6月出版 / 估价：99.00元
PSN B-2016-523-1/1

地方法治蓝皮书
中国地方法治发展报告No.3（2018）
著(编)者：李林　田禾　2018年6月出版 / 估价：118.00元
PSN B-2015-442-1/1

电子政务蓝皮书
中国电子政务发展报告（2018）
著(编)者：李季　2018年8月出版 / 估价：99.00元
PSN B-2003-022-1/1

儿童蓝皮书
中国儿童参与状况报告（2017）
著(编)者：苑立新　2017年12月出版 / 定价：89.00元
PSN B-2017-682-1/1

法治蓝皮书
中国法治发展报告No.16（2018）
著(编)者：李林　田禾　2018年3月出版 / 定价：128.00元
PSN B-2004-027-1/3

法治蓝皮书
中国法院信息化发展报告No.2（2018）
著(编)者：李林　田禾　2018年2月出版 / 定价：118.00元
PSN B-2017-604-3/3

法治政府蓝皮书
中国法治政府发展报告（2017）
著(编)者：中国政法大学法治政府研究院
2018年3月出版 / 定价：158.00元
PSN B-2015-502-1/2

法治政府蓝皮书
中国法治政府评估报告（2018）
著(编)者：中国政法大学法治政府研究院
2018年9月出版 / 估价：168.00元
PSN B-2016-576-2/2

反腐倡廉蓝皮书
中国反腐倡廉建设报告No.8
著(编)者：张英伟　2018年12月出版 / 估价：99.00元
PSN B-2012-259-1/1

扶贫蓝皮书
中国扶贫开发报告（2018）
著(编)者：李培林　魏后凯　2018年12月出版 / 估价：128.00元
PSN B-2016-599-1/1

妇女发展蓝皮书
中国妇女发展报告No.6
著(编)者：王金玲　2018年9月出版 / 估价：158.00元
PSN B-2006-069-1/1

妇女教育蓝皮书
中国妇女教育发展报告No.3
著(编)者：张李玺　2018年10月出版 / 估价：99.00元
PSN B-2008-121-1/1

妇女绿皮书
2018年：中国性别平等与妇女发展报告
著(编)者：谭琳　2018年12月出版 / 估价：99.00元
PSN G-2006-073-1/1

公共安全蓝皮书
中国城市公共安全发展报告（2017～2018）
著(编)者：黄育华　杨文明　赵建辉
2018年6月出版 / 估价：99.00元
PSN B-2017-628-1/1

公共服务蓝皮书
中国城市基本公共服务力评价（2018）
著(编)者：钟君　刘志昌　吴正杲
2018年12月出版 / 估价：99.00元
PSN B-2011-214-1/1

公民科学素质蓝皮书
中国公民科学素质报告（2017～2018）
著(编)者：李群　陈雄　马宗文
2017年12月出版 / 定价：89.00元
PSN B-2014-379-1/1

公益蓝皮书
中国公益慈善发展报告（2016）
著(编)者：朱健刚　胡小军　2018年6月出版 / 估价：99.00元
PSN B-2012-283-1/1

国际人才蓝皮书
中国国际移民报告（2018）
著(编)者：王辉耀　2018年6月出版 / 估价：99.00元
PSN B-2012-304-3/4

国际人才蓝皮书
中国留学发展报告（2018）No.7
著(编)者：王辉耀　苗绿　2018年12月出版 / 估价：99.00元
PSN B-2012-244-2/4

海洋社会蓝皮书
中国海洋社会发展报告（2017）
著(编)者：崔凤　宋宁而　2018年3月出版 / 定价：99.00元
PSN B-2015-478-1/1

行政改革蓝皮书
中国行政体制改革报告No.7（2018）
著(编)者：魏礼群　2018年6月出版 / 估价：99.00元
PSN B-2011-231-1/1

皮书系列 2018全品种 — 社会政法类

华侨华人蓝皮书
华侨华人研究报告（2017）
著(编)者：张禹东 庄国土　2017年12月出版 / 定价：148.00元
PSN B-2011-204-1/1

互联网与国家治理蓝皮书
互联网与国家治理发展报告（2017）
著(编)者：张志安　2018年1月出版 / 定价：98.00元
PSN B-2017-671-1/1

环境管理蓝皮书
中国环境管理发展报告（2017）
著(编)者：李金惠　2017年12月出版 / 定价：98.00元
PSN B-2017-678-1/1

环境竞争力绿皮书
中国省域环境竞争力发展报告（2018）
著(编)者：李建平 李闽榕 王金南
2018年11月出版 / 估价：198.00元
PSN G-2010-165-1/1

环境绿皮书
中国环境发展报告（2017~2018）
著(编)者：李波　2018年6月出版 / 估价：99.00元
PSN G-2006-048-1/1

家庭蓝皮书
中国"创建幸福家庭活动"评估报告（2018）
著(编)者：国务院发展研究中心"创建幸福家庭活动评估"课题组
2018年12月出版 / 估价：99.00元
PSN B-2015-508-1/1

健康城市蓝皮书
中国健康城市建设研究报告（2018）
著(编)者：王鸿春 盛继洪　2018年12月出版 / 估价：99.00元
PSN B-2016-564-2/2

健康中国蓝皮书
社区首诊与健康中国分析报告（2018）
著(编)者：高和荣 杨叔禹 姜杰
2018年6月出版 / 估价：99.00元
PSN B-2017-611-1/1

教师蓝皮书
中国中小学教师发展报告（2017）
著(编)者：曾晓东 鱼霞
2018年6月出版 / 估价：99.00元
PSN B-2012-289-1/1

教育扶贫蓝皮书
中国教育扶贫报告（2018）
著(编)者：司树杰 王文静 李兴洲
2018年12月出版 / 估价：99.00元
PSN B-2016-590-1/1

教育蓝皮书
中国教育发展报告（2018）
著(编)者：杨东平　2018年3月出版 / 定价：89.00元
PSN B-2006-047-1/1

金融法治建设蓝皮书
中国金融法治建设年度报告（2015~2016）
著(编)者：朱小黄　2018年6月出版 / 估价：99.00元
PSN B-2017-633-1/1

京津冀教育蓝皮书
京津冀教育发展研究报告（2017~2018）
著(编)者：方中雄　2018年6月出版 / 估价：99.00元
PSN B-2017-608-1/1

就业蓝皮书
2018年中国本科生就业报告
著(编)者：麦可思研究院　2018年6月出版 / 估价：99.00元
PSN B-2009-146-1/2

就业蓝皮书
2018年中国高职高专生就业报告
著(编)者：麦可思研究院　2018年6月出版 / 估价：99.00元
PSN B-2015-472-2/2

科学教育蓝皮书
中国科学教育发展报告（2018）
著(编)者：王康友　2018年10月出版 / 估价：99.00元
PSN B-2015-487-1/1

劳动保障蓝皮书
中国劳动保障发展报告（2018）
著(编)者：刘燕斌　2018年9月出版 / 估价：158.00元
PSN B-2014-415-1/1

老龄蓝皮书
中国老年宜居环境发展报告（2017）
著(编)者：党俊武 周燕珉　2018年6月出版 / 估价：99.00元
PSN B-2013-320-1/1

连片特困区蓝皮书
中国连片特困区发展报告（2017~2018）
著(编)者：游俊 冷志明 丁建军
2018年6月出版 / 估价：99.00元
PSN B-2013-321-1/1

流动儿童蓝皮书
中国流动儿童教育发展报告（2017）
著(编)者：杨东平　2018年6月出版 / 估价：99.00元
PSN B-2017-600-1/1

民调蓝皮书
中国民生调查报告（2018）
著(编)者：谢耘耕　2018年12月出版 / 估价：99.00元
PSN B-2014-398-1/1

民族发展蓝皮书
中国民族发展报告（2018）
著(编)者：王延中　2018年10月出版 / 估价：188.00元
PSN B-2006-070-1/1

女性生活蓝皮书
中国女性生活状况报告No.12（2018）
著(编)者：高博燕　2018年7月出版 / 估价：99.00元
PSN B-2006-071-1/1

社会政法类

皮书系列
2018全品种

汽车社会蓝皮书
中国汽车社会发展报告（2017～2018）
著(编)者：王俊秀　2018年6月出版／估价：99.00元
PSN B-2011-224-1/1

青年蓝皮书
中国青年发展报告（2018）No.3
著(编)者：廉思　2018年6月出版／估价：99.00元
PSN B-2013-333-1/1

青少年蓝皮书
中国未成年人互联网运用报告（2017～2018）
著(编)者：季为民　李文革　沈杰
2018年11月出版／估价：99.00元
PSN B-2010-156-1/1

人权蓝皮书
中国人权事业发展报告No.8（2018）
著(编)者：李君如　2018年9月出版／估价：99.00元
PSN B-2011-215-1/1

社会保障绿皮书
中国社会保障发展报告No.9（2018）
著(编)者：王延中　2018年6月出版／估价：99.00元
PSN G-2001-014-1/1

社会风险评估蓝皮书
风险评估与危机预警报告（2017～2018）
著(编)者：唐钧　2018年8月出版／估价：99.00元
PSN B-2012-293-1/1

社会工作蓝皮书
中国社会工作发展报告（2016~2017）
著(编)者：民政部社会工作研究中心
2018年8月出版／估价：99.00元
PSN B-2009-141-1/1

社会管理蓝皮书
中国社会管理创新报告No.6
著(编)者：连玉明　2018年11月出版／估价：99.00元
PSN B-2012-300-1/1

社会蓝皮书
2018年中国社会形势分析与预测
著(编)者：李培林　陈光金　张翼
2017年12月出版／定价：89.00元
PSN B-1998-002-1/1

社会体制蓝皮书
中国社会体制改革报告No.6（2018）
著(编)者：龚维斌　2018年3月出版／定价：98.00元
PSN B-2013-330-1/1

社会心态蓝皮书
中国社会心态研究报告（2018）
著(编)者：王俊秀　2018年12月出版／估价：99.00元
PSN B-2011-199-1/1

社会组织蓝皮书
中国社会组织报告（2017-2018）
著(编)者：黄晓勇　2018年6月出版／估价：99.00元
PSN B-2008-118-1/2

社会组织蓝皮书
中国社会组织评估发展报告（2018）
著(编)者：徐家良　2018年12月出版／估价：99.00元
PSN B-2013-366-2/2

生态城市绿皮书
中国生态城市建设发展报告（2018）
著(编)者：刘举科　孙伟平　胡文臻
2018年9月出版／估价：158.00元
PSN G-2012-269-1/1

生态文明绿皮书
中国省域生态文明建设评价报告（ECI 2018）
著(编)者：严耕　2018年12月出版／估价：99.00元
PSN G-2010-170-1/1

退休生活蓝皮书
中国城市居民退休生活质量指数报告（2017）
著(编)者：杨一帆　2018年6月出版／估价：99.00元
PSN B-2017-618-1/1

危机管理蓝皮书
中国危机管理报告（2018）
著(编)者：文学国　范正青
2018年8月出版／估价：99.00元
PSN B-2010-171-1/1

学会蓝皮书
2018年中国学会发展报告
著(编)者：麦可思研究院　2018年12月出版／估价：99.00元
PSN B-2016-597-1/1

医改蓝皮书
中国医药卫生体制改革报告（2017～2018）
著(编)者：文学国　房志武
2018年11月出版／估价：99.00元
PSN B-2014-432-1/1

应急管理蓝皮书
中国应急管理报告（2018）
著(编)者：宋英华　2018年9月出版／估价：99.00元
PSN B-2016-562-1/1

政府绩效评估蓝皮书
中国地方政府绩效评估报告 No.2
著(编)者：贠杰　2018年12月出版／估价：99.00元
PSN B-2017-672-1/1

政治参与蓝皮书
中国政治参与报告（2018）
著(编)者：房宁　2018年8月出版／估价：128.00元
PSN B-2011-200-1/1

政治文化蓝皮书
中国政治文化报告（2018）
著(编)者：邢元敏　魏大鹏　龚克
2018年8月出版／估价：128.00元
PSN B-2017-615-1/1

中国传统村落蓝皮书
中国传统村落保护现状报告（2018）
著(编)者：胡彬彬　李向军　王晓波
2018年12月出版／估价：99.00元
PSN B-2017-663-1/1

17

皮书系列 2018全品种 社会政法类·产业经济类

中国农村妇女发展蓝皮书
农村流动女性城市生活发展报告（2018）
著(编)者：谢丽华　2018年12月出版 / 估价：99.00元
PSN B-2014-434-1/1

宗教蓝皮书
中国宗教报告（2017）
著(编)者：邱永辉　2018年8月出版 / 估价：99.00元
PSN B-2008-117-1/1

产业经济类

保健蓝皮书
中国保健服务产业发展报告 No.2
著(编)者：中国保健协会　中共中央党校
2018年7月出版 / 估价：198.00元
PSN B-2012-272-3/3

保健蓝皮书
中国保健食品产业发展报告 No.2
著(编)者：中国保健协会
　　　　　中国社会科学院食品药品产业发展与监管研究中心
2018年8月出版 / 估价：198.00元
PSN B-2012-271-2/3

保健蓝皮书
中国保健用品产业发展报告 No.2
著(编)者：中国保健协会
　　　　　国务院国有资产监督管理委员会研究中心
2018年6月出版 / 估价：198.00元
PSN B-2012-270-1/3

保险蓝皮书
中国保险业竞争力报告（2018）
著(编)者：保监会　2018年12月出版 / 估价：99.00元
PSN B-2013-311-1/1

冰雪蓝皮书
中国冰上运动产业发展报告（2018）
著(编)者：孙承华　杨占武　刘戈　张鸿俊
2018年9月出版 / 估价：99.00元
PSN B-2017-648-3/3

冰雪蓝皮书
中国滑雪产业发展报告（2018）
著(编)者：孙承华　伍斌　魏庆华　张鸿俊
2018年9月出版 / 估价：99.00元
PSN B-2016-559-1/3

餐饮产业蓝皮书
中国餐饮产业发展报告（2018）
著(编)者：邢颖
2018年6月出版 / 估价：99.00元
PSN B-2009-151-1/1

茶业蓝皮书
中国茶产业发展报告（2018）
著(编)者：杨江帆　李闽榕
2018年10月出版 / 估价：99.00元
PSN B-2010-164-1/1

产业安全蓝皮书
中国文化产业安全报告（2018）
著(编)者：北京印刷学院文化产业安全研究院
2018年12月出版 / 估价：99.00元
PSN B-2014-378-12/14

产业安全蓝皮书
中国新媒体产业安全报告（2016~2017）
著(编)者：肖丽　2018年6月出版 / 估价：99.00元
PSN B-2015-500-14/14

产业安全蓝皮书
中国出版传媒产业安全报告（2017~2018）
著(编)者：北京印刷学院文化产业安全研究院
2018年6月出版 / 估价：99.00元
PSN B-2014-384-13/14

产业蓝皮书
中国产业竞争力报告 （2018）No.8
著(编)者：张其仔　2018年12月出版 / 估价：168.00元
PSN B-2010-175-1/1

动力电池蓝皮书
中国新能源汽车动力电池产业发展报告（2018）
著(编)者：中国汽车技术研究中心
2018年8月出版 / 估价：99.00元
PSN B-2017-639-1/1

杜仲产业绿皮书
中国杜仲橡胶资源与产业发展报告（2017~2018）
著(编)者：杜红岩　胡文臻　俞锐
2018年6月出版 / 估价：99.00元
PSN G-2013-350-1/1

房地产蓝皮书
中国房地产发展报告No.15（2018）
著(编)者：李春华　王业强
2018年5月出版 / 估价：99.00元
PSN B-2004-028-1/1

服务外包蓝皮书
中国服务外包产业发展报告（2017~2018）
著(编)者：王晓红　刘德军
2018年6月出版 / 估价：99.00元
PSN B-2013-331-2/2

服务外包蓝皮书
中国服务外包竞争力报告（2017~2018）
著(编)者：刘春生　王力　黄育华
2018年12月出版 / 估价：99.00元
PSN B-2011-216-1/2

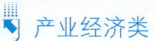

皮书系列 2018全品种

产业经济类

工业和信息化蓝皮书
世界信息技术产业发展报告（2017~2018）
著（编）者：尹丽波　2018年6月出版／估价：99.00元
PSN B-2015-449-2/6

工业和信息化蓝皮书
战略性新兴产业发展报告（2017~2018）
著（编）者：尹丽波　2018年6月出版／估价：99.00元
PSN B-2015-450-3/6

海洋经济蓝皮书
中国海洋经济发展报告（2015~2018）
著（编）者：殷克东　高金田　方胜民
2018年3月出版／定价：128.00元
PSN B-2018-697-1/1

康养蓝皮书
中国康养产业发展报告（2017）
著（编）者：何莽　2017年12月出版／定价：88.00元
PSN B-2017-685-1/1

客车蓝皮书
中国客车产业发展报告（2017~2018）
著（编）者：姚蔚　2018年10月出版／估价：99.00元
PSN B-2013-361-1/1

流通蓝皮书
中国商业发展报告（2018~2019）
著（编）者：王雪峰　林诗慧
2018年7月出版／估价：99.00元
PSN B-2009-152-1/2

能源蓝皮书
中国能源发展报告（2018）
著（编）者：崔民选　王军生　陈义和
2018年12月出版／估价：99.00元
PSN B-2006-049-1/1

农产品流通蓝皮书
中国农产品流通产业发展报告（2017）
著（编）者：贾敬敦　张东科　张玉玺　张鹏毅　周伟
2018年6月出版／估价：99.00元
PSN B-2012-288-1/1

汽车工业蓝皮书
中国汽车工业发展年度报告（2018）
著（编）者：中国汽车工业协会
　　　　　中国汽车技术研究中心
　　　　　丰田汽车公司
2018年5月出版／估价：168.00元
PSN B-2015-463-1/2

汽车工业蓝皮书
中国汽车零部件产业发展报告（2017~2018）
著（编）者：中国汽车工业协会
　　　　　中国汽车工程研究院深圳市沃特玛电池有限公司
2018年9月出版／估价：99.00元
PSN B-2016-515-2/2

汽车蓝皮书
中国汽车产业发展报告（2018）
著（编）者：中国汽车工程学会
　　　　　大众汽车集团（中国）
2018年11月出版／估价：99.00元
PSN B-2008-124-1/1

世界茶业蓝皮书
世界茶业发展报告（2018）
著（编）者：李闽榕　冯廷佺
2018年5月出版／估价：168.00元
PSN B-2017-619-1/1

世界能源蓝皮书
世界能源发展报告（2018）
著（编）者：黄晓勇　2018年6月出版／估价：168.00元
PSN B-2013-349-1/1

石油蓝皮书
中国石油产业发展报告（2018）
著（编）者：中国石油化工集团公司经济技术研究院
　　　　　中国国际石油化工联合有限责任公司
　　　　　中国社会科学院数量经济与技术经济研究所
2018年2月出版／估价：98.00元
PSN B-2018-690-1/1

体育蓝皮书
国家体育产业基地发展报告（2016~2017）
著（编）者：李颖川　2018年6月出版／估价：168.00元
PSN B-2017-609-5/5

体育蓝皮书
中国体育产业发展报告（2018）
著（编）者：阮伟　钟秉枢
2018年12月出版／估价：99.00元
PSN B-2010-179-1/5

文化金融蓝皮书
中国文化金融发展报告（2018）
著（编）者：杨涛　金巍
2018年6月出版／估价：99.00元
PSN B-2017-610-1/1

新能源汽车蓝皮书
中国新能源汽车产业发展报告（2018）
著（编）者：中国汽车技术研究中心
　　　　　日产（中国）投资有限公司
　　　　　东风汽车有限公司
2018年8月出版／估价：99.00元
PSN B-2013-347-1/1

薏仁米产业蓝皮书
中国薏仁米产业发展报告No.2（2018）
著（编）者：李发耀　石明　秦礼康
2018年8月出版／估价：99.00元
PSN B-2017-645-1/1

邮轮绿皮书
中国邮轮产业发展报告（2018）
著（编）者：汪泓　2018年10月出版／估价：99.00元
PSN G-2014-419-1/1

智能养老蓝皮书
中国智能养老产业发展报告（2018）
著（编）者：朱勇　2018年10月出版／估价：99.00元
PSN B-2015-488-1/1

中国节能汽车蓝皮书
中国节能汽车发展报告（2017~2018）
著（编）者：中国汽车工程研究院股份有限公司
2018年9月出版／估价：99.00元
PSN B-2016-565-1/1

皮书系列 2018全品种

产业经济类·行业及其他类

中国陶瓷产业蓝皮书
中国陶瓷产业发展报告（2018）
著（编）者：左和平 黄速建
2018年10月出版 / 估价：99.00元
PSN B-2016-573-1/1

装备制造业蓝皮书
中国装备制造业发展报告（2018）
著（编）者：徐东华
2018年12月出版 / 估价：118.00元
PSN B-2015-505-1/1

行业及其他类

"三农"互联网金融蓝皮书
中国"三农"互联网金融发展报告（2018）
著（编）者：李勇坚 王弢
2018年8月出版 / 估价：99.00元
PSN B-2016-560-1/1

SUV蓝皮书
中国SUV市场发展报告（2017~2018）
著（编）者：靳军　2018年9月出版 / 估价：99.00元
PSN B-2016-571-1/1

冰雪蓝皮书
中国冬季奥运会发展报告（2018）
著（编）者：孙承华 伍斌 魏庆华 张鸿俊
2018年9月出版 / 估价：99.00元
PSN B-2017-647-2/3

彩票蓝皮书
中国彩票发展报告（2018）
著（编）者：益彩基金　2018年6月出版 / 估价：99.00元
PSN B-2015-462-1/1

测绘地理信息蓝皮书
测绘地理信息供给侧结构性改革研究报告（2018）
著（编）者：库热西·买合苏提
2018年12月出版 / 估价：168.00元
PSN B-2009-145-1/1

产权市场蓝皮书
中国产权市场发展报告（2017）
著（编）者：曹和平
2018年5月出版 / 估价：99.00元
PSN B-2009-147-1/1

城投蓝皮书
中国城投行业发展报告（2018）
著（编）者：华景斌
2018年11月出版 / 估价：300.00元
PSN B-2016-514-1/1

城市轨道交通蓝皮书
中国城市轨道交通运营发展报告（2017~2018）
著（编）者：崔学忠 贾文峥
2018年3月出版 / 定价：89.00元
PSN B-2018-694-1/1

大数据蓝皮书
中国大数据发展报告（No.2）
著（编）者：连玉明　2018年5月出版 / 估价：99.00元
PSN B-2017-620-1/1

大数据应用蓝皮书
中国大数据应用发展报告No.2（2018）
著（编）者：陈军君　2018年8月出版 / 估价：99.00元
PSN B-2017-644-1/1

对外投资与风险蓝皮书
中国对外直接投资与国家风险报告（2018）
著（编）者：中债资信评估有限责任公司
中国社会科学院世界经济与政治研究所
2018年6月出版 / 估价：189.00元
PSN B-2017-606-1/1

工业和信息化蓝皮书
人工智能发展报告（2017~2018）
著（编）者：尹丽波　2018年6月出版 / 估价：99.00元
PSN B-2017-448-1/6

工业和信息化蓝皮书
世界智慧城市发展报告（2017~2018）
著（编）者：尹丽波　2018年6月出版 / 估价：99.00元
PSN B-2017-624-6/6

工业和信息化蓝皮书
世界网络安全发展报告（2017~2018）
著（编）者：尹丽波　2018年6月出版 / 估价：99.00元
PSN B-2017-452-5/6

工业和信息化蓝皮书
世界信息化发展报告（2017~2018）
著（编）者：尹丽波　2018年6月出版 / 估价：99.00元
PSN B-2015-451-4/6

工业设计蓝皮书
中国工业设计发展报告（2018）
著（编）者：王晓红 于炜 张立群　2018年9月出版 / 估价：168.00元
PSN B-2014-420-1/1

公共关系蓝皮书
中国公共关系发展报告（2017）
著（编）者：柳斌杰　2018年1月出版 / 定价：89.00元
PSN B-2016-579-1/1

行业及其他类　　皮书系列 2018全品种

公共关系蓝皮书
中国公共关系发展报告（2018）
著(编)者：柳斌杰　　2018年11月出版 / 估价：99.00元
PSN B-2016-579-1/1

管理蓝皮书
中国管理发展报告（2018）
著(编)者：张晓东　　2018年10月出版 / 估价：99.00元
PSN B-2014-416-1/1

轨道交通蓝皮书
中国轨道交通行业发展报告（2017）
著(编)者：仲建华　李闽榕
2017年12月出版 / 定价：98.00元
PSN B-2017-674-1/1

海关发展蓝皮书
中国海关发展前沿报告（2018）
著(编)者：干春晖　　2018年6月出版 / 估价：99.00元
PSN B-2017-616-1/1

互联网医疗蓝皮书
中国互联网健康医疗发展报告（2018）
著(编)者：芮晓武　　2018年6月出版 / 估价：99.00元
PSN B-2016-567-1/1

黄金市场蓝皮书
中国商业银行黄金业务发展报告（2017~2018）
著(编)者：平安银行　　2018年6月出版 / 估价：99.00元
PSN B-2016-524-1/1

会展蓝皮书
中外会展业动态评估研究报告（2018）
著(编)者：张敏　任中峰　聂鑫焱　牛盼强
2018年12月出版 / 估价：99.00元
PSN B-2013-327-1/1

基金会蓝皮书
中国基金会发展报告（2017~2018）
著(编)者：中国基金会发展报告课题组
2018年6月出版 / 估价：99.00元
PSN B-2013-368-1/1

基金会绿皮书
中国基金会发展独立研究报告（2018）
著(编)者：基金会中心网　　中央民族大学基金会研究中心
2018年6月出版 / 估价：99.00元
PSN G-2011-213-1/1

基金会透明度蓝皮书
中国基金会透明度发展研究报告（2018）
著(编)者：基金会中心网
　　　　　清华大学廉政与治理研究中心
2018年9月出版 / 估价：99.00元
PSN B-2013-339-1/1

建筑装饰蓝皮书
中国建筑装饰行业发展报告（2018）
著(编)者：葛道顺　刘晓一
2018年10月出版 / 估价：198.00元
PSN B-2016-553-1/1

金融监管蓝皮书
中国金融监管报告（2018）
著(编)者：胡滨　　2018年3月出版 / 定价：98.00元
PSN B-2012-281-1/1

金融蓝皮书
中国互联网金融行业分析与评估（2018~2019）
著(编)者：黄国平　伍旭川　　2018年12月出版 / 估价：99.00元
PSN B-2016-585-7/7

金融科技蓝皮书
中国金融科技发展报告（2018）
著(编)者：李扬　孙国峰　　2018年10月出版 / 估价：99.00元
PSN B-2016-374-1/1

金融信息服务蓝皮书
中国金融信息服务发展报告（2018）
著(编)者：李平　　2018年5月出版 / 估价：99.00元
PSN B-2017-621-1/1

金蜜蜂企业社会责任蓝皮书
金蜜蜂中国企业社会责任报告研究（2017）
著(编)者：殷格非　于志宏　管竹笋
2018年1月出版 / 估价：99.00元
PSN B-2018-693-1/1

京津冀金融蓝皮书
京津冀金融发展报告（2018）
著(编)者：王爱俭　王璟怡　　2018年10月出版 / 估价：99.00元
PSN B-2016-527-1/1

科普蓝皮书
国家科普能力发展报告（2018）
著(编)者：王康友　　2018年5月出版 / 估价：138.00元
PSN B-2017-632-4/4

科普蓝皮书
中国基层科普发展报告（2017~2018）
著(编)者：赵立新　陈玲　　2018年9月出版 / 估价：99.00元
PSN B-2016-568-3/4

科普蓝皮书
中国科普基础设施发展报告（2017~2018）
著(编)者：任福君　　2018年6月出版 / 估价：99.00元
PSN B-2010-174-1/3

科普蓝皮书
中国科普人才发展报告（2017~2018）
著(编)者：郑念　任嵘嵘　　2018年7月出版 / 估价：99.00元
PSN B-2016-512-2/4

科普能力蓝皮书
中国科普能力评价报告（2018~2019）
著(编)者：李富强　李群　　2018年8月出版 / 估价：99.00元
PSN B-2016-555-1/1

临空经济蓝皮书
中国临空经济发展报告（2018）
著(编)者：连玉明　　2018年9月出版 / 估价：99.00元
PSN B-2014-421-1/1

皮书系列 2018全品种 — 行业及其他类

旅游安全蓝皮书
中国旅游安全报告（2018）
著(编)者：郑向敏 谢朝武　2018年5月出版／估价：158.00元
PSN B-2012-280-1/1

旅游绿皮书
2017~2018年中国旅游发展分析与预测
著(编)者：宋瑞　2018年1月出版／定价：99.00元
PSN G-2002-018-1/1

煤炭蓝皮书
中国煤炭工业发展报告（2018）
著(编)者：岳福斌　2018年12月出版／估价：99.00元
PSN B-2008-123-1/1

民营企业社会责任蓝皮书
中国民营企业社会责任报告（2018）
著(编)者：中华全国工商业联合会
2018年12月出版／估价：99.00元
PSN B-2015-510-1/1

民营医院蓝皮书
中国民营医院发展报告（2017）
著(编)者：薛晓林　2017年12月出版／定价：89.00元
PSN B-2012-299-1/1

闽商蓝皮书
闽商发展报告（2018）
著(编)者：李闽榕 王日根 林琛
2018年12月出版／估价：99.00元
PSN B-2012-298-1/1

农业应对气候变化蓝皮书
中国农业气象灾害及其灾损评估报告（No.3）
著(编)者：矫梅燕　2018年6月出版／估价：118.00元
PSN B-2014-413-1/1

品牌蓝皮书
中国品牌战略发展报告（2018）
著(编)者：汪同三　2018年10月出版／估价：99.00元
PSN B-2016-580-1/1

企业扶贫蓝皮书
中国企业扶贫研究报告（2018）
著(编)者：钟宏武　2018年12月出版／估价：99.00元
PSN B-2017-593-1/1

企业公益蓝皮书
中国企业公益研究报告（2018）
著(编)者：钟宏武 汪杰 黄晓娟
2018年12月出版／估价：99.00元
PSN B-2015-501-1/1

企业国际化蓝皮书
中国企业全球化报告（2018）
著(编)者：王辉耀 苗绿　2018年11月出版／估价：99.00元
PSN B-2014-427-1/1

企业蓝皮书
中国企业绿色发展报告No.2（2018）
著(编)者：李红玉 朱光辉
2018年8月出版／估价：99.00元
PSN B-2015-481-2/2

企业社会责任蓝皮书
中资企业海外社会责任研究报告（2017~2018）
著(编)者：钟宏武 叶柳红 张蒽
2018年6月出版／估价：99.00元
PSN B-2017-603-2/2

企业社会责任蓝皮书
中国企业社会责任研究报告（2018）
著(编)者：黄群慧 钟宏武 张蒽 汪杰
2018年11月出版／估价：99.00元
PSN B-2009-149-1/2

汽车安全蓝皮书
中国汽车安全发展报告（2018）
著(编)者：中国汽车技术研究中心
2018年8月出版／估价：99.00元
PSN B-2014-385-1/1

汽车电子商务蓝皮书
中国汽车电子商务发展报告（2018）
著(编)者：中华全国工商业联合会汽车经销商商会
北方工业大学
北京易观智库网络科技有限公司
2018年10月出版／估价：158.00元
PSN B-2015-485-1/1

汽车知识产权蓝皮书
中国汽车产业知识产权发展报告（2018）
著(编)者：中国汽车工程研究院股份有限公司
中国汽车工程学会
重庆长安汽车股份有限公司
2018年12月出版／估价：99.00元
PSN B-2016-594-1/1

青少年体育蓝皮书
中国青少年体育发展报告（2017）
著(编)者：刘扶民 杨桦　2018年6月出版／估价：99.00元
PSN B-2015-482-1/1

区块链蓝皮书
中国区块链发展报告（2018）
著(编)者：李伟　2018年9月出版／估价：99.00元
PSN B-2017-649-1/1

群众体育蓝皮书
中国群众体育发展报告（2017）
著(编)者：刘国永 戴健　2018年5月出版／估价：99.00元
PSN B-2014-411-1/3

群众体育蓝皮书
中国社会体育指导员发展报告（2018）
著(编)者：刘国永 王欢　2018年6月出版／估价：99.00元
PSN B-2016-520-3/3

人力资源蓝皮书
中国人力资源发展报告（2018）
著(编)者：余兴安　2018年11月出版／估价：99.00元
PSN B-2012-287-1/1

融资租赁蓝皮书
中国融资租赁业发展报告（2017~2018）
著(编)者：李光荣 王力　2018年8月出版／估价：99.00元
PSN B-2015-443-1/1

皮书系列 2018全品种

行业及其他类

商会蓝皮书
中国商会发展报告No.5（2017）
著(编)者：王钦敏　2018年7月出版／估价：99.00元
PSN B-2008-125-1/1

商务中心区蓝皮书
中国商务中心区发展报告No.4（2017~2018）
著(编)者：李国红　单菁菁　2018年9月出版／估价：99.00元
PSN B-2015-444-1/1

设计产业蓝皮书
中国创新设计发展报告（2018）
著(编)者：王晓红　张立群　于炜
2018年11月出版／估价：99.00元
PSN B-2016-581-2/2

社会责任管理蓝皮书
中国上市公司社会责任能力成熟度报告No.4（2018）
著(编)者：肖红军　王晓光　李伟阳
2018年12月出版／估价：99.00元
PSN B-2015-507-2/2

社会责任管理蓝皮书
中国企业公众透明度报告No.4（2017~2018）
著(编)者：黄速建　熊梦　王晓光　肖红军
2018年6月出版／估价：99.00元
PSN B-2015-440-1/2

食品药品蓝皮书
食品药品安全与监管政策研究报告（2016~2017）
著(编)者：唐民皓　2018年6月出版／估价：99.00元
PSN B-2009-129-1/1

输血服务蓝皮书
中国输血行业发展报告（2018）
著(编)者：孙俊　2018年12月出版／估价：99.00元
PSN B-2016-582-1/1

水利风景区蓝皮书
中国水利风景区发展报告（2018）
著(编)者：董建文　兰思仁
2018年10月出版／估价：99.00元
PSN B-2015-480-1/1

数字经济蓝皮书
全球数字经济竞争力发展报告（2017）
著(编)者：王振　2017年12月出版／定价：79.00元
PSN B-2017-673-1/1

私募市场蓝皮书
中国私募股权市场发展报告（2017~2018）
著(编)者：曹和平　2018年12月出版／估价：99.00元
PSN B-2010-162-1/1

碳排放权交易蓝皮书
中国碳排放权交易报告（2018）
著(编)者：孙永平　2018年11月出版／估价：99.00元
PSN B-2015-652-1/1

碳市场蓝皮书
中国碳市场报告（2018）
著(编)者：定金彪　2018年11月出版／估价：99.00元
PSN B-2014-430-1/1

体育蓝皮书
中国公共体育服务发展报告（2018）
著(编)者：戴健　2018年12月出版／估价：99.00元
PSN B-2013-367-2/5

土地市场蓝皮书
中国农村土地市场发展报告（2017~2018）
著(编)者：李光荣　2018年6月出版／估价：99.00元
PSN B-2016-526-1/1

土地整治蓝皮书
中国土地整治发展研究报告（No.5）
著(编)者：国土资源部土地整治中心
2018年7月出版／估价：99.00元
PSN B-2014-401-1/1

土地政策蓝皮书
中国土地政策研究报告（2018）
著(编)者：高延利　张建平　吴次芳
2018年1月出版／估价：98.00元
PSN B-2015-506-1/1

网络空间安全蓝皮书
中国网络空间安全发展报告（2018）
著(编)者：惠志斌　覃庆玲
2018年11月出版／估价：99.00元
PSN B-2015-466-1/1

文化志愿服务蓝皮书
中国文化志愿服务发展报告（2018）
著(编)者：张永新　良警宇　2018年11月出版／估价：128.00元
PSN B-2016-596-1/1

西部金融蓝皮书
中国西部金融发展报告（2017~2018）
著(编)者：李忠民　2018年8月出版／估价：99.00元
PSN B-2010-160-1/1

协会商会蓝皮书
中国行业协会商会发展报告（2017）
著(编)者：景朝阳　李勇　2018年6月出版／估价：99.00元
PSN B-2015-461-1/1

新三板蓝皮书
中国新三板市场发展报告（2018）
著(编)者：王力　2018年8月出版／估价：99.00元
PSN B-2016-533-1/1

信托市场蓝皮书
中国信托业市场报告（2017~2018）
著(编)者：用益金融信托研究院
2018年6月出版／估价：198.00元
PSN B-2014-371-1/1

信息化蓝皮书
中国信息化形势分析与预测（2017~2018）
著(编)者：周宏仁　2018年8月出版／估价：99.00元
PSN B-2010-168-1/1

信用蓝皮书
中国信用发展报告（2017~2018）
著(编)者：章政　田侃　2018年6月出版／估价：99.00元
PSN B-2013-328-1/1

皮书系列 2018全品种
行业及其他类

休闲绿皮书
2017～2018年中国休闲发展报告
著(编)者：宋瑞　2018年7月出版／估价：99.00元
PSN G-2010-158-1/1

休闲体育蓝皮书
中国休闲体育发展报告（2017～2018）
著(编)者：李相如　钟秉枢
2018年10月出版／估价：99.00元
PSN B-2016-516-1/1

养老金融蓝皮书
中国养老金融发展报告（2018）
著(编)者：董克用　姚余栋
2018年9月出版／估价：99.00元
PSN B-2016-583-1/1

遥感监测绿皮书
中国可持续发展遥感监测报告（2017）
著(编)者：顾行发　汪克强　潘教峰　李闽榕　徐东华　王琦安
2018年6月出版／估价：298.00元
PSN B-2017-629-1/1

药品流通蓝皮书
中国药品流通行业发展报告（2018）
著(编)者：佘鲁林　温再兴
2018年7月出版／估价：198.00元
PSN B-2014-429-1/1

医疗器械蓝皮书
中国医疗器械行业发展报告（2018）
著(编)者：王宝亭　耿鸿武
2018年10月出版／估价：99.00元
PSN B-2017-661-1/1

医院蓝皮书
中国医院竞争力报告（2017~2018）
著(编)者：庄一强　2018年3月出版／定价：108.00元
PSN B-2016-528-1/1

瑜伽蓝皮书
中国瑜伽业发展报告（2017~2018）
著(编)者：张永建　徐华锋　朱泰余
2018年6月出版／估价：198.00元
PSN B-2017-625-1/1

债券市场蓝皮书
中国债券市场发展报告（2017～2018）
著(编)者：杨农　2018年10月出版／估价：99.00元
PSN B-2016-572-1/1

志愿服务蓝皮书
中国志愿服务发展报告（2018）
著(编)者：中国志愿服务联合会
2018年11月出版／估价：99.00元
PSN B-2017-664-1/1

中国上市公司蓝皮书
中国上市公司发展报告（2018）
著(编)者：张鹏　张平　黄胤英
2018年9月出版／估价：99.00元
PSN B-2014-414-1/1

中国新三板蓝皮书
中国新三板创新与发展报告（2018）
著(编)者：刘平安　闻召林
2018年8月出版／估价：158.00元
PSN B-2017-638-1/1

中国汽车品牌蓝皮书
中国乘用车品牌发展报告（2017）
著(编)者：《中国汽车报》社有限公司
　　　　　博世（中国）投资有限公司
　　　　　中国汽车技术研究中心数据资源中心
2018年1月出版／定价：89.00元
PSN B-2017-679-1/1

中医文化蓝皮书
北京中医药文化传播发展报告（2018）
著(编)者：毛嘉陵　2018年6月出版／估价：99.00元
PSN B-2015-468-1/2

中医文化蓝皮书
中国中医药文化传播发展报告（2018）
著(编)者：毛嘉陵　2018年7月出版／估价：99.00元
PSN B-2016-584-2/2

中医药蓝皮书
北京中医药知识产权发展报告No.2
著(编)者：汪洪　屠志涛　2018年6月出版／估价：168.00元
PSN B-2017-602-1/1

资本市场蓝皮书
中国场外交易市场发展报告（2016～2017）
著(编)者：高峦　2018年6月出版／估价：99.00元
PSN B-2009-153-1/1

资产管理蓝皮书
中国资产管理行业发展报告（2018）
著(编)者：郑智　2018年7月出版／估价：99.00元
PSN B-2014-407-2/2

资产证券化蓝皮书
中国资产证券化发展报告（2018）
著(编)者：沈炳熙　曹彤　李哲平
2018年4月出版／定价：98.00元
PSN B-2017-660-1/1

自贸区蓝皮书
中国自贸区发展报告（2018）
著(编)者：王力　黄育华
2018年6月出版／估价：99.00元
PSN B-2016-558-1/1

国际问题与全球治理类

"一带一路"跨境通道蓝皮书
"一带一路"跨境通道建设研究报告（2017~2018）
著（编）者：余鑫 张秋生　2018年1月出版／定价：89.00元
PSN B-2016-557-1/1

"一带一路"蓝皮书
"一带一路"建设发展报告（2018）
著（编）者：李永全　2018年3月出版／定价：98.00元
PSN B-2016-552-1/1

"一带一路"投资安全蓝皮书
中国"一带一路"投资与安全研究报告（2018）
著（编）者：邹统钎 梁昊光　2018年4月出版／定价：98.00元
PSN B-2017-612-1/1

"一带一路"文化交流蓝皮书
中阿文化交流发展报告（2017）
著（编）者：王辉　2017年12月出版／定价：89.00元
PSN B-2017-655-1/1

G20国家创新竞争力黄皮书
二十国集团（G20）国家创新竞争发展报告（2017~2018）
著（编）者：李建平 李闽榕 赵新力 周天勇
2018年7月出版／估价：168.00元
PSN Y-2011-229-1/1

阿拉伯黄皮书
阿拉伯发展报告（2016~2017）
著（编）者：罗林　2018年6月出版／估价：99.00元
PSN Y-2014-381-1/1

北部湾蓝皮书
泛北部湾合作发展报告（2017~2018）
著（编）者：吕余生　2018年12月出版／估价：99.00元
PSN B-2008-114-1/1

北极蓝皮书
北极地区发展报告（2017）
著（编）者：刘惠荣　2018年7月出版／估价：99.00元
PSN B-2017-634-1/1

大洋洲蓝皮书
大洋洲发展报告（2017~2018）
著（编）者：喻常森　2018年10月出版／估价：99.00元
PSN B-2013-341-1/1

东北亚区域合作蓝皮书
2017年"一带一路"倡议与东北亚区域合作
著（编）者：刘亚政 金美花
2018年5月出版／估价：99.00元
PSN B-2017-631-1/1

东盟黄皮书
东盟发展报告（2017）
著（编）者：杨静林 庄国土　2018年6月出版／估价：99.00元
PSN Y-2012-303-1/1

东南亚蓝皮书
东南亚地区发展报告（2017~2018）
著（编）者：王勤　2018年12月出版／估价：99.00元
PSN B-2012-240-1/1

非洲黄皮书
非洲发展报告No.20（2017~2018）
著（编）者：张宏明　2018年7月出版／估价：99.00元
PSN Y-2012-239-1/1

非传统安全蓝皮书
中国非传统安全研究报告（2017~2018）
著（编）者：潇枫 罗中枢　2018年8月出版／估价：99.00元
PSN B-2012-273-1/1

国际安全蓝皮书
中国国际安全研究报告（2018）
著（编）者：刘慧　2018年7月出版／估价：99.00元
PSN B-2016-521-1/1

国际城市蓝皮书
国际城市发展报告（2018）
著（编）者：屠启宇　2018年2月出版／定价：89.00元
PSN B-2012-260-1/1

国际形势黄皮书
全球政治与安全报告（2018）
著（编）者：张宇燕　2018年1月出版／定价：89.00元
PSN Y-2001-016-1/1

公共外交蓝皮书
中国公共外交发展报告（2018）
著（编）者：赵启正 雷蔚真　2018年6月出版／估价：99.00元
PSN B-2015-457-1/1

海丝蓝皮书
21世纪海上丝绸之路研究报告（2017）
著（编）者：华侨大学海上丝绸之路研究院
2017年12月出版／定价：89.00元
PSN B-2017-684-1/1

金砖国家黄皮书
金砖国家综合创新竞争力发展报告（2018）
著（编）者：赵新力 李闽榕 黄茂兴
2018年8月出版／估价：128.00元
PSN Y-2017-643-1/1

拉美黄皮书
拉丁美洲和加勒比发展报告（2017~2018）
著（编）者：袁东振　2018年6月出版／估价：99.00元
PSN Y-1999-007-1/1

澜湄合作蓝皮书
澜沧江-湄公河合作发展报告（2018）
著（编）者：刘稚　2018年9月出版／估价：99.00元
PSN B-2011-196-1/1

皮书系列 2018全品种

国际问题与全球治理类

欧洲蓝皮书
欧洲发展报告（2017~2018）
著(编)者：黄平 周弘 程卫东
2018年6月出版 / 估价：99.00元
PSN B-1999-009-1/1

葡语国家蓝皮书
葡语国家发展报告（2016~2017）
著(编)者：王成安 张敏 刘金兰
2018年6月出版 / 估价：99.00元
PSN B-2015-503-1/2

葡语国家蓝皮书
中国与葡语国家关系发展报告·巴西（2016）
著(编)者：张曙光
2018年8月出版 / 估价：99.00元
PSN B-2016-563-2/2

气候变化绿皮书
应对气候变化报告（2018）
著(编)者：王伟光 郑国光
2018年11月出版 / 估价：99.00元
PSN G-2009-144-1/1

全球环境竞争力绿皮书
全球环境竞争力报告（2018）
著(编)者：李建平 李闽榕 王金南
2018年12月出版 / 估价：198.00元
PSN G-2013-363-1/1

全球信息社会蓝皮书
全球信息社会发展报告（2018）
著(编)者：丁波涛 唐涛 2018年10月出版 / 估价：99.00元
PSN B-2017-665-1/1

日本经济蓝皮书
日本经济与中日经贸关系研究报告（2018）
著(编)者：张季风 2018年6月出版 / 估价：99.00元
PSN B-2008-102-1/1

上海合作组织黄皮书
上海合作组织发展报告（2018）
著(编)者：李进峰 2018年6月出版 / 估价：99.00元
PSN Y-2009-130-1/1

世界创新竞争力黄皮书
世界创新竞争力发展报告（2017）
著(编)者：李建平 李闽榕 赵新力
2018年6月出版 / 估价：168.00元
PSN Y-2013-318-1/1

世界经济黄皮书
2018年世界经济形势分析与预测
著(编)者：张宇燕 2018年1月出版 / 定价：99.00元
PSN Y-1999-006-1/1

世界能源互联互通蓝皮书
世界能源清洁发展与互联互通评估报告（2017）：欧洲篇
著(编)者：国网能源研究院
2018年1月出版 / 定价：128.00元
PSN B-2018-695-1/1

丝绸之路蓝皮书
丝绸之路经济带发展报告（2018）
著(编)者：任宗哲 白宽犁 谷孟宾
2018年1月出版 / 定价：89.00元
PSN B-2014-410-1/1

新兴经济体蓝皮书
金砖国家发展报告（2018）
著(编)者：林跃勤 周文
2018年8月出版 / 估价：99.00元
PSN B-2011-195-1/1

亚太蓝皮书
亚太地区发展报告（2018）
著(编)者：李向阳 2018年5月出版 / 估价：99.00元
PSN B-2001-015-1/1

印度洋地区蓝皮书
印度洋地区发展报告（2018）
著(编)者：汪戎 2018年6月出版 / 估价：99.00元
PSN B-2013-334-1/1

印度尼西亚经济蓝皮书
印度尼西亚经济发展报告（2017）：增长与机会
著(编)者：左志刚 2017年11月出版 / 定价：89.00元
PSN B-2017-675-1/1

渝新欧蓝皮书
渝新欧沿线国家发展报告（2018）
著(编)者：杨柏 黄森
2018年6月出版 / 估价：99.00元
PSN B-2017-626-1/1

中阿蓝皮书
中国-阿拉伯国家经贸发展报告（2018）
著(编)者：张廉 段庆林 王林聪 杨巧红
2018年12月出版 / 估价：99.00元
PSN B-2016-598-1/1

中东黄皮书
中东发展报告No.20（2017~2018）
著(编)者：杨光 2018年10月出版 / 估价：99.00元
PSN Y-1998-004-1/1

中亚黄皮书
中亚国家发展报告（2018）
著(编)者：孙力
2018年3月出版 / 定价：98.00元
PSN Y-2012-238-1/1

国别类

澳大利亚蓝皮书
澳大利亚发展报告（2017-2018）
著(编)者：孙有中 韩锋　2018年12月出版／估价：99.00元
PSN B-2016-587-1/1

巴西黄皮书
巴西发展报告（2017）
著(编)者：刘国枝　2018年5月出版／估价：99.00元
PSN Y-2017-614-1/1

德国蓝皮书
德国发展报告（2018）
著(编)者：郑春荣　2018年6月出版／估价：99.00元
PSN B-2012-278-1/1

俄罗斯黄皮书
俄罗斯发展报告（2018）
著(编)者：李永全　2018年6月出版／估价：99.00元
PSN Y-2006-061-1/1

韩国蓝皮书
韩国发展报告（2017）
著(编)者：牛林杰 刘宝全　2018年6月出版／估价：99.00元
PSN B-2010-155-1/1

加拿大蓝皮书
加拿大发展报告（2018）
著(编)者：唐小松　2018年9月出版／估价：99.00元
PSN B-2014-389-1/1

美国蓝皮书
美国研究报告（2018）
著(编)者：郑秉文 黄平　2018年5月出版／估价：99.00元
PSN B-2011-210-1/1

缅甸蓝皮书
缅甸国情报告（2017）
著(编)者：祝湘辉
2017年11月出版／定价：98.00元
PSN B-2013-343-1/1

日本蓝皮书
日本研究报告（2018）
著(编)者：杨伯江　2018年4月出版／定价：99.00元
PSN B-2002-020-1/1

土耳其蓝皮书
土耳其发展报告（2018）
著(编)者：郭长刚 刘义　2018年9月出版／估价：99.00元
PSN B-2014-412-1/1

伊朗蓝皮书
伊朗发展报告（2017~2018）
著(编)者：冀开运　2018年10月出版／估价：99.00元
PSN B-2016-574-1/1

以色列蓝皮书
以色列发展报告（2018）
著(编)者：张倩红　2018年8月出版／估价：99.00元
PSN B-2015-483-1/1

印度蓝皮书
印度国情报告（2017）
著(编)者：吕昭义　2018年6月出版／估价：99.00元
PSN B-2012-241-1/1

英国蓝皮书
英国发展报告（2017~2018）
著(编)者：王展鹏　2018年12月出版／估价：99.00元
PSN B-2015-486-1/1

越南蓝皮书
越南国情报告（2018）
著(编)者：谢林城　2018年11月出版／估价：99.00元
PSN B-2006-056-1/1

泰国蓝皮书
泰国研究报告（2018）
著(编)者：庄国土 张禹东 刘文正
2018年10月出版／估价：99.00元
PSN B-2016-556-1/1

文化传媒类

"三农"舆情蓝皮书
中国"三农"网络舆情报告（2017~2018）
著(编)者：农业部信息中心
2018年6月出版／估价：99.00元
PSN B-2017-640-1/1

传媒竞争力蓝皮书
中国传媒国际竞争力研究报告（2018）
著(编)者：李本乾 刘强 王大可
2018年8月出版／估价：99.00元
PSN B-2013-356-1/1

传媒蓝皮书
中国传媒产业发展报告（2018）
著(编)者：崔保国
2018年5月出版／估价：99.00元
PSN B-2005-035-1/1

传媒投资蓝皮书
中国传媒投资发展报告（2018）
著(编)者：张向东 谭云明
2018年6月出版／估价：148.00元
PSN B-2015-474-1/1

皮书系列 2018全品种 — 文化传媒类

非物质文化遗产蓝皮书
中国非物质文化遗产发展报告（2018）
著(编)者：陈平　2018年6月出版 / 估价：128.00元
PSN B-2015-469-1/2

非物质文化遗产蓝皮书
中国非物质文化遗产保护发展报告（2018）
著(编)者：宋俊华　2018年10月出版 / 估价：128.00元
PSN B-2016-586-2/2

广电蓝皮书
中国广播电影电视发展报告（2018）
著(编)者：国家新闻出版广电总局发展研究中心
2018年7月出版 / 估价：99.00元
PSN B-2006-072-1/1

广告主蓝皮书
中国广告主营销传播趋势报告No.9
著(编)者：黄升民　杜国清　邵华冬　等
2018年10月出版 / 估价：158.00元
PSN B-2005-041-1/1

国际传播蓝皮书
中国国际传播发展报告（2018）
著(编)者：胡正荣　李继东　姬德强
2018年12月出版 / 估价：99.00元
PSN B-2014-408-1/1

国家形象蓝皮书
中国国家形象传播报告（2017）
著(编)者：张昆　2018年6月出版 / 估价：128.00元
PSN B-2017-605-1/1

互联网治理蓝皮书
中国网络社会治理研究报告（2018）
著(编)者：罗昕　支庭荣
2018年9月出版 / 估价：118.00元
PSN B-2017-653-1/1

纪录片蓝皮书
中国纪录片发展报告（2018）
著(编)者：何苏六　2018年10月出版 / 估价：99.00元
PSN B-2011-222-1/1

科学传播蓝皮书
中国科学传播报告（2016~2017）
著(编)者：詹正茂　2018年6月出版 / 估价：99.00元
PSN B-2008-120-1/1

两岸创意经济蓝皮书
两岸创意经济研究报告（2018）
著(编)者：罗昌智　董泽平
2018年10月出版 / 估价：99.00元
PSN B-2014-437-1/1

媒介与女性蓝皮书
中国媒介与女性发展报告（2017~2018）
著(编)者：刘利群　2018年5月出版 / 估价：99.00元
PSN B-2013-345-1/1

媒体融合蓝皮书
中国媒体融合发展报告（2017~2018）
著(编)者：梅宁华　支庭荣
2017年12月出版 / 定价：98.00元
PSN B-2015-479-1/1

全球传媒蓝皮书
全球传媒发展报告（2017~2018）
著(编)者：胡正荣　李继东　2018年6月出版 / 估价：99.00元
PSN B-2012-237-1/1

少数民族非遗蓝皮书
中国少数民族非物质文化遗产发展报告（2018）
著(编)者：肖远平（彝）　柴立（满）
2018年10月出版 / 估价：118.00元
PSN B-2015-467-1/1

视听新媒体蓝皮书
中国视听新媒体发展报告（2018）
著(编)者：国家新闻出版广电总局发展研究中心
2018年7月出版 / 估价：118.00元
PSN B-2011-184-1/1

数字娱乐产业蓝皮书
中国动漫产业发展报告（2018）
著(编)者：孙立军　孙平　牛兴侦
2018年10月出版 / 估价：99.00元
PSN B-2011-198-1/2

数字娱乐产业蓝皮书
中国游戏产业发展报告（2018）
著(编)者：孙立军　刘跃军　2018年10月出版 / 估价：99.00元
PSN B-2017-662-2/2

网络视听蓝皮书
中国互联网视听行业发展报告（2018）
著(编)者：陈鹏　2018年2月出版 / 定价：148.00元
PSN B-2018-688-1/1

文化创新蓝皮书
中国文化创新报告（2017·No.8）
著(编)者：傅才武　2018年6月出版 / 估价：99.00元
PSN B-2009-143-1/1

文化建设蓝皮书
中国文化发展报告（2018）
著(编)者：江畅　孙伟平　戴茂堂
2018年5月出版 / 估价：99.00元
PSN B-2014-392-1/1

文化科技蓝皮书
文化科技创新发展报告（2018）
著(编)者：于平　李凤亮　2018年10月出版 / 估价：99.00元
PSN B-2013-342-1/1

文化蓝皮书
中国公共文化服务发展报告（2017~2018）
著(编)者：刘新成　张永新　张旭
2018年12月出版 / 估价：99.00元
PSN B-2007-093-2/10

文化蓝皮书
中国少数民族文化发展报告（2017~2018）
著(编)者：武翠英　张晓明　任乌晶
2018年9月出版 / 估价：99.00元
PSN B-2013-369-9/10

文化蓝皮书
中国文化产业供需协调检测报告（2018）
著(编)者：王亚南　2018年3月出版 / 定价：99.00元
PSN B-2013-323-8/10

文化传媒类 · 地方发展类-经济

文化蓝皮书
中国文化消费需求景气评价报告（2018）
著(编)者：王亚南　2018年3月出版 / 定价：99.00元
PSN B-2011-236-4/10

文化蓝皮书
中国公共文化投入增长测评报告（2018）
著(编)者：王亚南　2018年3月出版 / 定价：99.00元
PSN B-2014-435-10/10

文化品牌蓝皮书
中国文化品牌发展报告（2018）
著(编)者：欧阳友权　2018年5月出版 / 估价：99.00元
PSN B-2012-277-1/1

文化遗产蓝皮书
中国文化遗产事业发展报告（2017~2018）
著(编)者：苏杨　张颖岚　卓杰　白海峰　陈晨　陈叙图
2018年8月出版 / 估价：99.00元
PSN B-2008-119-1/1

文学蓝皮书
中国文情报告（2017~2018）
著(编)者：白烨　2018年5月出版 / 估价：99.00元
PSN B-2011-221-1/1

新媒体蓝皮书
中国新媒体发展报告No.9（2018）
著(编)者：唐绪军　2018年7月出版 / 估价：99.00元
PSN B-2010-169-1/1

新媒体社会责任蓝皮书
中国新媒体社会责任研究报告（2018）
著(编)者：钟瑛　2018年12月出版 / 估价：99.00元
PSN B-2014-423-1/1

移动互联网蓝皮书
中国移动互联网发展报告（2018）
著(编)者：余清楚　2018年6月出版 / 估价：99.00元
PSN B-2014-282-1/1

影视蓝皮书
中国影视产业发展报告（2018）
著(编)者：司若　陈鹏　陈锐
2018年6月出版 / 估价：99.00元
PSN B-2016-529-1/1

舆情蓝皮书
中国社会舆情与危机管理报告（2018）
著(编)者：谢耘耕
2018年9月出版 / 估价：138.00元
PSN B-2011-235-1/1

中国大运河蓝皮书
中国大运河发展报告（2018）
著(编)者：吴欣　2018年2月出版 / 估价：128.00元
PSN B-2018-691-1/1

地方发展类-经济

澳门蓝皮书
澳门经济社会发展报告（2017~2018）
著(编)者：吴志良　郝雨凡
2018年7月出版 / 估价：99.00元
PSN B-2009-138-1/1

澳门绿皮书
澳门旅游休闲发展报告（2017~2018）
著(编)者：郝雨凡　林广志
2018年5月出版 / 估价：99.00元
PSN G-2017-617-1/1

北京蓝皮书
北京经济发展报告（2017~2018）
著(编)者：杨松　2018年6月出版 / 估价：99.00元
PSN B-2006-054-2/8

北京旅游绿皮书
北京旅游发展报告（2018）
著(编)者：北京旅游学会
2018年7月出版 / 估价：99.00元
PSN G-2012-301-1/1

北京体育蓝皮书
北京体育产业发展报告（2017~2018）
著(编)者：钟秉枢　陈杰　杨铁黎
2018年9月出版 / 估价：99.00元
PSN B-2015-475-1/1

滨海金融蓝皮书
滨海新区金融发展报告（2017）
著(编)者：王爱俭　李向前　2018年4月出版 / 估价：99.00元
PSN B-2014-424-1/1

城乡一体化蓝皮书
北京城乡一体化发展报告（2017~2018）
著(编)者：吴宝新　张宝秀　黄序
2018年5月出版 / 估价：99.00元
PSN B-2012-258-2/2

非公有制企业社会责任蓝皮书
北京非公有制企业社会责任报告（2018）
著(编)者：宋贵伦　冯培
2018年6月出版 / 估价：99.00元
PSN B-2017-613-1/1

皮书系列 2018全品种 — 地方发展类-经济

福建旅游蓝皮书
福建省旅游产业发展现状研究（2017~2018）
著（编）者：陈敏华 黄远水　2018年12月出版／估价：128.00元
PSN B-2016-591-1/1

福建自贸区蓝皮书
中国（福建）自由贸易试验区发展报告（2017~2018）
著（编）者：黄茂兴　2018年6月出版／估价：118.00元
PSN B-2016-531-1/1

甘肃蓝皮书
甘肃经济发展分析与预测（2018）
著（编）者：安文华 罗哲　2018年1月出版／定价：99.00元
PSN B-2013-312-1/6

甘肃蓝皮书
甘肃商贸流通发展报告（2018）
著（编）者：张应华 王福生 王晓芳
2018年1月出版／定价：99.00元
PSN B-2016-522-6/6

甘肃蓝皮书
甘肃县域和农村发展报告（2018）
著（编）者：包东红 朱智文 王建兵
2018年1月出版／定价：99.00元
PSN B-2013-316-5/6

甘肃农业科技绿皮书
甘肃农业科技发展研究报告（2018）
著（编）者：魏胜文 乔德华 张东伟
2018年12月出版／估价：198.00元
PSN B-2016-592-1/1

甘肃气象保障蓝皮书
甘肃农业对气候变化的适应与风险评估报告（No.1）
著（编）者：鲍文中 周广胜
2017年12月出版／定价：108.00元
PSN B-2017-677-1/1

巩义蓝皮书
巩义经济社会发展报告（2018）
著（编）者：丁同民 朱军　2018年6月出版／估价：99.00元
PSN B-2016-532-1/1

广东外经贸蓝皮书
广东对外经济贸易发展研究报告（2017～2018）
著（编）者：陈万灵　2018年6月出版／估价：99.00元
PSN B-2012-286-1/1

广西北部湾经济区蓝皮书
广西北部湾经济区开放开发报告（2017～2018）
著（编）者：广西壮族自治区北部湾经济区和东盟开放合作办公室
　　　　　广西社会科学院
　　　　　广西北部湾发展研究院
2018年5月出版／定价：99.00元
PSN B-2010-181-1/1

广州蓝皮书
广州城市国际化发展报告（2018）
著（编）者：张跃国　2018年8月出版／估价：99.00元
PSN B-2012-246-11/14

广州蓝皮书
中国广州城市建设与管理发展报告（2018）
著（编）者：张其学 陈小钢 王宏伟　2018年8月出版／估价：99.00元
PSN B-2007-087-4/14

广州蓝皮书
广州创新型城市发展报告（2018）
著（编）者：尹涛　2018年6月出版／估价：99.00元
PSN B-2012-247-12/14

广州蓝皮书
广州经济发展报告（2018）
著（编）者：张跃国 尹涛　2018年7月出版／估价：99.00元
PSN B-2005-040-1/14

广州蓝皮书
2018年中国广州经济形势分析与预测
著（编）者：魏明海 谢博能 李华
2018年6月出版／估价：99.00元
PSN B-2011-185-9/14

广州蓝皮书
中国广州科技创新发展报告（2018）
著（编）者：于欣伟 陈爽 邓佑满　2018年8月出版／估价：99.00元
PSN B-2006-065-2/14

广州蓝皮书
广州农村发展报告（2018）
著（编）者：朱名宏　2018年7月出版／估价：99.00元
PSN B-2010-167-8/14

广州蓝皮书
广州汽车产业发展报告（2018）
著（编）者：杨再高 冯兴亚　2018年7月出版／估价：99.00元
PSN B-2006-066-3/14

广州蓝皮书
广州商贸业发展报告（2018）
著（编）者：张跃国 陈杰 荀振英
2018年7月出版／估价：99.00元
PSN B-2012-245-10/14

贵阳蓝皮书
贵阳城市创新发展报告No.3（白云篇）
著（编）者：连玉明　2018年5月出版／估价：99.00元
PSN B-2015-491-3/10

贵阳蓝皮书
贵阳城市创新发展报告No.3（观山湖篇）
著（编）者：连玉明　2018年5月出版／估价：99.00元
PSN B-2015-497-9/10

贵阳蓝皮书
贵阳城市创新发展报告No.3（花溪篇）
著（编）者：连玉明　2018年5月出版／估价：99.00元
PSN B-2015-490-2/10

贵阳蓝皮书
贵阳城市创新发展报告No.3（开阳篇）
著（编）者：连玉明　2018年5月出版／估价：99.00元
PSN B-2015-492-4/10

贵阳蓝皮书
贵阳城市创新发展报告No.3（南明篇）
著（编）者：连玉明　2018年5月出版／估价：99.00元
PSN B-2015-496-8/10

贵阳蓝皮书
贵阳城市创新发展报告No.3（清镇篇）
著（编）者：连玉明　2018年5月出版／估价：99.00元
PSN B-2015-489-1/10

地方发展类-经济

皮书系列 2018全品种

贵阳蓝皮书
贵阳城市创新发展报告No.3（乌当篇）
著（编）者：连玉明　2018年5月出版／估价：99.00元
PSN B-2015-495-7/10

贵阳蓝皮书
贵阳城市创新发展报告No.3（息烽篇）
著（编）者：连玉明　2018年5月出版／估价：99.00元
PSN B-2015-493-5/10

贵阳蓝皮书
贵阳城市创新发展报告No.3（修文篇）
著（编）者：连玉明　2018年5月出版／估价：99.00元
PSN B-2015-494-6/10

贵阳蓝皮书
贵阳城市创新发展报告No.3（云岩篇）
著（编）者：连玉明　2018年5月出版／估价：99.00元
PSN B-2015-498-10/10

贵州房地产蓝皮书
贵州房地产发展报告No.5（2018）
著（编）者：武廷方　2018年7月出版／估价：99.00元
PSN B-2014-426-1/1

贵州蓝皮书
贵州册亨经济社会发展报告（2018）
著（编）者：黄德林　2018年6月出版／估价：99.00元
PSN B-2016-525-8/9

贵州蓝皮书
贵州地理标志产业发展报告（2018）
著（编）者：李发耀　黄其松　2018年8月出版／估价：99.00元
PSN B-2017-646-10/10

贵州蓝皮书
贵安新区发展报告（2017~2018）
著（编）者：马长青　吴大华　2018年6月出版／估价：99.00元
PSN B-2015-459-4/10

贵州蓝皮书
贵州国家级开放创新平台发展报告（2017~2018）
著（编）者：申晓庆　吴大华　李泓
2018年11月出版／估价：99.00元
PSN B-2016-518-7/10

贵州蓝皮书
贵州国有企业社会责任发展报告（2017~2018）
著（编）者：郭丽　2018年12月出版／估价：99.00元
PSN B-2015-511-6/10

贵州蓝皮书
贵州民航业发展报告（2017）
著（编）者：申振东　吴大华　2018年6月出版／估价：99.00元
PSN B-2015-471-5/10

贵州蓝皮书
贵州民营经济发展报告（2017）
著（编）者：杨静　吴大华　2018年6月出版／估价：99.00元
PSN B-2016-530-9/9

杭州都市圈蓝皮书
杭州都市圈发展报告（2018）
著（编）者：洪庆华　沈翔　2018年4月出版／定价：98.00元
PSN B-2012-302-1/1

河北经济蓝皮书
河北省经济发展报告（2018）
著（编）者：马树强　金浩　张贵　2018年6月出版／估价：99.00元
PSN B-2014-380-1/1

河北蓝皮书
河北经济社会发展报告（2018）
著（编）者：康振海　2018年1月出版／定价：99.00元
PSN B-2014-372-1/3

河北蓝皮书
京津冀协同发展报告（2018）
著（编）者：陈璐　2017年12月出版／定价：79.00元
PSN B-2017-601-2/3

河南经济蓝皮书
2018年河南经济形势分析与预测
著（编）者：王世炎　2018年3月出版／定价：89.00元
PSN B-2007-086-1/1

河南蓝皮书
河南城市发展报告（2018）
著（编）者：张占仓　王建国　2018年5月出版／估价：99.00元
PSN B-2009-131-3/9

河南蓝皮书
河南工业发展报告（2018）
著（编）者：张占仓　2018年5月出版／估价：99.00元
PSN B-2013-317-5/9

河南蓝皮书
河南金融发展报告（2018）
著（编）者：喻新安　谷建全
2018年6月出版／估价：99.00元
PSN B-2014-390-7/9

河南蓝皮书
河南经济发展报告（2018）
著（编）者：张占仓　完世伟
2018年6月出版／估价：99.00元
PSN B-2010-157-4/9

河南蓝皮书
河南能源发展报告（2018）
著（编）者：国网河南省电力公司经济技术研究院
　　　　　河南省社会科学院
2018年6月出版／估价：99.00元
PSN B-2017-607-9/9

河南商务蓝皮书
河南商务发展报告（2018）
著（编）者：焦锦淼　穆荣国　2018年5月出版／估价：99.00元
PSN B-2014-399-1/1

河南双创蓝皮书
河南创新创业发展报告（2018）
著（编）者：喻新安　杨雪梅
2018年8月出版／估价：99.00元
PSN B-2017-641-1/1

黑龙江蓝皮书
黑龙江经济发展报告（2018）
著（编）者：朱宇　2018年1月出版／定价：89.00元
PSN B-2011-190-2/2

皮书系列 2018全品种 地方发展类-经济

湖南城市蓝皮书
区域城市群整合
著(编)者：童中贤 韩未名　2018年12月出版　估价：99.00元
PSN B-2006-064-1/1

湖南蓝皮书
湖南城乡一体化发展报告（2018）
著(编)者：陈文胜 王文强 陆福兴
2018年8月出版　估价：99.00元
PSN B-2015-477-8/8

湖南蓝皮书
2018年湖南电子政务发展报告
著(编)者：梁志峰　2018年5月出版　估价：128.00元
PSN B-2014-394-6/8

湖南蓝皮书
2018年湖南经济发展报告
著(编)者：卞鹰　2018年5月出版　估价：128.00元
PSN B-2011-207-2/8

湖南蓝皮书
2016年湖南经济展望
著(编)者：梁志峰　2018年5月出版　估价：128.00元
PSN B-2011-206-1/8

湖南蓝皮书
2018年湖南县域经济社会发展报告
著(编)者：梁志峰　2018年5月出版　估价：128.00元
PSN B-2014-395-7/8

湖南县域绿皮书
湖南县域发展报告（No.5）
著(编)者：袁准 周小毛 黎仁寅
2018年6月出版　估价：99.00元
PSN G-2012-274-1/1

沪港蓝皮书
沪港发展报告（2018）
著(编)者：尤安山　2018年9月出版　估价：99.00元
PSN B-2013-362-1/1

吉林蓝皮书
2018年吉林经济社会形势分析与预测
著(编)者：邵汉明　2017年12月出版　定价：89.00元
PSN B-2013-319-1/1

吉林省城市竞争力蓝皮书
吉林省城市竞争力报告（2017~2018）
著(编)者：崔岳春 张磊
2018年3月出版　定价：89.00元
PSN B-2016-513-1/1

济源蓝皮书
济源经济社会发展报告（2018）
著(编)者：喻新安　2018年6月出版　估价：99.00元
PSN B-2014-387-1/1

江苏蓝皮书
2018年江苏经济发展分析与展望
著(编)者：王庆五 吴先满
2018年7月出版　估价：128.00元
PSN B-2017-635-1/3

江西蓝皮书
江西经济社会发展报告（2018）
著(编)者：陈石俊 龚建文　2018年10月出版　估价：128.00元
PSN B-2015-484-1/2

江西蓝皮书
江西设区市发展报告（2018）
著(编)者：姜玮 梁勇
2018年10月出版　估价：99.00元
PSN B-2016-517-2/2

经济特区蓝皮书
中国经济特区发展报告（2017）
著(编)者：陶一桃　2018年1月出版　估价：99.00元
PSN B-2009-139-1/1

辽宁蓝皮书
2018年辽宁经济社会形势分析与预测
著(编)者：梁启东 魏红江　2018年6月出版　估价：99.00元
PSN B-2006-053-1/1

民族经济蓝皮书
中国民族地区经济发展报告（2018）
著(编)者：李曦辉　2018年7月出版　估价：99.00元
PSN B-2017-630-1/1

南宁蓝皮书
南宁经济发展报告（2018）
著(编)者：胡建华　2018年9月出版　估价：99.00元
PSN B-2016-569-2/3

内蒙古蓝皮书
内蒙古精准扶贫研究报告（2018）
著(编)者：张志华　2018年1月出版　定价：89.00元
PSN B-2017-681-2/2

浦东新区蓝皮书
上海浦东经济发展报告（2018）
著(编)者：周小平 徐美芳
2018年1月出版　定价：89.00元
PSN B-2011-225-1/1

青海蓝皮书
2018年青海经济社会形势分析与预测
著(编)者：陈玮　2018年1月出版　定价：98.00元
PSN B-2012-275-1/2

青海科技绿皮书
青海科技发展报告（2017）
著(编)者：青海省科学技术信息研究所
2018年3月出版　定价：98.00元
PSN G-2018-701-1/1

山东蓝皮书
山东经济形势分析与预测（2018）
著(编)者：李广杰　2018年7月出版　估价：89.00元
PSN B-2014-404-1/5

山东蓝皮书
山东省普惠金融发展报告（2018）
著(编)者：齐鲁财富网
2018年9月出版　估价：99.00元
PSN B2017-676-5/5

地方发展类-经济

皮书系列
2018全品种

山西蓝皮书
山西资源型经济转型发展报告（2018）
著(编)者：李志强　2018年7月出版／估价：99.00元
PSN B-2011-197-1/1

陕西蓝皮书
陕西经济发展报告（2018）
著(编)者：任宗哲　白宽犁　裴成荣
2018年1月出版／定价：89.00元
PSN B-2009-135-1/6

陕西蓝皮书
陕西精准脱贫研究报告（2018）
著(编)者：任宗哲　白宽犁　王建康
2018年4月出版／定价：89.00元
PSN B-2017-623-6/6

上海蓝皮书
上海经济发展报告（2018）
著(编)者：沈开艳　2018年2月出版／定价：89.00元
PSN B-2006-057-1/7

上海蓝皮书
上海资源环境发展报告（2018）
著(编)者：周冯琦　胡静　2018年2月出版／定价：89.00元
PSN B-2006-060-4/7

上海蓝皮书
上海奉贤经济发展分析与研判（2017～2018）
著(编)者：张兆安　朱平芳　2018年3月出版／定价：99.00元
PSN B-2018-698-8/8

上饶蓝皮书
上饶发展报告（2016～2017）
著(编)者：廖其志　2018年6月出版／估价：128.00元
PSN B-2014-377-1/1

深圳蓝皮书
深圳经济发展报告（2018）
著(编)者：张骁儒　2018年6月出版／估价：99.00元
PSN B-2008-112-3/7

四川蓝皮书
四川城镇化发展报告（2018）
著(编)者：侯水平　陈炜　2018年6月出版／估价：99.00元
PSN B-2015-456-7/7

四川蓝皮书
2018年四川经济形势分析与预测
著(编)者：杨钢　2018年1月出版／定价：158.00元
PSN B-2007-098-2/7

四川蓝皮书
四川企业社会责任研究报告（2017～2018）
著(编)者：侯水平　盛毅　2018年5月出版／估价：99.00元
PSN B-2014-386-4/7

四川蓝皮书
四川生态建设报告（2018）
著(编)者：李晟之　2018年5月出版／估价：99.00元
PSN B-2015-455-6/7

四川蓝皮书
四川特色小镇发展报告（2017）
著(编)者：吴志强　2017年11月出版／定价：89.00元
PSN B-2017-670-8/8

体育蓝皮书
上海体育产业发展报告（2017~2018）
著(编)者：张林　黄海燕
2018年10月出版／估价：99.00元
PSN B-2015-454-4/5

体育蓝皮书
长三角地区体育产业发展报（2017~2018）
著(编)者：张林　2018年6月出版／估价：99.00元
PSN B-2015-453-3/5

天津金融蓝皮书
天津金融发展报告（2018）
著(编)者：王爱俭　孔德昌
2018年5月出版／估价：99.00元
PSN B-2014-418-1/1

图们江区域合作蓝皮书
图们江区域合作发展报告（2018）
著(编)者：李铁　2018年6月出版／估价：99.00元
PSN B-2015-464-1/1

温州蓝皮书
2018年温州经济社会形势分析与预测
著(编)者：蒋儒标　王春光　金浩
2018年6月出版／估价：99.00元
PSN B-2008-105-1/1

西咸新区蓝皮书
西咸新区发展报告（2018）
著(编)者：李扬　王军
2018年6月出版／估价：99.00元
PSN B-2016-534-1/1

修武蓝皮书
修武经济社会发展报告（2018）
著(编)者：张占仓　袁凯声
2018年10月出版／估价：99.00元
PSN B-2017-651-1/1

偃师蓝皮书
偃师经济社会发展报告（2018）
著(编)者：张占仓　袁凯声　何武周
2018年7月出版／估价：99.00元
PSN B-2017-627-1/1

扬州蓝皮书
扬州经济社会发展报告（2018）
著(编)者：陈扬
2018年12月出版／估价：108.00元
PSN B-2011-191-1/1

长垣蓝皮书
长垣经济社会发展报告（2018）
著(编)者：张占仓　袁凯声　秦保建
2018年10月出版／估价：99.00元
PSN B-2017-654-1/1

遵义蓝皮书
遵义发展报告（2018）
著(编)者：邓彦　曾征　龚永育
2018年9月出版／估价：99.00元
PSN B-2014-433-1/1

皮书系列 2018全品种 地方发展类-社会

地方发展类-社会

安徽蓝皮书
安徽社会发展报告（2018）
著（编）者：程桦　2018年6月出版／估价：99.00元
PSN B-2013-325-1/1

安徽社会建设蓝皮书
安徽社会建设分析报告（2017~2018）
著（编）者：黄家海　蔡宪
2018年11月出版／估价：99.00元
PSN B-2013-322-1/1

北京蓝皮书
北京公共服务发展报告（2017~2018）
著（编）者：施昌奎　2018年6月出版／估价：99.00元
PSN B-2008-103-7/8

北京蓝皮书
北京社会发展报告（2017~2018）
著（编）者：李伟东
2018年7月出版／估价：99.00元
PSN B-2006-055-3/8

北京蓝皮书
北京社会治理发展报告（2017~2018）
著（编）者：殷星辰　2018年7月出版／估价：99.00元
PSN B-2014-391-8/8

北京律师蓝皮书
北京律师发展报告No.4（2018）
著（编）者：王隽　2018年12月出版／估价：99.00元
PSN B-2011-217-1/1

北京人才蓝皮书
北京人才发展报告（2018）
著（编）者：敏华　2018年12月出版／估价：128.00元
PSN B-2011-201-1/1

北京社会心态蓝皮书
北京社会心态分析报告（2017~2018）
北京市社会心理服务促进中心
2018年10月出版／估价：99.00元
PSN B-2014-422-1/1

北京社会组织管理蓝皮书
北京社会组织发展与管理（2018）
著（编）者：黄江松
2018年6月出版／估价：99.00元
PSN B-2015-446-1/1

北京养老产业蓝皮书
北京居家养老发展报告（2018）
著（编）者：陆杰华　周明明
2018年8月出版／估价：99.00元
PSN B-2015-465-1/1

法治蓝皮书
四川依法治省年度报告No.4（2018）
著（编）者：李林　杨天宗　田禾
2018年3月出版／定价：118.00元
PSN B-2015-447-2/3

福建妇女发展蓝皮书
福建省妇女发展报告（2018）
著（编）者：刘群英　2018年11月出版／估价：99.00元
PSN B-2011-220-1/1

甘肃蓝皮书
甘肃社会发展分析与预测（2018）
著（编）者：安文华　谢增虎　包晓霞
2018年1月出版／定价：99.00元
PSN B-2013-313-2/6

广东蓝皮书
广东全面深化改革研究报告（2018）
著（编）者：周林生　涂成林
2018年12月出版／估价：99.00元
PSN B-2015-504-3/3

广东蓝皮书
广东社会工作发展报告（2018）
著（编）者：罗观翠　2018年6月出版／估价：99.00元
PSN B-2014-402-2/3

广州蓝皮书
广州青年发展报告（2018）
著（编）者：徐柳　张强
2018年8月出版／估价：99.00元
PSN B-2013-352-13/14

广州蓝皮书
广州社会保障发展报告（2018）
著（编）者：张跃国　2018年8月出版／估价：99.00元
PSN B-2014-425-14/14

广州蓝皮书
2018年中国广州社会形势分析与预测
著（编）者：张强　郭志勇　何镜清
2018年6月出版／估价：99.00元
PSN B-2008-110-5/14

贵州蓝皮书
贵州法治发展报告（2018）
著（编）者：吴大华　2018年5月出版／估价：99.00元
PSN B-2012-254-2/10

贵州蓝皮书
贵州人才发展报告（2017）
著（编）者：于杰　吴大华
2018年9月出版／估价：99.00元
PSN B-2014-382-3/10

贵州蓝皮书
贵州社会发展报告（2018）
著（编）者：王兴骥　2018年6月出版／估价：99.00元
PSN B-2010-166-1/10

杭州蓝皮书
杭州妇女发展报告（2018）
著（编）者：魏颖
2018年10月出版／估价：99.00元
PSN B-2014-403-1/1

地方发展类-社会

皮书系列
2018全品种

河北蓝皮书
河北法治发展报告（2018）
著(编)者：康振海　　2018年6月出版 / 估价：99.00元
PSN B-2017-622-3/3

河北食品药品安全蓝皮书
河北食品药品安全研究报告（2018）
著(编)者：丁锦霞
2018年10月出版 / 估价：99.00元
PSN B-2015-473-1/1

河南蓝皮书
河南法治发展报告（2018）
著(编)者：张林海　　2018年7月出版 / 估价：99.00元
PSN B-2014-376-6/9

河南蓝皮书
2018年河南社会形势分析与预测
著(编)者：牛苏林　　2018年5月出版 / 估价：99.00元
PSN B-2005-043-1/9

河南民办教育蓝皮书
河南民办教育发展报告（2018）
著(编)者：胡大白　　2018年9月出版 / 估价：99.00元
PSN B-2017-642-1/1

黑龙江蓝皮书
黑龙江社会发展报告（2018）
著(编)者：王爱丽　　2018年1月出版 / 定价：89.00元
PSN B-2011-189-1/2

湖南蓝皮书
2018年湖南两型社会与生态文明建设报告
著(编)者：卞鹰　　2018年5月出版 / 估价：128.00元
PSN B-2011-208-3/8

湖南蓝皮书
2018年湖南社会发展报告
著(编)者：卞鹰　　2018年5月出版 / 估价：128.00元
PSN B-2014-393-5/8

健康城市蓝皮书
北京健康城市建设研究报告（2018）
著(编)者：王鸿春　盛继洪
2018年9月出版 / 估价：99.00元
PSN B-2015-460-1/2

江苏法治蓝皮书
江苏法治发展报告No.6（2017）
著(编)者：蔡道通　龚廷泰
2018年8月出版 / 估价：99.00元
PSN B-2012-290-1/1

江苏蓝皮书
2018年江苏社会发展分析与展望
著(编)者：王庆五　刘旺洪
2018年8月出版 / 估价：128.00元
PSN B-2017-636-2/3

民族教育蓝皮书
中国民族教育发展报告（2017·内蒙古卷）
著(编)者：陈中永
2017年12月出版 / 定价：198.00元
PSN B-2017-669-1/1

南宁蓝皮书
南宁法治发展报告（2018）
著(编)者：杨维超　　2018年12月出版 / 估价：99.00元
PSN B-2015-509-1/3

南宁蓝皮书
南宁社会发展报告（2018）
著(编)者：胡建华　　2018年10月出版 / 估价：99.00元
PSN B-2016-570-3/3

内蒙古蓝皮书
内蒙古反腐倡廉建设报告No.2
著(编)者：张志华　　2018年6月出版 / 估价：99.00元
PSN B-2013-365-1/1

青海蓝皮书
2018年青海人才发展报告
著(编)者：王宇燕　　2018年9月出版 / 估价：99.00元
PSN B-2017-650-2/2

青海生态文明建设蓝皮书
青海生态文明建设报告（2018）
著(编)者：张西明　高华　　2018年12月出版 / 估价：99.00元
PSN B-2016-595-1/1

人口与健康蓝皮书
深圳人口与健康发展报告（2018）
著(编)者：陆杰华　傅崇辉
2018年11月出版 / 估价：99.00元
PSN B-2011-228-1/1

山东蓝皮书
山东社会形势分析与预测（2018）
著(编)者：李善峰　　2018年6月出版 / 估价：99.00元
PSN B-2014-405-2/5

陕西蓝皮书
陕西社会发展报告（2018）
著(编)者：任宗哲　白宽犁　牛昉
2018年1月出版 / 定价：89.00元
PSN B-2009-136-2/6

上海蓝皮书
上海法治发展报告（2018）
著(编)者：叶必丰　　2018年9月出版 / 估价：99.00元
PSN B-2012-296-6/7

上海蓝皮书
上海社会发展报告（2018）
著(编)者：杨雄　周海旺
2018年2月出版 / 定价：89.00元
PSN B-2006-058-2/7

皮书系列 2018全品种 — 地方发展类-社会 · 地方发展类-文化

社会建设蓝皮书
2018年北京社会建设分析报告
著(编)者：宋贵伦 冯虹　2018年9月出版 / 估价：99.00元
PSN B-2010-173-1/1

深圳蓝皮书
深圳法治发展报告（2018）
著(编)者：张骁儒　2018年6月出版 / 估价：99.00元
PSN B-2015-470-6/7

深圳蓝皮书
深圳劳动关系发展报告（2018）
著(编)者：汤庭芬　2018年8月出版 / 估价：99.00元
PSN B-2008-097-2/7

深圳蓝皮书
深圳社会治理与发展报告（2018）
著(编)者：张骁儒　2018年6月出版 / 估价：99.00元
PSN B-2008-113-4/7

生态安全绿皮书
甘肃国家生态安全屏障建设发展报告（2018）
著(编)者：刘举科 喜文华
2018年10月出版 / 估价：99.00元
PSN G-2017-659-1/1

顺义社会建设蓝皮书
北京市顺义区社会建设发展报告（2018）
著(编)者：王学武　2018年9月出版 / 估价：99.00元
PSN B-2017-658-1/1

四川蓝皮书
四川法治发展报告（2018）
著(编)者：郑泰安　2018年6月出版 / 估价：99.00元
PSN B-2015-441-5/7

四川蓝皮书
四川社会发展报告（2018）
著(编)者：李羚　2018年6月出版 / 估价：99.00元
PSN B-2008-127-3/7

四川社会工作与管理蓝皮书
四川省社会工作人力资源发展报告（2017）
著(编)者：边慧敏　2017年12月出版 / 定价：89.00元
PSN B-2017-683-1/1

云南社会治理蓝皮书
云南社会治理年度报告（2017）
著(编)者：晏雄 韩全芳
2018年5月出版 / 估价：99.00元
PSN B-2017-667-1/1

地方发展类-文化

北京传媒蓝皮书
北京新闻出版广电发展报告（2017~2018）
著(编)者：王志　2018年11月出版 / 估价：99.00元
PSN B-2016-588-1/1

北京蓝皮书
北京文化发展报告（2017~2018）
著(编)者：李建盛　2018年5月出版 / 估价：99.00元
PSN B-2007-082-4/8

创意城市蓝皮书
北京文化创意产业发展报告（2018）
著(编)者：郭万超 张京成　2018年12月出版 / 估价：99.00元
PSN B-2012-263-1/7

创意城市蓝皮书
天津文化创意产业发展报告（2017~2018）
著(编)者：谢思全　2018年6月出版 / 估价：99.00元
PSN B-2016-536-7/7

创意城市蓝皮书
武汉文化创意产业发展报告（2018）
著(编)者：黄永林 陈汉桥　2018年12月出版 / 估价：99.00元
PSN B-2013-354-4/7

创意上海蓝皮书
上海文化创意产业发展报告（2017~2018）
著(编)者：王慧敏 王兴全　2018年8月出版 / 估价：99.00元
PSN B-2016-561-1/1

非物质文化遗产蓝皮书
广州市非物质文化遗产保护发展报告（2018）
著(编)者：宋俊华　2018年12月出版 / 估价：99.00元
PSN B-2016-589-1/1

甘肃蓝皮书
甘肃文化发展分析与预测（2018）
著(编)者：马廷旭 戚晓萍　2018年1月出版 / 定价：99.00元
PSN B-2013-314-3/6

甘肃蓝皮书
甘肃舆情分析与预测（2018）
著(编)者：王俊莲 张谦元　2018年1月出版 / 定价：99.00元
PSN B-2013-315-4/6

广州蓝皮书
中国广州文化发展报告（2018）
著(编)者：屈哨兵 陆志强　2018年6月出版 / 估价：99.00元
PSN B-2009-134-7/14

广州蓝皮书
广州文化创意产业发展报告（2018）
著(编)者：徐咏虹　2018年7月出版 / 估价：99.00元
PSN B-2008-111-6/14

海淀蓝皮书
海淀区文化和科技融合发展报告（2018）
著(编)者：陈名杰 孟景伟　2018年5月出版 / 估价：99.00元
PSN B-2013-329-1/1

地方发展类-文化

皮书系列 2018全品种

河南蓝皮书
河南文化发展报告（2018）
著(编)者：卫绍生　2018年7月出版／估价：99.00元
PSN B-2008-106-2/9

湖北文化产业蓝皮书
湖北省文化产业发展报告（2018）
著(编)者：黄晓华　2018年9月出版／估价：99.00元
PSN B-2017-656-1/1

湖北文化蓝皮书
湖北文化发展报告（2017~2018）
著(编)者：湖北大学高等人文研究院
　　　　　中华文化发展湖北省协同创新中心
2018年10月出版／估价：99.00元
PSN B-2016-566-1/1

江苏蓝皮书
2018年江苏文化发展分析与展望
著(编)者：王庆五　樊和平　2018年9月出版／估价：128.00元
PSN B-2017-637-3/3

江西文化蓝皮书
江西非物质文化遗产发展报告（2018）
著(编)者：张圣才　傅安平　2018年12月出版／估价：128.00元
PSN B-2015-499-1/1

洛阳蓝皮书
洛阳文化发展报告（2018）
著(编)者：刘福兴　陈启明　2018年7月出版／估价：99.00元
PSN B-2015-476-1/1

南京蓝皮书
南京文化发展报告（2018）
著(编)者：中共南京市委宣传部
2018年12月出版／估价：99.00元
PSN B-2014-439-1/1

宁波文化蓝皮书
宁波"一人一艺"全民艺术普及发展报告（2017）
著(编)者：张爱琴　2018年11月出版／估价：128.00元
PSN B-2017-668-1/1

山东蓝皮书
山东文化发展报告（2018）
著(编)者：涂可国　2018年5月出版／估价：99.00元
PSN B-2014-406-3/5

陕西蓝皮书
陕西文化发展报告（2018）
著(编)者：任宗哲　白宽犁　王长寿
2018年1月出版／定价：89.00元
PSN B-2009-137-3/6

上海蓝皮书
上海传媒发展报告（2018）
著(编)者：强荧　焦雨虹　2018年2月出版／定价：89.00元
PSN B-2012-295-5/7

上海蓝皮书
上海文学发展报告（2018）
著(编)者：陈圣来　2018年6月出版／估价：99.00元
PSN B-2012-297-7/7

上海蓝皮书
上海文化发展报告（2018）
著(编)者：荣跃明　2018年6月出版／估价：99.00元
PSN B-2006-059-3/7

深圳蓝皮书
深圳文化发展报告（2018）
著(编)者：张骁儒　2018年7月出版／估价：99.00元
PSN B-2016-554-7/7

四川蓝皮书
四川文化产业发展报告（2018）
著(编)者：向宝云　张立伟　2018年6月出版／估价：99.00元
PSN B-2006-074-1/7

郑州蓝皮书
2018年郑州文化发展报告
著(编)者：王哲　2018年9月出版／估价：99.00元
PSN B-2008-107-1/1

社会科学文献出版社　　　**皮书系列**

❖ 皮书起源 ❖

"皮书"起源于十七、十八世纪的英国,主要指官方或社会组织正式发表的重要文件或报告,多以"白皮书"命名。在中国,"皮书"这一概念被社会广泛接受,并被成功运作、发展成为一种全新的出版形态,则源于中国社会科学院社会科学文献出版社。

❖ 皮书定义 ❖

皮书是对中国与世界发展状况和热点问题进行年度监测,以专业的角度、专家的视野和实证研究方法,针对某一领域或区域现状与发展态势展开分析和预测,具备原创性、实证性、专业性、连续性、前沿性、时效性等特点的公开出版物,由一系列权威研究报告组成。

❖ 皮书作者 ❖

皮书系列的作者以中国社会科学院、著名高校、地方社会科学院的研究人员为主,多为国内一流研究机构的权威专家学者,他们的看法和观点代表了学界对中国与世界的现实和未来最高水平的解读与分析。

❖ 皮书荣誉 ❖

皮书系列已成为社会科学文献出版社的著名图书品牌和中国社会科学院的知名学术品牌。2016年,皮书系列正式列入"十三五"国家重点出版规划项目;2013~2018年,重点皮书列入中国社会科学院承担的国家哲学社会科学创新工程项目;2018年,59种院外皮书使用"中国社会科学院创新工程学术出版项目"标识。

中国皮书网

（网址：www.pishu.cn）

发布皮书研创资讯，传播皮书精彩内容
引领皮书出版潮流，打造皮书服务平台

栏目设置

关于皮书：何谓皮书、皮书分类、皮书大事记、皮书荣誉、
皮书出版第一人、皮书编辑部
最新资讯：通知公告、新闻动态、媒体聚焦、网站专题、视频直播、下载专区
皮书研创：皮书规范、皮书选题、皮书出版、皮书研究、研创团队
皮书评奖评价：指标体系、皮书评价、皮书评奖
互动专区：皮书说、社科数托邦、皮书微博、留言板

所获荣誉

2008年、2011年，中国皮书网均在全国新闻出版业网站荣誉评选中获得"最具商业价值网站"称号；
2012年，获得"出版业网站百强"称号。

网库合一

2014年，中国皮书网与皮书数据库端口合一，实现资源共享。

权威报告·一手数据·特色资源

皮书数据库
ANNUAL REPORT(YEARBOOK) DATABASE

当代中国经济与社会发展高端智库平台

所获荣誉

- 2016年，入选"'十三五'国家重点电子出版物出版规划骨干工程"
- 2015年，荣获"搜索中国正能量 点赞2015""创新中国科技创新奖"
- 2013年，荣获"中国出版政府奖·网络出版物奖"提名奖
- 连续多年荣获中国数字出版博览会"数字出版·优秀品牌"奖

成为会员

通过网址www.pishu.com.cn或使用手机扫描二维码进入皮书数据库网站，进行手机号码验证或邮箱验证即可成为皮书数据库会员（建议通过手机号码快速验证注册）。

会员福利

- 使用手机号码首次注册的会员，账号自动充值100元体验金，可直接购买和查看数据库内容（仅限使用手机号码快速注册）。
- 已注册用户购书后可免费获赠100元皮书数据库充值卡。刮开充值卡涂层获取充值密码，登录并进入"会员中心"—"在线充值"—"充值卡充值"，充值成功后即可购买和查看数据库内容。

数据库服务热线：400-008-6695　　　图书销售热线：010-59367070/7028
数据库服务QQ：2475522410　　　　图书服务QQ：1265056568
数据库服务邮箱：database@ssap.cn　　图书服务邮箱：duzhe@ssap.cn

更多信息请登录

皮书数据库
http://www.pishu.com.cn

中国皮书网
http://www.pishu.cn

皮书微博
http://weibo.com/pishu

皮书微信"皮书说"

请到当当、亚马逊、京东或各地书店购买，也可办理邮购

咨询 / 邮购电话：010-59367028　59367070
邮　　箱：duzhe@ssap.cn
邮购地址：北京市西城区北三环中路甲29号院3号楼
　　　　　华龙大厦13层读者服务中心
邮　　编：100029
银行户名：社会科学文献出版社
开户银行：中国工商银行北京北太平庄支行
账　　号：0200010019200365434